JN062806

筑摩書房版

言語文化

教科書ガイド

協学出版

はじめに――この本の構成と使い方――

この本は、みなさんが「言語文化」を学習するときの手助けとなるよう、次のような構成・配慮のもとに編集した。

【学習の視点】　各教材の初めに、その教材学習の目標を箇条書きにして示した。

【筆者（作者）解説】　筆者（作者）について、略歴・業績・著作物などを簡潔にまとめた。

【出典解説】　その教材の原典を示した。古文・漢文については別に【作品解説】を設け、その作品の名称・作者・成立・組織・内容・文体などについても解説を加えた。

【本文の研究】　古文では、通釈、語釈・語法、品詞分解の一例などを示した。また、漢文では、訓読、通釈、語釈・語法、詩歌ではさらに鑑賞を加えるなど、教材の機能に応じた懇切な配慮を施した。

【語句・表現の解説】　現代文では、あくまで文脈に沿って、重要語句や表現上注意すべき点を解説し、さらに語彙学習の充実のために類（類義語）対（対義語）用例（使い方）などを付け加えた。

【構成・要旨（主題）】　段落構成、要旨・主題などを分かりやすく示した。

【発問・理解・表現の解説】　教科書の「発問・理解・表現」についての解答例あるいは解説を示した。これは、あくまで解答例なので、これを参考に自分でまとめるようにしたい。

【参考】　必要に応じて、各教材末に参考資料を掲載した。

〈品詞分解の略符号〉

〈品詞名〉
名＝名詞　代＝代名詞　補動＝補助動詞
形＝形容詞　形動＝形容動詞　副＝副詞
接＝接続詞　連＝連体詞　感＝感動詞

〈助詞の分類〉
格助＝格助詞　副助＝副助詞
接助＝接続助詞　係助＝係助詞
終助＝終助詞　間助＝間投助詞

〈動詞の活用〉
四＝四段活用　上一＝上一段活用
上二＝上二段活用　下一＝下一段活用
下二＝下二段活用
ナ変・ラ変・カ変・サ変＝変格活用

〈活用形〉
未＝未然形　用＝連用形　終＝終止形
体＝連体形　已＝已然形　命＝命令形

〈助動詞の意味〉
受＝受身　尊＝尊敬　可＝可能
自＝自発　使＝使役　消＝打消
意消＝意志の打消　推消＝推量の打消
過＝過去　詠＝詠嘆　完＝完了
存＝存続　推＝推量　意＝意志
仮＝仮定　婉＝婉曲　適＝適当
当＝当然　伝＝伝聞　希＝希望
断＝断定　比＝比況　など

〈接続助詞の意味〉
順仮＝順接仮定条件
逆確＝逆接確定条件　など

目次

言葉の力

大岡《おおおか》　信《まこと》

❖学習の視点

1　古典の面白さとは何か、どうすれば面白さを発見できるかを考えてみよう。

2　言葉の力が生まれるのはどのような状況か、筆者の主張を読み取ろう。

❖筆者解説

大岡　信（おおおか・まこと）　一九三一年、静岡県生まれ。詩人であり、批評家でもある。歌誌「菩提樹」を創刊、主宰。窪田空穂に師事する。抒情性があり、平明な歌を詠んだ。評論も多く残した。著作に、新聞に書き続けたものをまとめた『折々の歌』、『現代詩人論』『日本の詩歌』『歌林提唱』など多数ある。

❖出典解説

この文章は『詩・ことば・人間』（一九八五年・講談社学術文庫）に収められており、本文は同書によった。

❖語句・表現の解説

一一ページ

傑作　優れたもの。

尋常ならざる智恵《ちえ》　一般的ではない智恵。普通ではない智恵。

今まで知らなかった世界がわがものとなり　自分が知らなかった世界が開けて、その世界から新しい智恵や感動を得て、自分のものとすることができるということ。

勝手がちがう　自分の予想していたものとちがう。用例泳ぎが得意な兄も、川では勝手がちがうのか、上手く泳げなかった。

往々にして　そうなる傾向があるということ。用例猫は往々にして自由を好む。

性急に　時間をかけずに、急いで何かをしたり、決めたりする様子。余裕がなく何かをする様子。

結晶化　ここでは、知恵や教訓がわかりやすく現れること。

ことさらに　特に。用例妹は、自分が作ったケーキだと、ことさらに強調していた。

一二ページ

ふんだんに　たくさん。豊富に。**用例** 叔父の家では、花がふんだんに飾られていた。

千古不滅　永遠になくならない。「千古」は、大昔の意。

一向に　あいかわらず。**用例** 試験前なのに、試験範囲の文章が一向に理解できない。

感興　見たり聞いたりしたことが面白く、もっと見たり聞いたりしたいと思うこと。

一三ページ

おしなべて　だいたいすべて。

のっぺらぼう　顔に目、鼻、口もない化け物のこと。ここでは、とっかかりのない様子。

にわか　急に変化する様子。**用例** あなたの話は、にわかには信じられない。

一五ページ

語彙　語の総体。ここでは、個人が使う語の総体。「語彙が貧弱で」とは、使える、あるいは知っている言葉が少ないということ。

変貌　見た目や形などが大きく変わること。

変幻ただならぬ　「変幻」は、現れたり消えたりして、正体がわからないこと。「変幻ただならぬ」は、「変幻」の性質が強いこと。

一六ページ

氷山の一角　大きなもののほんのわずかな部分ということ。**用例** この出来事は、背後にある大がかりな犯罪の氷山の一角と言える。

❖構成・要旨

〈構成〉

(1)（初め～一四・9）

古典的傑作は面白くないことがある。原因のひとつは期待が強すぎるところにある。古典を読むためには多くの時間と、時代環境の知識が必要だ。また古典は一語一語、普通の言葉で書かれている。古典作品とは、その世界に入りこんで、その背後にある巨《おお》きなものが見えてきて面白くなる。

(2)（一四・10～終わり）

素晴らしい言葉とはあたりまえの日常の言葉だ。「語彙が貧弱で」と言う人がいるが、自分以外のどこかに語彙の宝庫があるわけではない。われわれが使っている言葉は氷山の一角で、海面下にはその言葉を発した人の心があるのだ。

〈要旨〉

日常用いているありふれた言葉が、その組み合わせ方や、発せられる時と場合によって、とつぜん凄い力をもった言葉に変貌すること。

❖理解・表現の解説

〈理解〉

(1) 筆者は古典についてどう考えているか、本文の記述を用いて四〇字以内でまとめなさい。

解答例 普通の言葉でありふれたことが書かれているが、その世界に入ると背後のものが見える。(四〇字)

(2) 筆者は「言葉」を何にたとえているか、本文からすべて抜き出しなさい。

解答例 「氷山の一角」(一六・1)・「窓」(一六・4)

〈表現〉

(1) 「日常用いているありふれた言葉が、……とつぜん凄い力をもった言葉に変貌する。」(一五・5)ことの具体例を考え、ノートにまとめなさい。

解説 日常生活の中で、以前読んだときには全く何も感じなかった詩歌が、ある状況の下で読んだら、急に自分を救うような言葉に感じられたり、自分の意識を変えるほどのものになったりすることがある。それは、作品の力だけではなく、自分自身が必要としている、あるいはその作品を理解するだけの知識が自分に備わったときに感じられるものである。作品に限らず、ふと聞いた言葉や読んだ言葉が、心に響くこともある。そのような経験をまとめてみよう。

古文編

第1章　古文への扉　古文入門

児《ちご》のそら寝《ね》　［宇治拾遺物語《うじしゅういものがたり》］

❖学習の視点

1　古文と現代文の違いを知り、古文を読む基礎を学ぶ。
2　物語を通して、古文の世界に親しむ。
3　登場人物の心情を読み取る。
4　古文読解のための基本的文法を身につける。

❖作品解説

〈名称〉

『宇治拾遺物語』には、成立後まもないころ、後人が付けたと思われる序文があり、それによると、当時、書名の由来が二説に分かれていたと記されている。すなわち、一説は、先行する「宇治大納言物語」に遺《のこ》されたものを拾い集めたとする説であり、もう一つの説は「宇治大納言物語」が侍従俊貞《としさだ》という人のもとにあり、侍従のことを唐名で拾遺と呼ぶところから『宇治拾遺物語』と命名したとするものである。

〈編者〉

編者は不明である。古くは源隆国《たかくに》説もあったが、現在では否定説が強い。しかし、内容からみて、京都に住む下級貴族のだれかによって編《あ》まれたのであろう。

〈成立年代〉

諸説があるが、はっきりしない。採録された話を史実に照らして推測すると、治承四（一一八〇）年から仁治三（一二四二）年ごろに集められたものと思われる。一応、十二世紀末に成立を見、十三世紀前半に現在の形になったとしておこう。

〈構成・内容〉

長短一九七の説話から成り、それらが分類されることなく雑然と並べられている。書き出しの形式も、「今は昔」「これも今は昔」が多いが、ただ「これも昔」「昔」という形もあり、また、直接書き出しているものもある。

採録された話は、インド・中国・日本の三国にわたり、全体の五分の二は仏教説話で、仏や高僧の霊験譚《れいげんたん》・発心譚《ほっしん》・往生譚《おうじょう》、高僧の逸話から破戒僧の話、稚児《ちご》の話などを収めてあり、世俗説話では、貴族の逸話、芸能譚・恋愛譚、鳥獣の報恩譚、盗人の話、庶民の奇譚などが収められてあり、特に滑稽《こっけい》譚が多く、登場人物も多彩である。

〈文体〉

全体的にいえば『今昔物語集』の文体を和らげた、平安期の和文体に近い文章といえよう。また、それぞれの話が、会話を多く盛り込んだ軽妙な語り口によっている。漢語・仏語の使用も、『今昔物語集』に比べると少なくなっており、漢文口調も和文に溶け込んで、かえって簡潔できびきびした表現効果を上げている。反面、口語・俗語の使用が目立ち、音便・代名詞・敬語・助動詞などには中世語としての特徴が現れてきている。

〈出典〉

本文は、「日本古典文学全集 28」（一九七三年・小学館刊）によっている。

❖本文の研究 一九・1〜5

〈語釈・語法〉

今は昔 「今となっては昔の話だが」という意味。古い物語や説話の冒頭に用いられる慣用句。

比叡《ひえ》の山 比叡山延暦寺《えんりゃくじ》。

児《ちご》 親元から寺院に預けられ、雑用に従事したり、仏道の修行を行う少年のこと。貴族や武家など身分ある家の少年が多かった。

つれづれに 何もすることがなく、退屈な様子。手持ちぶさたに。

いざ 他人に行動をうながすことば。さあ。

かい《イ》もちひせむ《ン》 「かきもちひ」のイ音便。ぼたもちやぼたもちなどのやわらかいもちのこと。ぼたもちを作ろうの意。

言ひ《イ》けるを 言ったのを。

心寄せ 期待すること。

さりとて そうかといって。上にくる内容を受け、逆接で続ける。

し出《い》ださむ《ン》 作りあげるを意味する「し出だす」の、その未然形「し出ださ」に、婉曲の助動詞「む」がついた形。「む」は仮定とも考えられる。

寝ざらむ《ン》も 寝ないのも。

わろかりなむ《ン》、と思ひ《イ》て 「わろし」は、格好が悪いの意。「なむ」は、強意の助動詞＋推量の助動詞。「わろかりなむ」は、格好が悪いだろうという意味を示す。「思ひて」は「思いて」と読む。

片方《かたかた》 片隅。かたわら。

よし そぶり。様子。

ひしめき合《あ》ひ《イ》たり 「ひしめく」は、にぎやかに騒ぐこと。「合ふ」は、複数のものが同じ動作をする意味。

〈品詞分解〉

これ(代) も(係助) 今(名) は(係助) 昔(名)、比叡の山(名) に(格助) 児(名) あり(ラ変・用) けり(過・終)。僧たち(名(接尾))、宵(名) の(格助) つれづれ(名) に(格助)、「いざ(感)、かいもちひ(名) せ(サ変・未) む(意・終)。」と(格助) 言ひ(四・用) ける(過・体) を(格助)、こ(代) の(格助) 児(名)、心寄せ(名) に(格助) 聞き(四・用) けり(過・終)。さりとて(接)、し出ださ((複)四・未) む(婉・体) を(格助) 待ち(四・用) て(接助) 寝(下二・未) ざら(消・未) む(仮・体) も(係助)、わろかり(形・用) な(強・未) む(推・終)、と(格助) 思ひ(四・用) て(接助)、片方(名) に(格助) 寄り(四・用) て(接助)、寝(下二・用) たる(存・体) よし(名) にて(格助)、出で来る((複)カ変・体) を(格助) 待ち(四・用) ける(過・体) に(接助)、すでに(副) し出だし((複)四・用) たる(完・体) さま(名) にて(格助)、ひしめき合ひ((複)四・用) たり(存・終)。

一九・6～二一・3

〈語釈・語法〉

さだめて　必ず。きっと。

おどろかさむ《ン》ずらむ《ン》　「おどろかさ」は、「おどろかす」の未然形で、人の目を覚まさせること。「むず」は「む・と・す」が変化したもので、推量の助動詞。

待ちゐ《イ》たるに　待っていると。「ゐる」は、動作や状態が続くことを示す。「ゐたる」は「いたる」と読む。

おどろかせたまへ《エ》　「おどろく」は目を覚ますの意。「せたまへ」は、尊敬の助動詞と尊敬の補助動詞の二重敬語。おそらく身分ある家の子どもであろう児への敬意を表す。

いらへ《エ》む《ン》も　「いらへ」は、返事をするという意味の「いらふ」の未然形。返事をするも、の意。

待ちけるかともぞ思ふ《ウ》　「もぞ」は、「…としたら困る」というような、不安や懸念を表す。「思ふ」は「思う」と読む。

念じて　我慢して。

な起こしたてまつりそ　「な」は、「な…そ」で禁止を表す副詞。「たてまつり」は謙譲語。

寝入りたまひ《イ》にけり　「たまひ」は尊敬の補助動詞。

あな　ああ、という感動詞。

わびし　情けない。残念だ。

ただ食ひ《イ》に食ふ《ウ》　「に」は、同じ動詞を重ねて強調する助詞で、「ひたすら…する」という意味になる。

すべなくて　どうしようもなくて。「すべなし」の「すべ」とは、方法・手段の意味。

無期《むご》　長時間。ずっと。「期（ご）」の読み方に注意すること。

かぎりなし　この上ない。ここでは、笑いが止まらなかったことを表す。

〈品詞分解〉

こ(代) の(格助) 児(名)、さだめて(副) おどろかさ(四・未) むず(推・終) らむ(現推・終)、と(格助)

待ちゐたるに、僧の、「もの申しさぶらはむ。おどろかせたまへ。」と言ふを、うれしとは思へども、ただ一度にいらへむも、待ちけるかともぞ思ふとて、今一声呼ばれていらへむ、と念じて寝たるほどに、「や、な起こしたてまつりそ。幼き人は寝入りたまひにけり。」と言ふ声のしければ、あなわびし、と思ひて、今一度起こせかし、と思ひ寝に聞けば、ひしひしと、ただ食ひに食ふ音のしければ、すべなくて、無期の後に、「えい。」といらへたりければ、僧たち笑ふことかぎりなし。

〈鑑賞〉

この話の主人公である「児（ちご）」は、幼いころから寺院に預けられ、行儀見習いや仏道の修行を行う少年たちのこと。貴族や武士の次男・三男が多かったようだ。その身分の高さから、僧たちも丁寧に対応していたようで、この説話の中でも、児に対して敬語が使われている。

この話は、僧たちがぼたもちを作る相談をしているのを聞いた児が、期待しながら寝たふりをして待っている、ほほえましい様子からはじまる。児は起きるようにと声をかけられたものの、すぐに返事をするのはいかにも待っていたかのようだからと、もう一度呼ばれたら返事をしようと思う。しかし、別の僧が「幼き人は寝入りたまひにけり。」と言ったものだから、返事をして起きるタイミングを逃してしまう。どうしようもなくなって、しばらくしてから「はい」と返事をする間の抜けた、しかし他愛のない様子が、時代をこえてほのぼのした笑いと親しみやすさを感じさせる。

❖構成・主題

〈構成〉

(1)（一九・1〜5）

僧たちがぼたもちを作ろうと話すのを聞いた児が、寝たふりをして待っていると、もうできあがっている様子で、集まって騒ぎ合っている。

(2)（一九・6〜二一・3）

やがて僧が起こしてくれたが、一度で返事すると待っていたように思われるから、もう一度声をかけられるまで待とうと児は思う。しかし、児が寝ていると思った僧たちはぼたもちを食べ始め、我慢しきれなくなった児は、だいぶたって「はい」と返事をして、大笑いされてしまった。

〈主題〉

比叡山にいる児の、かいもちいを食べたい葛藤と、僧たちとのかけあいの面白さ。

❖理解と表現の解説

〈理解〉

(1) 次のことばの意味を、現代語訳で確かめなさい。また、辞書でも調べなさい。

ⓐつれづれ（一九・1）　ⓑおどろく（一九・7）

ⓒいらふ（二〇・1）　ⓓ念ず（二〇・4）

解答例　ⓐ手持ちぶさた。　ⓑ目覚める。　ⓒ返事をする。　ⓓ我慢する

解説　ⓐ語源は「連れ連れ」で、同じ状態が長く持続することをいうのが、原義である。なすこともなく気の晴れないこと、所在なくふさぎこむこと、さらには孤独で寂しい気持ちを表すこともある。　ⓑ原義は、物音や外的刺激に対してはっとするの意。現代語のように「びっくりする」という意味で使われることもあるが、不意をつかれてはっと気づくなどの意味でも使われる。　ⓒ「答ふ」「応ふ」とも書く。下二段の自動詞で、連用形の名詞化した「いらへ」は、返事、返答の意味。ⓓ祈るという意味だけではないので注意する。「念じ余る」「念じ返す」「念じ過ぐす」「念じ果つる」などの複合形における「念じ」は、すべて我慢するの意になる。

(2) 「児」が心の中で思っている部分を、本文中からすべて抜き出しなさい。

解答例　「さりとて、し出ださむを待ちて寝ざらむも、わろかりなむ」（一九・3）「さだめておどろかさむずらむ」（一九・6）「うれし」（一九・7）「ただ一度にいらへむも、待ちけるかともぞ思ふ」（二〇・1）「今一声呼ばれていらへむ」（二〇・3）「あなわびし」（二〇・9）「今一度起こせかし」（二〇・10）

解説　児が心の中で思っていた部分は、文中に七つある。「と」「とて」ということばに注意して探す。

(3) この話のおもしろさはどのような点にあるか、考えなさい。

解答例　子どもなりに知恵をめぐらし、気を遣う前半と、思うように事が運ばず、最後は誘惑に負けてボロを出し、皆に笑われる後半の落差が面白い。　またそこには、食べ物への執着や、周囲への見栄や気配りなど、だれもが共感できるいきいきとした人間感情が描かれている。

〈表現〉

(1) 歴史的仮名遣いに注意しながら、本文を繰り返し声に出して読んでみよう。

解説 本文中の歴史的仮名遣いは語頭以外の「は・ひ・ふ・へ・ほ」を原則として「ワ・イ・ウ・エ・オ」と発音するものがほとんどである。「言ひける」→「言イける」、「言ふ」→「言ウ」、「おどろかせたまへ」→「おどろかせたまエ」、など。また、助動詞「む・むず・けむ・らむ」などの「む」は「ン」と発音する。「かいもちひせむ」→「かいもちイせン」、「し出ださむ」→「し出ださン」など。他に、「ゐ・ゑ・を」は「イ・エ・オ」と発音する。「待ちゐたる」→「待ちイたる」。

大納言《だいなごん》顕雅卿《あきまさきょう》

［十訓抄《じっきんしょう》］

❖学習の視点

1　年少者を教導する目的で編まれた説話という平易な文章で、古文に親しむ。

2　通読して話の内容を把握し、何が教訓とされているのかを理解する。

3　登場人物のそれぞれの言動によって、その心理を推し量る。

❖作品解説

〈名称〉

「じっきんしょう」、または「じっくんしょう」。この書名については、少年の「心をつくる便《たより》となさしめむがために、十段の篇《へん》を別《わか》ちて、十訓抄と名づく（正しい思慮分別《ふんべつ》を身につける手がかりとするために、試しに教訓を十の編に分け、それゆえ十訓抄と命名した）」と、序《じょ》にある。

〈編者〉

未詳。伝本の多くに六波羅《ろくはら》二臈《じろう》左衛門《ざえもん》入道《にゅうどう》作という奥書があり、これは間違いないだろうとされるが、この人物がだれかという点については、諸説あって特定されていない。おそらく京都にいた鎌倉幕府の武士で、知識階級に属する一人だったのではないかと見なされている。

〈成立年代〉

建長《けんちょう》四（一二五二）年成立。序に「建長四年の冬、神無月のなかばのころ」とある。この前年には『続後撰和歌集《しょくごせんわかしゅう》』が奏覧され、王朝復興、文芸復興の一時期であった。

〈組織・内容〉

鎌倉中期の説話集。十か条の訓戒を掲げ、平安朝を中心に古今和漢の説話二百八十余話を配する。年少者の啓蒙《けいもう》を目的に編まれ、その後の教訓書の先駆けとなった。

第一　人に恵《めぐみ》を施すべき事（人に恩恵を施すべきこと）
第二　憍慢《きょうまん》を離るべき事（おごりを避けるべきこと）
第三　人倫を侮《あなず》らざる事（人を侮ってはいけないこと）
第四　人の上を誡《いまし》むべき事

（人のことについて気をつけるべきこと）

第五　朋友《ほうゆう》を撰《えら》ぶべき事（友を選ぶべきこと）

第六　忠直を存ずべき事（忠実、実直を心得ること）

第七　思慮を専らにすべき事

（ひたすら思慮深くあるべきこと）

第八　諸事を堪忍すべき事（すべてを忍耐するべきこと）

第九　懇望《こんぼう》を停《とど》むべき事（願望を持つべきでないこと）

第十　才芸を庶幾《しょき》すべき事（才芸を願うべきこと）

〈文体〉

伝統的な文章語で、わかりやすく書かれている。啓蒙しようとする意図に、編者自身の物語る楽しみも加味されている。

〈出典〉

本文は「新編日本古典文学全集　51」（一九九七年・小学館刊）による。

❖本文の研究　二四・1〜5

〈通釈〉

楊梅大納言顕雅卿は、若いときからたいへん言い間違いをなさった。

十月の頃、ある宮腹の方のところに参上して、御簾の外で、女房たちと話をされた時に、時雨がさっと降ってきたので、供の使用人を呼んで、「車が降るから、時雨を入れなさい。」とおっしゃったのを、「車軸とかなのか（が降ってくるの）だろうか、恐ろしいことです。」と言って、御簾の内（の女房たち）は、笑っていらっしゃった。

〈語釈・語法〉

いみじ　程度がはなはだしいこと。

参る　「参る」は「行く」の謙譲語。参上する。

ものがたりす　漢字では「物語す」と書く。おしゃべりする。

時雨　冬の季語。降ったりやんだりする雨。

のたまふ　「言ふ」の尊敬語。

車軸とかやにや　もともとは「車軸とか言ふやにやあらむ」。係り結びの省略。

笑いあふ　「あふ」は補助動詞。一緒に〜するの意味。

〈品詞分解〉

楊梅大納言顕雅卿（名）　は（係助）、若く（形・用）　より（格助）　いみじく（形・用）　言失（名）

を（格助）　ぞ（係助（係））　し（サ変・用）　たまひ（補動・四・用（尊））　ける（過・体（結））。

神無月（名）　の（格助）　ころ（名）、ある（連）　宮腹（名）　に（格助）　参り（四・用（謙））

て（接助・単純）、御簾（名）　の（格助）　外（名）　にて（格助）、女房たち（名（接尾））　と（格助）　ものがたり（名）

せ（サ変・未）　られ（尊・用）　ける（過・体）　に（格助）、時雨（名）　の（格助）　さと（副）　し（サ変・用）　けれ（過・已）

ば（接助・順確）、供（名）　なる（断・体）　雑色（名）　を（格助）　呼び（四・用）　て（接助）、「車（名）　の（格助）　降る（四・体）

に[接助・順接]、時雨[名]さし入れよ[(接頭)下二・命]。」と[格助]のたまひ[四・用(尊)]ける[過・体]を[接助・順接]、「車軸[名]と[格助]か[係助]や[間助]に[断・用]や[係助(係)(結・省)]、おそろし[形・終]や[間助]。」とて[格助]、御簾[名]の[格助]内[名]、笑ひ[四・用]あは[補動・四・未]れ[尊・用]けり[過・終]。

二四・6～二五・2

〈通釈〉

そこで、ある女房が「言い間違いは、いつもなさっていると聞いておりますが、ほんとうでしょうか。(言い間違いを直す)祈禱はなさるのですか。」と言われたところ、「そのために、三尺のねずみをつくり、供養しようと思っています。」とおっしゃった。ちょうどその時、ねずみが御簾の端を走って通るのを見て、観音と(ねずみを)思い違えて、おっしゃったのである。「時雨を入れなさい。」にまさっておもしろかった。

〈語釈・語法〉

聞こゆれば　已然形につく接続助詞「ば」は、順接確定条件。

をかし　ここは、現代語と同じで、滑稽の意味。

〈品詞分解〉

さて[接]、ある[連]女房[名]の[格助]、「御いひたがへ[(接頭)名]、つねに[副]あり[ラ変・終]と[格助]聞こゆれ[下二・已]ば[接助・順確]、まことに[形動・用]や[係助(係)(結・省)]、御祈り[(接頭)名]の[格助]ある[ラ変・体(結)]ぞ[係助]や[間助]。」と[格助]言は[四・未]れ[尊・用]けれ[過・已]ば[接助・順確]、「そ[代]の[格助]ため[名]に[格助]、三尺[名]の[格助]ねずみ[名]を[格助]つくり[四・用]、供養せ[サ変・未]む[意・終]と[格助]思ひ[四・用]はべる[補動・ラ変・体(丁)]。」と[格助]言は[四・未]れ[尊・用]たり[完・用]ける[過・体]。をりふし[副]、ねずみ[名]の[格助]、御簾[名]の[格助]きは[名]を[格助]走り通り[(複)四・用]ける[過・体]を[格助]見[上一・用]て[接助]、観音[名]に[格助]思ひまがへ[(複)下二・用]て[接助]、のたまひ[四・用(尊)]ける[過・体]なり[断・終]。「時雨[名]さし入れよ[(接頭)下二・命]。」に[格助]は[係助]まさり[四・用]て[接助]をかしかり[形・用]けり[過・終]。

❖発問の解説

(二四ページ)

1 女房たちは、どうして「おそろしや。」と言ったのか。

解答例 顕雅卿が、雨が降るのではなく、車が降ると言ったので、それなら車軸が降るのか、そんなものが降ったら怖いと、ふざけたのだ。

❖構成・主題

〈構成〉

(1)（二四・1〜5）

大納言顕雅卿は、若い頃より言い間違いをなさった。ある宮腹の方のところに参上して、「車が降るので、時雨を入れなさい。」と言って、女房たちに笑われた。

(2)（二四・6〜二五・2）

女房たちに、言い間違いを直すために、「三尺のねずみをつくり、供養しようと思っています。」と、また観音をねずみと言い間違えをなさった。「時雨を入れなさい。」より、さらに面白かった。

〈主題〉

大納言顕雅卿がした言い間違いの滑稽な話。

❖理解・表現の解説

〈理解〉

(1) **大納言顕雅卿の言い間違いを二つ、本文から抜き出し、本当は何と言おうとしていたのか考えなさい。**

解答例 「車の降るに、時雨さし入れよ。」「三尺のねずみをつくり、供養せむと思ひはべる。」→「時雨の降るに、車さし入れよ。」「三尺の観音をつくり、供養せむと思ひはべる。」

(2) **大納言顕雅卿はなぜ言い間違いをしたのか、話し合いなさい。**

解説 初めの言い間違いは、「車」と「時雨」を入れ替えてしまったため。二つ目の言い間違いは、ねずみが走るのを見て、それに気を奪われて、「観音」と言うべきところを「ねずみ」と言ってしまったため。

〈表現〉

(1) **次のことばを辞書で調べて、その品詞と意味を書き出しなさい。**

ⓐいみじく（二四・1）　ⓑ参り（二四・2）
ⓒさと（二四・3）　ⓓぞ（二四・7）
ⓔをりふし（二四・8）　ⓕきは（二四・9）
ⓖ思ひまがへ（二四・9）　ⓗをかしかり（二五・2）

解答例 ⓐいみじく…形容詞。素晴らしい。ひどい。
ⓑ参り…動詞。参上する。
ⓒさと…副詞。さっと。
ⓓぞ…助詞（係助詞）。強意。
ⓔをりふし…副詞。ちょうどその時。
ⓕきは…名詞。端。
ⓖ思ひまがへ…動詞。思い違いをする。
ⓗをかしかり…形容詞。趣がある。滑稽である。

絵仏師良秀《りょうしゅう》

［宇治《うじ》拾遺《しゅうい》物語］

❖学習の視点

1 古文の文章に読み慣れる。
2 脚注を活用し、古語辞典を使って、全文を現代語訳してみる。
3 登場人物の人間像をとらえる。
4 説話文学の表現や文体の特徴を考える。
5 できれば、この作品に素材をとった芥川龍之《あくたがわりゅうの》介《すけ》の『地獄変』と読み比べ、説話のおもしろさを考える。

❖作品解説

〈名称〉〈編者〉などは、本書一〇ページ参照。

芥川龍之介には古典に素材を求めた作品が多いが、そのうち、『宇治拾遺物語』に取材したものは、次のとおりである。

○「鼻」（一九一六年）――「鼻長き僧のこと」（第二十五話）
○「芋粥《いもがゆ》」（一九一六年）――「利仁《としひと》芋粥のこと」（第十八話）
○「道祖問答」（一九一七年）――「道命和泉式部のもとにおいて読経五条の道祖神聴聞のこと」（第一話）
○「地獄変」（一九一八年）――「絵仏師良秀家の焼くるを見て悦《よろこ》ぶこと」（第三十八話）
○「竜」（一九一九年）――「蔵人得業猿沢の池の竜のこと」（第百三十話）

〈出典〉

本文は「日本古典文学全集 28」（一九七三年・小学館刊）収録の「絵仏師良秀家の焼くるを見て悦ぶ事」（第三十八話）による。

❖本文の研究

二七・1～二九・3

〈通釈〉

これも今となっては昔のことだが、絵仏師の良秀という者がいたそうだ。家の隣から、火事が出て、風が吹きかぶさって、（火が）迫ってきたので、（家から）逃げ出して、大通りへ出てしまった。（家の中には）人が（良秀に注文して）描かせた仏様（の絵）もあった。また、着物も着ないで（あわてふためいている）妻子なども、そのまま（火の回った）家の中にいた。（良秀は）それもかまわず、ただ自分だけ逃げ出したのをよいことにして、道の向かい側に立っていた。

見ると、（火は）すでに自分の家に燃え移って、煙や炎がくすぶり立つまで、（その間）ほとんど、向かい側に立って眺めていたので、「たいへんなことですね。」と言って、人々が見舞いに来たけれども、（良秀は）動じない。「どうしたのか。」と人々が言ったところ、（良秀はやはり道の）向かい側に立って、家の焼けるのを見て、（ひとりで）うなずいて、時々笑っている。（良秀が）「ああ、たいへんなもうけものをしたものだ。（それにしても今までは）長い間、下手《へた》に描いていたものだなあ。」と言う時に、見舞いに来た人々が、「これはまたどうして、このように立っておられるのか。あきれたものだ。物の怪《け》がのり移っていらっしゃるのか。」と言ったところ、「なんで、物の怪が憑《つ》くはずがあろうか。（わたしは）長年、不動明王の火炎を下手に描いていたものだ。今（火炎を）見ると、火炎というものはこんなふうに燃えるものなのだなあと、納得がいった。これこそもうけものだ。（わたしは）仏画を描くことによって、世の中で暮らしているのだから、仏の絵さえ立派に描き申していれば、百軒千軒の家を建てられるだろう（だから現在の家が焼けても惜しくはない）。あなたがたこそ、たいした才能もお持ちではないのだから、（せいぜい、今持っている）物を惜しみなさい。」と言って、あざ笑って立っていた。

〈語釈・語法〉

絵仏師良秀といふ《ウ》ありけり　「いふ」の後には「者」「人」などの体言を補って解す。「けり」は過去の助動詞で、気づきの「けり」といわれるように、語り手が、じつは……なのだった、と聞き手に対していかにも真相をうちあけるといった趣をもち、いわゆる語りの文体の基本形となっている。

風押しおほひ《オイ》て　「押しおほふ」は押すようにしてかぶさる意。

責めければ　迫ってきたので。「ければ」は「けり」の已然形に接続助詞「ば」の付いた形で、確定条件を表す。

大路《おおじ》　大通り。都大路。対 小路《こうじ》。

人の描《か》かする仏もおはし《ワ》けり　人が良秀に仏画を注文して描かせたのである。「おはす」は「居る」の尊敬語で、ここは作者の仏に対する敬意を表す。

衣《きぬ》着ぬ妻子《めこ》　「衣」は外出できる程度の着物。「妻子」は良秀の妻と子である。

さながら　そのまま、すべて、の意の副詞

それも知らず　それもかまわず。「それ」は、家の中に仏画や妻子などがいることをさす。

おほ《オ》かた　だいたい、おおよそ、の意の副詞。

眺《なが》む　じっと見ている意の動詞。

あさましきこと　「あさまし」は、事の意外さに驚く心情を表す。火事が不意に出たことに対する人々の心情である。形容詞。

いかに　どうしたのだ。下に「したるぞ」などが省略されている。
あは《ワ》れ　ああ、という感動詞。
しつるせう《ショウ》とくかな　たいへんなもうけものをしたなあ。「しつる」はサ変動詞「す」に、完了の助動詞「つ」の連体形が付いた形で、うまくやった、の意。
年《とし》ごろ　長年。名詞。
わろく　下手に。あとに「悪しく描きけるなり」（二八・2）とある。〈通釈〉では、どちらも「下手に」と訳したが、「わろし」「あし」の関係は、悪い程度が「あし」のほうが強い。形容詞。［対］よろし―よし。
とぶらふ　①訪問する。②調べる。③見舞う。④世話をする。ここでは③の意。
こ　これ。代名詞。
かくては立ちたまへ《エ》るぞ　こうして立っていらっしゃるのか。「かく」は「向かひ《イ》に立ちて、家の焼くるを見て、うちうなづ《ズ》きて、時々笑ひ《イ》けり。」をさす。「たまふ」は、尊敬の意の補助動詞。
あさましきことかな　この「あさまし」は、自分の家が焼け、中には仏の絵や妻子がいるというのに、良秀が平然としている態度を意外に感じた心情を表している。
なんでふ《ジョウ》　「なにといふ」のつづまった形。どうして、の意。
悪し　劣っていること。下手であること。
この道を立てて世にあらむ《ン》には　「この道」は絵仏師としての道。「世にあらむには」は、世に生きていくからには。
出《い》で来《き》なむ《ン》　この場合は、家が建つことを言っている。「な」は完了の助動詞「ぬ」の未然形で、強意の用法。「出で来む」を強めている。
させる能もおは《ワ》せねば　自分（良秀）なら、家くらい失っても、仏の絵さえうまく描けば、いくらでも金が入るし、家など、百軒でも千軒でも建てられる。しかし、あなたがたは、わたしみたいな才能を持っていないから、（せめて今持っているものを大切にしなさい。）という気持ち。

〈品詞分解〉

これ（代）　も（係助）　今（名）　は（係助）　昔（名）、絵仏師良秀（名）　と（格助）　いふ（四・体）　あり（ラ変・用）
けり（過・終）。家（名）　の（格助）　隣（名）　より（格助）　火（名）　出で来（（複）カ変・用）　て（接助）、風（名）
押しおほひ（（接頭）四・用）　て（接助）　責め（下二・用）　けれ（過・已）　ば（接助・順確）、逃げ出で（（複）下二・用）　て（接助）、
大路（名）　へ（格助）　出で（下二・用）　に（完・用）　けり（過・終）。人（名）　の（格助）　描か（四・未）　する（使・体）　仏（名）
も（係助）　おはし（サ変・用（尊））　けり（過・終）。また（接）、衣（名）　着（上一・未）　ぬ（消・体）　妻子（名）　など（副助）
も（係助）、さながら（副）　内（名）　に（格助）　あり（ラ変・用）　けり（過・終）。それ（代）　も（係助）　知ら（四・未）
ず（消・用）、ただ（副）　逃げ出で（（複）下二・用）　たる（完・体）　を（格助）　事にし（サ変・用）　て（接助）、向かひ（名）

の面に立てり。
見れば、すでにわが家に移りて、煙・炎くゆりけるまで、おほかた、向かひの面に立ちて眺めければ、「あさましきこと。」とて、人ども来とぶらひけれど、騒がず。「いかに。」と人言ひければ、向かひに立ちて、家の焼くるを見て、うちうなづきて、時々笑ひけり。「あはれ、しつるせうとくかな。年ごろはわろく描きけるものかな。」と言ふ時に、とぶらひに来たる者ども、「こはいかに、かくては立ちたまへるぞ。あさましきことかな。ものの憑きたまへるか。」と言ひければ、「なんでふ、ものの憑くべきぞ。年ごろ、不動尊の火炎を悪しく描きけるなり。今見れば、かうこそ燃えけれ、と心得つるなり。これこそせうとくよ。この道を立てて世にあらむには、仏だによく描きたてまつらば、百千の家も出で来なむ。わたうたちこそ、させる能もおはせねば、物をも惜しみたまへ。」と言ひて、あざ笑ひてこそ立てりけれ。

二九・四

〈通釈〉

その後のことであろうか、良秀のよじり不動といって、今でも人々が（口々に）賞《ほ》め合っている。

〈語釈・語法〉

その後にや　下に「ありけむ」が略された形。係助詞「や」の結びは、省略された「けむ」であり、一種の挿入句とみられる。

良秀がよぢ《ジ》り不動　「が」は連体格の格助詞。「の」に当たる。

めづ《ズ》　①愛する。②賛美する。③好む。ここでは、②。

〈品詞分解〉

その	の	後	に	や	、良秀	が	よぢり不動
代	格助	名	断・用	係助(係)(結・省)	名	格助	名

とて、	今に	人々	めであへ	り。
格助	副	名	(複)四・命	存・終

❖発問の解説

（二七ページ）

1 **これ以下、「向かひの面に立」っていることが繰り返し語られるが、それによってどのようなことが強調されているか。**

解答例　良秀が家の向かいに立っている様子は、「おほかた、向かひの面に立ちて眺めければ」（二七・5）、「向かひに立ちて、家の焼くるを見て」（二七・7）、「あざ笑ひてこそ立てり」（二九・3）などの表現で出てくる。これらの表現から、良秀が、自分の家が焼けているのを、まるで人ごとのように眺めて、動じない姿が浮かんでくる。良秀の常人ではない様子が強調され、描かれていると言える。

❖構成・主題

〈構成〉

この文章は全体で一段落とみてもよいが、一応、良秀のエピソードと結びの部分に分けてみた。なお、第一段落はさらに二つに分けることもできる。

(1)　（二七・1〜二九・3）　絵仏師良秀は、隣家の火事で自分の家が焼けるのに平然として火災を見つめ、不動明王の火炎の描き方を会得した。

①良秀は自分の家が焼けたが、妻子がまだ家の中にいるのもかまわず、自分だけ逃げ出す。（二七・1〜4「立てり。」）

②良秀は家が焼けるのを見て、もうけものだと喜ぶ。それを不審に思った見舞客に、実際の炎の燃え方を悟れたので、これからの自分の絵は評判となり、やがて富裕にもなるだろうと、高笑いする。（二七・5〜二九・3）

(2)　（二九・4）　その後、彼の仏画は良秀のよじり不動として、人々にたたえられた。

〈主題〉

絵仏師良秀という特異な人物の、したたかな人間像。

❖理解・表現の解説

〈理解〉

(1)　**見舞いに来た者は良秀に何と言ったか。また、そのように言ったのはなぜか、まとめなさい。**

解答例　見舞いに来た者は、まず「あさましきこと。」と、良秀に見舞いのことばをかける。しかし平然としている良秀に「いかに。」と、不思議に思って声をかけている。それに対して良秀がうなずいたり、笑ったりして、自分の絵のことだけを考えているのを見て、「こはいかに…」と、驚きあきれて言っている。

(2)「時々笑ひけり」（二七・8）、「あざ笑ひてこそ」（二九・3）とあるが、それぞれの笑いに込められた良秀の気持ちを考えなさい。

解答例 前者は「うちうなづきて」とあるように、ほんものの火炎を見て、不動明王の火炎の描き方を会得したのである。そして、妻子のことなど忘れて、会心の笑みを浮かべたのである。一方、後者は、「仏だによく描きたてまつらば、百千の家も出で来なむ」と現実的でしたたかな考え方に基づく笑いで、その自分に比べて何の才能もないあなたがたは、せいぜい物を惜しめ、と、見舞いの人々を嘲《あざけ》った傲慢《ごうまん》な笑いである。

(3) この話の語り手は、良秀をどのように見ているか、考えなさい。

解答例 家に残された妻子や、家が焼けることを少しも意に介さず、笑みさえ浮かべて平然と見ている良秀の態度は、まさに冷酷で異常とも言える。しかも、家くらい焼けても、それで火炎の描き方を会得できたのだから、たいへんなもうけものだ、仏さえうまく描けば、家なんか百軒でも千軒でも造ることができる、という良秀の気持ちは、したたかで、目を見張らせるものがある。しかし、最後に「その後にや、良秀がよぢり不動とて、今に人々めであへり。」とあることから分かるように、語り手は良秀を、一人の抜きん出た職人として、そのしたたかな生き方とともに認めている。

　なお、芥川龍之介にも、この話に材料を採った「地獄変」があるが、こちらはいわゆる芸術至上主義の人物としてとらえられている。

〈表現〉

(1) 次のことばを辞書で調べて、その品詞と意味を書き出しなさい。

ⓐおほかた（二七・5）　ⓑ眺め（二七・6）
ⓒあさましき（二七・6）　ⓓあはれ（二七・8）
ⓔ年ごろ（二七・9）　ⓕわろく（二七・9）
ⓖこ（二七・10）

解答例 ⓐ副詞。だいたい、ほとんど、の意味。ⓑ動詞「眺む」の連用形。眺める、の意味。ⓒ形容詞「あさまし」の連体形。驚くの意味。ⓓ感動詞。ああ、という感嘆の声。ⓔ名詞。長年。現代語の「年ごろ」とは意味が異なる。ⓕ形容詞「わろし」の連用形。下手に。ⓖ代名詞。これ。「こはいかに」はこれはどうしたことかの意。

大江山《おおえやま》

［十訓抄《じっきんしょう》］

❖学習の視点

1　年少者を教導する目的で編まれた説話という平易な文章で、古文に親しむ。

2　通読して話の内容を把握し、何が教訓とされているのかを理解する。

3　登場人物のそれぞれの言動によって、その心理を推し量る。

4　百人一首にも選ばれている名歌の背景を知ることで、和歌の奥深さ、おもしろさを味わう。

❖作品解説

〈名称〉〈編者〉〈成立年代〉〈組織・内容〉〈文体〉は、本書一六ページ参照。

〈出典〉

本文は「新編日本古典文学全集　51」（一九九七年・小学館刊）による。

❖本文の研究　三〇・1〜三〇・9

〈通釈〉

和泉式部《いずみしきぶ》が藤原保昌《ふじわらのやすまさ》の妻として、丹後《たんご》の国に下っていたころ、都で歌合《うたあわせ》があって、娘の小式部内侍《こしきぶのないし》が歌人に選ばれた。彼女は歌合に出す和歌をよんだのだが、藤原定頼《ふじわらのさだより》中納言はふざけて、小式部内侍に向かって、「丹後に遣わした人は戻ってまいりましたか。さぞ、ご心配のことでしょう。」と言って、彼女の部屋の前を通り過ぎようとしたところ、彼女は御簾《みす》から半身をのり出して定頼卿《きょう》の直衣《のうし》の袖《そで》をかろうじてつかんで引き止め、

大江山《おおえやま》を越えて生野《いくの》に行く道はとても遠いので、私はまだ天《あま》の橋立《はしだて》を踏んでみたこともありませんし、文《ふみ》も見ていません。

とよみかけた。定頼卿は全く思いがけなかったので、驚いてしまい、「これはどうしたことだ。こんなことがあるか」とだけ言って、返歌することもできず、小式部内侍にとらえられていた直衣の袖を引っぱり取って、逃げて行かれた。

〈語釈・語法〉

歌よみにとられて　歌人として選ばれて。

たは《ワ》ぶれて　「たわむれる」の古語「戯る《たわぶ》」は、相手におもしろ半分の態度で接する意。①遊び興じる。②ふざけかかる。からかう。③異性に対してふざける。ここでは②の意。

丹後へ遣は《ワ》しける人　丹後の和泉式部のところへ使いに出した者。和泉式部は優れた歌人として定評があり、定頼は、そのお母さんに手助けを頼むため使いを出しただろうと、からかったのである。

参る　「行く」「来」の謙譲語。ここは、定頼から小式部内侍への敬意を表している。

いかに　①（状態などについての疑問を表すのに用いて）どのように。どんなふうに。②（程度などについて推測する気持ちを表す場合に用いて）どんなに。どれほど。さぞ。③（原因・理由などについての疑問を表す場合に用いて）どうして。なぜ。ここでは②の意。

心もとなく　「心許《もと》なし」は、気持ちばかりが先行して、どうにも制御できないというのが原義。①待ち遠しく思って心がいらだつ。じれったい。②気づかわしい。不安だ。③ぼんやりしている。あるかないかの程度である。ここでは①の意。

おぼす　「思ほ《オ》す」の転。「思う」の尊敬語。お思いになる。

局《つぼね》　宮中や貴族の邸宅などで、そこに仕える女性に与えられる、仕切られた部屋。

御簾《みす》　すだれの敬称。

なからばかり　「なから」は、半分ほど。「ら」は、おおよその状態を表す接尾語。「ばかり」は、①（限定を表す）……だけ。②（おおよその分量・状態・程度などを表す）……ほど。ここでは、①②のどちらともとれる。①なら「半身だけ」であり、②なら「半身ほど」である。小式部内侍は御簾越しに体半分ほどのり出して、定頼の袖をとらえたのである。女房装束《にょうぼうしょうぞく》では、とっさに立って歩くのは難しい。近い場所へは、ひざでいざって動くので、ちょうど袖のたもとが握りやすい位置になる。

わづ《ズ》かに　①少しばかり。たった。②やっと。かろうじて。ここでは②の意。

ひかへ《エ》て　「控ふ《ひこう》」の連用形に接続助詞「て」がついた形。「ひか《コ》ふ《ウ》」は、①引き止める。②見合わせる。ここでは①の意。

天の橋立　日本三景のひとつ。その他の日本三景は、松島（宮城県松島湾内外に散在する大小二百六十余の諸島と湾岸一帯）と、厳島《いつくしま》（広島湾南西部の島）。

よみかけけり　「よみかく」は、和歌をよんで、その返歌をもとめる意。「けり」は、過去の助動詞。

思は《ワ》ずに　思いがけずに。形容動詞「思はずなり」の連用形。

あさましくて　「あさまし」は、動詞「あさむ」の形容詞形。意外なことに驚く意が原義で、よいときにも悪いときにも用いる。①意外である。驚くべきさまである。②あまりのことにあきれる。③あきれるほど、はなはだしい。ここでは①の意。

こはいかに。かかるやう《ヨ》やはある　これはいったいどういうことだ。このようなことがあろうか。「やは」は疑問を表す係助詞。

引き放ちて　「引き放つ」は、①矢などを引いて手元から飛ばす。②無理に遠ざける。引き離す。ここでは②の意。小式部内侍にとらえられていた袖を強引《ごういん》に引っぱって。

〈品詞分解〉

和泉式部（名）、保昌（名）が（格助）妻（名）にて（格助）、丹後（名）に（格助）下り（四・用）ける（過・体）ほど（名）に（格助）、京（名）に（格助）歌合（名）あり（ラ変・用）ける（過・体）に（格助）、小式部内侍（名）、歌よみ（名）に（格助）とら（四・未）れ（受・用）て（接助）、よみ（四・用）ける（過・体）を（接助・順接）、定頼中納言（名）たはぶれ（下二・用）て（接助）、小式部内侍（名）あり（ラ変・用）ける（過・体）に（格助）、「丹後（名）へ（格助）遣はし（四・用（尊））ける（過・体）人（名）は（係助）参り（四・用（謙））たり（完・終）や（係助）。いかに（副）心もとなく（形・用）おぼす（四・終（尊））らむ（現推・体）。」と（格助）言ひ（四・用）て（接助）、局（名）の（格助）前（名）を（格助）過ぎ（上二・未）られ（尊・用）ける（過・体）を（接助）、御簾（（接頭）名）より（格助）なから（名）ばかり（副助）出で（下二・用）て（接助）、わづかに（形動・用）直衣（名）の（格助）袖（名）を（格助）ひかへ（下二・用）て（接助）、

大江山（名）いくの（名）の（格助）道（名）の（格助）遠けれ（形・已）ば（接助・順確）まだ（副）ふみ（名）も（係助）見（上一・未）ず（消・終）天の橋立（名）

と（格助）よみかけ（（複）下二・用）けり（過・終）。思はずに（形動・用）、あさましく（形・用）て（接助）、「こ（代）は（係助）いかに（副）。かかる（ラ変・体）やう（名）やは（係助（係））ある（ラ変・体（結））。」と（格助）ばかり（副助）言ひ（四・用）て（接助）、返歌（名）に（格助）も（係助）及ば（四・未）ず（消・用）、袖（名）を（格助）引き放ち（（複）四・用）て（接助）、逃げ（下二・未）られ（尊・用）けり（過・終）。

三・1〜6

〈通釈〉

このことがあって、小式部内侍は優れた歌人だという評判が世間に広まり始めた。

この話はごく普通の当然の出来事なのだけれども、定頼卿の心の中では、まさか、これほどの和歌を即座によむとは、思ってもみなかったのだろう。

〈語釈・語法〉

おぼえ　①人に思われること。寵愛されること。②評判。世評。③感じ。感覚。④見聞したことを忘れないこと。記憶。⑤手腕についての自信。ここでは②の意。

うちまかせての　「うち」は、動詞の前に添えて意味を強めたり、音調を整えるための接頭語。「任《まか》す」は、本来は挙動のすべてを相手にゆだねるの意。

ただいま　①たった今。今現在。②すぐさま。即刻。ここでは②の意。

知られざりけるにや　「れ」は尊敬の助動詞だが、可能ともとれる。

〈品詞分解〉

小式部〔名〕、これ〔代〕より〔格助〕歌よみ〔名〕の〔格助〕世〔名〕に〔格助〕おぼえ〔名〕出で来〔(複)カ変・用〕に〔完・用〕けり〔過・終〕。

これ〔代〕は〔係助〕うちまかせ〔(接頭)下二・用〕て〔接助〕の〔格助〕理運〔名〕の〔格助〕こと〔名〕なれ〔断・已〕ども〔接助・逆確〕、か〔代〕の〔格助〕卿〔名〕の〔格助〕心〔名〕に〔格助〕は〔係助〕、これ〔代〕ほど〔名〕の〔格助〕歌〔名〕、ただいま〔副〕よみ出だす〔(複)四・終〕べし〔可・終〕、と〔格助〕は〔係助〕知ら〔四・未〕れ〔尊・未〕ざり〔消・用〕ける〔過・体〕に〔断・用〕や〔係助(係)(結・省)〕。

❖発問の解説

（三一ページ）

1　**「あさましくて」とは、誰の、どのような気持ちか。**

解答例　定頼の、小式部内侍の歌が即興でうまいので、全く思ひがけないという気持ち。

❖構成・主題

〈構成〉

この文章は全体で一段落と見てもいいが、エピソードの部分と結びの部分とに分ける。

(1)（三〇・1～9）定頼卿は、小式部内侍をからかおうとしたところ、逆に自分が恥ずかしい思いをしてしまった。

(2)（三一・1～6）世間ではよくあることが、定頼卿には思いがけないことだったのだろう。

〈主題〉

親の七光で歌合に選ばれたのだろうというぐらいの気持ちで、小式部内侍を見くびって、からかおうとした定頼卿が手痛いしっぺ返しをくらい、小式部内侍は歌人としての力量を証明し、名声を得た。

❖理解・表現の解説

〈理解〉

(1)　**「丹後へ遣はしける人は参りたりや。」（三〇・3）は、誰が、どのようなことを言おうとしたのか、説明しなさい。**

解答例　これは定頼が小式部内侍に対して言ったことばである。歌人として有名なお母さんが傍についていないで大丈夫ですか。そのお母さんに助けを求める手紙の返事は来ましたか、と定頼は聞いたのである。

(2)　**「大江山」（三〇・6）の歌で、小式部内侍が定頼中納言に伝えたかったことは何か、考えなさい。**

解答例　小式部内侍は、定頼の「歌の上手なお母さんがいなくて大丈夫ですか？　お母さんからの手紙は届きましたか？」という当てつけを意味することばに対して、大江山は遠く、まだ行ったことはありませんし、手紙も届いていませんよ、という意味の、すぐれた歌で、母の助言が必要ないことを伝えている。

(3) **「返歌にも及ばず……逃げられけり」（三〇・8）とあるが、誰が、なぜ、そのような行動をとったのか、考えなさい。**

解答例 これは定頼の行動である。小式部内侍のすぐれた歌に見合った返歌は、とてもよめないと悟った定頼は、なにもできずに逃げていったのである。

〈表現〉

(1) **次の動詞について、活用の種類を確かめなさい。**

ⓐあり（三〇・1）ⓑよみ（三〇・2）ⓒ過ぎ（三〇・4）ⓓひかへ（三〇・5）ⓔ見（三〇・6）ⓕ出《い》で来《き》（三一・2）

解答例 ⓐあり…あり　ⓑよみ…よむ　ⓒ過ぎ…過ぐ　ⓓひかへ…ひかふ　ⓔ見…見る　ⓕ出《い》で来《き》…出で来《く》

「あり」はラ変、「よみ」は四段、「過ぎ」は上二段、「ひかへ」は下二段、「見」は上一段、「出で来」はカ変。

(2) **本文中から形容詞・形容動詞を抜き出して、活用形を確かめなさい。**

解答例 （形容詞）

「心もとなく」（三〇・4）「心もとなし」の連用形。

「遠けれ」（三〇・6）「遠し」の已然形。

「あさましく」（三〇・7）「あさまし」の連用形。

（形容動詞）

「わづかに」（三〇・5）「わづかなり」の連用形。

「思はずに」（三〇・7）「思はずなり」の連用形。

解説 事物の性質や状態・心情を表し、終止形が「…し」となる語が形容詞であり、活用語尾の違いから、ク活用・シク活用の二種類に分けられる。ク活用・シク活用の識別は、下に「なる」を付けて「…くなる」ならク活用、「…しくなる」ならシク活用である。「心もとなく」「遠けれ」「あさましくて」の、それぞれの終止形を考え、活用語尾と活用形を確かめてみよう。

事物の性質や状態を表し、終止形が「…なり」または「…たり」となる語が形容動詞である。形容動詞と「名詞＋なり」の識別は、「いと」を上に付けて、意味が通れば形容動詞。また、形容動詞と副詞の識別は、「…なり」「…たり」に言い換えてみて、不自然でなければ形容動詞である。「わづかに」「思はずに」の終止形を考え、活用語尾と活用形を確かめてみよう。

❖参考

このとき、小式部内侍は、まだ十代の前半だったと言われる。母親ゆずりの美貌《びぼう》と、このエピソードに見られるような才気煥発《かんぱつ》さとで、宮中のアイドル的存在として愛されたが、若くして亡くなった。母親の和泉式部は哀切な挽歌《ばんか》を残している。

この本文は『十訓抄』第三の、人を侮ってはいけないとする編の、三ノ序に次いで、最初の事例として挙げられている。三ノ序では、「人をばかにすることは、それぞれ形は違っても、だれにでも必ずあることである。」と認めたうえでその非を説き、相手がどんなに弱い立場にあっても、その人を侮ったり、だましたりしてはいけない、「書物に戒められている事柄の意味を、いっそう深く受けとめなくてはいけない。人として、堅く心に守っていかなくてはいけないことなのだ。」と述べている。

また、この話は『古今著聞集《ここんちょもんじゅう》』や『宇治拾遺物語《うじしゅういものがたり》』『無名草《むみょうぞう》子《し》』など多くの書物に載せられ、広く知られている。

第2章　人間の普遍的な姿　物語を読む

竹取《たけとり》物語

❖学習の視点

1　古代の物語を読んで、あらすじ・展開をつかむ。
2　登場人物の人間像をとらえる。
3　語句・語法に注意し、脚注を参考にして、古文の読解に習熟する。
4　伝奇的な物語としての特色、面白さを、表現に即して味わう。

❖作品解説

【竹取物語について】

〈名称〉

『源氏物語』の絵合《えあわせ》巻に「物語の出《い》で来《き》はじめの祖《おや》なる竹取の翁《おきな》……」とあり、本来は「竹取の翁（の物語）」であったらしいが、「竹取（の物語）」という呼び方も古くからあったようである。また、内容が、かぐや姫を中心とするところから「かぐや姫物語」と呼ばれることもあった。

〈作者〉

不明であるが、博識の僧か、漢詩文を得意とする者の手に成ったものか、と推測されている。

〈成立年代〉

九世紀末から十世紀初頭にかけて成った、と考えられている。

〈組織・内容〉

かぐや姫の成長→五人の貴公子の求婚と失敗→帝《みかど》の求婚→かぐや姫の昇天という構成になっており、基本には、「竹取説話」「羽衣説話」、また「白鳥処女説話」「小さ子譚《たん》」「難題聟《むこ》」などの数多くの古い説話を素材に再構成されている。また、仏典・漢籍の影響も受けている。

〈文体〉

現存する最古の物語であるだけに、最も早い時期の仮名文学としての特色を持つ。文末を「……けり」で結んでいるものが多いが、これは「語り」の文学の性格を物語る。

〈出典〉

本文は「日本古典文学全集　8」（一九七二年・小学館刊）によっている。

かぐや姫誕生

❖本文の研究　三六・1〜11

〈通釈〉

今となっては昔のことだが、竹取の翁《おきな》という者がいたそうな。野や山に分け入っては竹を切り、（それを）いろいろなことに使っていたという。その名前をさぬきの造《みやつこ》といったそうな。（あるとき、翁がいつも切っている）その竹の中に、根元が光る竹が一本あったという。不思議に思って近寄ってみると、（その竹の）筒の中が光っている。（さらに）それを（よく）見ると、九センチぐらいの人が、たいそうかわいらしいようすで座っている。（そこで）翁が言うには、「わしが朝な夕なに見る竹の中にいらっしゃるので、わかった。（あなたはわしの）子どもにおなりになるべきお人のようだ。」そう言って（翁はその子を）手のひらにさっと入れて、家へ持ってきた。（そうしてその子を）妻である女にあずけて育てさせる。かわいらしいことこの上ない。たいへん小さいので籠の中に入れて養育する。

竹取の翁は（相変わらず）竹を切っていたが、その子を見つけて後に竹を切ると、竹の節と節との間の空洞の部分に黄金の入っている竹を見つけることが重なった。こうして翁はだんだんと裕福になっていく。

〈語釈・語法〉

今は昔　物語や説話の冒頭に用いられる決まり文句。現在でも昔話は、「昔、昔、その昔」で始まり、「……とさ」の形で終わる。『竹取物語』では、「今は昔」で始まり、「……とぞ言ひ伝へたる」で終わっている。「今は昔」は、ふつう「今となっては昔の話だが」「これは昔の話だが」などと解されるが、話を伝え語る「今」（現在）の時点に「昔」（過去）の話を呼び出そうとする口承時代から伝えてきた語りの形式のことばであろう。

竹取《たけとり》の翁《おきな》　竹を取って籠《かご》などの竹細工を作るのを職業としているおじいさん。

ありけり　あったとさ。「あり」は、ラ変動詞の連用形。「けり」は過去の伝聞を感動をこめて回想する気持ちを表す助動詞で、この話が語り手の直接の経験ではなく、伝承された話であることを示している。

使ひ《イ》　四段動詞の連用形。

をば　格助詞「を」に係助詞「は」が付いた「をは」の濁音化。

さぬきの造《みやつこ》　「さぬき」は「さるき」「さかき」とした本文もある。

「造」は朝廷から任命された郷の長のことだが、ここは単なる人名と考えてよい。

あやしがりて　「あやしがり」は四段動詞の連用形。「がる」は形容詞の語幹などについて「……と思う」の意を添える接尾語。形容詞「あやし」は、ふつうではないもの、奇異で理解しにくいものに対する感じを表す。

見るに　上一段動詞「見る」の連体形に接続助詞「に」がついた形。

光りたり　光っている。「たり」は状態の存続を表す助動詞で、ここまで「けり」で結ぶ文を重ねてきたが、以下「たり」あるいは「養はす」などの現在形を用いて、物語に現実感を与えている。

見れば　上一段動詞「見る」の已然形に接続助詞「ば」がついた形。

いとうつくしう《シュウ》て　「いと」は程度を示す副詞で、非常に、たいそう。「うつくしう」は「うつくしく」のウ音便。かわいらしくの意。「うつくし」は現代語の「うつくしい」よりも意味が広く使われるので、文脈に合った訳語をさがすことが必要。

ゐ《イ》たり　上一段動詞「ゐる」の連用形に存続の助動詞「たり」がついた形。「ゐる」は座っている、の意。

おは《ワ》する　「おはす」は「あり・をり」の尊敬語。

子になりたまふ《ウ》べき人な《ン》めり　「子」は「籠」に掛けてある。自分が朝ごとと夕ごとに見る竹の中にいらっしゃるのだから、わが子におなりになるはずの人のようだ、の意だが、これに竹が籠になるように、わが子になる、という気持ちをこめているしゃれた表現である。「なめり」は「なるめり」の音便「なんめり」の撥音《はつおん》が表記されていない形であるが、読むときには「なんめり」と読む。

手にうち入れて　子をだいじに扱う翁の気持ちが表れている。

来《き》ぬ　カ変動詞「来《く》」の連用形に完了の助動詞「ぬ」がついた形。

妻《め》の嫗《おうな》　妻であるおばあさん。

隔《へだ》て　下二段動詞「隔つ」の連用形に接続助詞「て」がついた形。

や《よ》うや《よ》う　しだいに。

〈品詞分解〉

今(名) は(係助) 昔(名)、竹取の翁(名) と(格助) いふ(四・体) 者(名) あり(ラ変・用) けり(過・終)。野山(名) に(格助) まじり(四・用) て(接助) 竹(名) を(格助) 取り(四・用) つつ(接助)、よろづ(名) の(格助) こと(名) に(格助) 使ひ(四・用) けり(過・終)。名(名) をば(連語)(を(格助) ば(係助))、さぬきの造(名) と(格助) なむ(係助(係)) 言ひ(四・用) ける(過・体(結))。そ(代) の(格助) 竹(名) の(格助) 中(名) に(格助)、もと(名) 光る(四・体) 竹(名) なむ(係助(係)) 一筋(名) あり(ラ変・用) ける(過・体(結))。あやしがり(四・用(接尾)) て(接助)、寄り(四・用) て(接助) 見る(上一・体) に(接助)、筒(名) の(格助) 中(名) 光り(四・用) たり(存・終)。それ(代) を(格助) 見れ(上一・已) ば(接助・順確)、三寸(名)

ばかり［副助］なる［断・体］人［名］、いと［副］うつくしう［形・用(ウ音)］て［接助］ゐ［上一・用］たり［存・終］。翁［名］言ふ［四・体］やう［名］、「われ［名］朝ごと［名(接尾)］夕ごと［名(接尾)］に［格助］見る［上一・体］竹［名］の［格助］中［名］に［格助］おはする［サ変・体(尊)］にて［格助］知り［四・用］ぬ［完・終］。子［名］に［格助］なり［四・用］たまふ［補動・四・終(尊)］べき［当・体］人［名］な［断・体］めり［推定・終］。」とて［格助］手［名］に［格助］うち入れ［(接頭)下二・用］て［接助］、家［名］へ［格助］持ち［四・用］て［接助］来［カ変・用］ぬ［完・終］。妻［名］の［格助］嫗［名］に［格助］あづけ［下二・用］て［接助］養は［四・未］す［使・終］。うつくしき［形・体］こと［名］、かぎりなし［形・終］。いと［副］をさなけれ［形・已］ば［接助・順確］、籠［名］に［格助］入れ［下二・用］て［接助］養ふ［四・終］。

竹取の翁［名］、竹［名］を［格助］取る［四・体］に［接助］、こ［代］の［格助］子［名］を［格助］見つけ［下二・用］て［接助］後［名］に［格助］竹［名］取る［四・体］に［接助］、節［名］を［格助］隔て［下二・用］て［接助］、よごと［名(接尾)］に［格助］、黄金［名］ある［ラ変・体］竹［名］を［格助］見つくる［下二・体］こと［名］重なり［四・用］ぬ［完・終］。かくて［接］、翁［名］、やうやう［副］豊かに［形動・用］なりゆく［(複)四・終］。

三七・1～12

この幼子《おさなご》は、育てていくうちに、ますます大きくなっていく。三か月ほどになるうちに、一人前の大きさの人になったので、髪上げの儀式などをあれこれとして、髪を結い上げさせ、裳を着せる。（翁は姫を）帳《とばり》の中から出すこともせず、大切に育てる。その幼子の顔かたちの清らかで美しいことは世にまたとなく、家の中は暗いところがないほど、光が満ちている。翁が気分がすぐれず苦しい時でも、この子を見れば苦しいこともやんでしまうし、腹立たしいことも慰められたという。

〈語釈・語法〉

なりまさる　ますます……になる。子どもが不思議な早さで成長したことを表現している。

よきほどなる人　「よし」は、ちょうどよい、ふさわしい、の意。「ほど」は程度を表す。体の成長とともに年ごろの意も含む。つまり、髪上げ・裳着《もぎ》などの成人式をあげるのにふさわしいおとなになったのである。

とかくして　「とかくし」は副詞「とかく」とサ変動詞「す」の連用形で、あれこれし、の意。

いつき養ふ《ウ》　「いつく」は神に仕える意で、翁は神に仕えるように大切に育てたのである。

かたち　容貌《ようぼう》。

きよらなる　「きよらなり」は最高の美しさを表す。

悪し　不快である。つらい。

やみぬ　四段動詞「やむ」に完了の助動詞「ぬ」の付いた形。

〈品詞分解〉

こ［代］の［格助］児［名］、養ふ［四・体］ほど［名］に［格助］、すくすくと［副］大きに［形動・用］

なりまさる〔(複)四・終〕。三月〔名〕ばかり〔副助〕に〔格助〕なる〔四・体〕ほど〔名〕に〔格助〕、よき〔形・体〕ほど〔名〕なる〔断・体〕人〔名〕に〔格助〕なり〔四・用〕ぬれ〔完・已〕ば〔接助・順確〕、髪上げ〔名〕など〔副助〕とかく〔副〕し〔サ変・用〕て〔接助〕髪上げ〔下二・未〕させ〔使・用〕、裳〔名〕着す〔下二・終〕。帳〔名〕の〔格助〕内〔名〕より〔格助〕も〔係助〕出ださ〔四・未〕ず〔消・用〕、いつき〔四・用〕養ふ〔四・終〕。こ〔代〕の〔格助〕児〔名〕の〔格助〕かたち〔名〕の〔格助〕きよらなる〔形動・体〕こと〔名〕世〔名〕に〔格助〕なく〔形・用〕、屋〔名〕の〔格助〕内〔名〕は〔係助〕暗き〔形・体〕所〔名〕なく〔形・用〕光〔名〕満ち〔四・用〕たり〔存・終〕。翁〔名〕、心地〔名〕悪しく〔形・用〕苦しき〔形・体〕時〔名〕も〔係助〕、こ〔代〕の〔格助〕子〔名〕を〔格助〕見れ〔上一・已〕ば〔接助・順確〕苦しき〔形・体〕こと〔名〕も〔係助〕やみ〔四・用〕ぬ〔完・終〕。腹立たしき〔形・体〕こと〔名〕も〔係助〕慰み〔四・用〕けり〔過・終〕。

三七・13〜三八・6

翁は、(黄金の入った)竹を取ることが長く続いた。そのため、いつのまにか、近隣でも有数の金持ちとなったのだった。この子が大人に成長したので、御室戸斎部の秋田を招いて、名をつけさせた。秋田は、なよ竹のかぐや姫と名付けたのだった。このとき三日間、(名付けを祝って)酒宴を開き、管弦の遊びをした。そこでは、あらゆる音楽が演奏された。男性は分け隔てなく、呼び集め、盛大に管弦の遊びをする。世の中の男は(身分の)高い人も、低い人も、「どうにかして、このかぐや姫を妻にしたい、結婚したいものだ。」と、うわさに聞き、心もひかれて思い悩む。そのあたりの垣根にも、家の門にも、家の者でさえたやすくは(かぐや姫を)見られそうもないのに、夜は安らかに眠りもしないで闇の夜に出かけて、(垣根に)穴を開け、垣間見をして、心を惑わせている。

〈語釈・語法〉

久しく　形容詞「久しい」の連用形。永くなる意。

勢ひ《イ》猛《もう》の者　勢力があり、強く盛んな人。有力な富豪。「猛」は形容動詞の語幹。「猛なり」となる。

御室戸斎部《いんべ》　「御室戸」は「三室戸」とも書き、京都府宇治市の地名。斎部は姓で、祭祀を司《つかさ》どる氏族。

かぐや姫とつけつ　「かぐや姫」は、光り輝くような美しい姫。「つけつ」の「つ」は、完了の助動詞で、連用形に接続する。ほかの完了の助動詞「たり」「ぬ」も同様に連用形接続。

うち上げ　手を拍《う》ち、声をあげての意で、「宴《うたげ》」と関係する。

遊ぶ　詩歌管弦の遊びのこと。

かしこく　形容詞「かしこし」の連用形。程度のはなはだしいこと。ここでは、盛大に。

世界　仏典からきたことば。ここでは世の中の意。

あてなるも　形容動詞「あてなり」は血筋が高貴なこと、身分が高いことを表す。「あてなる」は連体形。

賤《いや》し　身分や地位が低い。

いかで　どうして。どうにかして。

得てしがな、見てしがな　ともに妻にしたい、結婚したいの意。
めで　「めづ」は「愛づ」で、すばらしさに心ひかれる。ここでは、恋い慕う意。
惑ふ《ウ》　思い乱れる意。

〈品詞分解〉

翁〔名〕、竹〔名〕を〔格助〕取る〔四・体〕こと〔名〕、久しく〔形・用〕なり〔四・用〕ぬ〔完・終〕。勢ひ〔名〕猛〔形動(幹)〕の〔格助〕者〔名〕に〔格助〕なり〔四・用〕に〔完・用〕けり〔過・終〕。こ〔代〕の〔格助〕子〔名〕いと〔副〕大きに〔形動・用〕なり〔四・用〕ぬれ〔完・已〕ば〔接助・順確〕、名〔名〕を〔格助〕、御室戸斎部〔名〕の〔格助〕秋田〔名〕を〔格助〕呼び〔四・用〕て〔接助〕つけ〔下二・未〕さす〔使・終〕。秋田〔名〕、なよ竹〔名〕の〔格助〕かぐや姫〔名〕と〔格助〕つけ〔下二・用〕つ〔完・終〕。こ〔代〕の〔格助〕ほど〔名〕、三日〔名〕、うち上げ〔下二・用〕遊ぶ〔四・終〕。よろづ〔名〕の〔格助〕遊び〔名〕を〔格助〕ぞ〔係助(係)〕し〔サ変・用〕ける〔過・体(結)〕。男〔名〕は〔係助〕うけきらは〔(複)四・未〕ず〔消・用〕呼び集へ〔(複)下二・用〕て〔接助〕、いと〔副〕かしこく〔形・用〕遊ぶ〔四・終〕。世界〔名〕の〔格助〕男〔名〕、あてなる〔形動・体〕も〔係助〕、賤しき〔形・体〕も〔係助〕、「いかで〔副〕、こ〔代〕の〔格助〕かぐや姫〔名〕を〔格助〕得〔下二・用〕てしがな〔終助〕、見〔上一・用〕てしがな〔終助〕。」と〔格助〕、音〔名〕に〔格助〕聞き〔四・用〕、めで〔下二・用〕て〔接助〕惑ふ〔四・終〕。そ〔代〕の〔格助〕あたり〔名〕の〔格助〕垣〔名〕に〔格助〕も〔係助〕、家〔名〕の〔格助〕門〔名〕に〔格助〕も〔係助〕、をる〔ラ変・体〕人〔名〕だに〔副助〕たはやすく〔形・用〕見る〔上一・終〕まじき〔不可能・体〕ものを〔接助・逆確〕、夜〔名〕は〔係助〕安き〔形・体〕寝〔名〕も〔係助〕寝〔下二・未〕ず〔消・用〕闇〔名〕の〔格助〕夜〔名〕に〔格助〕出で〔下二・用〕て〔接助〕も〔係助〕、穴〔名〕を〔格助〕くじり〔四・用〕、垣間見〔上一・用〕、惑ひ〔四・用〕あへ〔補動・四・已〕り〔存・終〕。

❖構成

「竹取物語」の冒頭の場面、かぐや姫の誕生の経緯である。

(1)（三六・1〜8）

①（三六・1〜2）物語の一方の主人公・竹取の翁の紹介。翁はふだんは野山に分け入って、竹を取ることをなりわいとしている。

②（三六・2〜8）あるとき、翁が根元が光る竹を一本見つけ、よくよく見ると、竹の筒の中にかわいらしい女の子が座っているのが見える。翁はその子を家へ持ち帰って、妻に預けて大切に育てさせる。

(2)（三六・9〜11）

女の子をみつけて以後、竹を切ると、その中に黄金を見つけることがたび重なり、翁は裕福になる。

(3)（三七・1〜12）

その女の子は、あっという間に大きくなって、三か月ほどで成人の儀式を行うまでに成長する。姿形は美しく光輝いていて、翁はその子を見ると、苦しいことや腹立たしいことなども忘れてしまうのであった。

(4) （三七・13〜三八・6）

翁は、長年、竹林から黄金を手に入れ続け、大変な富豪となる。女の子は「かぐや姫」と名付けられ、世の男たちは身分の上下を問わず、みな姫との結婚を望むようになった。

❖理解・表現の解説

〈理解〉

(1) かぐや姫が普通の人間と異なっているのはどのような点か、考えなさい。

解答例　翁によるかぐや姫発見の場面では、光る竹とその中にいる子どもというふつうでは考えられない状況だった。次にその姫の異常なほどの早さの成長、および部屋の中に光が満ちるといった不思議な現象は、すべてかぐや姫にかかわる超自然的な出来事である。

さらに、直接かぐや姫には関係はないが、かぐや姫を発見した後で、翁が竹の空洞の中に黄金を見つけることがたび重なったことも、このかぐや姫発見に付随する超自然的な出来事として語られている。

(2) かぐや姫を子としてから、「翁」の生活はどのように変化したか、順にまとめなさい。

解答例　・竹を取りにいくごとに、黄金のある竹を見つけた。
・このことが長い年月続いた。
その結果、翁の身分はどうなったか。
・「やうやう豊かになりゆく。」
・「勢ひ猛の者になりにけり。」
・（かぐや姫と名付けてもらって後）「三日、うち上げ遊ぶ。」
以上からわかるように、裕福になった。

(3) この話を「桃太郎」や「一寸法師」の話と比較して、似ている点を指摘しなさい。

解答例　「桃」というふつうではない場所から生まれたり（「桃太郎」）、「一寸」（およそ3センチ）という小さな体の持ち主であったり（「一寸法師」）する点が、共通点としてまずあげられる。次に、神秘的な力をもっていたこと、育ててくれた人に幸運をもたらしたことなどが似ている。

〈表現〉

(1) 「竹取の翁といふ者ありけり」（三六・1）、「使ひけり」（同・2）の助動詞「けり」について、その働きを調べなさい。

解答例　過去の助動詞には「き」と「けり」がある。「き」は、以前に直接体験したことを回想して述べるときに使われる。一方「けり」は、伝聞で間接的に知ったことを述べるとき、あるいは、驚きや感動、つまり詠嘆の気持ちを述べるときに使われる。この詠嘆の用法は、今まで意識しなかったことに気づいて述べるときに使われるので、気づきの「けり」とも言われる。ここでの「けり」は、感動をこめて、回想する気持ちが表現されている。

(2)「満ちたり」(三七・9)、「やみぬ」(同・11)、「久しくなりぬ」(同・13)、「つけつ」(三八・1)の助動詞「たり」「ぬ」「つ」について、それぞれ意味と接続を確かめなさい。

解答例　「満ちたり」は、意味は存続。四段動詞連用形に接続。「やみぬ」は、意味は完了。四段動詞連用形に接続。「久しくなりぬ」は、意味は完了。四段動詞連用形接続。「つけつ」は、意味は完了。下二段動詞連用形接続。完了の助動詞「たり・ぬ・つ」は、連用形接続。過去の助動詞「き・けり」も連用形接続。完了の助動詞でも「り」は、違うので注意。

かぐや姫の昇天

❖本文の研究　三九・1〜四〇・12

〈通釈〉

立っている天人たちは、装束のきれいであること、ほかに似るものもなく、飛ぶ車を一つ持っている。薄絹で張った傘をさしている。その中にいて、王と思われる人が、翁の家に向かって、「造麿《みやつこまろ》、出てまいれ。」と言うと、気強く思っていた造麿も、何かに酔ったような気持ちがして、うつ伏しに伏している。（王と思われる人の）言うには、「なんじ、心幼き人よ、おまえが少しばかりの善根をつくったのによって、おまえの助けにというので、ちょっとの間だけということで、（かぐや姫を）下界に下《くだ》したのであったが、長い年月の間、多くの黄金をちょうだいして、（おまえは）生まれ変わったようになってしまった。かぐや姫は、罪をおつくりになっていたので、このようにいやしいおまえのところに、しばらくいらっしゃったのである。罪の償いの期限が果てたので、このように迎えるのに、翁は泣き悲しむ。それはどうにもならないことである。はやく（姫を）お返し申せ。」と言う。翁が答えて申し上げる、「かぐや姫をお養い申し上げることは、二十余年になりました。『ちょっとの間』とおっしゃるので、不思議に思われてまいりました。どこかまた別の所に、かぐや姫と申す人がいらっしゃるのでございましょう。」と言う。（翁が）「ここにいらっしゃるかぐや姫は、重い病気をしていらっしゃいますから、とても出ていらっしゃることはできますまい。」と申すと、その返事はなくて、屋根の上に飛ぶ車を寄せて、「さあ、かぐや姫よ、きたない所に、なんでいつまでもいらっしゃることがあろう。」と言う。しめきってある場所の戸が、すぐにすべて開いてしまった。格子なども、人がいないのに開いてしまった。翁の妻が抱いていたかぐや姫は、外に出てしまった。とても止めることができそうもないから、（嫗たちは）ただ上を仰いで泣いている。

〈語釈・語法〉

装束《そうぞく》　衣装。

きよらなり　たとえようもなく美しい。

ものにも似ず　何ものにも似ない、の意で、装束のきよらかさはたとえようがないほどだ、というのである。

飛ぶ車一つ具したり　飛ぶ車を一つ持って来ている。「飛ぶ車」は、空中を飛ぶという車で、昔の中国人が空想した乗り物。「具したり」は、持って来ている、の意。

王とおぼしき　王と思われる。

まう《モ》で来《こ》　まうで（下二段動詞「まうづ」の連用形）＋来（カ変動詞「来《く》」の命令形）。「まうづ」は「まかりいづ」をつづめた語。「（『行く』の謙譲語）参る」の意味。貴人の前に伺候する意。

幼き人　心弱き者、愚かな者の意で、翁に呼びかけている。

かた時のほど　ほんのちょっとの間。

そこら　①たくさん（数量）。②非常に。ここでは①。

身を変へ《エ》たるがごとなりにたり　生まれ変わったように富豪になってしまった。「身を変へる」は、仏教の輪廻《りんね》転生《てんしょう》の思想。

おのれ　翁を卑しめて言った。

あたは《ワ》ぬことなり　泣いても不可能なことだ。無理なことだ。

「返したてまつらぬことは」を上に補って読むと分かる。

『かた時』とのたま《モ》ふ《ウ》に、あやしくなりはべりぬ　（かぐや姫を下しておいた期間を）かた時とおっしゃるので、不思議に思われるようになりました。自分は二十余年、かぐや姫を育ててきたのに、天人が「かた時」と言ったので、その食いちがいを翁が指摘したのである。実は、人間世界と月の世界の時間の感じ方がちがうことからくる食いちがいである。「あやし」は、ここでは「不思議だ」という意味。

ここにおは《ワ》する……え出《い》でおは《ワ》しますまじ　かぐや姫は重い病気をしているから出られない、といつわった。何とかして姫をやるまいとしている翁の気持ちの表れである。

いかでか久しくおは《ワ》せむ《ン》　どうして長くおいでになれましょう。「いかでか」は反語。

すなは《ワ》ち　①いきなり。すぐ。②その当座。③とりもなおさず。ここでは①。

ただ開き《あ》に開きぬ　自然に開いたということを強調した言い方。

人はなくして　だれも開ける人はいないのに。

嫗《おうな》　老女。老婆。「翁」の対。竹取の翁の妻をさす。

えとどむまじければ　ひきとめることができそうもないので。

「まじけれ」は、打消推量の助動詞「まじ」の已然形。

さし仰ぎて　仰ぎ見て。「さし」は接頭語。

〈品詞分解例〉

立て［四・命］ る［存・体］ 人ども［名(接尾)］ は［係助］、装束［名］ の［格助］ きよらなる［形動・体］ こと［名］ もの［名］ に［格助］ も［係助］ 似［上一・未］ ず［消・用］、飛ぶ［四・体］ 車［名］ 一つ［名］ 具し［サ変・用］ たり［存・終］。羅蓋［名］ さし［四・用］ たり［存・終］。そ［代］ の［格助］ 中［名］ に［格助］、王［名］ と［格助］ おぼしき［形・体］ 人［名］、家［名］ に［格助］、「造麿［名］、まうで来［(複)カ変・命(謙)］。」 と［格助］ 言ふ［四・体］ に［接助］、猛く［形・用］ 思ひ［四・用］ つる［完・体］ 造麿［名］ も［係助］、もの［名］ に［格助］ 酔ひ［四・用］ たる［完・体］ 心地［名］ し［サ変・用］ て［接助］、うつぶし［名］ に［格助］ 伏せ［四・命］ り［存・終］。いはく［(連語)］、「汝［名］、幼き［形・体］ 人［名］。いささかなる［形動・体］ 功徳［名］ を［格助］、翁［名］ つくり［四・用］ ける［過・体］ に［格助］ より［四・用］ て［接助］、汝［名］ が［格助］ 助け［名］ に［格助］ とて［格助］、かた時［(接頭)名］ の［格助］ ほど［名］ とて［格助］ 下し［四・用］ し［過・体］ を［接助］、そこら［副］ の［格助］ 年ごろ［名］、そこら［副］ の［格助］ 黄金［名］ 賜ひ［四・用(尊)］ て［接助］、身［名］ を［格助］ 変へ［下二・用］ たる［完・体］ が［格助］ ごと［比(幹)］ なり［四・用］ に［完・用］ たり［完・終］。かぐや姫［名］ は［係助］ 罪［名］ を［格助］ つくり［四・用］ たまへ［補動・四・命(尊)］ り［完・用］ けれ［過・已］ ば［接助・順確］、かく［副］ 賤しき［形・体］ おのれ［代］ が［格助］ もと［名］ に［格助］、しばし［副］ おはし［サ変・用(尊)］ つる［完・体］ なり［断・終］。罪［名］ の［格助］ 限り［名］ 果て［下二・用］ ぬれ［完・已］ ば［接助・順確］、かく［副］ 迎ふる［下二・体］ を［格助］、翁［名］ は［係助］ 泣き［四・用］ 嘆く［四・終］。あたは［四・未］ ぬ［消・体］ こと［名］ なり［断・終］。はや［副］ 返し［四・用］ たてまつれ［補動・四・命(謙)］。」 と［格助］ 言ふ［四・終］。翁［名］ 答へ［下二・用］ て［接助］ 申す［四・体(謙)］、「かぐや姫［名］ を［格助］ 養ひ［四・用］ たてまつる［補動・四・体(謙)］ こと［名］ 二十余年［名］ に［格助］ なり［四・用］ ぬ［完・終］。『かた時』［(接頭)名］ と［格助］ のたまふ［四・体(尊)］ に［接助］、あやしく［形・用］ なり［四・用］ はべり［補動・ラ変・用(丁)］ ぬ［完・終］。また［副］ 異所［名］ に［格助］ かぐや姫［名］ と［格助］ 申す［四・体(謙)］ 人［名］ ぞ［係助(係)］ おはします［四・終(尊)］ らむ［現推・体(結)］。」 と［格助］ 言ふ［四・終］。「ここ［代］ に［格助］ おはする［サ変・体(尊)］ かぐや姫［名］ は［係助］、重き［形・体］ 病［名］ を［格助］ し［サ変・用］ たまへ［補動・四・已(尊)］ ば［接助・順確］、え［副］ 出で［下二・用］ おはします［補動・四・終(尊)］ まじ［消推・終］。」 と［格助］ 申せ［四・已(謙)］ ば［接助・順確］、そ［代］ の［格助］ 返りごと［名］ は［係助］ なく［形・用］ て［接助］、屋［名］ の［格助］ 上［名］ に［格助］ 飛ぶ［四・体］ 車［名］ を［格助］ 寄せ［下二・用］ て［接助］、「いざ［感］、かぐや姫［名］、穢き［形・体］ 所［名］ に［格助］、

副	係助(係)	形・用	サ変・未(尊)	推・体(結)	格助	四・終
いかで	か	久しく	おはせ	む。」	と	言ふ。

(複)下二・用	存・体	名	格助	名	副	副	四・用	格助
立て籠め	たる	所	の	戸、	すなはち	ただ	開き	に

四・用	完・終	名(接尾)	係助	名	係助	形・用	接助	四・用
開き	ぬ。	格子ども	も、	人	は	なく	して	開き

完・終	名	四・用	接助	上一・用	存・体	名	名	格助
ぬ。	嫗	抱き	て	ゐ	たる	かぐや姫、	外	に

下二・用	完・終	副	下二・終	消推・已	接助・順確	副
出で	ぬ。	え	とどむ	まじけれ	ば、	ただ

(接頭)四・用	接助	四・用	補動・ラ変・終
さし仰ぎ	て	泣き	をり。

四〇・13〜四二・7

〈通釈〉

天人の中のある者に、持たせてあった箱がある。(その中に)天の羽衣が入っている。また、ある箱には不死の薬が入っている。一人の天人が言うには、「壺《つぼ》にある御薬を召しあがりなさい。地上の穢《きたな》い所の物をおあがりになっているから、お気持ちが悪いでしょうよ。」と言って、持って寄ったところ、少しなめてごらんになって、少しばかり、形見として、脱いで置く着物に包もうとすると、そこにいた天人が(その御薬を)、包ませない。(そして)天の羽衣を取り出して着せようとする。その時に、かぐや姫が、「しばらくお待ちなさい。」と言う。「羽衣を着せられた人は、心が変わってしまうのだと言います。何かひとことは、言い置かなければならないことがあったのでした。」と言って、手紙を書く。天人は、「遅い。」と言ってじれったがっておられる。かぐや姫は、「わからぬことを、おっしゃいますな。」と言って、たいそう静かに、帝《みかど》にお手紙をさし上げられる。あわてず落ち着いた様子である。「このように多くの人をおつかわしくださって、おとどめさせなさいますが、こちらの拒むことを許さない迎えがやって参って、(私を)連れて参りますので、残念で悲しいことですよ。宮仕えをいたさないようになってしまいましたのも、このようにわずらわしい身でございますから。さぞかし合点がゆかず思《おぼ》し召されたことでございましょうが。強情にお受けせずじまいになったことを、無礼な者とばかり、お心におとどめになってしまいますことが、いよいよ心残りになってしまいます。」と言って、

姫「今はこれまでというので、天の羽衣を着る時になって、君をおなつかしいと思い出していることでございます。」

と歌をよんで、壺に入っている薬を、手紙に添えて、頭中将を呼び寄せて、帝に献上させる。中将に、天人が取って渡す。中将が受け取ると、(天人は)すぐに天の羽衣をお着せ申し上げたところ、翁をいとしいとお思いになっていた心もなくなった。この羽衣を着た人は、物思いがなくなってしまったので、車に乗って、百人ばかりの天人を引き連れて、天へ昇って行ってしまった。

〈語釈・語法〉

天《あま》の羽衣《はごろも》　天人が着て空をかけ巡るという薄い衣。

またあるは　もう一つの箱には。「またある箱には」の意。

不死《ふし》の薬　飲めば死ぬことがなくなる永遠の生命を与える薬。

奉れ　「奉る」は、①さしあげる。②参上させる。③お召しになる。④召しあがる。⑤申しあげる。ここでは④。その命令形だから召しあがりなさい。

きこしめしたれば　召しあがったから。「きこしめす」は、①お聞きになる。②召しあがる。③お治めになる。ここでは②。

御心地悪《あ》しからむ《ン》ものぞ　お気持ちが悪いでしょうよ。

在《あ》る天人　その場にいた天人。

心異《こと》になる　天の羽衣を着せられた人は心持ちが変わって、この地上の人の心とはちがう心になってしまう。すなわち、天人と同じ気持ちになることをいう。

もの一言《ひとこと》言ひ《イ》置くべきことありけり　人間の気持ちのままで一言言い残しておかねばならないことがある、というのである。「けり」は詠嘆。

心もとながり　「心もとなし」は、①待ち遠しく、もどかしい。じれったい。②様子がはっきりしないので不安だ。心もとない。③様子などをよく知らない。不案内だ。ここでは①。「心もとなし」に接尾語「がる」がついて動詞化したもの。

のたまふ　おっしゃる。仰せになる。

とどめさせたまへ《エ》ど　おとどめさせなさいますが。とどめ（下二段動詞「とどむ」の未然形）＋させ（尊敬の助動詞「さす」の連用形）＋たまへ（四段補助動詞「たまふ」の已然形）＋ど（接続助詞）。

取《と》り率《い》てまかる　つかまえて連れて行ってしまう。召し連れて行ってしまう。

口惜し　残念。がっくりする。

悲しきこと　悲しいことですよ。体言で止めて、余情を表す。

宮仕へ《エ》仕うまつらずなりぬるも　宮仕えいたさずになりましたのも。「仕うまつる」は「仕へまつる」の変化（音便）したもの。この場合は「為《す》」の謙譲語としての用法。

わづ《ズ》らは《ワ》しき身　めんどうな身。人間でなくて月の世界の人だという身の上をさす。

心得ず思《おぼ》しめされつらめども　（帝の求婚を断ったことを）合点のいかないこととお思いなさいましたでしょうが。「思す」は「思ふ」の尊敬語。「思しめされつらめども」は、思しめさ（四段動詞「思しめす」の未然形）＋れ（尊敬の助動詞「る」の連用形）＋つ（完了の助動詞「つ」の終止形）＋らめ（推量の助動詞「らむ」の已然形）＋ども（接続助詞）。

心強く　気強く。強情に。

承らずなりにしこと　お受けせずじまいになりましたこと。「にし」は、に（完了の助動詞「ぬ」の連用形）＋し（過去の助動詞「き」の連体形）。

なめげなる者に　無礼な者として。

思《おぼ》しとどめられぬるなむ《ン》　（帝の）お心にとどめられてしまったことが。「られ」は受身。

今はとて　今はお別れの時と思って。

あは《ワ》れ　①情愛。②しみじみとした味わい。③感情。④さまざまな感動。ここでは④で懐かしさ。
ふと　①たやすく。支障もなく。②動作がすばやい様子。さっと。
③不意に。はからずも。ひょっと。ここでは②。
いとほ《オ》し　①気の毒だ。かわいそうだ。②いじらしい。また、かわいい。ここでは①。
かなし　①身にしみて、いとしい。かわいい。②かわいそうだ。
ここでは②。
思《おぼ》しつる　お思いになった。
もの思ひ《イ》　人間としての感情。
具して　連れて。

〈品詞分解例〉

名　格助　名　格助　四・未　使・用　存・体　名　ラ変・終
天人　の　中　に、持た　せ　たる　箱　あり。
名　四・命　存・終　接　副　名　格助　名
天の羽衣　入れ　り。また　あるは、不死　の　薬
四・命　存・終　名　格助　名　四・体　名　存在・体　(接頭)名
入れ　り。一人　の　天人　言ふ、「壺　なる　御薬
四・命(尊)　形・体　名　格助　名　四・用(尊)　完・已　接助・順確
奉れ。穢き　所　の　物　きこしめし　たれ　ば、
(接頭)名　形・未　婉・体　名　係助　格助　(連語)　四・用
御心地　悪しから　む　もの　ぞ。」とて、持て　寄り
完・已　接助・順確　副　下二・用　補動・四・用(尊)　接助　副
たれ　ば、いささか　なめ　たまひ　て、少し、
名　格助　(複)四・体　名　格助　四・未　意・終　格助　サ変・已
形見　とて、脱ぎ置く　衣　に　包ま　む　と　すれ
接助・順確　ラ変・体　名　四・未　使・未　消・終　(接頭)名　格助
ば、在る　天人、包ま　せ　ず。御衣　を
(複)下二・用　接助　下二・未　意・終　格助　サ変・終　代　格助　名
取り出で　て　着せ　む　と　す。その　時
格助　名　副　四・命　格助　四・終　名　下二・用
に、かぐや姫、「しばし　待て。」と　言ふ。「衣　着せ
完・体　名　係助　名　形動・用　四・終　伝・終　格助　四・終　名
つる　人　は、心　異に　なる　なり　と　いふ。もの
名　(複)四・終　当・体　名　ラ変・用　詠・終　格助　四・用
一言　言ひ置く　べき　こと　あり　けり。」と　言ひ
接助　名　四・終　名　形・終　格助　四・用(接尾)
て、文　書く。天人、「遅し。」と、心もとながり
補動・四・終(尊)　名　名　四・未　消・体　名　副
たまふ。かぐや姫、「もの　知ら　ぬ　こと、な
四・用(尊)　終助　格助　形・用　形動・用　名　格助
のたまひ　そ。」とて、いみじく　静かに、朝廷　に
(接頭)名　四・用(謙)　補動・四・終(尊)　下二・未　消・体　名　断・終
御文　奉り　たまふ。あわて　ぬ　さま　なり。
副　副　格助　名　格助　四・用(尊)　接助　下二・未　尊・用
「かく　あまた　の　人　を　賜ひ　て　とどめ　させ
補動・四・已(尊)　接助・逆確　四・未　消・体　名　(複)カ変・用(謙)
たまへ　ど、許さ　ぬ　迎へ　まうで来
接助　(複)上一・用　接助　四・用(謙)　完・已　接助・順確　形・用
て、取り率　て　まかり　ぬれ　ば、口惜しく
形・体　名　名　四・未(謙)　消・用　四・用　完・体
悲しき　こと。宮仕へ　仕うまつら　ず　なり　ぬる
係助　副　形・体　名　断・用　接助　補動・ラ変・已(丁)
も、かく　わづらはしき　身　に　て　はべれ
接助・順確　下二・未　消・用　四・未(尊)　自・用　強・終　現推・已
ば。心得　ず　思しめさ　れ　つ　らめ

ども(接助・逆確)。心強く(形・用)承ら(四・未(謙))ず(消・用)なり(四・用)に(完・用)し(過・体)こと(名)、なめげなる(形動・体)者(名)に(格助)思しとどめ((複)下二・未(尊))られ(自・用)ぬる(完・体)なむ(係助(係))、心(名)に(格助)とまり(四・用)はべり(補動・ラ変・用(丁))ぬる(完・体(結))。」とて(格助)、今(名)は(係助)とて(格助)天の羽衣(名)着る(上一・体)をり(名)ぞ(係助(係))君(名)を(格助)あはれ(形動・(幹))と(格助)思ひ出で((複)下二・用)ける(詠・体(結))とて(格助)、壺(名)の(格助)薬(名)添へ(下二・用)て(接助)、頭中将(名)呼び寄せ((複)下二・用)て(接助)、奉ら(四・未(謙))す(使・終)。中将(名)に(格助)、天人(名)取り(四・用)て(接助)伝ふ(下二・終)。中将(名)取り(四・用)つれ(完・已)ば(接助・順確)、ふと(副)天の羽衣(名)うち着せ((接頭)下二・用)たてまつり(補動・四・用(謙))つれ(完・已)ば(接助・順確)、翁(名)を(格助)、いとほし(形・終)、かなし(形・終)と(格助)思し(四・用(尊))つる(完・体)こと(名)も(係助)失せ(下二・用)ぬ(完・終)。こ(代)の(格助)衣(名)着(上一・用)つる(完・体)人(名)は(係助)、もの思ひ(名)なく(形・用)なり(四・用)に(完・用)けれ(過・已)ば(接助・順確)、車(名)に(格助)乗り(四・用)て(接助)、百人(名)ばかり(副助)天人(名)具し(サ変・用)て(接助)、昇り(四・用)ぬ(完・終)。

〈通釈〉 四二・8〜10

そののち、翁とその妻とは血の涙を流して悲しみ嘆いたが、何のかいもない。あの書き置いた手紙を読み聞かせるが、「何で命も惜しかろう。だれのために命が惜しかろうか。何事も役には立たない。」と言って、薬も飲まない。そのまま起き上がりもしないで、病み臥してしまった。

〈語句・語法〉

惑へ《エ》ど 悲しみ嘆くけれども。「惑ふ」は①心が乱れる。思い悩む。②迷う。途方にくれる。③うろたえる。あわてる。ここでは①。

かひなし 効果がない。なんにもならない。むだである。

あの書き置きし文 かぐや姫が昇天にあたって書き残して行った手紙。

何せむ《ン》にか、命も惜しからむ《ン》 何をしようとて命も惜しかろう、惜しくない、の意。「か」は反語の係助詞。

用もなし 無用である。役に立たない。

薬も食は《ワ》ず 薬も飲まず。「食ふ」は、①口にくわえる。食いつく。かみつく。②食べる。飲む。ここでは②。

やがて ①そのまま。②ただちに。③すでに。もはや。④いうまでもなく。⑤まもなく。ここでは①。

病み臥《ふ》せり 病気になって床についてしまった。

〈品詞分解例〉

そ(代)の(格助)後(名)、翁(名)・嫗(名)、血(名)の(格助)涙(名)を(格助)流し(四・用)て(接助)

惑へど、かひなし。あの書き置きし文を読みて聞かせけれど、「何せむにか、命も惜しからむ。誰がためにか。何ごとも用もなし。」とて、薬も食はず。やがて起きもあがらで、病み臥せり。

四二・11〜四三・7

〈通釈〉

中将は、人々を引き連れて宮中の帝のもとに帰って参って、かぐや姫を戦ってひきとめることができないで終わったことを、くわしく帝に申し上げる。（そして）薬の壺に（姫の）お手紙を添えて帝にさし上げる。（帝はそれを）ひろげて御覧になって、たいそう心を動かされなさって、お食事も召し上がらない。管弦《かんげん》の遊びなどもなさらなくなった。（帝は）大臣や上達部をお召しになって、「どの山がいちばん天に近いか。」とお尋ねなさると、そこにいる人が申し上げるには、「駿河《するが》の国にあるという山が、この都にも近く、天にも近うございます。」と申し上げる。（帝は）これをお聞きになって、

帝「もうかぐや姫に会うこともないので、その悲しみの涙にひたるわが身にとっては、不死の薬も今さら何の役に立とうか、何にもなりはしない。」（とおよみになった。）

あの（かぐや姫が）さし上げた不死の薬の壺に手紙をいっしょにそえて、お使いに下される。その勅使には、つきのいわがさという人を召して、駿河の国にあるという山の頂上に持って着くようにという旨を仰せられる。そして、頂上でなすべきことを指図される。お手紙と不死の薬の壺を並べて、火をつけて燃やすようにという旨を仰せられる。（勅使が）その旨をうけたまわって、兵士たちを大ぜいつれて山へ登ったことから、その山を「富士の山」（「士に富む山」）と名づけたのであった。その煙は、今でもまだ雲の中へ立ち昇っていると、言い伝えている。

〈語句・語法〉

え戦ひ《イ》とめずなりぬること　天人たちと戦って、かぐや姫を引きとめることができずにしまったこと。「え……ず」で不可能の意を表す。

こまごまと　詳細に。くわしく。

奏す　①（天皇・または院に）言上する。申し上げる。②音楽をかなでる。ここでは①。

参らす　①献上する。差し上げる。②お〜申し上げる。〜して差し上げる。ここでは①。

あは《ワ》れがらせたまひ《イ》て　心を動かされなさって。つまり、深い悲しみに沈まれたことをさす。

ものもきこしめさず　お食事も召し上がらない。「きこしめす」

は、①「聞く」の尊敬語。お話になる。②「食う」「飲む」の尊敬語。召し上がる。③お治めになる。ここでは②。

遊び ①詩歌・管弦や舞などを楽しむこと。②心を慰めたり楽しんだりするために遊ぶこと。ここでは①の意味。

上達部《かんだちめ》 「かんだちべ」ともいう。上流の貴族をさす。

いづ《ズ》れの山か どの山か。「か」は疑問の係助詞。「近き」が、形容詞「近し」の連体形で結びとなる。

駿河《するが》の国にあるなる山なむ《ン》 駿河の国にあるという山が。「なる」は伝聞の助動詞「なり」の連体形。ここは上がラ変動詞なので連体形に接続。「なむ」は係助詞、「はべる」がその結び。

あふ《ウ》こともなみだ もう会うこともないので、（その悲しみの）涙。「なみ」は形容詞「なし」の語幹に接尾語「み」がついたもの。

死なぬ薬 不死の薬。

何にかはせむ《ン》 何の役に立とうか、立ちはしない。「か」は反語の係助詞で、副助詞「は」とともに「かは」の形でよく用いられる。

つきのいは《ワ》がさ 古代氏族の一つ「調」氏かと思われる。「調」という名は、百済《くだら》から帰化した氏族といわれる。月の都の縁でこの氏の名が用いられたものか。「いはがさ」は「岩傘」の字も当てる。

あるなる山 あるという山。「あるなる」→「あんなる」→「あなる」というように変化した。

仰す ①命じる。お命じになる。②おっしゃる。ここでは②。

すべきや《ヨ》う しなければならない方法。

教へ《エ》させたまふ《ウ》 お教えになる。「させ」は尊敬の助動詞「さす」の連用形。

そのよし そのこと。

士《つわもの》ども 兵士たち。

山へ登りけるよりなむ《ン》 山へ登ったことから。「なむ」は強調を示す係助詞。「名づけける。」がその結び。

その煙《けぶり》 不死の薬と手紙を焼いた煙。

〈品詞分解例〉

中将[名]、人々[名] 引き具し[(複)サ変・用] て[接助] 帰り参り[(複)四・用(謙)] て[接助]、かぐや姫[名] を[格助] え[副] 戦ひとめ[(複)下二・未] ず[消・用] なり[四・用] ぬる[完・体] こと[名]、こまごまと[副] 奏す[サ変・終(謙)]。薬[名] の[格助] 壺[名] に[格助] 御文[(接頭)名] 添へ[下二・用] て[接助] 参らす[下二・終(謙)]。ひろげ[下二・用] て[接助] ご覧じ[サ変・用(尊)] て[接助]、いと[副] あはれがら[四・未] せ[尊・用] たまひ[補動・四・用(尊)] て[接助]、もの[名] も[係助] きこしめさ[四・未(尊)] ず[消・用]、御遊び[(接頭)名] など[副助] も[係助] なかり[形・用] けり[過・終]。大臣・上達部[名] を[格助] 召し[四・用(尊)] て[接助]、「いづれ[代] の[格助] 山[名] か[係助(係)] 天[名] に[格助] 近き[形・体(結)]。」と[格助] 問は[四・未] せ[尊・用] たまふ[補動・四・体(尊)] に[接助]、ある[連] 人[名]

奏す、「駿河の国にあるなる山なむ、この都も近く、天も近くはべる。」と奏す。これを聞かせたまひて、

あふこともなみだに浮かぶわが身には死なぬ薬も何にかはせむ

かの奉る不死の薬壺に文具して御使ひに賜はす。勅使には、つきのいはがさといふ人を召して、駿河の国にあなる山の頂に持てつくべきよし仰せたまふ。峰にてすべきやう教へさせたまふ。御文、不死の薬の壺並べて、火をつけて燃やすべきよし仰せたまふ。そのよし承りて、士どもあまた具して山へ登りけるよりなむ、その山を富士の山とは名づけける。その煙、いまだ雲の中へ立ちのぼる、とぞ言ひ伝へたる。

❖発問の解説

(四〇ページ)

1 かぐや姫が「しばしおはしつる」ことになったのはなぜか。また、それが竹取の翁の所であったのはなぜか。

解答例 「かぐや姫は罪をつくりたまへりければ」(四〇・2)ので。また、翁の所に来たのは「いささかなる功徳を、翁つくりけるによりて」(三九・4)がその理由。

2 「穢き所」とは、どこか。

解答例 清浄な月の世界に対して、人間の住むこの地上。

(四三ページ)

3 この歌の、掛詞《かけことば》を説明しなさい。

解答例 「なみだ」が掛詞。「無み」(会うことがないので)と「涙」が掛けられている。かぐや姫にもう会えないことを悲しみ、身が浮かぶほど止めどもなく涙が流れ落ちること。「無み」の「み」は、形容詞の語幹について、原因・理由を表す接尾語。

❖構成

ここに採られたのは、『竹取物語』のクライマックス「かぐや姫の昇天」の場面である。全体を三つに分けて、要旨をたどってみよう。

(1) (三九・1〜四〇・12)
翁は何とかして姫を渡すまいとするが、その抵抗もむなしく、天人の呼びかけで姫は家の外に出る。

(2) (四〇・13〜四二・7)
かぐや姫は、帝にあてて手紙を書き、天人の持って来た不死の薬を添えて頭中将に渡し、天の羽衣を着て昇天する。

(3) (四二・8〜四三・7)
かぐや姫昇天の後、翁と嫗は悲しみのあまり病気になってしまった。帝は姫がいないのに不死の薬などいらないと、天にいちばん近い山へ手紙と薬を持って行かせ、燃やしてしまわれた。その山が「富士の山」である。

❖理解・表現の解説

〈理解〉

(1) **ここで描かれている月の世界はどのような世界か、地上の人間の世界との違いに注意して整理しなさい。**

解答例　まず、文章に即して、「月の都」の人と地上の人とを比べてみる。

・似ている点は、

①姿かたちは同じである。②着物を着て、物も食べる。③人間と同じことばを話す。

・異なっている点は、

①雲に乗って来て、地面から五尺ばかりの所にとまる（地上に足をつけない）。②装束が清らであること。「天の羽衣」を着ている。③飛ぶ車を持っている。④人間にはない力（手をふれずに戸を開けたり、攻撃してくる者の力をなくしてしまう）を持っている。⑤不死の薬を持っている。

以上のように、作者は「月の都」を地上とは全く違う世界と考えている。最も違う点は、月の世界の人は永遠に清らかで不老不死で、一切の苦悩を持たない、ということである。この地上は「穢き所」（四〇・9）であり、それに対する理想郷が「月の都」であったと言える。

(2) **かぐや姫と竹取の翁それぞれの心の動きを、物語の展開に即してたどりなさい。**

解説　かぐや姫が天界に帰って行くこの場面は、『竹取物語』全編のクライマックスをなす箇所で、天人たちと地上の人々を対比させた情景、登場人物それぞれの心情がきわだってあざやかに描かれており、日本最初のロマンの名に恥じない格調と香気を持っている。中でも、二人の主人公、かぐや姫と翁の感情の動きは、悲劇の極限における人間の心情を生き生きとうつし出している。前述の(1)〜(3)の構成に即して、具体的にたどってみよう。

〈かぐや姫〉

(1) この場面は、八月十五日夜になっているが、教科書に採られていない前の場面では、春の初めごろからかぐや姫が月を見て思いに沈むようになり、七月十五日夜にはことに痛切に月を見ては嘆き泣く、という叙述がある。そして八月十五夜に近くなると、人目もかまわず嘆き、自分は月の都の者で、今夜十五日に月の都から迎えが来て帰らなければならないと素性を明らかにした。そして、八月十五日の夜になるのである。

(1)の場面では、かぐや姫の心の動きに関する叙述はない。月の都から迎えの天人が舞い降りてきて、超能力的な力であたりを圧し、その呼びかけでかぐや姫は家の外に出てしまうという動作を述べているだけである。

(2) ここに至ると、かぐや姫は、泣き伏している竹取を慰めながら、自らも心惑い、泣きながら翁に手紙を書く。しかし、天人の持ってきた不死の薬をなめ、羽衣を着せられようとするときにはあわてず落ち着いてくる。急ぐ天人をたしなめ、帝に手紙と薬を残す。そして羽衣を着ると、心が変わってしまう。「もの思ひ」なくなるのである。かぐや姫の心情の叙述は、(2)の場面に集中されているから、ここをよく読み、具体的な表現を抜き出してたどってみよう。

〈竹取の翁〉

(1) この前の場面では、翁は姫の素性を聞き、こんなに心こめて育てた姫をとられるなら死んでしまうと泣きさわぎ、帝にも姫を守る軍勢の派遣をお願いした、という叙述がある。どんなことがあっても姫を手離すまいとして「猛《たけ》く思」っていたのである。これが天人の呼びかけで、物に酔ったようになってしまうが、それでも、姫を返すまいとして抵抗する。

(2) どうしても姫が昇らなければならないのなら、自分もいっしょに連れて行ってくれと、泣きながら姫をかきくどく。悲しみのあまり、動転している。

(3) かぐや姫の昇天後は、絶望して、病の床についてしまう。「血の涙を流して惑《まど》へど、かひなし。」「何せむにか、命も……何ごとも用もなし。」（四二・8～10）に、翁の心情は集中的に表れている。

なお、かぐや姫と翁とでは、別れの悲しみの理由が違う。かぐや姫にとって、別れとは、翁や帝と別れることと同時に、現実の世界から別れることなのである。その点に注意して、具体的な表現を拾いながらたどってみよう。

(3) 竹取の翁・嫗・帝が不死の薬を飲まなかったのはなぜか、考えなさい。

解答例　いずれも、かぐや姫がいないこの世に命をとどめても何のかいもないと思ったから。

翁・嫗については「何せむにか、…何ごとも用もなし。」（四二・9）、帝については「あふことも…」（四三・1）の歌にそれぞれの心情が込められているが、かぐや姫のいないこの世には未練がないという心情は共通している。

(4) 帝が、「御文、不死の薬」(四三・4)を焼いたのはなぜか。また、なぜ「富士の山」(同・6)を選んだのか、考えなさい。

解答例 焼いた理由は、かぐや姫に二度と会えることのないこの世において、御文も不死の薬も、ともに何の役にも立たないものだと思ったから。「富士の山」を選んだのは、そこが月に最も近く、悲痛な思いを少しでも月の世界に届けたいと思ったから。

なお、この物語が書かれた当時(平安時代初期)は、富士山は活火山で、噴煙が立ち上っていたという説がある。その富士山の噴煙を想起させるねらいも込められている。

〈表現〉

(1)「承らずなりにしこと」(四一・17)、「死なぬ薬も」(四三・1)、「駿河の国にあなる山の頂に」(同・3)の「に」「ぬ」「なる」について、それぞれ助動詞の意味と活用形を確かめなさい。

解答例 ・「承らずなりにしこと」…完了の助動詞・連用形
・「死なぬ薬も」…打消の助動詞・連体形
・「駿河の国にあなる山の頂に」…伝聞の助動詞・連体形

解説 ・「なりにし」は、動詞「なる」の連用形「なり」に接続していることから完了の助動詞「ぬ」と分かる。完了の助動詞「ぬ」が連用形の「に」になる場合は、下に過去を表す助動詞が来て、「にき」「にけり」「にけむ」「にたり」のようになる。これで、断定の助動詞「なり」の連用形「に」と見分ける。
・「死なぬ薬」は、未然形接続なので打消の「ず」。また、下が名詞なので連体形と分かる。これが完了の「ぬ」の場合は連用形接続である。
・「あなる山」は、「あるなる」→「あんなる」(撥音便形)→「あなる」(撥音便無表記)である。撥音便に続く「なり」は伝聞・推定の助動詞であり、文脈からここでは伝聞の助動詞。

(2)「中将、人々引き具して」(四二・11)以下の本文から、最高敬語(尊敬語が重なった形)を指摘しなさい。

解答例 いとあはれがらせたまひて(四二・12)
問はせたまふに(同・14) 聞かせたまひて(同・16)
仰せたまふ(四三・3) 教へさせたまふ(同・4)
仰せたまふ(同・5)

伊勢《いせ》物語

❖学習の視点

1 『伊勢物語』に描かれた情景、登場人物の心情を、歌を鑑賞しつつ読み取る。
2 『伊勢物語』を読んで、平安時代の文学の一ジャンルとしての「歌物語」の特色を理解する。
3 語句の意味、語法に注意し、文体や表現の特色をとらえる。

❖作品解説

【伊勢物語について】

〈名称〉

いろいろの説があるが、はっきりしたことは分かっていない。この物語の別名として、『源氏物語』の中に「在五が物語」、また『狭衣《さごろも》物語』の中に「在五中将の日記」という名が出てくる。「在五」「在五中将」というのは、在原業平《ありわらのなりひら》のことをさし、この物語の中で、業平を想像させるような人物を主人公とし、また業平の家集による歌を多数出しているところからの命名と思われる。

〈作者〉

作者は不明である。在原業平は、いわばモデルであって、作者でないことはもちろんである。

〈成立年代〉

原形は『古今和歌集』の成立（九〇五年）以前に成ったものと推定されているが、だいたい現在の形態に定着したのは、在原業平の没年（八八〇年）から七十年あまりたった十世紀の中ごろ以降である。

〈組織・内容〉

「昔、男ありけり。」「昔、男……」の形式ではじまる百二十五段（伝本によって多少の相違がある。）の小話から成り、各段は、一つあるいはいくつかの歌を中心とする短章として、独立して構成されているが、全体としては、業平の元服から死までの一生を物語るように構成されている。もっとも、これらの章段が業平の一代記的に首尾一貫しているわけではなく、形式的にも一様ではない。詞書《ことばがき》を付けた歌だけの段もあり、説話としてまとまった内容を持つ段もあり、また「昔男」の恋愛の相手になる女性の年齢や階層もさまざまである。

〈文体〉

各段が「昔、……」の書き出しではじまる古風で簡潔・素朴な文体でつづられている。また、各段の文章の語尾がほとんど「けり」で終わっており、一つ一つのセンテンスは比較的短く、全体を通して、ひきしまったきびきびした味わいを出している。

なお、『伊勢物語』のように、すべての話を和歌を中心に構成している物語を「歌物語」と呼んでいる。

〈出典〉

本文は「日本古典文学全集　8」（一九七二年・小学館刊）によっている。

芥《あくた》川《がわ》

❖本文の研究　四五・1〜3

〈通釈〉

昔、男がいた。なかなか自分のものにできそうもなかった女を、幾年も求婚しつづけてきたのだが、やっとのことで盗み出して、たいそう暗い夜に逃げてきた。芥川《あくたがわ》という川（のほとり）を、女を連れて行くと、（女は）草の上におりている露を見て、「あれは何なの。」と男にたずねた。

〈語釈・語法〉

昔、男ありけり　「ありけり」は、あったとさ。「けり」は、活用語の連用形に接続し、過去の伝聞を回想する助動詞。（本書五七ページ参照。）

女の　この「の」は、「……で」。いわゆる同格を示す格助詞。「女」と「え得まじかりける（女）」とが同じであることを示している。現代語でもしばしば使われる「お茶の熱いのを」「花のきれいなのを」の「の」と同じはたらきである。

え得《う》まじかりける　自分のものにできそうもなかった。「え…打消」は、「…できない」の意。

よばひ《イ》わたりける　「よばふ」は求婚すること。「わたる」は補助動詞的用法で「……し続ける」の意。

率《い》て　「率《い》る」は、①引き連れる、②持ってゆく。ここでは①。

〈品詞分解〉

昔〔名〕、男〔名〕あり〔ラ変・用〕けり〔過・終〕。女〔名〕の〔格助〕え〔副〕得〔下二・終〕まじかり〔消推・用〕ける〔過・体〕を〔格助〕、年〔名〕を〔格助〕経〔下二・用〕て〔接助〕よばひわたり〔(複)四・用〕ける〔過・体〕を〔接助〕、からうじて〔副(ウ音)〕盗み出で〔(複)下二・用〕て〔接助〕、いと〔副〕暗き〔形・体〕に〔格助〕来〔カ変・用〕けり〔過・終〕。芥川〔名〕と〔格助〕いふ〔四・体〕川〔名〕を〔格助〕率〔上一・用〕て〔接助〕行き〔四・用〕けれ〔過・已〕ば〔接助・順確〕、草〔名〕の〔格助〕上〔名〕に〔格助〕置き〔四・用〕たり〔存・用〕ける〔過・体〕露〔名〕を〔格助〕、「かれ〔代〕は〔係助〕何〔代〕ぞ〔係助〕。」と〔格助〕なむ〔係助(係)〕男〔名〕に〔格助〕問ひ〔四・用〕ける〔過・体(結)〕。

四五・4～四六・3

〈通釈〉

行く先はまだ遠く、夜もふけてしまったので、（そこが）鬼がいる所とも知らないで、その上雷までたいそうひどく鳴り、雨もざあざあ降ってきたので、がらんとして荒れはてた倉に、女を奥の方に押し入れて、男は弓・胡籙《やなぐい》を負って戸口に（立って女を守って）いた。「早く夜が明けてほしいなあ」と思いながら座っていると、鬼が（女を）たちまち一口に食ってしまった。（その時女は）「あれっ。」と叫んだけれども、（男は）雷の鳴るさわぎで、聞くことができなかったのだった。ようやく夜も明けてゆくので（その薄明かりに）、見ると、連れて来た女がいない。（男は）じだんだを踏んで泣いたけれども、いまさらどうしようもない。

「白玉か、何かしら」といとしい人がたずねた時、露（の光）だと答えて（露のようにわたしも）消えてしまったらよかったのに（そうすれば、こんな悲しみもなかったろうに）。

〈語釈・語法〉

鬼ある所とも知らで　鬼の住んでいる所とも知らないで。「鬼」は人を食うという想像上の怪物。暗い所や草深い所にいると信じられていた。「女をば奥に押し入れて」にかかる。

神《かみ》さへ《エ》いといみじう《ジュウ》鳴り　「さへ」は添加の副助詞。雷までひどく鳴り。「いみじ」は形容詞で、はなはだしい。

いたう　副詞「いたし」のウ音便で、はなはだしく。

をり《オ》　ここは「居り」。いる。すわっている。

はや　①早く。すぐに。②もはや。③さっそく。たちまち。8行目、一つ目の「はや」は①、9行目、二つ目は③の意。

あなや　女の悲鳴。あな（感動詞）＋や（間投助詞）。「あれえ」という感じである。

消えなましものを　消えてしまったらよかったのに。な（強意の助動詞「ぬ」の未然形）＋まし（反実仮想の助動詞「まし」の連体形）＋ものを（接続助詞）。「消え」は「露」の縁語。

〈品詞分解〉

行く先〔名〕 多く〔形・用〕、夜〔名〕 も〔係助〕 ふけ〔下二・用〕 に〔完・用〕 けれ〔過・已〕 ば〔接助・順確〕、鬼〔名〕
ある〔ラ変・体〕 所〔名〕 と〔格助〕 も〔係助〕 知ら〔四・未〕 で〔接助〕、神〔名〕 さへ〔副助〕 いと〔副〕
いみじう〔形・用(ウ音)〕 鳴り〔四・用〕、雨〔名〕 も〔係助〕 いたう〔副(ウ音)〕 降り〔四・用〕 けれ〔過・已〕 ば〔接助・順確〕、
あばらなる〔形動・体〕 蔵〔名〕 に〔格助〕、女〔名〕 をば〔(連語)〕（を〔格助〕 ば〔係助〕） 奥〔名〕 に〔格助〕
押し入れ〔(複)下二・用〕 て〔接助〕、男〔名〕、弓〔名〕・胡簶〔名〕 を〔格助〕 負ひ〔四・用〕 て〔接助〕 戸口〔名〕 に〔格助〕
をり〔ラ変・用〕、はや〔副〕 夜〔名〕 も〔係助〕 明け〔下二・未〕 なむ〔終助〕 と〔格助〕 思ひ〔四・用〕 つつ〔接助〕
ゐ〔上一・用〕 たり〔存・用〕 ける〔過・体〕 に〔接助〕、鬼〔名〕 はや〔副〕 一口〔名〕 に〔格助〕 食ひ〔四・用〕
て〔完・用〕 けり〔過・終〕。「あな〔感〕 や〔間助〕。」 と〔格助〕 言ひ〔四・用〕 けれ〔過・已〕 ど〔接助・逆確〕、神〔名〕
鳴る〔四・体〕 騒ぎ〔名〕 に〔格助〕、え〔副〕 聞か〔四・未〕 ざり〔消・用〕 けり〔過・終〕。やうやう〔副〕 夜〔名〕
も〔係助〕 明けゆく〔(複)四・体〕 に〔接助〕、見れ〔上一・已〕 ば〔接助・順確〕、率〔上一・用〕 て〔接助〕 来〔カ変・未〕
し〔過・体〕 女〔名〕 も〔係助〕 なし〔形・終〕。足ずり〔名〕 を〔格助〕 し〔サ変・用〕 て〔接助〕 泣け〔四・已〕
ども〔接助・逆確〕、かひなし〔形・終〕。

白玉〔名〕 か〔係助〕 何〔代〕 ぞ〔係助〕 と〔格助〕 人〔名〕 の〔格助〕 問ひ〔四・用〕 し〔過・体〕 時〔名〕
露〔名〕 と〔格助〕 答へ〔下二・用〕 て〔接助〕 消え〔下二・用〕 な〔強・未〕 まし〔反実仮想・体〕 ものを〔接助・逆確〕

❖発問の解説

（四五ページ）

1 「鬼ある所とも知らで」は、どこにかかっていくか。

解説 「鬼」とはもともとは死んだ人の霊。「鬼」の字に「おに」という読み方を当てたのも、『竹取物語』や、この『伊勢物語』のころかららしい。「鬼ある所とも知らで」「女をば奥に押し入れて」と、文脈はつながる。

❖鑑賞

教科書には採られていないが、「月やあらぬ」の前に「ひじき藻《も》」という段がある。

昔、男ありけり。懸想じける女のもとに、ひじき藻といふものをやるとて、

思ひあらばむぐらの宿に寝もしなむひじきものには袖をしつつも

二条の后の、まだ帝にも仕うまつりたまはで、ただ人にておはしましける時のことなり。

（第三段）

つまり、『伊勢物語』の第三段、第四段、第五段、第六段はすべて「男」（在原業平と想定される）と二条の后との一連の恋物語なのである。男の思いは深く、女を連れて脱出するが、結局取り返されてしまう、その悲劇のクライマックスを描いているのがこの「白玉か」の段である。「女」は草の上に置いた露を「かれ

は何ぞ。」と問うが、ここには、「女」が深窓に育ったやんごとない身分の女であることが示されている。「かれは何ぞ。」と「女」に問われて、先を急ぐ男は答えなかったのであろう。それが、あとの歌の「露と答へて消えなましものを」の表現と呼応して、歌の哀切さを盛り上げている。

❖理解・表現の解説

〈理解〉

(1) **この話のあらすじを、「男」の行動を中心にしてまとめなさい。**

解答例 男は、身分の高い女に求婚を続けてきた。長年悩んだ末、（ついに）女を盗み出した。芥川まで逃げのびて、川のほとりを進んで行った。深夜の激しい雷雨のため、荒れ果てた蔵の中へ女を押しこみ、武装して戸口で警戒した。夜が明け、暗闇の蔵の中で女が鬼に食われてしまったことを知って、男は悲しみに打ちひしがれた。

(2) **「女」はどのような身分の人か、根拠をあげて説明しなさい。**

解答例 「え得まじかりける」（手に入れることができそうもなかった）、「露を、『かれは何ぞ。』と……問ひける」（草の上にある露を知らなかったこと）の二つが根拠になる。男の歌に「白玉」（真珠）とあることから、むくで、身分の高い家の深窓で育った姫君と考えられる。

(3) **「白玉か」（四六・3）の歌に込められた「男」の思いはどのようなものか、考えなさい。**

解答例 露を知らないほど深窓の女性へのいとしさと、奪われてしまった悔恨から、自分も一緒に露のように消えてしまえばよかったのに、と嘆く男の切なさが込められている。

〈表現〉

(1) **「男ありけり」（四五・1）、「いと暗きに来けり」（同・2）、「男に問ひける」（同・3）の「けり」「ける」について、助動詞の意味と接続を確かめなさい。**

解答例 「男ありけり」は、ラ変動詞の連用形接続。「来けり」は、カ変動詞の連用形接続。「問ひける」は、四段動詞の連用形接続。いずれも過去の助動詞で、間接回想、あるいは伝承回想という使われ方。

(2) **「来し」（四六・1）、「問ひし」（同・3）の「し」について、助動詞の意味と接続を確かめなさい。**

解答例 両方とも、過去の助動詞「き」の連体形。「来し」は、未然形接続で、「こし」と読む。連用形に接続して「きし」と読む場合もある。「問ひし」は、連用形接続。

(3) **「神さへいといみじう鳴り」（四五・4）を、助詞「さへ」に注意して現代語に訳しなさい。**

解答例 雷までとてもひどく鳴り

解説 「さへ」は、添加を表す。

東《あずま》下《くだ》り

❖本文の研究　四七・1〜10

〈通釈〉

昔、男がいた。その男は自分の身をどうなってもかまわないもののように思い込んで、「(もう) 京にはおるまい、東国のほうに住むべき国を求めに(行こう)。」と思って出かけた。もとから友だちであった人ひとりふたりといっしょに出かけた。道を知っている人もいなくて、迷いながら行った。(一行はようやく) 三河の国の八橋という所に着いた。そこを八橋というのは、水の流れている川が、くもの足のように四方八方に分かれているので、橋を八つ渡してあるところから、八橋といったのである。その沢のほとりの木の陰に、(馬から) 降りてすわって、乾飯《かれいい》を食べた。その沢にかきつばたが、たいそうおもしろい風情で咲いていた。それを見て、(一行の中の) ある人が言うには、「かきつばた、という五文字を歌の各句の頭に据えて、旅の心持ちをよめ。」と言ったので、(男は次の歌を) よんだ。

　都には、日ごろから慣れ親しんできた妻が残っているので、はるばる遠くまでやってきたこの旅を、しみじみと思うことであるよ。

とよんだので、(その場にいた) 人は皆、(男と同じように都のことを思い出して悲しくなり) 乾飯の上に涙を落として、(乾飯がすっかり) ふやけてしまった。

〈語釈・語法〉

昔、男ありけり　『伊勢物語』が慣用している書き始めのことばである。「昔」は『竹取物語』の「今は昔」と同様に、漠然とした過去の時代をさす。

え《ヨ》う《ウ》なきもの　役に立たないもの。必要とされないもの。生きがいのない身。「えう」は「要」。「用」なら古典仮名づかいでも「よう」となる。

思ひ《イ》なして　自分でそう思い込んで。「思ひなす」は複合動詞。「なす」は自分から意識的に何かをすることを表す。

京にはあらじ　京にはおるまい。「は」は意味を強める係助詞。「じ」は意志の助動詞「む」に対する打消で「まい」に当たる。

もとより友とする人　旅に出るので友となったのではなくて、古くからの友人のこと。

下りゐ《イ》て　馬から降りてすわったのである。「ゐて」は「居る」の連用形。

いとおもしろく　たいそう風情のある様子で。「おもしろし」は趣がある、美しい、などの意。

句の上《かみ》に据《す》ゑ《エ》て　第一句から第五句まで、順に「か・き・つ・ば・た」の五文字を一つずつ頭に置いて和歌をよむのである。このような技巧を「折句《せっく》」または「折り句」といい、『古今集』の「物名《もののな》」の部の歌に多く出てくる。
よめる「よめる歌」の略。

〈品詞分解〉

昔、男 あり けり。その 男、身 を えうなき
名 名 ラ変・用 過・終 代 格助 名 名 格助 形・体
もの に 思ひなし て、京 に は あら じ、
名 格助 四・用 接助 名 格助 係助 ラ変・未 消意・終
東 の 方 に 住む べき 国 求め に、とて
名 格助 名 格助 四・終 適・体 名 下二・用 格助 格助
行き けり。もとより 友 と する 人、ひとり
四・用 過・終 副 名 格助 サ変・体 名 名
ふたり して 行き けり。道 知れ る 人 も
名 格助 四・用 過・終 名 四・命 存・体 名 係助
なく て、惑ひ行き けり。三河の国、八橋 と いふ
形・用 接助 (複)四・用 過・終 名 名 格助 四・体
所 に 至り ぬ。そこ を 八橋 と いひ ける
名 格助 四・用 完・終 代 格助 名 格助 四・用 過・体
は、水 ゆく 川 の 蜘蛛手 なれ ば、橋 を
係助 名 四・体 名 格助 名 断・已 接助・順確 名 格助
八つ 渡せ る に より て なむ、八橋 と
名 四・命 存・体 格助 四・用 接助 係助(係) 名 格助
いひ ける。その 沢 の ほとり の 木 の
四・用 過・体(結) 代 格助 名 格助 名 格助 名 格助
陰 に 下りゐ て、乾飯 食ひ けり。その 沢
名 格助 (複)上一・用 接助 名 四・用 過・終 代 格助 名
に、かきつばた いと おもしろく 咲き たり。それ
格助 名 副 形・用 四・用 存・終 代
を 見 て、ある 人 の いはく、
格助 上一・用 接助 連体 名 格助 四・未(ク語法)
「かきつばた、と いふ 五文字 を 句 の 上 に
名 格助 四・体 名 格助 名 格助 名 格助
据ゑ て、旅 の 心 を よめ。」と 言ひ けれ
下二・用 接助 名 格助 名 格助 四・命 格助 四・用 過・已
ば、よめ る。
接助・順確 四・命 完・体

から衣 着 つつ なれ に し つま し
名 上一・用 接助 下二・用 完・用 過・体 名 副助
あれ ば はるばる き ぬる 旅 を し
ラ変・已 接助・順確 副 カ変・用 完・体 名 格助 副助
ぞ 思ふ
係助(係) 四・体(結)

と よめ り けれ ば、皆人、乾飯 の 上
格助 四・命 完・用 過・已 接助・順確 名 名 格助 名
に 涙 落とし て、ほとび に けり。
格助 名 四・用 接助 上二・用 完・用 過・終

四七・11～四八・9

〈通釈〉

さらに旅を続けて（一行は）駿河《するが》の国に到着した。宇津《うつ》の山にさしかかって、（これから）自分たちが分け入ろうとする道はたいそう暗くて細いうえに、つたやかえでが生い茂っていて、何となく心細く、思いがけないつらい目を見ることだと思っていると、（ちょうどそこに）修行者が来合わせた。（修行者が一行に）「このような道を、どうしておいでになるのか。」と言うのを見ると、（この修行者は都で）見知った人であった。（そこで）京に、（思う）その人のもとにと思って、手紙を書いて（修行者に）ことづ

ける。

（私は今、駿河の国にある宇津の山のあたりに来ていますが、）宇津の山といえば、うつつ（現実）にはもちろんのこと、夢にも恋しく思うあなたに会わないことです。（あなたはもう、私のことなど思っていてはくれないのですね。）

富士の山を見ると、五月の下旬だというのに、雪がたいそう白く降り積もっている。

　時節をわきまえない山は富士の山だ。（今を）いつだと思って鹿の子《かこ》まだらに雪が降っているのであろうか。

その山は、京にたとえるなら、比叡山《ひえいざん》を二十くらい重ねあげたほどの高さで、形は（ちょうど）塩尻《しおじり》のようであった。

〈語釈・語法〉

行き行きて　どんどん旅を続けて。「至りぬ」にかかる。

わが入らむ《ン》とする道　これから自分たちが入っていこうとする道。「む」は推量の助動詞で、ここでは意志を表す。

もの心細く　なんとなく心細く。「もの」は接頭語。

すずろなるめを見る　おもいがけなくつらい目をみる。「すずろなり」は、①あてもない、②無関係だ、③おもいがけない、④むやみに、の意。ここでは、③の意味。

修行者《すぎようざ》会ひ《イ》たり　「修行者」を主語にした言い方。修行者が一行に会った、の意。先方を主語にした表現は、思いがけずばったり会った、という感じを出している。

かかる道は、いかでかいまする　「います」は「行く」「来《く》」の尊敬語。

見し人　見知った人。「し」は過去の助動詞「き」の連体形。

その人　人名をはっきり言わずに一般化した言い方で、京に残してきた恋人をさす。次に「御もとに」とあるところから、この恋人は身分の高い人であることがわかる。

文《ふみ》書きてつく　「つく」は、託す、ことづける、の意。

うつつ　現実。

五月《さつき》のつごもりに　陰暦の五月は仲夏《ちゆうか》、夏の半ばである。その「つごもり」（月末）というのだから、翌日から季夏（末の夏）になる。「に」は文法的には格助詞であるが、〈通釈〉では「つごもりなるに」の省略の形と考えて、逆接の接続助詞の感じで口語訳してみた。

時知らぬ　時節を知らない。富士山が夏でも雪をいただいているので、こう言ったもの。

いつとてか　いつと思ってか。「降るらむ」にかかる。「か」は疑問を表す係助詞。

ここ　京都をさす。

比叡《ひえ》の山を二十《はたち》ばかり重ねあげたらむ《ン》ほどして　比叡山を二十くらい重ねた程度の高さで。「比叡山」は標高八五〇メートル、「富士山」は約三七八〇メートルだから、かなりの誇張表現であるが、それほど男には富士山が大きく見えたのであろう。

〈品詞分解〉

行き行き〔四・用〕て〔接助〕、駿河の国〔名〕に〔格助〕至り〔四・用〕ぬ〔完・終〕。宇津の山〔名〕に〔格助〕至り〔四・用〕て〔接助〕、わ〔代〕が〔格助〕入ら〔四・未〕む〔意・終〕と〔格助〕する〔サ変・体〕道〔名〕は〔係助〕いと〔副〕暗う〔形・用（ウ音）〕細き〔形・体〕に〔格助〕、つた・かへで〔名〕は〔係助〕茂り〔四・用〕、もの心細く〔（接頭）形・用〕、すずろなる〔形動・体〕め〔名〕を〔格助〕見る〔上一・体〕こと〔名〕と〔格助〕思ふ〔四・体〕に〔接助〕、修行者〔名〕会ひ〔四・用〕たり〔完・終〕。「かかる〔ラ変・体（連体）〕道〔名〕は〔係助〕、いかで〔副〕か〔係助（係）〕いまする〔サ変・体（尊）（結）〕。」と〔格助〕言ふ〔四・体〕を〔格助〕見れ〔上一・已〕ば〔接助・順確〕、見〔上一・用〕し〔過・体〕人〔名〕なり〔断・用〕けり〔詠・終〕。京〔名〕に〔格助〕、そ〔代〕の〔格助〕人〔名〕の〔格助〕御もと〔（接頭）名〕に〔格助〕とて〔格助〕、文〔名〕書き〔四・用〕て〔接助〕つく〔下二・終〕。

駿河〔名〕なる〔存在・体〕宇津の山べ〔名〕の〔格助〕うつつ〔名〕に〔格助〕も〔係助〕夢〔名〕に〔格助〕も〔係助〕人〔名〕に〔格助〕あは〔四・未〕ぬ〔消・体〕なり〔断・用〕けり〔詠・終〕

富士の山〔名〕を〔格助〕見れ〔上一・已〕ば〔接助・順確〕、五月〔名〕の〔格助〕つごもり〔名〕に〔格助〕、雪〔名〕いと〔副〕白う〔形・用（ウ音）〕降れ〔四・命〕り〔存・終〕。

時〔名〕知ら〔四・未〕ぬ〔消・体〕山〔名〕は〔係助〕富士の嶺〔名〕いつ〔代〕とて〔格助〕か〔係助（係）〕鹿の子まだら〔名〕に〔格助〕雪〔名〕の〔格助〕降る〔四・終〕らむ〔現推・体（結）〕

そ〔代〕の〔格助〕山〔名〕は〔係助〕、ここ〔代〕に〔格助〕たとへ〔下二・未〕ば〔接助・順仮〕、比叡の山〔名〕を〔格助〕二十〔名〕ばかり〔副助〕重ねあげ〔（複）下二・用〕たら〔存・未〕む〔婉・体〕ほど〔名〕して〔格助〕、なり〔名〕は〔係助〕塩尻〔名〕の〔格助〕やう〔名〕に〔断・用〕なむ〔係助（係）〕あり〔補動・ラ変・用〕ける〔過・体（結）〕。

四八・10～四九・3

〈通釈〉

さらに旅を続けて行って、武蔵《むさし》の国と下総《しもつふさ》の国との間に、たいそう大きな河がある。その河を隅田川という。その河のほとりに集まって腰をおろして、考えてみると、「このうえもなく遠くへ来てしまったものだなあ。」と（お互いに）心さびしく思い合っていると、（そこへ）渡し守が（やって来て）、「早く舟にお乗りなさい。日も暮れてしまいますよ。」と言うので、（舟に）乗って渡ろうとするのだが、人々は皆、もの悲しくて、京に思う人がいないわけではない。（この河を渡ってしまえば、もう京とは完全に離れてしまうと思うと、名残惜しくて、ぐずぐずしていたのである。）ちょうどそのとき、白い鳥で、くちばしと脚とが赤い、しぎの大きさくらいの（鳥）が、水の上に遊びながら魚を（とって）食べている。京では見かけない鳥なので、だれも見知ってい

ない。（そこで）渡し守に（鳥の名を）たずねたところが、「これが都鳥です。」と言うのを聞いて、

（もしもお前が）その都というのにふさわしい名を持っているのならば（都のことをよく知っているはずだから）、さあ、尋ねよう、都鳥よ、私の思っている人は（都で）無事であるかどうかと。

とよんだので、舟の中の人々は皆（都のことが恋しくなって）泣いてしまった。

〈語釈・語法〉

なほ《オ》行き行きて　さらに旅を続けて。「なほ」は、さらに。「行きけり」（四七・2）、「行き行きて」（同・11）を受けて、さらに都を遠く離れてきたことを表す。

群れゐ《イ》て　群がりすわって。主語は「人々」。渡し場なので、舟に乗るために人々が川岸に集まっているのである。

来にけるかな　来てしまったことだなあ。「に」は完了の助動詞「ぬ」の連用形。「かな」は感動を表す終助詞。

わびあへ《エ》るに　互いにさびしい思いを述べ合っていると。「わぶ」は、わびしがる、心細く思う、の意。「る」は存続の助動詞「り」の連体形。「に」は接続助詞。

皆人ものわびしくて　「わびし」は下二段動詞「わぶ」の形容詞化したもの。

思ふ《ウ》人　男をはじめ同行の各人が思っている妻や恋人。

なきにしもあらず　ないわけでもない。二重否定の形式。

さるをり《オ》しも　そうしたおりもおり。

白き鳥の、はしと脚と赤き　「の」は同格を示す格助詞。「はしと脚の赤き、白き鳥」と同じ。

これなむ《ン》　これこそ。これがあの有名な……、という気持ち。

ありやなしや　無事であるかどうか。「や」はともに疑問を表す係助詞。

よめりければ　よんだので。「けれ」（已然形）＋「ば」（接続助詞）の形で、「……なので」の意。確定条件を示す。

〈品詞分解〉

なほ［副］ 行き行き［四・用］ て［接助］、武蔵の国［名］ と［格助］ 下総の国［名］ と［格助］
の［格助］ なか［名］ に［格助］ いと［副］ 大きなる［形動・体］ 川［名］ あり［ラ変・終］。それ［代］ を［格助］
すみだ川［名］ と［格助］ いふ［四・終］。そ［代］ の［格助］ 川［名］ の［格助］ ほとり［名］ に［格助］
群れゐ［（複）上一・用］ て［接助］、思ひやれ［四・已］ ば［接助・順確］、かぎりなく［形・用］ 遠く［形・用］ も［係助］
来［カ変・用］ に［完・用］ ける［過・体］ かな［終助］、と［格助］ わびあへ［（複）四・命］ る［存・体］ に［接助］、
渡し守［名］、「はや［副］ 船［名］ に［格助］ 乗れ［四・命］、日［名］ も［係助］ 暮れ［下二・用］ ぬ［完・終］。」
と［格助］ 言ふ［四・体］ に［接助］、乗り［四・用］ て［接助］ 渡ら［四・未］ む［意・終］ と［格助］ する［サ変・体］
に［接助］、皆人［名］ ものわびしく［（接頭）形・用］ て［接助］、京［名］ に［格助］ 思ふ［四・体］ 人［名］ なき［形・体］
に［断・用］ し［副助］ も［係助］ あら［補動・ラ変・未］ ず［消・終］。さる［連体］ をり［名］ し［副助］ も［係助］、

白き《形・体》鳥《名》の《格助》、はし《名》と《格助》脚《名》と《格助》赤き《形・体》、鴫《名》の《格助》
大きさ《名》なる《断・体》、水《名》の《格助》上《名》に《格助》遊び《四・用》つつ《接助》魚《名》を《格助》
食ふ《四・終》。京《名》に《格助》は《係助》見え《下二・未》ぬ《消・体》鳥《名》なれ《断・已》ば《接助・順確》、
皆人《名》見知ら《四・未》ず《消・終》。渡し守《名》に《格助》問ひ《四・用》けれ《過・已》ば《接助・順確》、
「これ《代》なむ《係助(係)(結・省)》都鳥《名》。」と《格助》言ふ《四・体》を《格助》聞き《四・用》て《接助》、

名《名》に《格助》し《副助》負は《四・未》ば《接助・順仮》いざ《感動》こと問は《四・未》む《意・終》
都鳥《名》わ《代》が《格助》思ふ《四・体》人《名》は《係助》あり《ラ変・終》や《係助》なし《形・終》
や《係助》と《格助》

と《格助》よめ《四・命》り《完・用》けれ《過・已》ば《接助・順確》、船《名》こぞり《四・用》て《接助》泣き《四・用》
に《完・用》けり《過・終》。

❖発問の解説

(四八ページ)

1　「ここ」とは、どこのことか。

解答例　この話の書き手、読み手のいる場所をさす。この場合は、京の都。

❖主題・構成

〈主題〉

業平の「東下り」として古来有名な段である。都での生活に希望を失ったある男が、東国へ下ろうとする。三河の国八橋、駿河の国宇津の山を過ぎ、富士の山を望み、武蔵の国隅田川のほとりまでやってくる。男は、京に残してきた女への絶ちがたい思いを、和歌に託してうたうのだった。

〈構成〉

(1)(四七・1〜10)　都での生活に望みをなくした男が、友人と東国への旅に出て、三河の国八橋に着いて、折り句などで旅情をなぐさめ合うが、それにつけても都に残した妻のことが恋しく思われる。

(2)(四七・11〜四八・9)　宇津の山中で、旧知の修行者に出会い、都に残した妻への手紙を託す。夏でも雪をいただく富士を見て興にかられて歌をよむ。

(3)(四八・10〜四九・3)　隅田川を前にして、いまさらのように旅に出た実感を抱く。渡し守は、そんな人々の気持ちを無視して乗船を急がせるが、時刻は日暮れでもあり、人々の心に浮かぶのは都のことばかりである。

なお、第二段落を宇津の山と富士の山との場面とで分けて、「富士の山を見れば」(四八・5)のところで二つに分けることもできるであろうが、「行き行きて」(四七・11)、「なほ行き行きて」(四八・10)の呼応に注目して三段落に区切るほうが妥当で

あろう。

❖理解・表現の解説

〈理解〉

(1) **話の展開に従って本文を三段落に分けて、次の点をまとめなさい。**

ⓐ歌は、どこで、どのような時に詠まれているか。

ⓑ「京にはあらじ」(四七・1)と東国に下った「男」の気持ちは、どのように変化したか。

解説 ⓐ段落は、〈構成〉を参照のこと。作中に歌は四首出てくる。次の文を参考にしよう。

①「三河の国、八橋といふ所に至りぬ。」「かきつばた、といふ五文字を句の上に据ゑて、旅の心をよめ。」

②・「駿河の国に至りぬ。宇津の山に至りて……」「京に、その人の御もとにとて、文書きてつく。」
・「富士の山を見れば、五月のつごもりに、雪いと白う降れり。」「比叡の山を二十ばかり重ねあげたらむほどして……」

③「武蔵の国と下総の国とのなかにいと大きなる川あり。」「これなむ都鳥。」
「皆人ものわびしくて、京に思ふ人なきにしもあらず。」

以上の文を、
(1)では、かきつばたを見て、
(2)では、目新しい宇津の山の風物に接して、また、名高い富士山を見て感動して、
(3)では、国境のすみだ川と都鳥という名をもつ鳥を見て、などとまとめてみるとよい。

ⓑ〈構成〉の項参照。「東下り」は第九段であるが、その前、第六段「芥川」に、男が身分の高い女性に恋をして、うまく連れ出したものの、結局鬼にとり殺されて、その恋は実を結ばなかったという話がある。それやこれやで、この男は京にいづらくなって、東国へ下ろうとするのである。

こうして旅に出た「男」の気持ちは、京から離れるにしたがって変化していく。次の点を、本文からたどってみよう。

八橋(から衣の歌)――宇津の山(妻へのたよりを修行者に託す)――富士の山(雄大さに打たれる)――隅田川(ひとしおつのる郷愁)。

「京にはあらじ」と決心して、男は都を離れるのだが、都を離れて行くにしたがって旅愁はつのり、捨てたはずの都が恋しくなっていく。男はなにも都での貴族社会やその生活に未練があるわけではない。ただ、都を捨てるためには別れざるをえなかった「思ふ人」が恋しくて、「京にはあらじ」という意志とは裏腹に、都への思いが深まっていくのである。

(2) **「男」の歌に対して、同行した人々の気持ちはどう語られているか、まとめなさい。**

解答例 「皆人、乾飯の上に涙落として、ほとびにけり」(四

七・10)、「思ひやれば、かぎりなく遠くも来にけるかな、とわびあへる」(四八・11)、「船こぞりて泣きにけり」(四九・3)などがそれである。同行した人々は、「もとより友とする人」(四七・2)で、「皆人ものわびしくて、京に思ふ人なきにしもあらず」(四八・13)なので、男と心情は同じなのである。

〈表現〉

(1) 本文中から助動詞「む」「じ」「べし」「らむ」を抜き出して、意味・接続・活用形を確かめなさい。

解答例 いずれも推量の助動詞。「む」は、推量・意志・適当・勧誘・仮定・婉曲。それに対して「じ」は、打消推量・打消意志。「べし」は、「む」を強めた意味がある。「らむ」は、現在推量・現在の原因推量・婉曲・伝聞。本文では、「あらじ」(四七・1)は、打消意志、ラ変動詞未然形接続、終止形。「住むべき」(四七・2)は、適当、四段動詞終止形接続、連体形。「入らむ」(四七・11)は、意志、四段動詞未然形接続、終止形。「降るらむ」(四八・7)は、現在推量、四段動詞終止形接続、連体形、「か」の結び。「重ねあげたらむ」(四八・8)は、完了、存続の助動詞「たり」の未然形接続、連体形。「渡らむ」(四八・13)は、意志、四段動詞未然形接続、終止形。「こと問はむ」(四九・2)は、意志、四段動詞未然形接続、終止形。

(2) 「言ひければ」(四七・8)、「見れば」(四八・1)、「たとへば」(同・8)を、助詞「ば」の用法に注意して現代語に訳しなさい。

解説 「言ひければ」の「ば」は、過去の助動詞「けり」の已然形に接続。意味は、言ったので。「見れば」の「ば」は、已然形接続。見ると。「たとへば」の「ば」は、下二段動詞「たとふ」の未然形接続。たとえるならば。「ば」は、未然形接続の場合は、順接仮定条件。已然形接続の場合は、順接確定条件になる。

(3) 「白き鳥の、はしと脚と赤き、鴫の大きさなる」(四八・14)を、助詞「の」の用法に注意して現代語に訳しなさい。

解答例 白い鳥で、くちばしと脚が赤い、鴫の大きさである鳥

解説 初めの「の」は同格、二つ目の「の」は連体修飾格。

筒《つつ》井《い》筒《づつ》

❖本文の研究　五〇・1〜10

〈通釈〉

昔、田舎暮らしの地方官をしていた人の子どもが、井戸のそばに出て遊んでいたのだが、大人になってしまったので、男も女も互いに恥ずかしく思うようになったけれど、男は、この女をこそ妻にしたいと思う。女はこの男を（夫に）と思いつづけ、親が他の男と結婚させようとしたけれども、聞き入れないでいた。そうこうするうちに、この隣の男のところから、こう歌をよんできた。

　幼いとき井戸の井筒の高さとくらべたわたしの背丈もいつのまにか井筒を越してしまったようですよ、あなたを見ないでいる間に（わたしもすっかり一人前の男になりましたよ）。

女の返しの歌、

　幼い時からくらべ合ってきた振分髪《ふりわけがみ》ももう肩を過ぎるほど伸びました。あなたのためでなくて、だれのために髪を上げましょうか。

などと歌をよみ交わしつづけて、とうとう望みどおりに二人は夫婦になった。

〈語釈・語法〉

田舎わたらひ《イ》　①田舎暮らしの地方官、②田舎回りの行商人、の二通りの説がある。ここでは①の意にとった。「わたらひ」は動詞「わた（渡）る」に継続の意の助動詞「ふ」がつき、その連用形が名詞化したもの。

恥ぢ《ジ》かは《ワ》して　互いに恥ずかしがって。

この女をこそ得め　この女をぜひ妻にしよう。「こそ……め」で係り結び。「め」は意志の助動詞「む」の已然形。

聞かでなむ《ン》ありける　「なむ……ける」で係り結び。「ける」は連体形。

かくなむ《ン》　下に「いひやりける」「いひおこせける」などのことばが省略されている。「なむ……ける」と係り結びになるところ。

まろ　わたし。一人称の代名詞。

妹《いも》見ざるまに　「妹をわたしが」「妹がわたしを」の二つの説があるが、前者が妥当であろう。

たれかあぐべき　「か……べき」で係り結び。「べき」は連体形。

本意　「ほい」と読む。かねてからの望み。

あひ《イ》にけり　「あふ」は「結婚する」「いっしょになる」の意。

〈品詞分解〉

名	名	サ変・用	過・体	名	格助	名（接尾）	名
昔、	田舎わたらひ	し	ける	人	の	子ども、	井

の〔格助〕もと〔名〕に〔格助〕出で〔下二・用〕て〔接助〕遊び〔四・用〕ける〔過・体〕を〔接助〕、大人〔名〕に〔格助〕なり〔四・用〕に〔完・用〕けれ〔過・已〕ば〔接助・順確〕、男〔名〕も〔係助〕女〔名〕も〔係助〕恥ぢかはし〔(複)四・用〕て〔接助〕あり〔ラ変・用〕けれ〔過・已〕ど〔接助・逆確〕、男〔名〕は〔係助〕、こ〔代〕の〔格助〕女〔名〕を〔格助〕こそ〔係助(係)〕得〔下二・未〕め〔意・已(結)〕と〔格助〕思ふ〔四・終〕。女〔名〕は〔係助〕、こ〔代〕の〔格助〕男〔名〕を〔格助〕と〔格助〕思ひ〔四・用〕つつ〔接助〕、親〔名〕の〔格助〕あはすれ〔下二・已〕ども〔接助・逆確〕、聞か〔四・未〕で〔接助〕なむ〔係助(係)〕あり〔ラ変・用〕ける〔過・体(結)〕。さて〔接〕、こ〔代〕の〔格助〕隣〔名〕の〔格助〕男〔名〕の〔格助〕もと〔名〕より〔格助〕、かく〔副〕なむ〔係助(係)(結・省)〕。

筒井つ〔名〕の〔格助〕井筒〔名〕に〔格助〕かけ〔下二・用〕し〔過・体〕まろ〔代〕が〔格助〕
たけ〔名〕過ぎ〔上二・用〕に〔完・用〕け〔過・体〕らし〔推定・終〕な〔終助〕妹〔名〕見〔上一・未〕
ざる〔消・体〕ま〔名〕に〔格助〕

女〔名〕、返し〔名〕、

くらべこ〔(複)カ変・未〕し〔過・体〕振分髪〔名〕も〔係助〕肩〔名〕すぎ〔上二・用〕ぬ〔完・終〕君〔名〕
なら〔断・未〕ず〔消・用〕して〔接助〕たれ〔代〕か〔係助(係)〕あぐ〔下二・終〕べき〔推・体(結)〕

など〔副助〕言ひ言ひ〔(複)四・用〕て〔接助〕、つひに〔副〕本意〔名〕の〔格助〕ごとく〔比・用〕あひ〔四・用〕に〔完・用〕けり〔過・終〕。

五〇・11～五一・14

〈通釈〉

そうして何年かたつうちに、女は、親がなくなり、生活のよりどころがなくなるにつれて、（男は）この女といっしょにいてふがいないさまでいられようかと思って、河内《かわち》の国、高安《たかやす》の郡《こおり》に、通って行く女の所ができた。けれども、このもとの女は、不快に思っているようすもなく、男を送り出してやったので、男は、女に浮気心があってこのような態度をとるのであろうかと思い疑って、庭の植え込みの中に隠れていて、河内へ行ったふりをして見ると、この女は、たいそう念入りに化粧《けしょう》をして、物思いに沈んで、

（風が吹くと沖の白浪《しらなみ》が立つという名の）あのたつた山を、この夜中に、あなたは一人で越えていることでしょうか。

とよんだのを（男は）聞いて、この上なくいとしいと思って、河内へも行かなくなってしまった。

〈語釈・語法〉

年ごろ　長い歳月。数年。

もろともに　女といっしょに。「あらむやは」にかかる。

いふ《ウ》かひ《イ》なくて　「いふかひなし」はいやしく、みすぼらしい、の意。

あらむ《ン》やは《ワ》　いられようか、いられない。「やは」は反語の意の係助詞。

行き通ふ《ウ》所　この場合、新しく通うようになった女は金持ちなのであろう。

悪《あ》し　不快である。つらい。

けしき　ここでは、態度、顔つき。

かかるにやあらむ《ン》　「かかる」は、かくある。「悪しと思へるけしきもなくて、出《い》だしやる」ことをさす。「にや……む」は係り結びで、「む」は連体形。

前栽《せんざい》　前庭の植え込み。

往《い》ぬる顔にて　行ったようなふりをして。

うちながめて　物思いに沈んで、ぼんやりと見て。

夜半にや……越ゆらむ《ン》　「や……らむ」は係り結び。

かなし　いとしい。かわいい。「愛」の字をあてる。

〈品詞分解〉

さて（接）、年ごろ（名）　経る（下二・体）　ほど（名）　に（格助）、女（名）、親（名）　なく（形・用）　頼り（名）　なく（形・用）　なる（四・体）　まま（名）　に（格助）、もろともに（副）　いふかひなく（形・用）　て（接助）　あら（ラ変・未）　む（意・終）　やは（係助）　とて（格助）、河内の国（名）、高安の郡（名）　に（格助）、行き通ふ（(複)四・体）　所（名）　出で来（(複)カ変・用）　に（完・用）　けり（過・終）。さり（ラ変・用）　けれ（過・已）　ど（接助・逆確）、こ（代）　の（格助）　もと（名）　の（格助）　女（名）、悪し（形・終）　と（格助）　思へ（四・命）　る（存・体）　けしき（名）　も（係助）　なく（形・用）　て（接助）、出だしやり（(複)四・用）　けれ（過・已）　ば（接助・順確）、男（名）、異心（名）　あり（ラ変・用）　て（接助）　かかる（ラ変・体）　に（断・用）　や（係助(係)）　あら（補動・ラ変・未）　む（推・体(結)）　と（格助）　思ひ疑ひ（(複)四・用）　て（接助）、前栽（名）　の（格助）　中（名）　に（格助）　隠れゐ（(複)上一・用）　て（接助）、河内（名）　へ（格助）　往ぬる（ナ変・体）　顔（名）　にて（格助）　見れ（上一・已）　ば（接助・順確）、こ（代）　の（格助）　女（名）、いと（副）　よう（形・用〈ウ音〉）　化粧じ（サ変・用）　て（接助）、うちながめ（(接頭)下二・用）　て（接助）、

風（名）　吹け（四・已）　ば（接助・順確）　沖つ白浪（名）　たつた山（名）　夜半（名）　に（格助）
や（係助(係)）　君（名）　が（格助）　ひとり（名）　越ゆ（下二・終）　らむ（現推・体(結)）

と（格助）　よみ（四・用）　ける（過・体）　を（格助）　聞き（四・用）　て（接助）、かぎりなく（形・用）　かなし（形・終）　と（格助）　思ひ（四・用）　て（接助）、河内（名）　へ（格助）　も（係助）　行か（四・未）　ず（消・用）　なり（四・用）　に（完・用）　けり（過・終）。

五一・15～五二・6

〈通釈〉

たまたま、あの高安の女の所に来て見ると、はじめのうちこそ奥ゆかしく身づくろいしていたが、今は気を許して、自分でしゃもじを取って、飯を器に盛っているのを見て、（男は）いや気がさして行かなくなってしまった。そこで、その女は、大和《やまと》のほうをながめやって、

　あなたのいらっしゃるあたりをながめながめしながらおりましょう。大和との境にある生駒山《いこまやま》を、雲よ、隠してくれるな、

たとえ雨が降っても。

と言って外のほうを見ていると、やっと、大和の男が「行こう。」と言ってよこした。女は喜んで待っているが、そのたびごとに来ないでしまったので、

あなたが来ようとおっしゃった夜ごとに（心待ちにしていましたのに）来ずに過ぎてしまいましたので、あきらめてはおりますものの、やはり恋しく思いながら過ごしております。

と言ったが、男は通って来なくなってしまった。

〈語釈・語法〉

はじめこそ心にくもつくりけれ　「こそ……けれ」は係り結び。こそ（係助詞）……＋つくり（四段動詞連用形）＋けれ（過去の助動詞已然形）の形で、逆接になる。「心にくし」は奥ゆかしい、上品だ、の意の形容詞。「心にく」は、その語幹。

手づ《ズ》から……盛りける　当時は給仕もさせず自分でご飯を盛ったりするのは品のないこととされていた。

心憂《こころう》がりて　「心憂し」はいやだ、の意。

雲な隠しそ　雲よ隠してくれるな。「な……そ」で禁止を表すが、ここでは哀願している気持ち。

見出だす　中から外のほうを見やること。

たびたび過ぎぬれば　（河内へやってきても、あるいは、「行こう」と言ってきても）そのたびに高安の女のもとに寄らずに行ってしまったので。「たびたび」は、そのたびごとに。

頼まぬものの　あてにしないけれども。「頼む」は、①頼みにする、②信頼する、③あてにさせる、の意。ここでは、①。

恋ひ《イ》つつぞ経る　「ぞ経る」は係り結び。「経る」は連体形。

住まず　「住む」は男が女の所に通い寝泊まりすること。

〈品詞分解〉

まれまれ｜副、か｜代 の｜格助 高安｜名 に｜格助 来｜カ変・用 て｜接助 みれ｜補動・上一・已
ば｜接助・順確、はじめ｜名 こそ｜係助（係） 心にく｜形（幹） も｜係助 つくり｜四・用 けれ｜過・已（結）、
今｜名 は｜係助 うちとけ｜下二・用 て｜接助、手づから｜副 飯匙｜名 取り｜四・用 て｜接助、
笥子｜名 の｜格助 うつは｜名 物｜名 に｜格助 盛り｜四・用 ける｜過・体 を｜格助 見｜上一・用
て｜接助、心憂がり｜四・用 て｜接助 行か｜四・未 ず｜消・用 なり｜四・用 に｜完・用 けり｜過・終。さり｜ラ変・用
けれ｜過・已 ば｜接助・順確、か｜代 の｜格助 女｜名、大和｜名 の｜格助 方｜名 を｜格助 見やり｜四・用
て｜接助、

君｜名 が｜格助 あたり｜名 見｜上一・用 つつ｜接助 を｜間助 をら｜ラ変・未 む｜意・終
生駒山｜名 雲｜名 な｜副 隠し｜四・用 そ｜終助 雨｜名 は｜係助 降る｜四・終 とも｜接助・逆仮

と｜格助 言ひ｜四・用 て｜接助 見出だす｜（複）四・体 に｜接助、からうじて｜副、大和人｜名、
「来｜カ変・未 む｜意・終。」と｜格助 言へ｜四・命 り｜完・終。喜び｜四・用 て｜接助 待つ｜四・体 に｜接助、
たびたび｜副 過ぎ｜上二・用 ぬれ｜完・已 ば｜接助・順確、

君[名]来[カ変・未]む[意・終]と[格助]言ひ[四・用]し[過・体]夜ごと[名(接尾)]に[格助]
過ぎ[上二・用]ぬれ[完・已]ば[接助・順確]頼ま[四・未]ぬ[消・体]ものの[接助・逆確]恋ひ[上二・用]
つつ[接助]ぞ[係助(係)]経る[下二・体(結)]
と[格助]言ひ[四・用]けれ[過・已]ど[接助・逆確]、男[名]住ま[四・未]ず[消・用]なり[四・用]に[完・用]
けり[過・終]。

❖構成・主題・鑑賞

〈構成〉

この段は、三つの段落で構成されている。

(1)（五〇・1〜10）
幼なじみの二人の男女が、いつしか恋し合い、めでたく恋を成就させて結婚するというほほえましい初恋物語。

(2)（五〇・11〜五一・14）
その後、男は身勝手な浮気をして、高安の他の女のもとへ行ってしまうが、結局、前の妻の真情にうたれて、ふたたびもとの妻のもとへ戻る。

(3)（五一・15〜五二・6）
話はふたたび河内の女に移り、こうして男に捨てられた高安の女の悲しみを描く。

〈主題〉

初恋のほほえましさ、男女の愛情の機微。

〈鑑賞〉

もとの女も高安の女も、ともに男を心から愛している点では変わりない。しかし、もとの女は、男が他の女のもとに通うときも、少しも不快な顔もせず、山越えの男の身を案じている。男がいないときでも「いとよう化粧じて、うちながめて、」というように、たしなみの深さがある。悲しみの感情を夫に直接ぶつけたりはしない、理知的な、しかも実のある女性として描かれている。

一方、高安の女も男を愛してはいるものの、ちょっとした不用意やたしなみのなさによって男の心を失ってしまうのである。しかし、この高安の女のよんだ歌には、男を思う心情が素直に表れている。作者はこの女の哀れさをも深く心に留めているように思われる。

❖理解・表現の解説

〈理解〉

(1) **本文を三段落に分けて、それぞれの要旨をまとめなさい。**

解説 〈構成〉の項参照。第一段落のほほえましい初恋物語から、第二段落では一転して、深刻な状態となるが、結局は妻の真情と慎み深さが夫を取り戻す。第三段落は、後日譚《たん》で、男に捨てられた女の悲しみを描き、作者はこの三つの話を見事に関連させてドラマチックな一編の物語に仕立てている。

(2) 作中の人物が心の中で思っている部分（心内語）はどこか、すべて抜き出しなさい。

解説 「この女をこそ得め」（五〇・2）、「この男を」（五〇・3）、「もろともに…あらむやは」（五〇・12）、「異心ありて…あらむ」（五一・6）、「かぎりなくかなし」（五一・13）など。「…と思ふ」ということばに気をつける。

(3) この物語に描かれた「大和の女」と「高安の女」について、その違いを考えなさい。

解説 〈鑑賞〉の項参照。

〈表現〉

(1) 本文中から係り結びとなっている箇所を抜き出して、結びの語の活用形を確かめなさい。

解答例 「この女をこそ得め」（五〇・2）→「め」は、意志の助動詞「む」の已然形。「聞かでなむありける」（五〇・3）→「ける」は、過去の助動詞の連体形。「たれかあぐべき」（五〇・8）→「べき」は、推量の助動詞の連体形。「かかるにやあらむ」（五一・7）→「む」は、推量の助動詞の連体形。「夜半にや君がひとり越ゆらむ」（五一・12）→「らむ」は、現在推量の助動詞の連体形。「はじめこそ心にくもつくりけれ」（五一・15）→「けれ」は、過去の助動詞の已然形。「恋ひつつぞ経る」（五二・5）→「経る」は、下二段動詞「経《ふ》」の連体形。ほかに、「かくなむ」（五〇・4）は、下に「いひやりける」の省略があって「ける」だとすると、過去の助動詞の連体形。

梓《あずさ》弓《ゆみ》

❖本文の研究 五二・1〜五四・3

〈通釈〉

昔、ある男が、片田舎に住んでいた。その男が、宮仕えをするのだと言って、（女と）別れを惜しんで行ってしまったまま、三年間たっても帰ってこなかったので、（女は）待ちわびていたが、（その間、女に）心をこめて求婚してきた人に、「今夜、結婚しましょう。」と約束してしまったところに、（宮仕えで都に行っていた）男が帰って来た。「この戸を開けてください。」と（男が）戸をたたいたが、（女は）開けないで、歌をよんでさし出した。

三年という長い間、（私は）あなたを待ちわびておりましたが、今夜、ほかの男と結婚することになりました。

と、歌をよんでさし出したので、（男は）

長い年月、私たちがむつまじくしてきたように、新しい夫ともむつまじくお暮らしなさい。

と言って、（そのまま）立ち去ろうとしたので、女は、

あなたが私を愛していようがいまいが、昔から、私の心はあなたに寄り添うておりましたのに。

と言ったけれど、男は帰ってしまった。女は、たいへん悲しく思

って、（男の）あとについて追いかけて行ったけれど、追いつくことができなくて、清水のある所に倒れ伏してしまった。（そして）そこにあった岩に、指の血で書きつけた（歌）。
　私が（こんなに）思っているのに、（私を）思ってはくださらないで、離れて行ってしまった人を引きとめることができないで、私の身は今まさに消えはててしまうようです。
と書いて、そこで死んでしまった。

〈語釈・語法〉

三年来《みとせこ》ざりければ　当時の法律では、子がなくて、夫が三年間所在不明のときは、妻は再婚することを認められていた。

いとねむ《ン》ごろに言ひ《イ》ける人　「ねむごろに」は、形容動詞「ねむごろなり」の連用形。親切である、懇意である、の意。夫がいなくなってしまった女のところに別の男が熱心に言い寄って求婚してきたのである。

今《こ》宵《よい》逢《あ》は《ワ》む《ン》　今夜結婚しよう。「逢ふ」は結婚する、の意。

契る　約束する。

この男　女の夫で、宮仕えに都へ行っていた男である。

開けで　開けないで。主語は「女」。

あらたまの　「年」の枕詞《まくらことば》。

新枕《にいまくら》　男女が夫婦となって、初めて床を一つにすること。結婚。

わがせしがごと　私があなたにしたように。

うるは《ワ》しみ　形容詞「うるはし」の終止形に接尾語「み」が付き、名詞に転じた形。愛して仲よくすること。

引けど引かねど　「よりにしものを」に係る連用修飾語。〈通釈〉では「あなたがどうであろうとも」という感じで現代語訳したが、「ほかの男が私の心を引こうが引くまいが」とも解することができる。

後《しり》に立ちて　あとを慕って。

あひ《イ》思は《ワ》で　相思うことができないで。ここでは、私が思うほど思ってくれないで、の意。

離《か》れぬる　「離る」は、離れる、別れる、の意。

消えはてぬめる　消えはててしまうようだ。「める」は婉曲の助動詞「めり」の連体形で、すぐ上の係助詞「ぞ」の結び。

いたづらなり　だめになる。死ぬ。

〈品詞分解〉

昔［名］、男［名］、片田舎［(接頭)名］ に［格助］ 住み［四・用］ けり［過・終］。男［名］、宮仕へ［名］ し［サ変・用］
に［格助］ とて［格助］、別れ［名］ 惜しみ［四・用］ て［接助］ 行き［四・用］ に［完・用］ ける［過・体］ まま［名］
に［格助］、三年［名］ 来［カ変・未］ ざり［消・用］ けれ［過・已］ ば［接助・順確］、待ちわび［(複)上二・用］ たり［存・用］
ける［過・体］ に［接助］、いと［副］ ねむごろに［形動・用］ 言ひ［四・用］ ける［過・体］ 人［名］ に［格助］、
「今宵［名］ 逢は［四・未］ む［意・終］。」と［格助］ 契り［四・用］ たり［完・用］ ける［過・体］ に［格助］、こ［代］
の［格助］ 男［名］ 来［カ変・用］ たり［完・用］ けり［過・終］。「こ［代］ の［格助］ 戸［名］ 開け［下二・用］
たまへ［補動・四・命(尊)］。」と［格助］ たたき［四・用］ けれ［過・已］ ど［接助・逆確］、開け［下二・未］ で［接助］、歌［名］

を〔格助〕 なむ〔係助(係)〕 よみ〔四・用〕 て〔接助〕 出だし〔四・用〕 たり〔完・用〕 ける〔過・体(結)〕。

あらたま〔名〕 の〔格助〕 年〔名〕 の〔格助〕 三年〔名〕 を〔格助〕 待ちわび〔(複)上二・用〕 て〔接助〕

ただ〔副〕 今宵〔名〕 こそ〔係助(係)〕 新枕〔名〕 すれ〔サ変・已(結)〕

と〔格助〕 言ひ出だし〔(複)四・用〕 たり〔完・用〕 けれ〔過・已〕 ば〔接助・順確〕、

梓弓〔名〕 ま弓〔名〕 槻弓〔名〕 年〔名〕 を〔格助〕 経〔下二・用〕 て〔接助〕 わ〔代〕 が〔格助〕

せ〔サ変・未〕 し〔過・体〕 が〔格助〕 ごと〔比況(語幹)〕 うるはしみせよ〔(複)サ変・命〕

と〔格助〕 言ひ〔四・用〕 て〔接助〕、往な〔ナ変・未〕 む〔意・終〕 と〔格助〕 し〔サ変・用〕 けれ〔過・已〕 ば〔接助・順確〕、

女〔名〕、

梓弓〔名〕 引け〔四・已〕 ど〔接助・逆確〕 引か〔四・未〕 ね〔消・已〕 ど〔接助・逆確〕 昔〔名〕 より〔格助〕

心〔名〕 は〔係助〕 君〔名〕 に〔格助〕 より〔四・用〕 に〔完・用〕 し〔過・体〕 ものを〔接助・逆確〕

と〔格助〕 言ひ〔四・用〕 けれ〔過・已〕 ど〔接助・逆確〕、男〔名〕、帰り〔四・用〕 に〔完・用〕 けり〔過・終〕。女〔名〕、

いと〔副〕 かなしく〔形・用〕 て〔接助〕、後〔名〕 に〔格助〕 立ち〔四・用〕 て〔接助〕 追ひ行け〔(複)四・已〕

ど〔接助・逆確〕、え〔副〕 追ひつか〔(複)四・未〕 で〔接助〕、清水〔名〕 の〔格助〕 ある〔ラ変・体〕 所〔名〕 に〔格助〕

ふし〔四・用〕 に〔完・用〕 けり〔過・終〕。そこ〔代〕 なり〔存在・用〕 ける〔過・体〕 岩〔名〕 に〔格助〕、指〔名〕 の〔格助〕

血〔名〕 して〔格助〕 書きつけ〔(複)下二・用〕 ける〔過・体〕。

あひ思は〔(複)四・未〕 で〔接助〕 離れ〔下二・用〕 ぬる〔完・体〕 人〔名〕 を〔格助〕 とどめかね〔下二・用(接尾)〕

わ〔代〕 が〔格助〕 身〔名〕 は〔係助〕 今〔名〕 ぞ〔係助(係)〕 消えはて〔(複)下二・用〕 ぬ〔完・終〕

める〔婉・体(結)〕

と〔格助〕 書き〔四・用〕 て〔接助〕、そこ〔代〕 に〔格助〕 いたづらに〔形動・用〕 なり〔四・用〕 に〔完・用〕

けり〔過・終〕。

❖発問の解説

（五三ページ）

1 「この男」とは、誰か。

解答例　女の夫で、宮仕えに都へ行っていた男。

❖主題

二人の男の板ばさみとなって苦しむ女のせつない気持ち。

❖理解・表現の解説

〈理解〉

(1) 本文に描かれている「男」と「女」の心情を、次のⓐ～ⓓに注意しながら考えなさい。

ⓐ 「あらたまの」（五三・5）の歌を詠んだ時、「女」が戸を開けなかったのはなぜか。

ⓑ 「梓弓ま弓槻弓」（五三・7）の歌の、「わがせしがごと」と

は、どのようなことか。

ⓒ「梓弓引けど引かねど」（五三・9）の歌で、「君」とは誰をさしているか。

ⓓ「あひ思はで」（五四・2）の歌には、「女」のどのような気持ちが示されているか。

解説 ⓐ三年も待ちわびた男が、女が再婚しようと決意したその夜、突然帰ってきた――女は三年もの間、音沙汰《おとさた》のない夫を恨んでいたことであろう。夫の愛を疑ったかもしれない。

ⓑ「私があなたにしたように」愛しなさい、と女の結婚を理解し、幸福を願っている。

ⓒ夫の歌を見たときの女の気持ち――男が怒って女の再婚をなじったりしたら、女の心は動かなかったであろう。男が女の幸福を願って身を引いてしまったので、女がこらえていた男への恋しさが一気に吹き出すのである。「君」は男（前の夫）のこと。

ⓓ男を追っていくときの女の気持ち――もう女には、再婚のことなど頭にないのであろう。ただ夢中で男を追うのであるが、男に追い着くことができない。もどかしさ、恨めしさなどの入り組んだ女の気持ちを想像してみよう。

〈表現〉

(1)「歌をなむよみて」（五三・4）、「往なむとしければ」（同・8）の「なむ」について、それぞれ文法的に説明しなさい。

解答例 「歌をなむよみて」…「歌を」を強調して連体形で結ぶ係助詞。「往なむとしければ」…ナ変動詞「往ぬ」の未然形活用語尾に、意志の助動詞「む」の終止形がついた形。

第3章　自分という他者　日記を読む

土佐《とさ》日記

紀《きの》貫《つら》之《ゆき》

❖学習の視点

1　『土佐日記』の一部を読んで、描かれた情景、作者の心情を読み取る。

2　紀貫之が『土佐日記』を書いた意図を理解する。

3　作者の人柄を、叙述を通して考える。

4　助動詞の意味や用法に注意して、古文を正しく読み取る。

❖作品解説

【土佐日記について】

〈名称〉

今日では一般に『土佐日記』と書かれているが、古くは「土左日記」あるいは「とさの日記《にき》」とされていたらしい。この名称は筆者が土佐守《とさのかみ》として土佐に赴任し、任を終えて帰京するまでの旅の日記であることに由来するのは、もちろんである。藤原定家《ふじわらのさだいえ》が筆写した貫之自筆本の表紙には、すでに「土佐日記 貫之筆」とあったらしく、これを信じれば、「土佐日記」の書名は貫之自身による命名であろうと推定することが可能である。

〈作者〉

紀貫之（きの・つらゆき）（八七〇？～九四五？）『古今和歌集』撰者《せんじゃ》の一人で、延喜《えんぎ》年間における第一の歌人として知られた。三十六歌仙の一人。貫之によって書かれた「古今和歌集」の序文である「仮名序」は、歌論として不朽の名を残している。しかし、官吏としては不遇であり、八十歳近い年齢でやっと従五位上となって昇殿を許されたといわれる。

〈成立年代〉

紀貫之の帰京が承平五（九三五）年二月十六日であるところから、成立がそれ以降であることはまちがいないが、年時は明らかではない。

〈内容〉

作者が土佐守の任を終えて、承平《じょうへい》四（九三四）年十二月二十一日、土佐を出発して、翌年二月十六日、帰京するまでの約二か月五十五日間の旅の日記である。自らを女に擬して書かれたもので、任地で女児を失った悲しみをはばかるところなく記しており、また、当時の腐敗堕落した国司たちへの非難をはじめ、世情・人心に対する痛烈な皮肉・風刺が随所に語られている。わが国最古の日記文学としても注目される。

〈文体〉

漢文的な言い回しをところどころに用いた簡潔なすっきりとした文章であるが、全体としてみると女性的表現といえよう。このことは冒頭の「女もしてみむとて、するなり」という立場に忠実であろうとした結果と思われる。ユーモアをまじえた軽妙な味わいを持った文章といえよう。

〈出典〉

本文は「日本古典文学全集　9」（一九七三年・小学館刊）によっている。

門出

❖本文の研究　五八・1〜7

〈通釈〉

男も書くという日記というものを、（自分は女の身であるが）女もやってみようと（思って）書くのである。

某年の、十二月二十一日という日の、午後八時ごろに（土佐の国から京へ帰る）門出をする。その（旅の）様子を、少しばかり、ものに書きつける。

ある人が、地方勤務の四、五年を勤め終えて、（国司交替のおきまりの事務を、皆済ませて、解由《げゆ》状などを受け取って、（これまで）住んでいた官舎から出て、船に乗ることになっている場所へ行く。あの人この人、知っている人知らない人が見送りをする。長年の間、親しく交際しあっていた人々が、別れづらく思って、一日中しきりに、あれこれしながら騒いでいるうちに、夜がふけてしまった。

〈語釈・語法〉

男もすなる日記《にき》といふ《ウ》ものを、女もしてみむ《ン》とて、するなり　当時、男子は漢文で日記を書いていた。自分は女であるが、男のまねをして日記を書いてみるのである、の意。貫之は、作者が女性であるかのようによそおって、和歌をまじえた和文で自由に書いてみるのだ、と述べているのである。「すなる」はサ変動詞「す」の終止形に伝聞の助動詞の「なり」がついた形、「するなり」は連体形に断定の「なり」がついた形。「なり」は接続によって意味が違うことに注意しよう。

それの年　貫之の土佐出発は承平四年であるが、わざとぼかして言っているのである。某年の意。

戌《いぬ》の時　午後七時から九時までの二時間。当時旅立ちや帰宅などは人目を避けるため、夜間に行われるのが普通だった。

住む館《たち》　国司として住んでいた官舎。

年ごろ　長年。数年来。

比べつる人々　「比ぶ」は親しくする、つき合う、の意。

ののしる　声高く言い騒ぐ。わいわい騒ぐ。

〈品詞分解〉

男[名]も[係助]す[サ変・終]なる[伝・体]日記[名]と[格助]いふ[四・体]もの[名]を[格助]、女[名]も[係助]し[サ変・用]て[接助]み[補動・上一・未]む[意・終]とて[格助]、する[サ変・体]なり[断・終]。

それ[代]の[格助]年[名]の[格助]、十二月[名]の[格助]、二十日余り[名(接尾)]一日[名]の[格助]日[名]の[格助]、戌[名]の[格助]時[名]に[格助]門出[名]す[サ変・終]。そ[代]の[格助]よし[名]、いささかに[形動・用]、もの[名]に[格助]書きつく[(複)下二・終]。

ある[連]人[名]、県[名]の[格助]四年[名]、五年[名]はて[下二・用]て[接助]、例[名]の[格助]ことども[名(接尾)]、みな[名(副)]し[サ変・用]終へ[下二・用]て[接助]、解由[名]など[副助]取り[四・用]て[接助]、住む[四・体]館[名]より[格助]出で[下二・用]て[接助]、船[名]に[格助]乗る[四・終]べき[当・体]所[名]へ[格助]渡る[四・終]。かれ[代]これ[代]、知る[四・体]知ら[四・未]ぬ[消・体]、送りす[サ変・終]。年ごろ[名]、よく[形・用]比べ[下二・用]つる[完・体]人々[名]なむ[係助(係)]、別れがたく[形・用]思ひ[四・用(結・流)]て[接助]、日[名]しきりに[副]、とかく[副]し[サ変・用]つつ[接助]ののしる[四・体]うち[名]に[格助]、夜[名]ふけ[下二・用]ぬ[完・終]。

五八・8〜五九・5

〈通釈〉

二十二日に、和泉《いずみ》の国まで無事であるようにと願を立てる。藤原のときざねが、船旅であるけれど馬のはなむけをする。身分の上の者から中・下の者までみな、いやというほど酔っぱらって、たいへん不思議なことに、塩辛い海のそばで、ふざけあっている。

二十三日。八木のやすのりという人がいる。この人は、国司の役所で必ずしも召し使っているような（縁の深い）者ではないようである。（それなのに）なんとこの人が、立派な様子でお餞別《せんべつ》をしてくれた。国司の人柄のためであろうか、土地の人の人情の常としては、（国司が土地を離れるときには）「いまは（もう関係がない）」と言って見送りに来ないものであるが、真心のある者は、（他人の思惑を）気にせずにやって来たのだった。これは、（餞別としてもらった）贈り物によってほめるというわけではない。

二十四日。講師（国分寺の住職）が、送別の宴においでになられた。そこに居合わせたすべての人、身分の高い者、低い者、子どもまで正体なく酔っぱらって、一の字さえ知らぬ（無学の）者が、その足は十文字を踏んで（千鳥足で）遊び興じていることよ。

〈語釈・語法〉

和泉の国までと　土佐から和泉の国までは、風や波、海賊などが危険であった。

船路なれど馬のはなむけす　「馬のはなむけ」は、もともとは見送る人が旅立つ人の馬の鼻を旅立つ方向に向けてやって、道中の安全を祈願した古代の儀式。ここでは、旅の無事を願って、宴を催したり、餞別を贈ったりすること。作者は、船路であるのに、馬のはなむけをするということばのおかしさを書いている。

あやし　①不思議だ。②珍しい。③わけが分からない。④異常だ。ここでは、①。

塩海のほとりにてあざれあへ《エ》り　「あざる」は、①取り乱し、騒ぐ、②魚肉などが腐る、という意がある。ここでは、この二つの意味にかけて、塩辛い海のそばであざる（腐る）はずがないのに、人々があざる（騒いでいる）よ、とことば遊びをしている。

たたは《ワ》しきや《ヨ》うにて　「たたはし」は、形容詞シク活用。「湛ふ」と同語源で、満ちたりているという意から来ていて、堂々として立派である、というような意味。「やうにて」は、様子で。

守柄《かみがら》にやあらむ　国司の人柄がよいからであろうか。挿入句。作者の自画自賛である。

今は、とて見えざるを　中央から派遣された国司が任期を終えて帰る時は、もう今は関係ないと、その土地の人間は見送りにも来ないのがふつうなのであるが、今度の国司は人柄がいいので…、ということ。「見えざるを」は、「見え・ざる・なる」が「見え・ざん・なる」、「見え・ざ・なる」と変化したもの。

一文字《いちもんじ》をだに知らぬ者、しが足は十文字《じゅうもんじ》に踏みてぞ遊ぶ　最も易しい「一」という文字さえ知らない無学な者が、酔っぱらってふらついて、足は「十」という文字を書いている、ということ。これもことば遊び。「しが足」は、その者自身の足。「し」は、代名詞。

〈品詞分解〉

二十二日（名）に（格助）、和泉（名）の（格助）国（名）まで（副助）と（格助）、平らかに（形動・用）

願（名）立つ（下二・終）。藤原のときざね（名）、船路（名）なれ（断・已）ど（接助・逆確）

馬のはなむけ（名）す（サ変・終）。上・中・下（名）酔ひ飽き（（複）四・用）て（接助）、いと（副）

あやしく（形・用）、塩海（名）の（格助）ほとり（名）にて（格助）あざれあへ（（複）四・命）り（存・終）。

二十三日。八木のやすのりといふ人あり。この人、国に必ずしも言ひ使ふ者にもあらざなり。これぞ、たたはしきやうにて、馬のはなむけしたる。守柄にやあらむ、国人の心の常として、今は、とて見えざなるを、心ある（心ある）者は、恥ぢずになむ来ける。これは、物によりてほむるにしもあらず。

二十四日。講師、馬のはなむけしに出でませり。ありとある上・下、童まで酔ひ痴れて、一文字をだに知らぬ者、しが足は十文字に踏みてぞ遊ぶ。

❖発問の解説

1 「ある人」とは、誰のことか。（五八ページ）

解答例　土佐の守である紀貫之のこと。この紀行は女性が書いたことになっているので、その女性から見た紀貫之、つまり自分自身のことである。

❖要旨・鑑賞

〈要旨〉

筆者の紀貫之が女性を装って書き始められた、土佐から京への紀行の日記の冒頭部分。公務の引き継ぎも終わって、在任中に親しくしていた人々と別れを惜しみながら、門出の第一夜はあわただしく暮れた。

二十二日は、海路の平安を祈願する。二十三日は、八木のやすのりという人が送別の宴に来てくれる。二十四日、国分寺の住職が送別の宴を催す。連日、このように飲み、騒いで、送別の宴が開かれている。

〈鑑賞〉

土佐守という公的な立場を離れ、女性の立場で仮名文による、率直な旅の記録にした点に意義がある。そして五十五日間の船旅の経験を、一日の記事をも省略せず虚実を取り混ぜて記した。従来の漢文体の日記に対し、仮名文の日記文学を創造したのである。散文本位の写実性のある人間像、とくに心理描写まで踏みこんだ筆致は、後の文学、とくに女流文学に多大の影響を与えている。

❖理解・表現の解説

〈理解〉

(1) 作者はどのような「日記」（五八・1）を記そうとしているか、考えなさい。

解説　冒頭に「男もすなる日記といふものを、女もしてみむとて、するなり。」とあるように、作者、紀貫之は女の立場でこの『土佐日記』を書いている。

当時、日記は男子の手により、漢文で書かれており、仮名は「女手《おんなで》」（女文字）とも呼ばれ、女性がこれを用いて文をつづっていた。したがって、男子である貫之が、仮名で日記を書こうとするにあたって、その不自然さをカモフラージュするために、女に仮託したというのも一つの理由ではあろうが、『古今集』の序を仮名で書いているところからも、貫之が仮名の和文に文学的関心を抱き、漢文では表現しえない日記文学を試みたものと見るのがよいだろう。

つまり、女性に仮託することによって、公人貫之から解放され、私情を心ゆくままにつづることを可能にし、在来の単なる記録的日記から、自己の心情を表白する日記文学創造を意図したとみたい。

(2) 次のⓐ～ⓒの表現のおもしろさを説明しなさい。

ⓐ船路なれど馬のはなむけす（五八・8）　ⓑ塩海のほとりにてあざれあへり（五八・9）　ⓒ一文字をだに知らぬ者、しが足は十文字に踏みてぞ遊ぶ（五九・5）

解答例　ⓐ船路の旅なのに、陸路を馬で旅立つ場合の安全祈願である「馬のはなむけ」というおもしろさ。

ⓑ「あざる」の二つの意味、「（魚肉が）腐る」と「騒ぐ」を掛けて、塩辛い海のそばなのに腐る、つまり、海辺で騒ぎ合うという意味になるおもしろさ。

ⓒ文字を一つも知らないのに、酔って足が十の字を描くというおもしろさ。

〈表現〉

(1) 冒頭の文の「すなる」の「なる」、「するなり」の「なり」について、助動詞の意味と接続を確かめなさい。

解答例　「男もすなる」の「なる」は、伝聞の助動詞。「するなり」の「なり」は、断定の助動詞。前者はサ変動詞「す」の終止形に接続していて、後者は連体形に接続している。

このように「なり」は、接続によって、伝聞・推定か、断定かが分かる。

(2) 「あらざなり」（五九・1）の「ざなり」を文法的に説明しなさい。

解答例　「ざ」は、打消しの助動詞「ず」の連体形「ざる」の撥音便「ざん」の「ん」が表記されなかったもの。「なり」は、伝聞の助動詞の終止形。

亡き児《こ》をしのぶ

❖本文の研究　六〇・1〜7

〈通釈〉

二十七日、大津より浦戸を目指して船を出す。いろいろあるうちに、京で生まれた女の子が、土佐の国で突然死んでしまったので、このごろの出発準備を見ても、何ものを言わない。京へ帰るというのに、女の子を亡くしたことばかり悲しみ恋しがっている。居合わせた人々も悲しみをこらえきれない。このようなときに、ある人が書いて出した歌は、

都へ帰るのだと思っても、なにか悲しいのは、一緒に帰らない人があるからだなあ。

また、あるときは、次のように詠んだ。

生きているものと、死んでしまったのをつい忘れて、なおも亡くなった人のことを、どこにいるのかと尋ねてしまうのは、悲しいことだなあ。

〈語釈・語法〉

しのぶ　恋い慕う。懐かしむ。

にはかに　急に。突然。

失せにしかば　死んでしまったので。

出で立ちいそぎ　出発の準備。

え堪へず　こらえきれない。「え…打消」は、「…できない」の意。

ある人　紀貫之のこと。日記の筆者として女性の立場に立ち、自分のことを「ある人」と表現している。

〈品詞分解〉

二十七日（名）。大津（名）より（格助）浦戸（名）を（格助）さし（四・用）て（接助）漕ぎ出づ（（複）下二・終）。かく（副）ある（ラ変・体）うち（名）に（格助）、京（名）にて（格助）生まれ（下二・用）たり（完・用）し（過・体）女子（名）、国（名）にて（格助）にはかに（形動・用）失せ（下二・用）に（完・用）しか（過・已）ば（接助・順確）、このごろ（名）の（格助）出で立ちいそぎ（名）を（格助）見れ（上一・已）ど（接助・逆確）、何ごと（名）も（係助）言は（四・未）ず（消・終）。京（名）へ（格助）帰る（四・体）に（格助）、女子（名）の（格助）なき（形・体）のみ（副助）ぞ（係助（係））、悲しび（四・用）恋ふる（上二・体（結））。ある（ラ変・体）人々（名）も（係助）え（副）堪へ（下二・未）ず（消・終）。こ（代）の（格助）間（名）に（格助）、ある（連体）人（名）の（格助）書き（四・用）て（接助）出だせ（四・命）る（完・体）歌（名）、

都（名）へ（格助）と（格助）思ふ（四・体）を（接助）もの（名）の（格助）悲しき（形・体）は（係助）

帰ら（四・未）ぬ（消・体）人（名）の（格助）あれ（ラ変・已）ば（接助・順確）なり（断・用）けり（詠・終）

また（接）、ある（連体）とき（名）に（格助）は（係助）、

ある（ラ変・体）　もの（名）　と（格助）　忘れ（下二・用）　つつ（接助）　なほ（副）　なき（形・体）　人（名）　を（格助）
いづら（代）　と（格助）　問ふ（四・体）　ぞ（係助（係））　悲しかり（形・用）　ける（詠・体（結））

❖発問の解説

（六〇ページ）

1 「女子」と同一人物をさす表現を、すべて挙げてみよう。

解答例　「亡き児」（六〇・題）・「帰らぬ人」（同・5）・「なき人」（同・7）

❖要旨・鑑賞

〈要旨〉

京へ帰る準備中に突然女の子を亡くして、ただ悲しく恋しいばかりである。ある人も亡き子をしのんで悲しみの歌を詠んだ。

〈鑑賞〉

任地の土佐からようやく帰京できることになったというのに、あわただしい出発の準備のさなかに、京で生まれ土佐で育った子どもが突然死んでしまった。親は呆然とするばかりである。子を失った悲しみ、恋しさ、空虚感、現実を受け入れられない戸惑いなどの心情が歌にも切々と吐露されている。

❖理解・表現の解説

〈理解〉

(1) 「都へと」（六〇・5）、「あるものと」（同・7）の歌で子を失った悲しみは、どのように表現されているか、まとめなさい。

解答例　「都へと」の歌では、土佐での任務を無事終えて、さあ都へ帰ろうというときに突然娘が死んでしまった悲しみを、「帰らぬ人のあればなりけり」（一緒に帰ることのできない人があるからなのだなあ）と、表現している。娘を失った不在感、空虚感がこめられている。「あるものと」の歌では、娘を突然失った現実を受け入れることができず、ふと娘の姿を探してしまう親心を、「あるものと」（生きているものと思い）「いづらと問ふ」（どこに行ったかと問う）という行動に表現して、悲しみ、つらさをリアリティをもって表現している。

〈表現〉

(1) 次の傍線部ⓐ～ⓒの「に」について、文法的に説明しなさい。

ⓐ京にて（六〇・1）　ⓑにはかに（六〇・2）　ⓒ失せにしかば（六〇・2）

解答例　ⓐは場所を示す格助詞の一部。ⓑは形容動詞「にはかなり」の連用形の活用語尾。ⓒは完了の助動詞「ぬ」の連用形。

(2) 「ある人々」（六〇・4）、「ある人」（同）、「あるもの」（同・7）で、「ある」の意味はどのように異なるか、説明しなさい。

解答例　「ある人々」の「ある」は、ラ変動詞「ある」の連体形。そこにいる人々、の意味になる。「ある人」の「ある」は、連体詞。氏名などを明かさずにいうときの、とある人物、の意味。「あるもの」の「ある」は、ラ変動詞「ある」の連体形。存在するもの、生きているもの、という意味。

帰京

❖本文の研究　六一・1〜6

〈通釈〉

（わが家には）夜がふけてからやってきたので、（なつかしい）あちらこちらも見えない。（それでもやはり）京の地に入ってうれしい。家に着いて、門を入ると、月が明るいので、実によくあたりの様子が見える。（かねてからうわさに）聞いていたよりもいっそう、話にならないくらいに（わが家は）破損していた。家に託してあった（留守番の）人の心も、すさんでしまったものだ。家と家を隔てている垣こそあるけれども、（留守を託した人の家も私の家も）ひとつ家のようなものだから、先方が望んで預かったのである。それにもかかわらず、（私は）機会のあるたびに、（お礼の）物品も絶えずやってあったのだ。（それなのに、こんなに荒れているので、腹も立つが）今夜は（帰り着いたばかりなので）、「こんなひどいことなんてあるものか。」と大声で文句も言わせない。まったく恨めしく思われるが、謝意を表す贈り物はしようと思う。

〈語釈・語法〉

夜ふけて来れば　夜がふけてから来たので。「来れば」の主語は

「夜」ではなく、「私（貫之）とその一行」。

聞きしよりもまして　貫之は土佐にいたころにも、風の便りで京の自分の家の様子を聞いていたのであろう。主人の留守の家が荒れているのは仕方ないとしても、想像していた以上に、の意。

いふ《ウ》かひ《イ》なし　言ってもしようがない。どうしようもない。

こぼれ　こわれ。

家に預けたりつる人の心　この「に」には諸説があるが、〈通釈〉では教科書の脚注3に従って、家を人に預けたのではなく、「人の心」を「家」に託したもの、と考えて解釈した。この「に」を格助詞「を」の代用として、「家を預けておいた人の心も」と解する説、また、「家を人に預けたのか、人を家に預けたのか、わからない」といった気持ちで主客を転倒したユーモラスな表現であるとする説もある。

さるは　「然《さ》あるは」のつまった形で、接続詞。逆接（それにもかかわらず）、順接（そうなると）のいずれにも用いる。ここは逆接。

いとはつらく見ゆれど　相手の態度が、とてもひどく思われるけれども。「つらし」は、薄情だ、つらい、ひどい。

志はせむ《ン》とす　相手の態度がどんなにひどかろうと、こちらとしては家を預かってもらったお礼だけはしよう、という気持ちである。

〈品詞分解〉

夜〔名〕ふけ〔下二・用〕て〔接助〕来れ〔カ変・已〕ば〔接助・順確〕、所々〔名〕も〔係助〕見え〔下二・未〕ず〔消・終〕。京〔名〕に〔格助〕入り立ち〔（複）四・用〕て〔接助〕うれし〔形・終〕。家〔名〕に〔格助〕至り〔四・用〕て〔接助〕、門〔名〕に〔格助〕入る〔四・体〕に〔接助〕、月〔名〕明かけれ〔形・已〕ば〔接助・順確〕、いと〔副〕よく〔形・用〕ありさま〔名〕見ゆ〔下二・終〕。聞き〔四・用〕し〔過・体〕より〔格助〕も〔係助〕まし〔四・用〕て〔接助〕、いふかひなく〔形・用〕ぞ〔係助（係）〕こぼれ〔下二・用〕破れ〔下二・用〕たる〔存・体（結）〕。家〔名〕に〔格助〕預け〔下二・用〕たり〔存・用〕つる〔完・体〕人〔名〕の〔格助〕心〔名〕も〔係助〕、荒れ〔下二・用〕たる〔存・体〕なり〔断・用〕けり〔詠・終〕。中垣〔名〕こそ〔係助（係）〕あれ〔ラ変・已（結）〕、一つ家〔名〕の〔格助〕やう〔名〕なれ〔断・已〕ば〔接助・順確〕、望み〔四・用〕て〔接助〕預かれ〔四・命〕る〔完・体〕なり〔断・終〕。さるは〔接〕、たよりごと〔名（接尾）〕に〔格助〕物〔名〕も〔係助〕絶えず〔副〕得〔下二・未〕させ〔使・用〕たり〔完・終〕。今宵〔名〕、「かかる〔ラ変・体〕こと〔名〕。」と〔格助〕、声高に〔形動・用〕もの〔名〕も〔係助〕言は〔四・未〕せ〔使・未〕ず〔消・終〕。いと〔副〕は〔係助〕つらく〔形・用〕見ゆれ〔下二・已〕ど〔接助・逆確〕、志〔名〕は〔係助〕せ〔サ変・未〕む〔意・終〕と〔格助〕す〔サ変・終〕。

六一・7〜六二・5

〈通釈〉

さて、（この家には）池のようにくぼんで、水がたまっている場所がある。（その）そばに（以前は）松もあった。五、六年のうちに、千年も過ぎたのだろうか、半分はなくなってしまっている。（そして）新しく生えたのも交じっている。大体のものがみな荒れてしまっているので、「ああ、なんとひどい（変わりようだ）こと。」と、人々が言う。（何から何まで以前のことを）思い出さないものとてもなく、昔恋しい思いにかられる（その）中でも、かつてこの家で生まれた女の子が、いっしょに帰って来ないので、どれほど悲しいことか。同船して帰京した人々も、みな子供が寄り集まって騒いでいる。こうした中でも、なお（子を失った）悲しい思いに堪えられないで、そっと心の通じ合う人とよんだ歌、

　ここで生まれた子さえも帰って来ないのに、私の家には（留守の間に、前にはなかった）小松が生えているのを見ることが（死んだ子を思い出させて）悲しいことだ。

と言った。（これだけでは）まだ言い足りなかったのか、さらに次のように詠んだ。

　（以前は生きていて、いっしょに暮らしていた）わが子を、千年も生きるという松のように（丈夫な子として身近に）見ることができるのであったら、あのように遠い所で死に別れをするようなことがあったであろうか。

　忘れられない、残念なことがたくさんあるけれども、書き尽くすことはできない。なにはともあれ、早く破ってしまおう。

〈語釈・語法〉

千年や過ぎにけむ《ン》　松は千年の寿命を保つといわれるが、わずか五、六年の間に半分は枯れてなくなっていたので、それでは千年もたってしまったのであろうかと、しゃれて言ったのである。

かたへ《エ》　①片側、②半分、③かたわら。ここは②の意。松の半数。

おほ《オ》かたのみな荒れにたれば　「の」は主格の格助詞。「に」は完了「ぬ」の連用形。「たれ」は存続「たり」の已然形。「にたり」で、「〜てしまっている」「〜てしまった」の意となる。

ののしる　騒ぐ。

心知れる人　心の通じ合う人。ここでは作者の妻であろう。

飽く　①満足する、②飽きる、の意。ここでは、①。

口惜し　①残念である。②感心できない。ここでは①。

疾く　素早く。

〈品詞分解〉

さて（接）、 / 池めい（四・用（接尾）（イ音）） / て（接助） / くぼまり（四・用）、 / 水つけ（四・命） / る（存・体） / 所（名）
あり（ラ変・終）。 / ほとり（名） / に（格助） / 松（名） / も（係助） / あり（ラ変・用） / き（過・終）。 / 五年（名）、 / 六年（名）
の（格助） / うち（名） / に（格助）、 / 千年（名） / や（係助（係）） / 過ぎ（上二・用） / に（完・用） / けむ（過推・体（結））、
かたへ（名） / は（係助） / なく（形・用） / なり（四・用） / に（完・用） / けり（過・終）。 / 今（副） / 生ひ（上二・用） / たる（存・体）
ぞ（係助（係）） / まじれ（四・命） / る（存・体（結））。 / おほかた（名） / の（格助） / みな（副） / 荒れ（下二・用）

に［完・用］たれ［存・已］ば［接助・順確］、「あはれ。」［感］と［格助］ぞ［係助(係)］、人々［名］言ふ［四・体(結)］。思ひ出で［(複)下二・未］ぬ［消・体］こと［名］なく［形・用］、思ひ［四・用］恋しき［形・体］が［格助］うち［名］に［格助］、こ［代］の［格助］家［名］にて［格助］生まれ［下二・用］し［過・体］女子［名］の［格助］、もろともに［副］帰ら［四・未］ね［消・已］ば［接助・順確］、いかが［副］は［係助］悲しき［形・体］。船人［名］も［係助］、みな［副］子［名］たかり［四・用］て［接助］ののしる［四・終］。かかる［ラ変・体］うち［名］に［格助］、なほ［副］悲しき［形・体］に［格助］堪へ［下二・未］ず［消・用］して［接助］、ひそかに［形動・用］心知れ［四・命］る［存・体］人［名］と［格助］言へ［四・命］り［完・用］ける［過・体］歌［名］、

生まれ［下二・用］し［過・体］も［係助］帰ら［四・未］ぬ［消・体］ものを［接助・逆確］わ［代］が［格助］宿［名］に［格助］小松［名］の［格助］ある［ラ変・体］を［格助］見る［上一・体］が［格助］悲しさ［名］

と［格助］ぞ［係助(係)］言へ［四・命］る［完・体(結)］。なほ［副］飽か［四・未］ず［消・用］や［係助(係)］あら［補動・ラ変・未］む［推・体(結)］、また［副］かく［副］なむ［係助(係)(結・省)］。

見［上一・用］し［過・体］人［名］の［格助］松［名］の［格助］千年［名］に［格助］見［上一・未］ましか［反仮・未］ば［接助・順仮］遠く［形・用］悲しき［形・体］別れ［名］せ［サ変・未］まし［反仮・終］や［係助］

忘れ難く［形・用］、口惜しき［形・体］こと［名］多かれ［形・已］ど［接助・逆確］、え［副］尽くさ［四・未］ず［消・終］。とまれかうまれ［(連語)］（とまれ［副］かうまれ［副］）、疾く［形・用］破り［四・用］て［強・未］む［意・終］。

❖発問の解説

（六一ページ）

1 「声高にものも言はせず」とは、どのようなことか。

解答例 大声で文句も言わせない。ひどい有様を見て、隣人に腹を立てているのだが、遠慮して、怒っている従者たちを制している。「言はせず」は、従者たちを対象にした使役の用法。

（六二ページ）

2 「見し人」とは、誰か。

解答例 世話をした人、めんどうを見た人の意で、亡くなった女の子をさす。

❖要旨

〈要旨〉

夜になって京に入り、家に着くと、家はすっかり荒れはてている。この家で生まれた女の子も任地で亡くなって今はなく、松の木に新たな小松が生えているのを見るにつけても、亡き子がしのばれて悲しく、心の通った人と歌をとりかわした。

〈鑑賞〉

最後の二行は、この『土佐日記』のしめくくりである。最後に女児への歌二首をもってきたところに、作者の思いの深さが感じられる。

❖理解・表現の解説

〈理解〉

(1) **「京」(六一・1)に着いてからの作者の心情を、順を追って整理しなさい。**

解説 文章をたどって、京に入ったときのうれしい心情、家に着いて荒れたわが家を見たときの落胆、留守を頼んだ隣人を薄情だと思う心情、家にあった松の木に小松が生えているのを見て、女の子を思う思い、一緒に帰って来た人々が子どもたちと騒いでいるのを見て悲しさに耐えられなくなっている心情、心の通った人と女の子についての歌を詠みかわしたときの深い悲しみの心情をそれぞれまとめてみよう。

(2) **亡くなった「女子」(六一・10)に対する作者の思いはどのように描かれているか、まとめなさい。**

解答例 小松の生えているのを見ては、亡き子を思い、同行の人々が子どもと騒いでいるのを見ては、わが子だけがいないことを悲しく思い、その悲しさに耐えかねて、心の通じ合う人に思いをうったえても、表しきれない深い悲しみを、綿々と述べている。

〈表現〉

(1) **前半の段落「夜ふけて来れば……志はせむとす。」(六一・1～同・6)から助動詞をすべて抜き出して、意味と活用形を確かめなさい。**

解答例 「見えず」(六一・1)→打消・終止。「聞きし」(同・2)→過去・連体。「破れたる」(同・3)→存続・連体。「預けたりつる」(同・3)→存続・連用、完了・連体。「荒れたるなりけり」(同・3)→存続・連体、断定・連用、詠嘆・終止。「やうなれば」(同・4)→断定・已然。「預かれるなり」(同・4)→完了・連体、断定・終止。「得させたり」(同・5)→使役・連用、完了・終止。「言はせず」(同・6)→使役・未然、打消・終止。「志はせむとす」(同・6)→意志・終止。

(2) **次のⓐⓑを、傍線部に注意して現代語に訳しなさい。**

ⓐ中垣こそあれ、一つ家のやうなれば(六一・4) ⓑ見し人の松の千年に見ましかば遠く悲しき別れせましや(六二・3)

解答例 ⓐ中垣こそあるけれど、ひとつ家のようなものだから。 ⓑわが子を千年も生きるという松のように見ることができるのであったら、あのように遠い所で死に別れをするようなことがあったであろうか。

❖参考

『土佐日記』には、この土佐で亡くなった女児のことが繰り返しとりあげられ、歌も多く詠まれている。

土佐での任期を終え、大津《おおつ》（高知）から船出したときには、

都へと思ふをものの悲しきは帰らぬ人のあればなりけり

（待ちに待った都に帰るのだと思っても悲しくなるのは、あの子が一緒に帰らないからだった。）

あるものと忘れつつなほ亡き人をいづらと問ふぞ悲しかりける

（まだ子どもが生きていると思って、つい亡くなったことを忘れて、おや、あの子はどこかしら、と聞いてしまい、それがつらいことだ。）

という歌を詠んでいる。また、旅を終え、京の屋敷に帰ったときには、

生《む》まれしも帰らぬものをわが宿に小松《こまつ》のあるを見るが悲しさ

（この家で生まれた子が帰らないのに、留守にしていた私の家に新しく小松が生え育っている。それを見ると、悲しくなる。）

見し人の松の千年《ちとせ》に見ましかば遠く悲しき別れせましや

（一緒に生活し、世話をしていたあの子が、もし松のように千年の寿命をもっていたら、遠い土佐で悲しい別れをしただろうか、いや、そんなことはなかっただろうに。）

と詠んでいる。このように、この日記全編に愛児を悼む貫之の思いが流れている。

更級日記《さらしなにっき》

菅原孝標女《すがわらのたかすえのむすめ》

❖学習の視点

1　作者の置かれた立場や物の考え方を理解する。
2　当時の旅の様子を理解する。
3　作者の『源氏物語』に対するあこがれの気持ちを想像する。

❖作品解説

【更級日記について】

〈名称〉

『更級日記』の名称は、『古今和歌集』に見える「わが心慰めかねつさらしなや姨捨山《うばすてやま》に照る月をみて」に基づいて、夫の死後、夫の任国であった信濃《しなの》から夫をしのんでつけたものと言われる。また、この日記の終わりの部分にある「月もいでて闇《やみ》に暮れたる姨捨になにとて今宵《こよひ》たづね来つらむ」に見られるように、作者が晩年の自分の孤独な境涯を「をばすて」と見、「をばすての日記」というべきところを、それに関係のある「さらしな」に変えて、『更級日記』と名づけたとする説もある。現代の長野県の地方名は「更科《さらしな》」と書くので、混同しないように注意。

〈作者〉

菅原孝標女（すがわらのたかすえのむすめ）本名は不明。父の孝標は菅原道真《みちざね》の五世の孫で、代々を、大学頭《だいがくのかみ》、文章博士《もんじょうはかせ》になっていた学者の家柄である。また、母は『蜻蛉日記《かげろうにっき》』の作者である藤原倫寧《ともやす》の娘の異母妹であり、この点、父からは学者的性格、母からは文学的性格を受け継ぎ、才能的には恵まれた家系であったと言えよう。父孝標は寛仁元（一〇一七）年、四十五歳で初めて上総介《かずさのすけ》に任官し、四年の地方官生活を終えて都へ帰るのであるが、この帰京の旅から日記は書き出されている。この時、作者は十三歳であった。

〈成立年代〉

平安時代の末期であるが、年代ははっきりしない。この日記の文章で年月が明記してある最も新しいものは夫の俊通《としみち》を葬った時の記事で、作者の五十一歳ころ、康平《こうへい》元（一〇五八）年十月二十三日である。この記事は夫の死から受けた悲しみの中でつづられたものなので、成立もその年代からそうは下らないものと推定される。書きはじめも不明であるが、かなり若い時から書きためていたものを素材として、後年まとめあげたものと考えられる。

〈内容〉

一言で言えば平安時代に生きたある女性の自叙伝である。日記といっても外面的な事実を記した出来事の日記ではなく、むしろ作者の内面の告白の日記であり、その意味で、平安時代に受領《ずりよう》の娘として生まれた一女性の女の一生がしみじみと語られていて興味深い。

〈出典〉

本文は「新潮日本古典集成　39」（一九八〇年・新潮社刊）による。

東路《あずまじ》の道の果て

❖本文の研究　六四・1〜10

〈通釈〉

東国への道の果て（常陸国《ひたちのくに》）よりも、もっと奥のほうで成長した人（作者）は、どんなにか田舎じみていたであろうに、どうして（そんなことを）思いはじめたのであろうか、世の中に物語というものがあるということを聞き、ぜひ見たいものだと思い思いしながら、することもない退屈な昼間や、宵の（家族らとの）団らんなどのときに、姉や継母などといった人々が、その物語、あの物語、（また『源氏物語』の主人公）光源氏のありさまなどを、ところどころ話すのを聞くにつけても、ますます（それらの物語というものを）もっと知りたいという思いがつのるのだけれども、（姉や継母も）私が望んでいるように、（それらの物語を）暗記していてどうして語ってくれようか、（そこで）たいそうもどかしくてたまらないので、願いの主（作者）の身長と同じ高さに薬師仏を造ってもらって、手を洗い清めたりなどして、人目のないときにそっと（仏間に）入ったりして、「（この私を）都へ早く上らせてくださって、（都には）物語がたくさんあるということですので、（物語の）ある限り全部をお見せください。」と、（薬師仏の前に）身を投げだして額をすりつけてお祈り申しあげているうちに、（願いが聞きとどけられたのか）十三歳になる年、上京しようということになって、九月三日に仮の出発をして、（ひとまず）いまたちという所に移った。

〈語釈・語法〉

なほ奥《オ》つ方《かた》　もっと奥のほう。「東路の道の果て」は常陸国《ひたちのくに》（今の茨城県）をさすので、作者が住んでいた上総国《かずさのくに》（今の千葉県の一部）よりも地理的には奥のほうとも言えないが、都から遠く離れた田舎であることを強調する気持ちで、こう表現したのであろう。「つ」は上代に使われた格助詞で「の」と同じ。

生《お》ひ出《イ》でたる人　「人」は作者自身をさす。自身をこのようにぼかして客観的に表現することにより、「ある女の生涯」を語ろうとする感じが効果的に出ている。

あやしかりけむ《ン》を 「あやしかり」は形容詞「あやし」の連用形。田舎じみていたであろうに。

いかに思ひ《イ》はじめけることにか 「ける」は過去・伝聞の助動詞「けり」の連体形で、人から聞いたことのような不確実な過去の表現。これも物語的に客観的に表現している。

あんなるを 「あん」はラ変動詞「あり」の連体形「ある」が撥《はつ》音便化したもの。

いかで どうにかして。ぜひとも。

つれづれなり することもなく、退屈だ。

いとど ますます。よりいっそう。

ゆかし 行きたい、見たい、知りたいという気持ち。

わが思ふ《ウ》まま 「わ」は一人称代名詞。自分。自分が望むとおりに、の意。作者は断片的にではなく、きちんと聞きたかったのである。

いみじ 程度がはなはだしい。

心もとなし ①待ちどおしくてじれったい。②落ち着かない。③あるかないかの程度である。ここは①の意。

みそかに こっそりと。ひそかに。形容動詞「みそかなり」の連用形。

とく 早く。

物語の多くさぶらふ《ウ》なる 「さぶらふ」は「あり」の丁寧語。「なる」は伝聞の助動詞「なり」の連体形。下に「を」が続く気持ちで考えるとよい。

身を捨てて 〈通釈〉では「身を投げだして」としたが、この動作は、一心不乱に夢中になっている状態を表す。

上《のぼ》らむ《ン》とて 父の国司としての任期が切れて、都へ帰るのである。

〈品詞分解〉

東路（名） の（格助） 道（名） の（格助） 果て（名） より（格助） も（係助）、 なほ（副） 奥つ方（名） に（格助） 生ひ出で（(複)下二・用） たる（完・体） 人（名）、 いかばかり（副） かは（係助(係)） あやしかり（形・用） けむ（過推・体(結・流)） を（接助）、 いかに（副） 思ひはじめ（(複)下二・用） ける（過・体） こと（名） に（断・用） か（係助(係)(結・省)）、 世（名） の（格助） 中（名） に（格助） 物語（名） と（格助） いふ（四・体） もの（名） の（格助） あん（ラ変・体(撥音)） なる（伝・体） を（格助）、 いかで（副） 見（上一・未） ばや（終助） と（格助） 思ひ（四・用） つつ（接助）、 つれづれなる（形動・体） 昼間（名）、 宵居（名） など（副助） に（格助）、 姉、継母（名） など（副助） やう（名） の（格助） 人々（名） の（格助）、 そ（代） の（格助） 物語（名）、 か（代） の（格助） 物語（名）、 光源氏（名） の（格助） ある（ラ変・体） やう（名） など（副助）、 ところどころ（名） 語る（四・体） を（格助） 聞く（四・体） に（接助）、 いとど（副） ゆかしさ（名(接尾)） まされ（四・已） ど（接助・逆確）、 わ（代） が（格助） 思ふ（四・体） まま（名） に（格助）、 そら（名） に（格助） いかで（副） か（係助(係)） おぼえ語ら（(複)四・未） む（推・体(結)）。 いみじく（形・用）

心もとなき（形・用）まま（名）に（格助）、等身（名）に（格助）薬師仏（名）を（格助）造り（四・用）
て（接助）、手洗ひ（名）など（副助）し（サ変・用）て（接助）、人間（名）に（格助）みそかに（形動・用）
入り（四・用）つつ（接助）、「京（名）に（格助）とく（形・用）上げ（下二・用）たまひ（補動・四・用（尊））て（接助）、
物語（名）の（格助）多く（形・用）さぶらふ（四・終（丁））なる（伝・体）、ある（ラ変・体）かぎり（名）見せ（下二・用）
たまへ（補動・四・命（尊））。」と（格助）、身（名）を（格助）捨て（下二・用）て（接助）額（名）を（格助）つき（四・用）
祈り（四・用）申す（補動・四・体（謙））ほど（名）に（格助）、十三（名）に（格助）なる（四・体）年（名）、上ら（四・未）
む（意・終）とて（格助）、九月三日（名）門出し（（複）サ変・用）て（接助）、いまたち（名）と（格助）
いふ（四・体）所（名）に（格助）移る（四・終）。

六四・11～六五・4

〈通釈〉

数年来遊び慣れた所を、外からまる見えになるほど（家具などを）取りはずして散らして、（せわしげに）騒いで、日没まぎわで、たいへんもの寂しく霧がたちこめているころに、車に乗るというので、（わが家に）目をやると、人のいないときに（何度も）お参りして額を床につけてお祈りした薬師仏が立っておいでになるのを、お見捨てして去るのが悲しくて、人知れず（自然に）泣けてしまった。

〈語釈・語法〉

年ごろ遊びなれつる所　父が国司として在任中四年間住んでいたやかたをさしているのだろう。

あらは《ワ》なり　丸見えである。はっきり見える。

こほ《オ》ち散らし　こわす意の「こほつ」と「散らす」の複合動詞。国司のやかただから官舎であるが、私物の家具や建具類をとりこわしたりはずしたりして片づけたのであろう。

いとすごく　「すごく」は形容詞「すごし」の連用形。①気味が悪い、②ぞっとするほどすばらしい、③もの寂しい。ここは③。

見捨てたてまつる　後に「こと」などを補って訳す。

うち泣かれぬ　「れ」は自発の助動詞「る」の連用形。「ぬ」は完了の助動詞だが、ここは叙述を強める用法である。「うち」は意味を強める働きをする接頭語。

〈品詞分解〉

年ごろ（名）遊びなれ（（複）下二・用）つる（完・体）所（名）を（格助）、あらはに（形動・用）
こほち散らし（（複）四・用）て（接助）、たち騒ぎ（（接頭）四・用）て（接助）、日（名）の（格助）入り際（名）
の（格助）、いと（副）すごく（形・用）霧りわたり（（複）四・用）たる（存・体）に（格助）、車（名）に（格助）
乗る（四・終）とて（格助）、うち見やり（（接頭）四・用）たれ（完・已）ば（接助・順確）、人間（名）に（格助）は（係助）
参り（四・用（謙））つつ（接助）額（名）を（格助）つき（四・用）し（過・体）薬師仏（名）の（格助）立ち（四・用）

たまへ	る	を、	見捨て	たてまつる	悲しく	
補動・四・命(尊)	存・体	格助	(複)下二・用	補動・四・体(謙)	形・用	
て、	人	知れ	ず	うち泣か	れ	ぬ。
接助	名	下二・未	消・用	(接頭)四・未	自・用	完・終

❖発問の解説

1 (六四ページ)

「あやしかりけむ」とは、どのような気持ちか。

解答例　「あやし」(六四・1)は、ここでは田舎じみている、の意。「けむ」は過去の推量の助動詞で、少女時代の自分を田舎じみていたであろうにと推量している。これは前の「生ひ出でたる人」(六四・1)と自分のことを客観的に述べた表現と呼応しているためであろう。作者はずっと後年になって、昔のことを思い出してこの日記を書いているので、自分を田舎に住むひとりの少女として思いやる気持ちである。

2 (六五ページ)

「人知れずうち泣かれぬ」とは、どのような気持ちか。

解答例　住み慣れた場所が荒らされ、拝んでいた薬師仏も置き去りにされているのを見て、自然にせきとめようもなく涙があふれてきた、という気持ち。慣れ親しんだものへの決別の気持ち。

❖構成・主題

〈構成〉

(1)(六四・1〜10)東国の田舎で育った私は、幼い時から物語の世界にあこがれていたが、十三歳で、念願かなって、上京することになった。

(2)(六四・11〜六五・4)長年遊び慣れた所を去るに当たって、悲しくて人知れず泣けてきた。

〈主題〉

物語の世界にあこがれるひたむきな少女の心。

❖理解・表現の解説

〈理解〉

(1)　**この文章は、作者が自分の少女時代を回想しながら書いたものである。それは、どのような言い回しから分かるか、考えなさい。**

解答例　「いかばかりかはあやしかりけむ」(六四・1)、「いかに思ひはじめける」(六四・2)のように、過去の推量の助動詞「けむ」、過去の伝聞の助動詞「ける」を使って、自分の過去を物語的、客観的にとらえ、書こうとした表現になっている。

(2)　**作者は物語へのあこがれをどのように語っているか、順を追ってまとめなさい。**

解答例　・「世の中に物語といふもののあんなるを、いかで見ばやと思ひつつ」（六四・2）（早く読みたい。あこがれを抱く。）―「その物語、かの物語、光源氏のあるやうなど、ところどころ語るを聞くに、いとどゆかしさまされど」（六四・4）（話を聞いて、ますます知りたいと思う。）―「わが思ふままに、そらにいかでかおぼえ語らむ。いみじく心もとなきままに」（六四・5）（望んでいるように、物語を暗記して語ってくれない。もどかしい。）―「薬師仏を造りて、…祈り申す」（六四・6）（薬師仏を造り、京に上り、物語のある限りを見せてくださいと、祈る。）

〈表現〉

(1) 次のⓐⓑを、助詞「の」の用法に注意して現代語に訳しなさい。

ⓐ日の入り際の、いとすごく霧りわたりたるに（六四・11）

ⓑ薬師仏の立ちたまへるを（六五・3）

解答例　ⓐ日の没するまぎわで、たいへんもの寂しく霧がたちこめているころに　ⓑ薬師仏が立っておいでになるのを

をかしげなる猫

❖本文の研究　六六・1〜9

〈通釈〉

桜の花が咲いては散る時節にはいつも、乳母が亡くなった時節だなあとそればかり切なく思われて、同じ頃にお亡くなりになった侍従の大納言の姫君の筆跡を繰り返し眺めながら、むやみに悲しい気持ちになっていたところ、五月頃、夜が更けるまで物語を読んで起きていると、どこから来たとも分からないが、猫がたいそう穏やかに鳴いているのを、はっとして見ると、ずいぶんかわいらしい猫がいる。どこから来た猫かしらと思って見ていると、姉にあたる人が、「しいっ、静かに、人に聞かせないように。とてもかわいらしい猫ね。（二人で）飼いましょう。」と言って飼っていたが、（その猫は）とても人馴《な》れしていて、（私たちの）そばに来てねそべっている。探している人がいるのではないかと、この猫をないしょで飼っていると、まるで使用人のそばには寄りつかず、じっと私たちの近くばかり寄り添っていて、食べ物もきたらなしいものは、顔を背けて食べない。

〈語釈・語法〉

花の咲き散る折　春の季節。

あはれなる　さびしく切ない思いになる。見たものなどに、しみじみと心を動かされるときにも使う。

手　筆跡。侍従大納言の姫君の字を、作者は手本にしていた。

すずろに　自然に心やものごとが動く様子。思いがけない。関係がない。むやみにの意味もある。

なごう　形容詞「なごし」の連用形「なごく」の音便。なごやかに。

おどろく　はっとする。目を覚ますという意味もある。

をかしげなる　ここでは、かわいらしい。

あなかま　人を黙らせる時に使う慣用句。「あな、かまし」（ああ、やかましい）の略とも言う。

つと　じっと。

〈品詞分解〉

花[名]の[格助]咲き[四・用]散る[四・体]折ごと[名(接尾)]に[格助]、乳母[名]亡くなり[四・用]し[過・体]折[名]ぞ[係助]かし[終助]、と[格助]のみ[副助]あはれなる[形動・体]に[接助]、同じ[形・体]折[名]亡くなり[四・用]たまひ[補動・四・用(尊)]し[過・体]侍従の大納言[名]の[格助]御むすめ[(接頭)名]の[格助]手[名]を[格助]見[上一・用]つつ[接助]、すずろに[形動・用]あはれなる[形動・体]に[接助]、五月[名]ばかり[副助]、夜[名]更くる[下二・体]まで[副助]、物語[名]を[格助]読み[四・用]て[接助]起きゐ[(複)上一・用]たれ[存・已]ば[接助・順確]、来[カ変・用]つ[完・終]らむ[推・体]方[名]も[係助]見え[下二・未]ぬ[消・体]に[接助]、猫[名]の[格助]いと[副]なごう[形・用(ウ音)]鳴い[四・用(イ音)]たる[存・体]を[接助]、おどろき[四・用]て[接助]見れ[上一・已]ば[接助・順確]、いみじう[形・用(ウ音)]をかしげなる[形動・体(接尾)]猫[名]あり[ラ変・終]。いづく[代]より[格助]来[カ変・用]つる[完・体]猫[名]ぞ[係助]と[格助]見る[上一・体]に[接助]、姉[名]なる[断・体]人[名]、「あなかま[感]、人[名]に[格助]聞か[四・未]す[使・終]な[終助]。いと[副]をかしげなる[形動・体(接尾)]猫[名]なり[断・終]。飼は[四・未]む[意・終]。」と[係助]ある[ラ変・体]に[接助]、いみじう[形・用(ウ音)]人馴れ[下二・用]つつ[接助]、かたはら[名]に[格助]うち臥し[(接頭)四・用]たり[存・終]。尋ぬる[下二・体]人[名]や[係助(係)]ある[ラ変・体(結)]と[格助]、これ[代]を[格助]隠し[四・用]て[接助]飼ふ[四・体]に[接助]、すべて[副]下衆[名]の[格助]あたり[名]に[格助]も[係助]寄ら[四・未]ず[消・用]、つと[副]前[名]に[格助]のみ[副助]あり[ラ変・用]て[接助]、物[名]も[係助]きたなげなる[形動・体(接尾)]は[係助]、ほかさま[名]に[格助]顔[名]を[格助]向け[下二・用]て[接助]食は[四・未]ず[消・終]。

六六・9〜六七・5

〈通釈〉

（私たち）姉妹の中にじっとまとわりついて離れないので、面白がってかわいがっているうちに、姉が病気になることがあって、家の中がごたごたしていたので、この猫を北向きの使用人の部屋にばかりいさせてこちらに呼ばないでいると、(猫は)やかましく鳴き立てるけれども、やっぱり離れたところに置いているので、寂しくて鳴いているのだろうくらいに思っていたところ、病気の姉がふと目を覚まして、「どこ、猫は。こちらへ連れてきて。」と言うので、「どうしてなの。」と聞いたところ、「夢の中で、この猫がそばに来て、『私は侍従大納言の姫君が、このようになったのです。このようになるはずの前世の因縁が少しあって、この中の君が(私のことを)むしょうにいとしく思い出してくださったので、ほんのしばらくの間ここにいるのですが、このところ使用人の中に置かれて、ほんとうに辛いことです。』と言ってしきりに泣く様子は、上品でかわいらしい人に見受けられて、はっと目が覚めてみると、その声はこの猫の鳴き声だったのがたいそうしんみりと身にしみて感じられたのです。」とお話になるのを聞いていると、(私も)たいそうしんみりと身にしみるような気持ちである。

〈語釈・語法〉

姉おとと　姉妹。

らうたがる　形容詞「らうたし」の語幹に接尾語「がる」が付いて動詞化したもの。かわいがる。

なやむ　(病気で)苦しむ。病気になる。

ものさわがしくて　家の中がごたごたと落ち着かないこと。姉の病気のために、加持祈祷をしたりしたためか。

鳴きののしれども　鳴き騒ぐけれども。「ののしる」は、大声を上げる。

おどろきて　目が覚めて。

など　どうして。

おのれは　自分は。

かくなりたるなり　このようになったのです。猫に生まれ変わったこと。

さるべき縁のいささかありて　こうなるべき前世の因縁が少しばかりあって。

わびしき　辛い。

あてに　形容動詞「あてなり」の連用形。上品で。

うちおどろきたれば　ふと目を覚ますと。

〈品詞分解〉

姉〔名〕　おとと〔名〕　の〔格助〕　中〔名〕　に〔格助〕　つと〔副〕　まとはれ〔下二・用〕　て〔接助〕、

をかしがり〔四・用(接尾)〕　らうたがる〔四・体(接尾)〕　ほど〔名〕　に〔格助〕、姉〔名〕　の〔格助〕　なやむ〔四・体〕

こと〔名〕　ある〔ラ変・体〕　に〔接助〕、ものさわがしく〔(接頭)形・用〕　て〔接助〕、こ〔代〕　の〔格助〕　猫〔名〕

を〔格助〕　北面〔名〕　に〔格助〕　のみ〔副助〕　あら〔ラ変・未〕　せ〔使・用〕　て〔接助〕　呼ば〔四・未〕　ね〔消・已〕

ば〔接助・順接〕、かしかましく〔形・用〕　鳴きののしれ〔(複)四・已〕　ども〔接助・逆確〕、なほ〔副〕

さる〔ラ変・体〕　に〔断・用〕　て〔接助〕　こそ〔係助(係)(結省)〕　は〔係助〕　と〔格助〕　思ひ〔四・用〕　て〔接助〕

ある〔ラ変・体〕に〔接助〕、わづらふ〔四・体〕姉〔名〕、おどろき〔四・用〕て〔接助〕「いづら〔代〕、猫〔名〕は〔係助〕。こち〔代〕率〔上一・用〕て〔接助〕来〔カ変・命〕。」と〔格助〕ある〔ラ変・体〕を〔接助・順接〕、「など〔副〕。」と〔格助〕問へ〔四・已〕ば〔接助・順確〕、「夢〔名〕に〔格助〕、こ〔代〕の〔格助〕猫〔名〕の〔格助〕かたはら〔名〕に〔格助〕来〔カ変・用〕て〔接助〕、『おのれ〔代〕は〔係助〕、侍従の大納言〔名〕の〔格助〕御むすめ〔(接頭)名〕の〔格助〕、かく〔副〕なり〔四・用〕たる〔完・体〕なり〔断・終〕。さるべき〔連語〕縁〔名〕の〔格助〕いささか〔副〕あり〔ラ変・用〕て〔接助〕、こ〔代〕の〔格助〕中〔名〕の〔格助〕君〔名〕の〔格助〕すずろに〔形動・用〕あはれ〔感〕と〔格助〕思ひ出で〔下二・用〕たまへ〔補動・四・已(尊)〕ば〔接助・順確〕、ただ〔副〕しばし〔副〕ここ〔代〕に〔格助〕ある〔ラ変・体〕を〔接助〕、このごろ〔名〕下衆〔名〕の〔格助〕中〔名〕に〔格助〕あり〔ラ変・用〕て〔接助〕、いみじう〔形・用(ウ音)〕わびしき〔形・体〕こと〔名〕。』と〔格助〕言ひ〔四・用〕て〔接助〕、いみじう〔形・用(ウ音)〕泣く〔四・体〕さま〔名〕は〔係助〕、あてに〔形動・用〕をかしげなる〔形動・体(接尾)〕人〔名〕と〔格助〕見え〔下二・用〕て〔接助〕、うちおどろき〔(接頭)四・用〕たれ〔完・已〕ば〔接助・順確〕、こ〔代〕の〔格助〕猫〔名〕の〔格助〕声〔名〕に〔断・用〕て〔接助〕あり〔補動・ラ変・用〕つる〔完・体〕が〔格助〕、いみじく〔形・用〕あはれなる〔形動・体〕なり〔断・終〕。」と〔格助〕語り〔四・用〕たまふ〔補動・四・体(尊)〕を〔格助〕聞く〔四・体〕に〔接助〕、いみじく〔形・用〕あはれなり〔形動・終〕。

六七・5〜9

〈通釈〉

その後は、この猫を北向きの部屋にやらないで、大切に世話をする。たった一人でいるところに、この猫が向き合って座っているので、そっとなでながら「侍従の大納言の姫君がいらっしゃるのですね。大納言殿にお知らせ申し上げたいものです。」と話しかけると、（私の）顔をじっと見て見ながら、穏やかに鳴くのも、そう思うせいか、ちょっと見たところ、普通の猫ではなく、（私の）言葉を理解しているようでしみじといとおしい。

〈語釈・語法〉

思ひかしづく　心から大切に扱う。「かしづく」は、大切に養育する。大切に世話をする。

おはするな　「おはす」は「ゐる」の敬語。「な」は感動の終助詞。いらっしゃるのですね。

知らせたてまつらばや　「たてまつら」は謙譲の補助動詞の未然形。大納言への敬意を表す。「ばや」は自己の希望を表す終助詞。

うちまもりつつ　「守る」は「見守る」。目を離さず見る。

心のなし　心の仕業。気のせい。

例の猫　普通の猫。

聞き知り顔　人の言葉を理解するような顔。

〈品詞分解〉

そ（代）の（格助）のち（名）は（係助）、こ（代）の（格助）猫（名）を（格助）北面（名）に（格助）も（係助）出ださ（四・未）ず（消・用）、思ひかしづく（（複）四・終）。ただ（副）一人（名）ゐ（上一・用）たる（存・用）所（名）に（格助）、こ（代）の（格助）猫（名）が（格助）向かひゐ（（複）上一・用）たれ（存・已）ば（接助・順接）、かいなで（（接頭・イ音）下二・用）つつ（接助）、「侍従の大納言（名）の（格助）姫君（名）の（格助）おはする（サ変・体（尊））な（終助）。大納言殿（名（接尾））に（格助）知ら（四・未）せ（使・用）たてまつら（補動・四・未（謙））ばや（終助）。」と（格助）言ひかくれ（下二・已）ば（接助・順確）、顔（名）を（格助）うちまもり（（接頭）四・用）つつ（接助）なごう（形・用（ウ音））鳴く（四・体）も（係助）、心（名）の（格助）なし（名）、目（名）の（格助）うちつけに（形動・用）、例（名）の（格助）猫（名）に（断・用）は（係助）あら（補動・ラ変・未）ず（消・用）、聞き知り顔に（形動・用（接尾））あはれなり（形動・終）。

❖発問の解説

（六七ページ）

1 なぜ「北面にも出ださず」となったのか。

解答例 この猫が、侍従の大納言の姫君の生まれ変わりだと分かって、使用人たちの所には置けないと思ったから。

2 「例の猫にはあらず」というこの猫の特徴を、本文中から抜き出しなさい。

解答例 「いとなごう鳴いたる」（六六・4）、「いみじうをかしげなる猫」（同・4）、「いとをかしげなる猫」（同・6）、「いみじう人馴れつつ、かたはらにうち臥《ふ》したり」（同・6）、「すべて下衆のあたりにも寄らず、つと前にのみありて、物もきたなげなるは、ほかさまに顔を向けて食はず」（同・8）、「顔をうちまもりつつなごう鳴く」（六七・8）、「聞き知り顔に」（同・9）。

❖構成・主題

〈構成〉

(1) （六六・1〜9）

春になると、その季節に亡くなった乳母や侍従の大納言の姫君を思い出した。五月に夜遅くまで物語を読んでいると、どこからかかわいい猫がやってきた。姉とこっそり飼うことにしたその猫は、使用人のところには行かず、きたない食べ物も食べなかった。

(2) （六六・9〜六七・5）

姉が病気になると、使用人のところにやられていた猫が姉の夢の中に出てきて、自分は侍従の大納言の姫君だと告げ、いつも使用人のところに置かれて辛いと言ったというので、作者は驚く。

(3) （六七・5〜9）

そののちは、この猫を大切に世話をするようになった。話しかけると、猫は作者の言葉を理解しているようであった。

〈主題〉

作者と、侍従の大納言の姫君の生まれ変わりである猫との繋がり。

❖理解・表現の解説

〈理解〉

(1) 姉の夢の話を聞く前と後とで、作者の猫に対する捉え方はどのように変わったか、まとめなさい。

解答例　夢の話を聞く前は、姉の病気でごたごたしている時は、使用人のところに猫を放っておいたりしていた。けれども、姉の話を聞いた後は、猫は侍従の大納言の姫君の生まれ変わりと思って、使用人のところには置かず、大切に世話をするようになった。

(2) 「さるべき縁」（六六・14）とは、どのようなことだと考えられるか、話し合いなさい。

解説　このエピソードは、猫を侍従の大納言の姫君の生まれ変わりと考えているように、「輪廻転生」の考え方に基づいている。「さるべき縁」も、作者と侍従の大納言の姫君は、前世で深い関わりがあって、現世でもこのような縁があるという考えている。

〈表現〉

(1) 「大納言殿に知らせたてまつらばや。」（六七・7）を、「ばや」に注意して現代語に訳しなさい。

解答例　大納言殿にお知らせしたいものだ。

解説　「ばや」は、自己の希望を表していて、「〜たい」と訳す。また、「たてまつる」は謙譲語で、作者から大納言に対する敬意を表している。

第4章　ことばに表れる意思　随想を読む

徒然草《つれづれぐさ》

兼《けん》好《こう》

❖学習の視点

1　『徒然草』を読んで、兼好のものの見方・考え方をとらえる。

2　古文に出てくる基本的な重要語句の意味を正しくつかむ。

3　古文の基本的な助詞・助動詞の接続関係をつかみ、意味や用法が区別できるようになる。

❖作品解説

【徒然草について】

〈名称〉

冒頭の「つれづれなるままに、日くらし、すずりに向かひて……」とあるところから、「つれづれぐさ」と名付けられた。

〈作者〉

兼好　鎌倉《かまくら》時代後期の歌人・随筆家。弘安六（一二八三）年頃、京都の吉田《よしだ》神社の神官の子として生まれた。俗名は卜部《うらべ》兼好《かねよし》。若くして、北面の武士として後宇多《ごうだ》上皇に仕えたが、のち、出家して俗名を音読、兼好《けんこう》と名乗った。和歌を二条為世《にじょうためよ》に学び、頓阿《とんあ》・浄弁《じょうべん》・慶運《けいうん》と共に、和歌の四天王と称されたが、彼の本領は、和歌よりもむしろ、評論的な分野にあったらしく、『徒然草』は、日本古典の評論的随筆文学の最高峰に位置づけられている。京都の吉田に住んだので、吉田兼好とも呼ばれる。没年は明らかでないが、諸資料から、一三五七年説が有力である。

〈成立年代〉

『徒然草』の各段は、「序段」にもあるように、折りにふれて書かれていったものであって、書かれた年代については、その執筆の最も早いものは、たとえば第一五二段の西園《さいおん》寺の内大臣（源実《さね》衡《ひら》）の記事などがそれで、実衡の内大臣任官が正中元（一三二四）年四月であることから、それ以前のものではないことがわかる。以後、書き続けられて、大体、元弘元（一三三一）年頃までに成立したものと推定されている。

〈内容〉

上下二巻、「序段」を別にして二四三段に分かれ、長短さまざままの随想を収めている。

内容はきわめて多面的であるが、次のように大きく分類することができる。

(1) 趣味に基づいた自然と人生の観察
(2) 儒仏老荘思想を根底にふまえた教訓談
(3) 追憶や批評
(4) 世俗の見聞談
(5) 有職故実に関する考証

〈文体〉

『徒然草』の文章には、大きく二つの流れを見ることができる。すなわち、一つは、流麗・典雅な擬古文体であり、他の一つは、『方丈記』などに見られる漢文訓読調の簡潔明快な文体である。作者はこの二つの文体を内容によって巧みに使い分けている。

〈出典〉

本文は「日本古典文学全集　27」（一九七一年・小学館刊）による。

つれづれなるままに

❖本文の研究

七二・1〜2

〈通釈〉

たいくつなのにまかせて、一日中、すずりに向かって、それからそれへと心の中に浮かんでくる、これといって意味のないことを、とりとめもなく書きつけてみると、妙に（いろいろな思いがわいてきて）気持ちがたかぶってくる。

〈語釈・語法〉

つれづれなるままに　下の「書きつくれば」にかかる。何をするということもなく。「ままに」は、……にまかせて。

あやしう《シュウ》こそものぐるほ《オ》しけれ　妙に気持ちがたかぶって狂おしいような気分になる。「あやしう」は、形容詞「あやし」の連用形（音便）。「ものぐるほしけれ」は、形容詞「ものぐるほし」の已然形で、「こそ」の結び。

〈品詞分解〉

形動・体	名	格助	（連語）		名		名	格助	四・用	接助		名	格助	（複）四・体	名
つれづれなる	まま	に	（ままに）	、	日くらし	、	すずり	に	向かひ	て	、	心	に	うつりゆく	よしなしごと

を〔格助〕、そこはかとなく〔形・用〕書きつくれ〔(複)下二・已〕ば〔接助・順確〕、あやしう〔形・用(ウ音)〕
こそ〔係助(係)〕ものぐるほしけれ〔(接頭)形・已(結)〕。

❖理解・表現の解説

〈理解〉

(1) 本文中から、次の問いの答えに相当する部分を抜き出しなさい。

ⓐ文章を書くきっかけは何か。　ⓑ何を書くのか。

ⓒどのような態度で書くのか。

解答例　この文は「徒然草」の序文にあたるものである。

ⓐ「徒然草」を書くきっかけで、「つれづれなるままに」があてはまる。　ⓑ「心にうつりゆくよしなしごと」にあたる。

ⓒ「そこはかとなく」をさす。

〈表現〉

(1) 「書きつくれ」の活用形に注意して、「そこはかとなく書きつくれば」（七二・2）を現代語に訳しなさい。

解答例　とりとめもなく書きつけていると。

解　説　「書きつくれ」は下二段活用の複合動詞「書きつく」の已然形で、順接確定条件の偶然の意の接続助詞「ば」に接続する。

(2) 形容詞「あやし」の活用をすべて書き出して、ウ音便形「あやしう」（七二・2）のもとの形を確認しなさい。

解答例

活用の種類／活用形	シク活用（接続）	カリ活用（接続）
未然形	あやしく（ば）	あやしから（ず）
連用形	あやしく（て）	あやしかり（けり）
終止形	あやし（言い切り）	
連体形	あやしき（とき）	あやしかる（べし）
已然形	あやしけれ（ども）	
命令形		あやしかれ（言い切り）

ウ音便形「あやしう」は強意の係助詞「こそ」に接続している。もとの形は連用形「あやしく」。

丹波《たんば》に出雲《いずも》といふ所あり

❖本文の研究　七三・1～七四・5

〈通釈〉

丹波の国に、出雲という所がある。出雲大社の分霊を迎えて、社殿をりっぱに造ってある。（そこは）しだの某《なにがし》とかいう者が領している所であるから、（この人が）秋のころ、聖海上人や、そのほかにも大勢の人々を誘って、「さあ、いらっしゃい、出雲参拝に。ぼたもちをご馳走《ちそう》いたしましょう。」と言って、（一行を）連れていったところが、（人々が）めいめい参拝して、たいそう信仰心を起こした。（ところで）拝殿の前の一対の獅子《しし》・狛犬《こまいぬ》の像が、背中合わせになって、（お互いに）後ろ向きに立っていたので、上人はたいそう感心して、「ああ、すばらしい。この獅子の立ち方は、まことに珍しい。（何か）深いいわれがあるのであろう。」と（感動のあまり）涙ぐんで、「どうですか皆さん、このすばらしいことにお気づきではありませんか。気づかないのではあんまりです。」と言うと、めいめいも不思議がって、「ほんとうに、ほかの所とは違っていますね。都の人たちへの土産話にいたしましょう。」などと言うので、上人は、なおもいっそうそのわけを知りたがって、年配の、ものを知っていそうな神官を呼び寄せて、「この神社の獅子のお立てになり方は、さだめしいわれがあることでございましょう。（その理由を）少しお聞きしたいものです。」と言われたところ、（神官はそれに答えて）「それなんですよ。いたずら好きの子どもたちがいたしましたことで、けしからぬことです。」と言って、（その獅子・狛犬のそばに）寄って、置き直して立ち去ってしまったので、上人の感涙は無駄なことになってしまったということである。

〈語釈・語法〉

めでたく　りっぱに。

しる所　治めている所。領地としている土地。「しる」は、領有する、支配するの意。

聖海上人《しょうかいしょうにん》　伝は未詳であるが、どうやら大した人物ではないらしい。すぐあとに出てくるように、ぼたもちなどに誘われて、今日風に言えば、大勢で観光旅行に出かけたようなものである。上人は僧侶《そうりょ》なので、神社参詣《さんけい》というのはおかど違いであるが、そんなことにはおかまいなく、「ゆゆしく信おこしたり」というような人物である。「ゆゆし」はたいそうの意。そのくせ、一応、上人であるということから、気どって、指導性を発揮しようとポーズをとるのである。上人の人物像を味わってみよう。

具《ぐ》しもて行きたるに　連れていったところが。「具す」は、連れていく。「もて」は、「もちて」の促音便形「もって」の促音が無表記になったもの。

ゆゆし　①おそれおおい。②不吉だ。③程度がはなはだしい。ここでは③。

後ろさまに立ちたりければ　後ろ向きに立っていたので。

いみじ　①はなはだしい。②すぐれている。③大変だ。ひどい。ここでは①。

めづ《ズ》らし　①すばらしい。②目新しい。③珍しい。ここでは③。

深きゆゑ《エ》　深いいわれ。

言へ《エ》ば　言うと。

なほ《オ》ゆかしがりて　よりいっそう知りたがって。「ゆかしがり」は四段活用の動詞「ゆかしがる」の連用形。ここでは、知りたがって、の意。

おとなしく　「おとな」を形容詞化した「おとなし」の連用形。主だった、頭立った、年配の、の意。

獅子の立てられやう《ヨ》　この「られ」は、受身とも尊敬ともとれるが、ここは尊敬の助動詞と解した方がおもしろい。

さだめて　必ず。きっと。

ちと承《うけたまわ》らばや　少しお聞きしたい。「承る」は「受く」「聞く」の謙譲語。「ばや」は、動詞・助動詞の未然形に付いて、自己の希望を表す終助詞。

言は《ワ》れければ　言われたところ。

さがなし　①たちがよくない。②手に負えない。ここでは②の意。

いたづ《ズ》らなり　①むだである。②暇である。ここでは①の意。

〈品詞分解〉

丹波〔名〕 に〔格助〕 出雲〔名〕 と〔格助〕 いふ〔四・体〕 所〔名〕 あり〔ラ変・終〕。大社〔名〕 を〔格助〕 移し〔四・用〕 て〔接助〕、めでたく〔形・用〕 造れ〔四・命〕 り〔存・終〕。しだのなにがし〔名〕 と〔格助〕 か〔係助(係)(結・省)〕 や〔間助〕 しる〔四・体〕 所〔名〕 なれ〔断・已〕 ば〔接助・順確〕、秋〔名〕 の〔格助〕 ころ〔名〕、聖海上人〔名〕、そ〔代〕 の〔格助〕 ほか〔名〕 も〔係助〕、人〔名〕 あまた〔副〕 誘ひ〔四・用〕 て〔接助〕、「いざ〔感〕、たまへ〔四・命(尊)〕、出雲〔名〕 拝み〔四・用〕 に〔格助〕。かいもちひ〔名〕 召さ〔四・未(尊)〕 せ〔使・未〕 む〔意・終〕。」とて〔格助〕、具し〔サ変・用〕 もて〔(連語)〕 行き〔四・用〕 たる〔完・体〕 に〔接助〕、おのおの〔名〕 拝み〔四・用〕 て〔接助〕、ゆゆしく〔形・用〕 信〔名〕 おこし〔四・用〕 たり〔完・終〕。

御前〔(接頭)名〕 なる〔存在・体〕 獅子・狛犬〔名〕、背き〔四・用〕 て〔接助〕、後ろさま〔名(接尾)〕 に〔格助〕 立ち〔四・用〕 たり〔存・用〕 けれ〔過・已〕 ば〔接助・順確〕、上人〔名〕 いみじく〔形・用〕 感じ〔サ変・用〕 て〔接助〕、「あな〔感〕 めでた〔形(幹)〕 や〔間助〕。こ〔代〕 の〔格助〕 獅子〔名〕 の〔格助〕 立ちやう〔名(接尾)〕、いと〔副〕 めづらし〔形・終〕。深き〔形・体〕 ゆゑ〔名〕 あら〔ラ変・未〕 む〔推・終〕。」と〔格助〕 涙ぐみ〔四・用〕 て〔接助〕、「いかに〔感〕 殿ばら〔名(接尾)〕、殊勝〔名〕 の〔格助〕 こと〔名〕 は〔係助〕 御覧じとがめ〔(複)下二・未(尊)〕 ず〔消・終〕 や〔係助〕。むげなり〔形動・終〕。」と〔格助〕 言へ〔四・已〕 ば〔接助・順確〕、おのおの〔名〕 あやしみ〔四・用〕 て〔接助〕、「まことに〔副〕 他〔名〕 に〔格助〕 異なり〔形動・用〕 けり〔詠・終〕。都〔名〕 の〔格助〕 つと〔名〕 に〔格助〕 語ら〔四・未〕 む〔意・終〕。」など〔副助〕 言ふ〔四・体〕 に〔接助〕、上人〔名〕 なほ〔副〕 ゆかしがり〔四・用〕 て〔接助〕、おとなしく〔形・用〕 もの〔名〕 知り〔四・用〕 ぬ〔強・終〕 べき〔推・体〕 顔〔名〕 し〔サ変・用〕 たる〔存・体〕 神官〔名〕 を〔格助〕 呼び〔四・用〕 て〔接助〕、「こ〔代〕 の〔格助〕 御社〔(接頭)名〕 の〔格助〕 獅子〔名〕 の〔格助〕 立てられやう〔名(接尾)〕、さだめて〔副〕 習ひ〔名〕 ある〔ラ変・体〕 こと〔名〕 に〔断・用〕 はべら〔補動・ラ変・未(丁)〕 む〔推・終〕。ちと〔副〕 承ら〔ラ四・未(謙)〕 ばや〔終助〕。」と〔格助〕 言は〔四・未〕 れ〔尊・用〕 けれ〔過・已〕 ば〔接助・順確〕、「そ〔代〕 の〔格助〕 こと〔名〕 に〔断・用〕 候ふ〔補動・四・終(丁)〕。さがなき〔形・体〕 童べども〔名(接尾)〕 の〔格助〕 つかまつり〔四・用(謙)〕 ける〔過・体〕、奇怪に〔形動・用〕

候ふ（補動・四・体(丁)）　こと（名）　なり。（断・終）」とて、（格助）　さし寄り（(接頭)四・用）　て、（接助）　すゑ直し（(複)四・用）
て（接助）　往に（ナ変・用）　けれ（過・已）　ば（接助・順確）、上人（名）　の（格助）　感涙（名）　いたづらに（形動・用）
なり（四・用）　に（完・用）　けり。（過・終）

❖要旨・鑑賞

〈要旨〉

丹波の出雲大社に参詣した聖海上人ら一行の、無批判・盲目的信仰のおかしさを、ユーモラスに皮肉をこめて描いている。

〈鑑賞〉

聖海上人が丹波の出雲大社で社前の獅子・狛犬を見て、子どものいたずらとも知らずに感涙にむせんだというエピソードである。ここにあるのは、無批判な信仰、盲目的な信仰のおかしさである。叙述も見事で、まず、妙な格好をした獅子を見て、勝手に誤解してありがたがり、自分の発見と感動を仲間に告げることによって、ますます興奮し、神官まで呼んで、そのいわれを聞こうとするところで、上人の感動はクライマックスに達する。そのとたん、これが子どものいたずらとわかって、一ぺんにがっくりする。「悪童どものいたずらにも困ったものだ」と言って、獅子を正しくすえ直して、立ち去る神官、あとに残った上人のばつの悪さ……。ここでは兼好は教訓など出さず、ただあっさりと「上人の感涙いたづらになりにけり。」と、さらりと止めているが、この一言にこめられた兼好の皮肉はすさまじい。

❖理解・表現の解説

〈理解〉

(1)　「いかに殿ばら、殊勝のことは御覧じとがめずや。むげなり。」（七三・9）と言った時の聖海上人の気持ちはどのようなものだったか、考えなさい。

解答例　招いてくれた人に対して、この社の美点を人に先んじて述べたてようとした聖海上人の得意な気持ちである。

作者は、聖海上人を、自分は同行した人々よりも信仰に厚いからこそ、変わった「獅子の立ちやう」に気付いたのだと得意になっている、思い上がった人物として描写していることをまず押さえておこう。

(2)　作者は、この話で何に批判を加えようとしているか、考えなさい。

解説　神社に対する信仰とは関係のないところで感心してしまう愚かさ、他の人の言うことを無批判に受け入れる心理などに視点をあてて考えてみるとよい。

〈表現〉

(1)　次の傍線部の「に」について、文法的に説明しなさい。

ⓐ丹波に出雲といふ所あり。（七三・1）　ⓑいざ、たまへ、出雲拝みに。（七三・3）　ⓒ具しもて行きたるに、おのおの拝みて、ゆゆしく信おこしたり（七三・3）　ⓓさだめて習

ひあることにはべらむ（七四・2）　ⓔすゑ直して往にければ、上人の感涙いたづらになりにけり（七四・4）

解答例　ⓐ場所を示す格助詞。体言に接続。ⓑ目的を示す格助詞。体言に接続。ⓒ単純な接続を表す接続助詞。連体形に接続。ⓓ断定の意味の助動詞「なり」の連用形。体言・連体形に接続。ⓔナ変動詞「往ぬ」の連用形活用語尾。形容動詞「いたづらなり」の連用形活用語尾。完了の助動詞「ぬ」の連用形。連用形に接続。

解説　「に」には、次のようなものがある。

・完了の助動詞「ぬ」の連用形。連用形に接続する。
・断定の助動詞「なり」の連用形。体言・連体形に接続する。
・格助詞。体言か連体形に接続する。
・接続助詞。連体形に接続する。
・形容動詞の活用語尾。
・副詞の一部、など。

(2)　次の傍線部の「なり」「なる」「なれ」について、文法的に説明しなさい。

ⓐしだのなにがしとかやしる所なれば（七三・1）
ⓑ御前なる獅子・狛犬（七三・5）
ⓒ殊勝のことは御覧じとがめずや。むげなり。（七三・9）
ⓓ上人の感涙いたづらになりにけり（七四・4）

解答例　ⓐ断定の助動詞「なり」の已然形。ⓑ存在の助動詞「なり」の連体形。ⓒ形容動詞「むげなり」の終止形の活用語尾。ⓓラ行四段動詞「なる」の連用形。

ある人、弓射ることを習ふに

七五・1〜13

〈通釈〉

ある人が、弓を射ることを習うときに、二本の矢をたずさえて的に向かった。先生が言うには、「初歩の人は、二本の矢を持ってはいけない。（二本の矢を持っていると）二本めの矢をあてにして、初めの矢に対しておろそかにする心が起こる。射るたびごとに、成功・失敗を考えることなく、この一本で決めてしまおうと思え。」と言う。たった二本の矢で、（しかも）先生の前で、その一本をおろそかにしようなどと思おうか（だれも思う者はいない）。（しかし）怠りの心は、自分では気がつかないけれど、先生にはそれがわかる。この（先生の）戒めは（単に弓の場合に限らず）、すべてのことに通じるはずである。

〈語釈・語法〉

たばさみて　「たばさみ」は「たばさむ」（手に挟んで持つ）の連用形。
なかれ　形容詞「なし」の命令形。
なほざり　いいかげんであること。おろそかにすること。
得失《とくしつ》なく　成功・失敗を考えることなく。あたり・はずれを考えず。

この一矢《ひとや》に定むべしと思へ　この一本で命中させようと思え。「べし」は決意を表す意志の助動詞。

おろかにせむ《ン》と思はむ《ワン》や　おろそかにしようと思うだろうか。思いはしない。「や」は反語を表す係助詞。後半の「懈怠の心あることを知らむや」に対応する。「おろかなり」は、行いが通りいっぺんで、心がこもっていない様子。

万事にわたるべし　すべてのことに通用するであろう。通用するにちがいない。「べし」は当然の意を表す助動詞。

〈品詞分解〉

ある人、弓射ることを習ふに、諸矢をたばさみて的に向かふ。師のいはく、「初心の人、二つの矢を持つことなかれ。のちの矢を頼みて、初めの矢になほざりの心あり。毎度ただ得失なく、この一矢に定むべしと思へ。」と言ふ。わづかに二つの矢、師の前にて一つをおろかにせむと思はむや。懈怠の心、みづから知らずといへども、師これを知る。この戒め、万事にわたるべし。

七五・14〜七六・3

〈通釈〉

仏道を修行する人は、夕方には（明日の）朝があることを思い、朝には（その日の）夕方があることを思って、（そのときに）もう一度ていねいに修行しようと心に誓う。（しかし、そこにはすでに怠りの心が働いているのである。）まして、（弓を射るときのような）ごく短い時間のうちに、怠りの心があることに気づこうか（気づきはしない）。なんとまあ、この今という瞬間において、直ちに実行することは、ひどく難しいことだろうか。

〈語釈・語法〉

ねんごろなり　形容動詞。「ねんごろ」は「なおざり」の対。念入りだ、注意深い。

期《ご》す　必ずやろうと予定する。読みは「キす」ではなく、呉音で「ゴす」。

いはむ《ワン》や　「夕べには朝あらむ……ことを期す」というように、ぐずぐずしている中に怠りの心が潜んでいることに気づかない。そこで「いはんや」（ましてや）と言ったのである。

なんぞ　下の「難《かた》き」に続く。「難し」はむずかしいの意。

ただいまの一念　たった今の瞬間。「念」は仏教語で短い時間のこと。

難《かた》し ①むずかしい。②めったにない。ここでは①。

〈品詞分解〉

道(名) を(格助) 学する(サ変・体) 人(名)、夕べ(名) に(格助) は(係助) 朝(名) あら(ラ変・未) む(婉・体) こと(名) を(格助) 思ひ(四・用)、朝(名) に(格助) は(係助) 夕べ(名) あら(ラ変・未) む(婉・体) こと(名) を(格助) 思ひ(四・用) て(接助)、かさねて(副) ねんごろに(形動・用) 修せ(サ変・未) む(意・体) こと(名) を(格助) 期す(サ変・終)。いはむや(副) 一刹那(名) の(格助) うち(名) に(格助) おいて(連語)（おい(四・用(イ音)) て(接助)）、懈怠(名) の(格助) 心(名) ある(ラ変・体) こと(名) を(格助) 知ら(四・未) む(推・終) や(係助)。なんぞ(副)、ただいま(名) の(格助) 一念(名) に(格助) おいて(連語)（おい(四・用(イ音)) て(接助)）、ただちに(副) する(サ変・体) こと(名) の(格助) はなはだ(副) 難き(形・体)。

❖構成・要旨

〈構成〉

(1)（七五・1〜13） ある人が弓を射ることを習うときに、二本の矢を手に持って的に向かった。先生は「初心者は、一本の矢を持ち、この一本の矢で必ず的に当てようと思え」と注意した。二本の矢を持つと、集中心がうすれることをさとしたのだ。

(2)（七五・14〜七六・3） 仏道を修業する場合も、これと同じで夕方には、翌日の朝がある、朝には夕方があると思って修業に（自分では気付かず）怠け心が出がちである。この一瞬にすぐ実行にうつすことの何とむずかしいことか。

〈要旨〉

この一瞬になすべきことをする大切さと、難しさ。

❖理解・表現の解説

〈理解〉

(1) **「師の前にて一つをおろかにせむと思はむや」（七五・9）は、後半のどの部分に対応しているか、考えなさい。**

解答例 後半の「いはむや一刹那のうちにおいて、懈怠の心あることを知らむや。」に対応している。両方とも反語の文である。

(2) **「懈怠の心」（七五・11、七六・2）について、「弓射ることを習ふ」（七五・1）場合と、「道を学する」（同・14）場合とに共通する作者の考え方はどのようなものか、説明しなさい。**

解答例 「弓射ることを習ふ」場合、「二つの矢」を持つとき、初心者の心に二本目があるから初めの矢ははずしてもよいという考えが浮かぶ。また、「道を学する」場合、心の中であとでていねいに修行しようと思う。この二つの心の動きを「懈怠の心」についてまとめると、あとがあるからと、今、直ちに集中して実行することをさぼる、という点が共通している。

〈表現〉

(1)「思はむや」（七五・10）、「知らむや」（七六・2）を、助詞「や」の用法に注意して現代語に訳しなさい。

解答例　「や」は、反語を表す係助詞。「（どうして）思うであろうか、いや、思いはしないだろう。」「（どうして）知るであろうか、いや、知ることはないだろう。」の意味になる。

名を聞くより、やがて面影は

❖本文の研究　七七・1〜4

〈通釈〉

名を聞くと、そのまますぐに（その人の）顔つきは推測することができる気持ちがするのに、（実際に）会ってみると、また、前々から思っていたとおりの顔をしている人はいないものだ。昔の物語を（人が読むのを）聞いていても、（その物語の場面は）現在の人の家の、そのあたりであったろうと思われ、（物語に出てくる）人物も現に今見ている人の中（のある人物）に自然と思い比べられてくるのは、（自分一人だけでなく）だれでもそう感じるのであろうか。

〈語釈・語法〉

名を聞くより　名を聞くやいなや。「より」は、……の瞬間、すぐに、の意の格助詞。

やがて　①すぐに。②そのまま。③すなわち。ここでは①。

昔物語　「昔の話」とする説もあるが、ここは、『伊勢物語』『源氏物語』といった、当時親しまれていた物語をさすと考える。

そこほどにてぞありけむ《ン》　ある家を心の中に描いて、物語に出てくる家は、あのあたりにあったのだろう、と推量するのである。

おぼゆ　思われる。思い出される。感じる。

思ひ《イ》よそへ《エ》らるるは　思い合わせられるのは。物語に出てくる人物を、筆者が知っている人の中のある人に思い比べることができる、というのである。

かくおぼゆるにや　下に「ありけむ」などを省略した形。

〈品詞分解〉

名（名）を（格助）聞く（四・体）より（格助）、やがて（副）面影（名）は（係助）おしはから（（複）四・未）るる（自・体）心地（名）する（サ変・体）を（接助）、見る（上一・体）時（名）は（係助）、また（副）、かねて（副）思ひ（四・用）つる（完・体）まま（名）の（格助）顔（名）し（サ変・用）たる（存・体）人（名）こそ（係助（係））なけれ（形・已（結））。昔物語（名）を（格助）聞き（四・用）て（接助）も（係助）、こ（代）の（格助）ごろ（名）の（格助）人（名）の（格助）家（名）の（格助）、そこほど（代）に（断・用）て（接助）ぞ（係助（係））あり（補動・ラ変・用）けむ（過推・体（結））と（格助）おぼえ（下二・用）、人（名）も（係助）、今（名）見る（上一・体）人（名）の（格助）なか（名）に（格助）思ひよそへ（（複）下二・未）らるる（自・体）は（係助）、誰（名）も（係助）

かく（副） おぼゆる（下二・体） に（断・用） や（係助(係)(結・省)）。

七七・5～7

〈通釈〉

また、どんな場合だったろうか、今、現に人が言っていることでも、(現に自分の)目に見えているものでも、自分の心のうち(で考えていること)でも、こういうことがいつだったかあったなあと思われていながら、(そのことが)いつとは思い出せないけれど、確かにあった心地がするのは、自分だけがそう思うのであろうか。

〈語釈・語法〉

いかなる折ぞ 「ありしか」にかかる。

ただいま 「人の言ふこと」「目に見ゆるもの」「わが心のうち」のそれぞれを修飾する。

思ひ《イ》出でねども 「ね」は打消の助動詞「ず」の已然形。「ども」は逆接の接続助詞。

〈品詞分解〉

また（接）、いかなる（形動・体） 折（名） ぞ（係助）、ただいま（副） 人（名） の（格助） 言ふ（四・体） こと（名） も（係助）、目（名） に（格助） 見ゆる（下二・体） もの（名） も（係助）、わ（代） が（格助） 心（名） の（格助） うち（名） も（係助）、かかる（ラ変・体） こと（名） の（格助） いつ（代） ぞ（係助） や（間助） あり（ラ変・用） し（過・体） か（終助） と（格助） おぼえ（下二・用） て（接助）、いつ（代） と（格助） は（係助） 思ひ出で（(複)下二・未） ね（消・已） ども（接助・逆確）、まさしく（形・用） あり（ラ変・用） し（過・体） 心地（名） の（格助） する（サ変・体） は（係助）、われ（名） ばかり（副助） かく（副） 思ふ（四・体） に（断・用） や（係助(係)(結・省)）。

❖発問の解説

1 「やがて」「ただいま」は、それぞれどこにかかっていくか。(七七ページ)

解答例 「やがて」は「おしはからるる」にかかる。「ただいま」は「人の言ふこと」「目に見ゆるもの」「わが心のうち」にかかる。

❖要旨

名を聞いてすぐに想像される顔と、実物は一致しないものだ。昔物語を聞いても、人や家など、現在あるものに置き換えて想像される。また、今、人が言っていること、目に見えるものが、こんなことがいつかあったように思われるが、こんなことは自分だけだろうか。

❖理解・表現の解説

〈理解〉

(1) 段落ごとに、内容を簡潔に整理しなさい。また、作者が述べていることと似た経験がないかどうか思い起こし、四百字程度の文章にまとめなさい。

解説 第一段落は、想像・連想についての心理について述べ、第二段落は、経験についての発見である。こういう経験は多くの人にある「既視感」（デジャビュ）と言われるものだが、作者の内省的な面を表している。

〈表現〉

(1) 「誰もかくおぼゆるにや」（七七・4）、「わればかりかく思ふにや」（同・7）の「にや」の後ろにどのような表現を補うことができるか、考えなさい。また、ここで使われている「に」について、文法的に説明しなさい。

解答例 いずれもあとには「あらむ」などを補うことができる。「に」は断定の助動詞「なり」の連用形。

解説 「や」は疑問の意味の係助詞で、結びとなる語が省略されている。「誰もかくおぼゆるにや」は、誰でもこのように思われるのだろうか、「わればかりかく思ふにや」は自分ばかりがこのように思うのだろうか、ということ。

花は盛りに

七八・1〜7

〈通釈〉

（桜の）花は盛りだけを、月はかげもなく照り渡っているのだけを見るものであろうか（そんなことはない）。雨（の降っている）に向かって月を恋い慕い、すだれを垂れた部屋に閉じこもって春の暮れていくのを気づかないのも、やはりしみじみとして趣が深い。いまにも咲いてしまいそうな（桜の）梢《こずえ》や、散りしおれた庭などこそ、（特に）見どころが多いものだ。和歌の詞書《ことばがき》にも、「花見に出かけたところが、すでに散ってしまっていたので。」とも、「さしつかえがあって出かけないで。」などとも書いてあるのは、「花を見て。」と言っているのに劣っているといえようか（劣りはしない）。花が散るのを、（また）月の（西に）傾くのを慕う（世の）習慣は、もっともなことであるが、ことにものごとの情趣を解さない人が、「この枝もあの枝も（みな）散ってしまった。（だから）今はもう見る価値がない。」などと言うようだ。

〈語釈・語法〉

花は盛りに、月はくまなきをのみ見るものかは 「花は盛りなるをのみ見るものかは、月はくまなきをのみ見るものかは」を一つに続けた表現。「のみ」という限定を示す副助詞が使われているところから、満開の美しさ、満月のおもしろさを否定しているのではないことがわかろう。「くまなき」は、かげ・曇りがなく、はっきりしているさま。

あは《ワ》れなり ①感慨深い。②しみじみとした趣きがある。③情が深い。④かわいい。⑤りっぱだ。⑥悲しい。ここでは②。

庭などこそ…多けれ 「こそ…けれ」は係り結びの表現。

歌の詞書《ことばがき》 歌の前につけ、詠歌の動機などを記した文章。

花見にまかれりけるに 「まかれ」は、「行く」の丁寧の意の「まかる」の命令形、「り」は完了の助動詞連用形、「ける」は過去「けり」の連体形、「に」は接続助詞。

花の散り、月の傾《かたぶ》くを慕《した》ふ《ウ》ならひ《イ》は 「花の散るを慕ふならひは、月の傾くを慕ふならひは」を一つに続けた表現。

かたくなる人ぞ、……などは言ふ《ウ》める 兼好は桜の散ったあとにも風情があると主張しているのである。しかし「かたくなる人」はそうした風情を理解しないというのである、「かたくなる人」は、ものの情趣も解さない人、無教養な人の意。「よき人」と逆の人である。

〈品詞分解〉

花(名) は(係助) 盛りに(形動・用)、月(名) は(係助) くまなき(形・体) を(格助) のみ(副助) 見る(上一・体) もの(名) かは(係助)。雨(名) に(格助) 向かひ(四・用) て(接助) 月(名) を(格助) 恋ひ(上二・用)、たれこめ((複)下二・用) て(接助) 春(名) の(格助) ゆくへ(名) 知ら(四・未) ぬ(消・体) も(係助)、なほ(副) あはれに(形動・用) 情け(名) 深し(形・終)。咲き(四・用) ぬ(強・終) べき(推・体) ほど(名) の(格助) 梢(名)、散りしをれ((複)下二・用) たる(存・体) 庭(名) など(副助) こそ(係助(係))、見どころ(名) 多けれ(形・已(結))。歌(名) の(格助) 詞書(名) に(格助) も(係助)、「花見(名) に(格助) まかれ(四・命(謙)) り(完・用) ける(過・体) に(接助)、早く(副) 散り過ぎ((複)上二・用) に(完・用) けれ(過・已) ば(接助・順確)。」と(格助) も(係助)、「障る(四・体) こと(名) あり(ラ変・用) て(接助) まから(四・未(謙)) で(接助)。」など(副助) も(係助) 書け(四・命) る(存・体) は(係助)、「花(名) を(格助) 見(上一・用) て(接助)。」と(格助) 言へ(四・命) る(存・体) に(格助) 劣れ(四・命) る(存・体) こと(名) かは(係助)。花(名) の(格助) 散り(四・用)、月(名) の(格助) 傾く(四・体) を(格助) 慕ふ(四・体) ならひ(名) は(係助)、さる(連体) こと(名) なれ(断・已) ど(接助・逆確)、ことに(副) かたくなる(形動・体) 人(名) ぞ(係助(係))、「こ(代) の(格助) 枝(名)、か(代) の(格助) 枝(名) 散り(四・用) に(完・用) けり(過・終)。今(名) は(係助) 見どころ(名) なし(形・終)。」など(副助) は(係助) 言ふ(四・終) める(婉・体(結))。

七八・8〜11

〈通釈〉

なにごとも、始めと終わりがとりわけおもしろい。男女間の恋も、いちずに逢《あ》ってうちとけることだけをいうものであろうか。逢わないで終わった（恋の）つらさを思い、はかない約束を嘆き、長い夜をひとりで明かし、空のかなたに別れていった人を思いやり、浅茅《あさじ》の茂る荒れた家で（恋人と暮らした）昔のことを思い出したりするのこそ、ひたむきに恋する、というのであろう。

〈語釈・語法〉

始め終はり《ワ》こそをかしけれ《オ》　「こそ…けれ」は係り結びの表現。「をかし」はおもしろいの意。

逢《あ》ひ《イ》見るをば言ふ《ウ》ものかは　「逢ひ見る」は、ただ逢うということではなく、男女が結婚することを言う。

逢はで《ワ》やみにし　「で」は「ずて」のつまった形で、打消を表す接続助詞。結婚することができないで恋が終わってしまったことをいうのである。

あだなる契《ちぎ》り　はかない約束のこと。契りを結びはしたものの、結局別れてしまったことを言う。

かこつ　他のせいにすること。ぐちをこぼすこと。

遠き雲居《くもい》　いま、別れた恋人は遠く離れているのである。

色好むとは言はめ《ワ》　「色好む」は現代語の「好色」とはちがって真剣に恋をすることである。「しのぶこそ…言はめ」は係り結びの表現。

〈品詞分解〉

よろづ[名] の[格助] こと[名] も[係助]、始め[名] 終はり[名] こそ[係助(係)] をかしけれ[形・已(結)]。男女[名] の[格助] 情け[名] も[係助]、ひとへに[副] 逢ひ見る[(複)上一・体] をば[(連語)] （を[格助] ば[係助]） 言ふ[四・体] もの[名] かは[係助]。逢は[四・未] で[接助] やみ[四・用] に[完・用] し[過・体] 憂さ[名] を[格助] 思ひ[四・用]、あだなる[形動・体] 契り[名] を[格助] かこち[四・用]、長き[形・体] 夜[名] を[格助] 独り[名] 明かし[四・用]、遠き[形・体] 雲居[名] を[格助] 思ひやり[(複)四・用]、浅茅が宿[名] に[格助] 昔[名] を[格助] しのぶ[四・体] こそ[係助(係)]、色[名] 好む[四・終] と[格助] は[係助] 言は[四・未] め[推・已(結)]。

七八・12〜七九・2

〈通釈〉

満月の曇りない光景をはるか千里のかなたまで眺めているのよりも、明け方近くなって待ちに待っていて（やっと）出てきた月が、たいそう趣深く、青みを帯びている様《さま》をして、深い山の杉の梢に見えている様子、木々の間からもれる月の光、時雨《しぐれ》を降らせている一群の雲の中に隠れている月の様子などが、またこのうえなく趣深い。群生した椎《しい》の木や白樫《しらかし》などの（露に）濡《ぬ》れたような葉の上に（月の光が）きらめいているのは、実に身にしみて、（こんなときこそ）情趣を解する友人が（そばに）いてくれたらなあと、（友のいる）都が恋しく思われる。

〈語釈・語法〉

望月のくまなきを……またなくあはれ《ワ》なり　この一文は文脈がたどりにくいが、一応「AよりもB、またなくあはれなり」の形に整理してみるとよい。「望月の……眺めたる」がAで、「暁近く……雲隠れのほど」がBとなる。また、Bの部分は次のような組み立てになっている。なお「待ち出でたる」は「月」を補って通釈してある。

暁近くなりて待ち出でたるが、いと心深う、
青みたるやうにて、深き山の杉の梢に見えたる、
木の間の影、
うちしぐれたるむら雲隠れのほど、
またなくあはれなり

心あらむ《ン》友もがな　「もがな」は自己の希望を表す終助詞。情趣や感動を理解しあえる友人がほしいこと。

都恋しう《シュウ》おぼゆれ　「おぼゆれ」は下二段動詞「おぼゆ」の已然形で「きらめきたるこそ」の結びとなっている。

〈品詞分解〉

望月(名) の(格助) くまなき(形・体) を(格助) 千里(名) の(格助) 外(名) まで(副助) 眺め(下二・用) たる(存・体) より(格助) も(係助)、暁(名) 近く(形・用) なり(四・用) て(接助) 待ち出で((複)下二・用) たる(完・体) が(格助)、いと(副) 心深う(形・用(ウ音))、青み(四・用) たる(存・体) やう(名) に(断・用) て(接助)、深き(形・体) 山(名) の(格助) 杉(名) の(格助) 梢(名) に(格助) 見え(下二・用) たる(存・体)、木(名) の(格助) 間(名) の(格助) 影(名)、うちしぐれ((接頭)下二・用) たる(存・体) むら雲隠れ(名) の(格助) ほど(名)、またなく(形・用) あはれなり(形動・終)。椎柴・白樫(名) など(副助) の(格助) ぬれ(下二・用) たる(存・体) やう(名) なる(断・体) 葉(名) の(格助) 上(名) に(格助) きらめき(四・用) たる(存・体) こそ(係助(係))、身(名) に(格助) しみ(四・用) て(接助)、心あら((連語)) (心(名) あら(ラ変・未)) む(婉・体) 友(名) もがな(終助) と(格助)、都(名) 恋しう(形・用(ウ音)) おぼゆれ(下二・已(結))。

七九・3〜15

〈通釈〉

すべて、月や花は、そのように目だけで見るものであろうか。春（の花）は家から出かけないでも、（また秋の）月は寝室の中にいるままでも（花や月を）心に思い浮かべているのこそ、興趣の尽きないのが頼もしくて、（実に）趣がある。情趣を解する教養人は、いちずに風流に心を寄せるというふうにも見えず、おもしろがる様子もほどほどであっさりしている。（逆に）片田舎の人にかぎって、なにごともしつこくもてはやすのである。（たとえば）花のもとには身をねじるようにして（人々を押し分けて）近寄り、わき見もしないで見つめて、酒を飲み、連歌をしたりして、あげくのはては、大きな枝を、考えもなく折り取ってしまう。泉には手足や足を突っこみひたし、雪には（地面に）降り立って足跡をつけたりなど、すべての物を客観的に見るということがない。

〈語釈・語法〉

閨《ねや》のうちながらも思へ《エ》るこそ……をか《オ》しけれ　「閨」は寝室のこと。「思へるこそ……をかしけれ」は係り結びの表現。

よき人　情趣を解する人。

花の本《もと》には、ねぢ《ジ》寄り立ち寄り　花見の客でこんでいる中を、人々をかき分けて花のそばへ行こうとするのである。

あからめもせずまもりて　わき見もしないで見つめて。後の文「よそながら見る」の反対の内容。「まもる」は、ここでは、見つめる。

連歌《れんが》して　この時代には全国にすっかり連歌が普及していた。人々は酒を飲みながら連歌にうち興じていたようである。

〈品詞分解〉

すべて(副)、月・花(名)をば((連語))、さ(副)のみ(副助)目(名)にて(格助)見る(上一・体)もの(名)かは(係助)。春(名)は(係助)家(名)を(格助)立ち去ら((複)四・未)で(接助)も(係助)、月(名)の(格助)夜(名)は(係助)閨(名)の(格助)うち(名)ながら(接助)も(係助)思へ(四・命)る(存・体)こそ(係助(係))、いと(副)頼もしう(形・用(ウ音))、をかしけれ(形・已(結))。よき(形・体)人(名)は(係助)、ひとへに(副)好け(四・命)る(存・体)さま(名)に(格助)も(係助)見え(下二・未)ず(消・用)、興ずる(サ変・体)さま(名)も(係助)なほざりなり(形動・終)。片田舎(名)の(格助)人(名)こそ(係助(係))、色こく(形・用)、よろづ(名)は(係助)もて興ずれ((接頭)サ変・已(結))。花(名)の(格助)本(名)に(格助)は(係助)、ねぢ寄り((複)四・用)立ち寄り((複)四・用)、あからめ(名)も(係助)せ(サ変・未)ず(消・用)まもり(四・用)て(接助)、酒(名)飲み(四・用)、連歌し(サ変・用)て(接助)、はて(名)は(係助)、大きなる(形動・体)枝(名)、心なく(形・用)折り取り((複)四・用)ぬ(完・終)。泉(名)に(格助)は(係助)手・足(名)さしひたし((接頭)四・用)て(接助)、雪(名)に(格助)は(係助)降り立ち((複)四・用)て(接助)、跡(名)つけ(下二・用)など(副助)、よろづ(名)の(格助)もの(名)、よそ(名)ながら(接助)見る(上一・体)こと(名)なし(形・終)。

❖構成・要旨

〈構成〉

(1)（七八・1〜7）花も月も盛りだけが趣深いわけではない。花が散った庭なども情趣が深い。

(2)（七八・8〜11）なにごとも、始めと終わりがおもしろい。男女の恋も同じである。

(3)（七八・12〜七九・2）月も、満月の曇りない月より、さまざまな趣のある月がよい。

(4)（七九・3〜15）すべてのものは、目で見るだけでなく、心に思い浮かべるのこそ趣がある。

〈要旨〉

伝統的な美の解釈に対して、新しい解釈を説いている。

❖発問の解説

1　「よそながら見る」と反対の内容を述べた部分を、本文中か

（七九ページ）

ら抜き出してみよう。

解答例 「よそながら見る」は、客観的に見るということ。この反対の内容は、同じページ、6行目、「あからめもせずまもり」。

❖理解・表現の解説

〈理解〉

(1) 前半の段落について、次の点を考えなさい。

ⓐ第一段落の要旨を最もよく表している文を指摘しなさい。

解答例 花は盛りに、月はくまなきをのみ見るものかは。

解説 初めに、桜の花は、満開の様子ばかりを、月は、明るく照り輝いているものばかりを見るものだろうかとして、作者の新しい見方を提示している。この冒頭の一文が要旨を表している。

ⓑ第二段落の論の展開を、第一段落と比較しなさい。

解答例 第二段落は、「よろずのことも、……とは言はめ。」までの四行である。第一段落の要旨「花は盛りに……」を一般化して、最初に「よろづのことも、始め終はりこそをかしけれ」と主張している。その具体例として、「男女の情け」を挙げている。つまり、第一段落と同じ論の展開である。

(2) 作者は、ものを見る態度はどうあるべきだと述べているか、まとめなさい。

解答例 「よき人」と「片田舎の人」の両者の月や花の見方・接し方を対比し、「よそながら見る」ことの差を論じている。つまり、ものを見るときには、距離を置き、余裕のある、あっさりした態度で（月や花を）見るのがよいとしている。

〈表現〉

(1) 「花は盛りに、月はくまなきをのみ見るものかは。」（七八・1）を、「のみ」「かは」の用法に注意して現代語に訳しなさい。

解答例 「のみ」は、限定の意の副助詞。「かは」は、反語の意の係助詞。桜の花は、盛りだけを、月はかげもなく照り渡っているのだけを見るものであろうか、いや、そんなことはない、の意。

(2) 次の傍線部の「ぬ」について、文法的に説明しなさい。

ⓐたれこめて春のゆくへ知らぬも、なほあはれに情け深し（七八・2） ⓑ咲きぬべきほどの梢（七八・2） ⓒ大きなる枝、心なく折り取りぬ（七九・9）

解答例 ⓐ打ち消しの助動詞「ず」の連体形。ⓑ強意の助動詞「ぬ」の終止形。ⓒ完了の助動詞「ぬ」の終止形。

(3) 「心あらむ友もがな」（七九・1）を、助詞「もがな」に注意して現代語に訳しなさい。

解答例 「もがな」は、…があればいいなあという、願望の意の終助詞。情趣を解する友人がそばにいてくれたらなあ、の意。

方丈記

鴨長明《かものちょうめい》

❖学習のねらい

1 中世の随筆文学を読んで、作者のものの見方・考え方をとらえる。

2 『方丈記』の作者の人生観について考えてみる。

3 古文の表現の特徴を理解する。

❖作品解説

【方丈記について】

〈名称〉

「その家のありさま、世の常にも似ず、広さはわづかに方丈、高さは七尺がうちなり。」（「日野山の閑居」）とあるように、作者の住んでいたいおりの広さが、「方丈」（一丈四方）であったことに由来する。

〈作者〉

鴨長明（かもの・ちょうめい）　鎌倉《かまくら》時代初期の歌人・随筆家。

『方丈記』の作者、鴨長明は、普通「かもの・ちょうめい」と呼ばれているが、正しくは「かもの・ながあきら」。一一五五年頃、京都賀茂《かも》神社の神官の子として生まれた。和歌・管絃《かんげん》の道に優れ、後鳥羽《ごとば》上皇に召されて和歌所《わかどころ》の寄人《よりゅうど》となったが、五十歳の頃出家して蓮胤《れんいん》と号し、のち、京都郊外の草庵で余生を送り、一二一六（建保《けんぽう》四）年、六十四歳で没した。

長明が生存した時期は、ちょうど平安末期から鎌倉初期にわたる源平交替を中心とする大動乱期に当たる。つまり、長明が二歳の時、保元の乱が、五歳の時、平治の乱がおこり、十三歳の時、平清盛が太政大臣に昇進、三十一歳の時、壇《だん》の浦の合戦で平家が滅亡し、三十八歳の建仁三年には源頼朝が鎌倉に幕府を開いている。長明の思想や人生観は、こうした時代背景と切り離すことはできない。貴族階級の下層の一員として生きた知識人長明が、自分の階級の没落を目のあたりにし、何を思い、何を考えたかは想像に余りあるものがあろう。

〈成立年代〉

『方丈記』の跋文《ばつぶん》に「時に、建暦の二歳、三月のつごもりごろ、桑門の蓮胤、外山の庵にて、これをしるす。」とあることから、建暦二（一二一二）年、長明五十八歳ごろに書きあげられたものであることははっきりしている。もっとも、いつ頃から書きはじめられたかについては、必ずしも明確ではない。

〈内容〉

前半で、作者が体験した安元三年の大火、治承四年の大風、遷《せん》都《と》、養和年間の飢饉《ききん》、長承年間の大地震などの天変地異を叙して、世の無常転変を嘆き、後半で、自身の生い立ち、出家にいたるいきさつを述べ、気ままな念仏修行と自然を友にした隠遁《いんとん》生活について書きつづった随想である。

〈文体〉

仮名の和文と漢文訓読文の要素とを折衷した和漢混交文である。この文体は、平安末期から鎌倉初期にかけて完成されたもので、『方丈記』の文体はその先駆をなすものである。

和漢混交文は、平安時代の主流をなす叙情的な仮名の和文と比べて、簡潔で力強く、叙事的な表現に優れている。『方丈記』では、まず第一に対句表現がきわめて多いのが特色であるが、漢文訓読的な語法や倒置・強調・比喩表現なども多用されている。

〈出典〉

「日本古典文学全集　27」（一九七一年・小学館刊）による。

ゆく河の流れ

❖本文の研究　八二・1〜3

〈通釈〉

ゆく河の流れは絶えることなく、しかも（その流れゆく水は）もとの水ではない。川の流れのよどんだところに浮かぶ水の泡《あわ》は、消えたかと思うと出来、また、出来たかと思うと消えて、いつまでもそのままとどまっていたためしはない。この世の中に存在する人間と、（この世の中に存在する）住みかとの関係も、また（ちょうど）この（流れと水の泡の関係の）ようである。

〈語釈・語法〉

絶えずして、しかも　絶えないで、それでいて。「して」は漢文訓読によく見られる順接の接続助詞。「しかも」は接続詞。この表現は漢文調の強調表現である。

よどみ　水の流れがとどこおった所。動詞「よどむ」の連用形が名詞化した形。

うたかた　水の泡。すぐに消えてしまうので、はかないものに例えられる。

かつ……、かつ……　一方では……、他方では……。

結び　「結び」は露や氷の出来ること。

ためし　例。

世の中にある人とすみかと、またかくのごとし　「世の中にある」は「人と」「すみかと」が対句をなすので、両方にかかって、世の中にある人と世の中にあるすみかと、の意となる。「かく」は「ゆく河の……ためしなし。」を受ける。水とうたかたを人とすみかにたとえている。

〈品詞分解〉

ゆく【四・体】　河【名】　の【格助】　流れ【名】　は【係助】　絶え【下二・未】　ず【消・用】　して【接助】、しかも【接】、もと【名】　の【格助】　水【名】　に【断・用】　あら【補助・ラ変・未】　ず【消・終】。よどみ【名】　に【格助】　浮かぶ【四・体】　うたかた【名】　は【係助】、かつ【副】　消え【下二・用】、かつ【副】　結び【四・用】　て【接助】、久しく【形・用】　とどまり【四・用】　たる【存・体】　ためし【名】　なし【形・終】。世の中【名】　に【格助】　ある【ラ変・体】　人【名】　と【格助】　すみか【名】　と【格助】、また【副】　かく【副】　の【格助】　ごとし【比・終】。

〈通釈〉　八二・4〜八三・3

玉を敷き並べたように美しくりっぱな都の中に、棟を並べ、屋根の高さを争うかのように、立ち並んでいる、身分の高い人の住まい、（あるいは）身分の低い人の住まいは、幾時代を経ても絶えないものであるが、これをはたして本当のことかと調べてみると、（実際には）昔あった家はほとんどない。あるものは去年焼けて、今年（新しく）作っている。（また）あるものは大きな家が滅びてしまって（現在では）小さな家になっている。住んでいる人もこれと同じことである。場所も（昔と同じ都で）変わらず、人も（昔と同じに）たくさんいるけれども、（私が）昔見知った人は、二、三十人の中に、わずかに（今は）一人、二人（いるだけ）である。（一方で）朝死んでいき、（そうかと思うと、一方では）夕方に生まれてくるという（この人間の世の中の）ならわしは、ただもう（消えては結ぶ）水の泡に似ていることだ。（一体全体）生まれてくる人は、どこからやって来、死んでいく人はどこへ去っていくのか、（私には）わからない。また、仮の宿にすぎない住居なのに、（人々はりっぱな家を建てようと）だれのために苦労し、どうして（そのようなりっぱな家を建てて）喜んでいるのか、（これも私には）わからない。その家の主人とその住まいとが、（まるで）お互いに無常を争う（かのように消え去っていく）様子は、たとえて言うなら朝顔と、それに置く露との関係に異ならない。あるいは露が落ちて、花は残っている。（しかし）残っているといっても、（すぐに）朝日を受けて枯れてしまう。あるいは花はしぼんでしまっても、露は（そのまま）消えずに残っている。（しかし）消えずにいるといっても、夕方になるまで、ずっと消えずにいるわけではない。（夕方になるまでには露も消えてしまうのである。）

〈語釈・語法〉

たましきの　玉敷の。枕詞《まくらことば》ふうに「都」を修飾している。

棟《むね》を並べ、いらかを争へ《エ》る　大小さまざまの家が、互いの屋根の高さを競い合うように、ぎっしりと立ち並んでいる。「る」は状態の存続を表す助動詞「り」の連体形で「……ている」の意。

高き、いやしき　身分の高い、身分の低い。対等の関係で、ともに「人の住まひ」にかかる。

尽きせぬ　「尽きす」（サ変動詞）の未然形「尽きせ」に打消の助動詞「ぬ」が付いた形で、「尽きぬ」を強めた言い方。

これをまことかと　「これ」は、すぐ前の「たましきの都の……尽きせぬものなれ」をさす。

あるいは　連語。「あるは」と同じ。あるものは。ある時は。

去年《こぞ》　下の「今年」と対になっている。

これに同じ　「これ」は「昔ありし家……小家となる。」をさす。

朝《あした》に死に、夕べに生まるるならひ《イ》　死んでゆく人がいるかと思うと、また一方では生まれてくる人もいるという、この世の中のしきたり。「朝に死に、夕べに生まるる」は、前の「かつ消え、かつ結びて」と対応している表現。

ただ　ただもう。そっくりそのまま。「似たりける」にかかる。

水の泡にぞ似たりける　「ける」は詠嘆の助動詞「けり」の連体形。上の係助詞「ぞ」の結び。

知らず、生まれ死ぬる人、いづ《ズ》かたより来《き》たりて、いづ《ズ》かたへか去る　漢文の訓読的な表現で倒置法。普通の文に直せば、「生まれ死ぬる人、いづかたより来たりて、いづかたへか去るを知らず。」となる。

誰《た》がためにか心を悩まし　係助詞「か」の結び「悩ます」が中止法で下に続いているので、係り捨てとなっている。

無常　仏教用語。いっさいのものが生滅変転して常住不変ではないこと、の意。「無常」の最も切実なものは「死」であろう。

露落ちて、花残れり　主人が死んで、家だけが残っていることの比喩《ひゆ》。「り」は存続の助動詞の終止形。「……ている」の意。

〈品詞分解〉

たましき（名）の（格助）都（名）の（格助）うち（名）に（格助）、棟（名）を（格助）並べ（下二・用）、いらか（名）を（格助）争へ（四・命）る（存・体）、高き（形・体）、いやしき（形・体）人（名）の（格助）住まひ（名）は（係助）、世々（名）を（格助）経（下二・用）て（接助）尽きせ（サ変・未）ぬ（消・体）もの（名）なれ（断・已）ど（接助・逆確）、これ（代）を（格助）まこと（名）か（係助）と（格助）尋ぬれ（下二・已）ば（接助・順確）、昔（名）あり（ラ変・用）し（過・体）家（名）は（係助）まれなり（形動・終）。あるいは（連語）（あるいは（接））去年（名）焼け（下二・用）て（接助）今年（名）作れ（四・命）り（完・終）。あるいは（連語）大家（名）滅び（上二・用）て（接助）小家（名）と（格助）なる（四・終）。住む（四・体）人（名）も（係助）これ（代）に（格助）同じ（形・終）。所（名）も（係助）変はら（四・未）ず（消・用）、人（名）も（係助）多かれ（形・已）ど（接助・逆確）、いにしへ（名）見（上一・用）し（過・体）人（名）は（係助）、二、三十人（名）が（格助）中（名）に（格助）、わづかに（形動・用）一人（名）二人（名）なり（断・終）。朝（名）に（格助）死に（ナ変・用）、夕べ（名）に（格助）生まるる（下二・体）ならひ（名）、ただ（副）水（名）

の〔格助〕泡〔名〕に〔格助〕ぞ〔係助(係)〕似〔上一・用〕たり〔存・用〕ける〔詠・体(結)〕。知ら〔四・未〕ず〔消・終〕、生まれ〔下二・用〕死ぬる〔ナ変・体〕人〔名〕、いづかた〔代〕より〔格助〕来たり〔四・用〕て〔接助〕、いづかた〔代〕へ〔格助〕か〔係助(係)〕去る〔四・体(結)〕。また〔接〕知ら〔四・未〕ず〔消・終〕、仮〔名〕の〔格助〕宿り〔名〕、誰〔代〕が〔格助〕ため〔名〕に〔格助〕か〔係助(係)〕心〔名〕を〔格助〕悩まし〔四・用(結・流)〕、何〔名〕に〔格助〕より〔四・用〕て〔接助〕か〔係助(係)〕目〔名〕を〔格助〕喜ば〔四・未〕しむる〔使・体(結)〕。そ〔代〕の〔格助〕主〔名〕と〔格助〕すみか〔名〕と〔格助〕無常〔名〕を〔格助〕争ふ〔四・体〕さま〔名〕、いは〔四・未〕ば〔接助・順仮〕朝顔〔名〕の〔格助〕露〔名〕に〔格助〕異なら〔形動・未〕ず〔消・終〕。あるいは〔(連語)〕露〔名〕落ち〔上二・用〕て〔接助〕、花〔名〕残れ〔四・命〕り〔存・終〕。残る〔四・終〕と〔格助〕いへ〔四・已〕ども〔接助・逆確〕、朝日〔名〕に〔格助〕枯れ〔下二・用〕ぬ〔完・終〕。あるいは〔(連語)〕花〔名〕しぼみ〔四・用〕て〔接助〕、露〔名〕なほ〔副〕消え〔下二・未〕ず〔消・終〕。消え〔下二・未〕ず〔消・終〕と〔格助〕いへ〔四・已〕ども〔接助・逆確〕、夕べ〔名〕を〔格助〕待つ〔四・体〕こと〔名〕なし〔形・終〕。

❖発問の解説

（八二ページ）

1 二つの「これ」のさす内容は、それぞれ何か。

（解答例）八二ページ5行目の「これ」は、「人の住まひは、世々を経て尽きせぬもの（なれ）」をさす。7行目の「これ」は、「あるいは去年焼けて今年作れり。あるいは大家滅びて小家となる」（または「たましきの……小家となる」とも考えられる。）をさす。

❖構成・主題

〈構成〉

(1)（八二・1～3）ゆく河の流れと、そこに消えたり浮かんだりする水の泡に、人とすみかのはかなさをたとえて、以下の書き出しとしている。

(2)（八二・4～八三・3）(1)を受けて、都の中の家と、その持ち主との関係から、「無常」こそ人生の真実の姿であると説き、さらに、人とすみかの関係を、朝顔と露にたとえて、人生の無常を強調している。

〈主題〉

人の世の無常。

❖理解・表現の解説

〈理解〉

(1)「人」（八二・3）と「すみか」（同）は、それぞれ何にたとえられているか、指摘しなさい。

（解答例）「かくのごとし」といって、すぐ前の二つの文をさし示している。「よどみに浮かぶうたかた」を「世の中にある人」にたとえ、「ゆく河の流れ」を「すみか」にたとえている。

(2) **二つの段落の内容を簡潔にまとめ、どのような関係になっているか、考えなさい。**

解答例 〈構成〉参照。第一段落で、「人とすみか」が無常の存在であることを述べ、第二段落で、それを具体的な例を挙げて検証している。

(3) **本文中の表現について、次の項目に当てはまる部分を一か所ずつ指摘しなさい。**

ⓐ対句的な表現

解説 『方丈記』は全編を通して、対句的表現が随所に見られ、これが和漢混交文としての文体の特色の一つとなっている。以下、この章の対句的表現を拾ってみよう。［ ］で示した部分が対句的表現である。

［ゆく河の流れは絶えずして、しかも……あらず。
よどみに浮かぶ……［かつ消え／かつ結び］て、久しく……ためしなし］

世の中にある［人と／すみかと］またかくのごとし。

たましきの［棟を／いらかを］［並べ／争へる］［高き／いやしき］人の住まひは、

［あるいは［去年焼けて／今年作れり。］
あるいは［大家滅びて／小家となる。］］

［所も変はらず／人も多かれど、］いにしへ見し人は、……一人二人なり。

［朝に 死に、／夕べに 生まるる］ならひ、……似たりける。

［知らず［生まれ／死ぬる］人、［いづかたより来たり／いづかたへか去る。］
また知らず、……［誰がためにか心を悩まし、／何によりてか目を喜ばしむる。］］

その［主と／すみかと］無常を……異ならず。

［あるいは［露落ちて、／花残れり。］
あるいは［花しぼみて、／露なほ消えず。］］
［残るといへども、朝日に枯れぬ。／消えずといへども、夕べを待つことなし。］

ⓑ比喩の表現

解説 語としては次のようなものがある。

・河の流れ→すみか
・うたかた→人
・朝顔→すみか
・露→主（人）

文としては、「ゆく河の流れ」の様子や、朝顔と露の関係を、世の中の様子、万物の生滅、変化にたとえている。

ⓒ倒置法による表現

解説　「知らず、生まれ死ぬる人……いづかたへか去る。」、「また知らず、……目を喜ばしむる。」がある。

〈表現〉

(1)　「たましきの……住まひは」（八二・4）の部分について、文節相互の関係を説明しなさい。

解答例

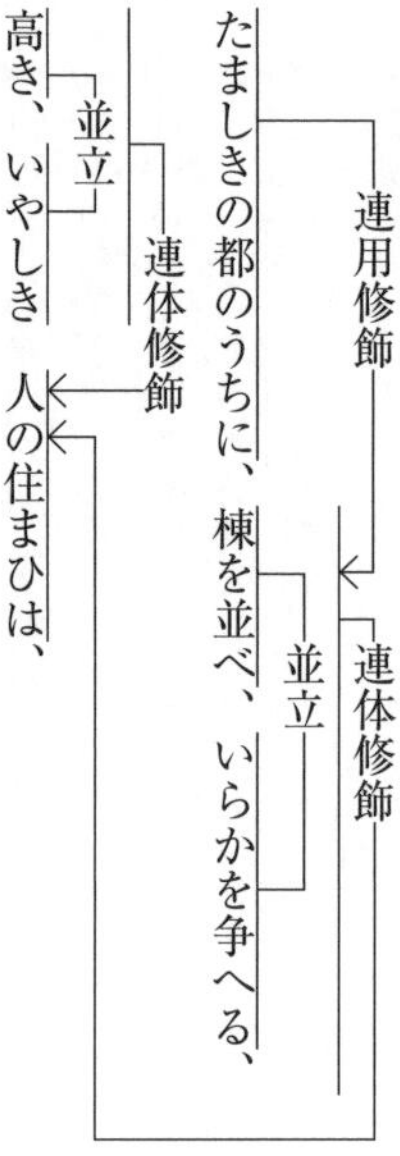

「棟を並べ」と「いらかを争へる」、「高き」と「いやしき」はそれぞれ並立の関係で対句となり、いずれも「人の住まひは」を修飾している。

(2)　次の傍線部の「なり」「なる」について、文法的に説明しなさい。

ⓐ昔ありし家はまれなり（八二・5）
ⓑ大家滅びて小家となる（八二・6）
ⓒわづかに一人二人なり（八二・8）

解答例　ⓐ形容動詞「まれなり」の終止形活用語尾。ⓑ四段活用動詞「なる」の終止形。ⓒ断定の助動詞「なり」の終止形。

【参考】　歎逝賦《たんせいノふ》

❖発問の解説

（八四ページ）

1　「歎逝賦」と『方丈記』冒頭の「ゆく河の流れ」（八二ページ）とを比較して、気づいたことをノートに記せ。

解答例　共通点
・世の中や人の移り変わりを、河や水にたとえている。
・無常のさまを、朝露にたとえている。
・比喩表現や対句表現を使って、世の無常を表現している。

相違点
・『方丈記』では、水と泡によって、人と家の無常を表現しているが、「歎逝賦」ではそれはない。
・『方丈記』では花や露は人の世の移り変わりの比喩として使われている。「歎逝賦」では、人の世の移り変わりから自然や万物の移り変わりに焦点が移っている。

❖参考

『方丈記』は鴨長明が六十歳の晩年に、日野山の「方丈の庵《いおり》」に住んで、自分の過ぎ去った生涯をふり返ってつづった回想録であるが、その根本思想は、人生を生滅変転の相においてとらえた無常観に貫かれている。

では、この無常観はどのような時代背景から生じたものであろうか。このあたりを簡潔に整理してみよう。

①平安時代から鎌倉時代への過渡期、つまり、王朝貴族階級の没落と新興武士勢力の興隆という大きな時代の変動期であったこと。

②当時の思想界を支配していた仏教の末法思想。
これに、下級貴族の一員として生まれ、人並みに立身出世にあこがれはしたものの、志を得ず、出家して仏教に救いを求めながらもなお、王朝文化生活へのあこがれが捨て切れなかった作者自身の現実の悩みが加わったところに生まれた思想といえよう。

③戦火と天変地異による都の荒廃。
長明が生きた時代の都は、数々の天変地異などに見舞われた。都の栄華が崩れてゆくのを目にしたことも無常感につながった。

長明の生きた時代のできごとを次に挙げる。

久寿二年（一一五五？）　鴨長明《かものながあきら》、賀茂御祖《かものみおや》神社の禰宜《ねぎ》長《なが》継《つぐ》の次男に生まれる。
保元元年（一一五六）　保元《ほげん》の乱。
平治元年（一一五九）　平治《へいじ》の乱。
応保元年（一一六一）　従五位下となる。
承安三年（一一七三）頃　父長継没する。
治承元年（一一七七）　京都に大火。
治承四年（一一八〇）　京都に大風。
治承四年（一一八〇）　六月福原に遷都。
八月源頼朝挙兵。
十一月福原より京都へ遷都。
養和元年（一一八一）　全国に大飢饉。
平清盛没す。
寿永二年（一一八三）　七月平家都落、木曾義仲入京。
元暦二年（一一八五）　平家滅亡。
文治三年（一一八七）　『千載集』成り、長明の歌一首入る。
建仁元年（一二〇一）　和歌所の寄人となり、『新古今和歌集』撰進の命を下さる。
建仁三年（一二〇三）　源実朝将軍となる。
元久元年（一二〇四）　春、出家し、大原にこもる。
承元二年（一二〇八）頃　日野の外山に移り、方丈の庵をむすぶ。
建暦元年（一二一一）　実朝に面会。『無名抄』成るか。
建暦二年（一二一二）　三月ごろ、『方丈記』成る。
建保二年（一二一四）頃　『発心集』成るか。
建保四年（一二一六）　長明没す。

仮の庵《いおり》

❖本文の研究　八五・1〜10

〈通釈〉

そもそも、ここに住みはじめた時は、ほんのしばらくの間のことと思っていたけれども、今ではもう五年を経過している（ほんのいっときだけの）仮の庵《いおり》（と思っていたこの庵）もしだいに住みなれた所となって、軒には朽葉《くちば》がたくさん積もり、土台には苔《こけ》が生えている。たまたま何かのついでに都の様子を聞くと、（私が）この山にこもって住みついてから後、身分の高い人がお亡くなりになったということも数多く耳にする。まして身分の低い人々（が死んだという話）は、死者の数がどれほど多いか、とても数えつくすことはできない。また、たびたびの火事で炎上した家はどれほど多いことか。ただ（この私の）仮の庵だけはのどかで、（なんの）心配もない。（この庵は）狭いとはいっても、夜寝るための床はあるし、昼間座る場所もあり、自分の身一つを住まわせるのに不足はない。やどかりは小さい貝を好（んで住）む（という）。これは変事（がいつ起こるかもしれない事）を知っているからである。みさごは荒磯《あらいそ》に住んでいる。（これは）とりもなおさず人間を恐れるためである。私もまたこの（やどかりやみさごと同じ）ようである。都の中の変事を知り、世の中を知っているので、（このような山奥に住んで立身を）願わず、あくせくせず、ただ静かな暮らしを望み、心配事のないのを楽しみとしているのである。

〈語釈・語法〉

この所　作者が庵を結んだ日野山の外山《とやま》。

あからさま　「あからさまなり」の語幹。ほんのしばらくの間と思って。

ふるさと　①旧都、②住みなれた土地、③以前住んでいた所、④生まれ故郷。ここは②。

土居　柱の下の土台。

おのづから　それとなく。自然と。

やむごとなき人　身分の高い人。

かくれたまへるも　お亡くなりになった例も。

その数ならぬたぐひ《イ》　（人並みにも数えられないような）身分の低い人々。「その」は特にさすものはなく、語調を整えるため。

たびたびの炎上　「安元の大火」でも読んだように、当時都にはしばしば大火事があった。

ほど狭《せば》し　「ほど」は、時間・距離・面積・年齢・身分・程度・様子・状態など広範囲に用いられる形式名詞。

事知れる　この「事」は「身」とする伝本もある。「身」とすると、身のほどを知っている、の意となる。

われまたかくのごとし　方丈の庵をやどかりの小さな殻に、人里離れた山奥に住む自分を、荒磯《あらいそ》に住むみさごになぞらえている。

事を知り、世を知れれば　ここも「事」を「身」ととれば、身のほどを知り、となろう。「知れれば」は四段動詞「知る」の命令形「知れ」に存続の助動詞「り」の已然形「れ」、順接確定の接続助詞「ば」が付いた形。知っているから。

〈品詞分解例〉

おほかた［副］、こ［代］の［格助］所［名］に［格助］住みはじめ［(複)下二・用］し［過・体］時［名］は［係助］あからさま［形動(語幹)］と［格助］思ひ［四・用］しか［過・已］ども［接助・逆確］、今［副］すでに［副］五年［名］を［格助］経［下二・用］たり［存・終］。仮［名］の［格助］庵［名］も［係助］やや［副］ふるさと［名］と［格助］なり［四・用］て［接助］、軒［名］に［格助］朽葉［名］深く［形・用］、土居［名］に［格助］苔［名］むせ［四・命］り［存・終］。おのづから［副］事［名］の［格助］たより［名］に［格助］都［名］を［格助］聞け［四・已］ば［接助・順確］、こ［代］の［格助］山［名］に［格助］籠もり［四・用］ゐ［上一・用］て［接助］後［名］、やむごとなき［形・体］人［名］の［格助］かくれ［下二・用］たまへ［補動・四・命(尊)］る［完・体］も［係助］あまた［副］聞こゆ［下二・終］。まして［副］そ［代］の［格助］数［名］なら［断・未］ぬ［消・体］たぐひ［名］、尽くし［四・用］て［接助］これ［代］を［格助］知る［四・終］べから［可・未］ず［消・終］。たびたび［名］の［格助］炎上［名］に［格助］滅び［上二・用］たる［完・体］家［名］また［副］いくそばく［副(接尾)］ぞ［係助(係・結省)］。ただ［副］仮［名］の［格助］庵［名］のみ［副助］のどけく［形・用］して［接助］、おそれなし［形・終］。ほど［名］狭し［形・終］と［格助］いへ［四・已］ども［接助・逆確］、夜［名］臥す［四・体］床［名］あり［ラ変・用］、昼［名］ゐる［上一・体］座［名］あり［ラ変・用］、一身［名］を［格助］宿す［四・体］に［格助］不足［名］なし［形・終］。寄居［名］は［係助］小さき［形・体］貝［名］を［格助］好む［四・終］。これ［代］事［名］知れ［四・命］る［存・体］に［格助］より［四・用］て［接助］なり［断・終］。みさご［名］は［係助］荒磯［名］に［格助］ゐる［上一・終］。すなはち［接］人［名］を［格助］恐るる［下二・体］が［格助］ゆゑ［名］なり［断・終］。われ［名］また［副］かく［副］の［格助］ごとし［比・終］。事［名］を［格助］知り［四・用］、世［名］を［格助］知れ［四・命］れ［存・已］ば［接助・順確］、願は［四・未］ず［消・用］、わしら［四・未］ず［消・用］、ただ［副］静かなる［形動・体］を［格助］望み［四・用］、憂へ［名］なき［形・体］を［格助］楽しみ［名］と［格助］す［サ変・終］。

八五・11〜八六・2

〈通釈〉

おしなべて世の中の人が住居を作るならわしは、必ずしも変事に備えてするわけではない。ある人は妻子や一族郎党のために（家を）作り、ある人は親しい人や友人のために作る。（また）ある人は主君や師匠、それに財宝や牛馬のためにさえ、家を作る。私は今自分自身のために（庵を）作った。他人のために作ったのではない。そのわけはなぜかというと、今の世の中のならわし（といい）、（現在の）わが身のありさま（といい）、連れ添わねばならない人（妻子など）もおらず、頼みにすべき従僕もいない。（そういうわけだから）たとえ（家を）広く作ったとしても、だれを宿し、だれをすまわせようか（そんな必要は少しもない）。

〈語釈・語法〉

すべて　総じて、おしなべて。〈通釈〉では下の「作るならひ」を修飾する副詞としたが、話題を転換する発語「そもそも」として接続詞と解してもよい。

財宝・牛馬のために　財産をたくわえたり牛馬を飼うために。

今の世のならひ《イ》、この身のありさま　人情の浮薄な今の世の中の習慣からいっても、また、出家して世捨て人の生活をしている自分の身のありさまからいっても。

誰《たれ》を宿し、誰をか据ゑ《エ》む　「誰をか宿さん。誰をか据ゑん。」をまとめた表現。「か」は反語の係助詞。

〈品詞分解例〉

すべて(副) 世(名) の(格助) 人(名) の(格助) 住みか(名) を(格助) 作る(四・体)
ならひ(名)、必ず(副) し(副助) も(係助) (しも)(副助) 事(名) の(格助) ため(名) に(格助)
せ(サ変・未) ず(消・終)。あるいは(接) 妻子(名)・眷属(名) の(格助) ため(名) に(格助)
作り(四・用)、あるいは(接) 親昵(名)・朋友(名) の(格助) ため(名) に(格助) 作る(四・終)。
あるいは(接) 主君(名)・師匠(名)、および(接) 財宝(名)・牛馬(名) の(格助) ため(名)
に(格助) さへ(副助) これ(代) を(格助) 作る(四・終)。われ(名) 今(副) 身(名) の(格助) ため(名)
に(格助) むすべ(四・命) り(存・終)。人(名) の(格助) ため(名) に(格助) 作ら(四・未) ず(消・終)。ゆゑ(名)
いかん(副) と(格助) なれ(断・已) ば(接助・順確)、今(名) の(格助) 世(名) の(格助) ならひ(名)、
こ(名) の(格助) 身(名) の(格助) ありさま(名)、伴ふ(四・終) べき(当・体) 人(名) も(係助)
なく(形・用)、頼む(四・終) べき(当・体) 奴(名) も(係助) なし(形・終)。たとひ(副) 広く(形・用) 作れ(四・命)
り(存・終) とも(接助・逆仮)、誰(名) を(格助) 宿し(四・用)、誰(名) を(格助) か(係助(係)) 据ゑ(下二・未)
む(意・体〈結〉)。

❖発問の解説

（八五ページ）

1 「事」とは、ここではどのようなことをさすか。

解答例　都の中に住んでいたら、どのような大事にいたってしまうか、ということ。

❖構成・主題

〈構成〉

(1)（八五・1〜10）日野山の庵に住んで五年、たまたま都の生活を聞くにつけ、現在の生活こそ心静かでなんの心配もなく、まことに楽しいものであると知る。

(2)（八五・11〜八六・2）自分は世人と異なって、ただ自分の

ために庵を結んだのである。

〈主題〉

この無常な世の中にあって、世捨て人の生活こそ安心立命の境地である。

❖理解・表現の解説

〈理解〉

(1) **本文で用いられているたとえを抜き出しなさい。またそれはどのようなことをたとえたものか、考えなさい。**

解答例 「寄居《かむな》は小さき貝を好む」は、やどかりはあえて小さな貝に住み、決して大きな貝に宿を借りようとしないことを述べ、大きな住まいは危険な目にあいやすく、小さな住まいがかえって安全であることのたとえ。「みさごは荒磯《あらいそ》にゐる」は、あえて波風の激しい荒磯に住むことで身を安全な場所に置くことを述べ、人間社会ほど恐ろしいものはないことのたとえ。

(2) **作者は、どのように生きたいと考えているか、また、そのためにどのようにすればよいと述べているか、まとめなさい。**

解答例 危険の少ないところで、落ち着いて暮らしたいと考えている。そのためには、世俗の煩わしさを避け、必要最小限の小さな仮住まいのような建物を、人里離れた静かな場所に構え、下僕なども置かずに一人で住むとよいと述べている。

〈表現〉

(1) **本文中に用いられている助動詞「り」について、その活用形を確かめなさい。**

解答例 苔むせり。(八五・2)…終止形
かくれたまへるも(同・4)…連体形
知れるによりて(同・8)…連体形
世を知れれば(同・9)…已然形
むすべり。(同・13)…終止形
作れりとも(八六・1)…終止形

第5章　転換期の文体と行動　軍記を読む

平家物語

❖学習の視点

1　平家物語の成立事情、内容の大体を理解する。
2　平家物語の作者の思想を考えてみる。
3　軍記物語の文体の特色をつかむ。
4　敬語表現を中心に、古文の文法を理解する。

❖作品解説

【平家物語について】

〈名称〉

『平家物語』は、もと『治承物語《じしょう》』とも呼ばれていた。これは、この物語の主要な素材となった源平のたたかいが、治承・寿永年間に起こったことによるものである。しかし『平家物語』の名称も古くから行われたようで、『徒然草』二百二十六段にも「平家の物語」という記述が見られる。

〈作者〉

信濃前司《しなののぜんじ》行長《ゆきなが》の作とも伝えられるが、明らかではない。『平家物語』は後世増補され、また異本も多く、何人もの手が加わっていることが考えられる。

また、『平家物語』は琵琶《びわ》法師によって語り物として広まっていったものであり、「平曲」としての作曲者は生仏《しょうぶつ》であると言われる。

〈成立年代〉

「原平家物語」（『平家物語』の最初の姿）は、後鳥羽《ごとば》上皇の在位時代、すなわち承久の乱（一二二一年）以前に成立したものと思われる。

〈組織〉

「原平家物語」は三巻もしくは六巻であったらしいが、十三世紀に入ると、語り本系・読み本系それぞれに発展して、十二巻本が成立したらしい。

この十二巻本では、巻六の平清盛《たいらのきよもり》の死を境として、前半が平家の栄華を描き、後半でその没落・滅亡を描いている。


〈内容〉

『平家物語』は、平家がまたたく間に勃興《ぼっこう》し、そして滅亡していくさまを素材として、諸行無常《しょぎょうむじょう》・盛者必衰《じょうしゃひっすい》の仏教観のもとに、その無常の世に生きる人々の姿を如実に描き出している。平家の興亡という歴史の推移を縦糸とし、それぞれの場面に生きる人物を横糸として歌いあげた一大人間叙事詩ということができよう。

この物語の中で、歴史的展開として語られている主要な事件は次のとおりである。

忠盛《ただもり》の昇殿・清盛の栄進・鹿《しし》の谷事件・安徳帝の生誕・重盛《しげもり》の死・後白河《ごしらかわ》院の鳥羽殿幽閉・高倉宮の挙兵・福原遷都・頼朝《よりとも》の挙兵と富士川の合戦での平家の敗走・義仲《よしなか》の挙兵と北陸路の諸合戦・清盛の死・平家の都落《みやこお》ち・義仲の入京と法皇の衝突・木《き》曽《そ》の滅亡・一の谷の合戦・屋島の合戦・壇《だん》の浦《うら》の合戦・宗盛の処刑・義経《よしつね》の没落・六代処刑

〈文体〉

平安時代末期に書かれた『今昔物語集』に見られる和漢混交文によって書かれているが、さらに洗練の度を加え、仮名文学の優美繊細な叙情的表現と、漢文体の簡潔で力強く、躍動的な描写や詠嘆的な表現を見事に統一し、さらに語り物という性格から一言一句に磨きをかけた一分のすきもない名文体を完成している。


【平曲について】

『平家物語』を語り物として、琵琶を奏でながら語って聞かせたものを「平曲」と言う。

盲目の琵琶法師が寺社の境内で多数の聴衆を相手に語ったもので、このことはこれまで貴族の独占物であった文学を広く庶民に開放することに役立つとともに、内容・表現の面でも大衆の共感を呼ぶにふさわしいわかりやすさを備えさせることに役立った。


〈出典〉

『平家物語』巻一・巻九。本文は「日本古典文学全集　30」（一九七五年・小学館刊）によった。

木曽《きそ》の最期

❖本文の研究　九〇・1〜九二・17

〈通釈〉

木曽左馬頭《きそのさまのかみ》（義仲《よしなか》）、その日のいでたちは、赤地の錦《にしき》の直垂《ひたたれ》の上に、唐綾威《からあやおどし》の鎧《よろい》を着て、鍬形《くわがた》を打ちつけた甲《かぶと》をかぶってその緒を締め、いかめしい造りの大きな太刀をさげ、（やなぐいにさした）石打ちの羽の矢の、その日の戦いに射て（まだ）少し残っていたのを、頭の上に出るまで高く背負い、滋籐《しげどう》の弓を持って、名高い木曽の鬼葦毛《おにあしげ》という馬で、たいそう太ってたくましいのに、金覆輪《きんぷくりん》の鞍《くら》を置いて乗っていた。（その木曽殿が）鐙《あぶみ》をふんばって（馬上に）立ち上がり、大声をあげて名のったことには、「昔から聞き及んでいたであろう、木曽の冠者《かんじゃ》（という名前）を。そして今は目のあたりに見るであろう、（自分こそは）左馬頭兼伊《い》予守《よのかみ》、朝日の将軍源義仲であるぞ。（そこにいるのは）甲斐《かい》の一条次郎と聞く。互いによい相手だ。この義仲を討ちとって兵衛佐《ひょうえのすけ》（頼朝）に見せろ。」と言って大声を上げて馬を走らせる。一条次郎は、「今名のりをするのは大将軍であるぞ。討ち残すな、者ども。討ちもらすな、若党《わかとう》、討ち取れよ。」と言って、（義仲を）大勢の中に取り囲んで、われこそは（義仲を）討ち取ろうと進んだのであった。木曽の軍勢三百余騎は、（敵の）六千余騎の中を、縦横無尽、四方八方に駆け回って突き破り、後ろへつっと抜け出ると、（木曽勢三百余騎は）五十騎ほどになってしまっていた。（さらに）そこを突き破って行くうちに、土肥《とい》二郎《のじろう》実平《さねひら》が二千余騎で守っていた。その土肥勢をも突き破って行くうちに、あそこでは四、五百騎、ここでは二、三百騎、あるいは百四、五十騎、また百騎ほどの中を駆け破り駆け破りして行くうちに、（ついに義仲は）主従合わせて五騎になってしまった。その五騎になるまで、巴《ともえ》は討たれずに残っていた。木曽殿は、「おまえは女だから、ここから早く、どこへなりとも逃げて行け。自分は（ここで）討死しようと思うのだ。もし人手にかかるようなことになれば（自分は）自害しようと思うから、（その時になって）木曽殿は最後のいくさに女を連れていたなどと言われたりするのもよろしくない。」とおっしゃったけれども、（巴は）なおまだ去って行かなかったが、あまりに強く（義仲に）言われたので、「ああ、よい敵はいないものか。（よい敵に出会って）最後の目ざましいいくさをして（義仲殿に）お見せ申し上げよう。」と言って、馬を止めて待っていたところに、武蔵《むさし》の国で有名な大力《だいじから》の御田《おんだ》八郎師重《もろしげ》が三十騎ばかりを率いて現れた。巴はその中に駆け入り、御田八郎の馬に自分の馬を押し並べて、むんずと（御田を）つかんで馬から引き落とし、自分が乗っている馬の鞍の前輪《まえわ》に（相手を）押しつけて、少しも身動きさせず、首をねじ切って捨ててしまった。その後（巴は）鎧を脱ぎ捨て、東国の方向へ落ちのびて行った。手塚太郎も討死した。手塚別当も落ちのびて行った。

〈語釈・語法〉

その日の装束《しょうぞく》　「赤地の錦」以下、義仲の華麗な束装の様子が描かれている。いずれも大将軍にふさわしい威容を示す上等でいかめしい武具を付けている。

打つたる　「打つ」は、四段動詞「打つ」の連用形「打ち」の促《そく》音便《おんびん》。

大太刀《おおだち》はき　「はく」は刀を腰に帯びることをいう。

残つたる　「残つ」は、四段動詞「残る」の連用形「残り」の促音便。

太うたくましいに　「太くたくましきに」の音便形。「太う」は形容詞「太く」のウ音便、「たくましい」は形容詞「たくましき」のイ音便。この文章には音便形が非常に多く使われている。

それが特に戦闘場面の描写では躍動感を盛り上げている。音便については教科書の三二ページ参照。

乗つたりける　「乗つ」は、動詞「乗り」の促音便。

ふんばり　「ふん」は、「ふみ」の撥《はつ》音便。

昔は聞きけむ《ン》ものを　以前にはうわさに聞いていただろう。「ものを」は詠嘆の助詞。

朝日の将軍　義仲は左馬頭兼伊予守であったが、そのほか「朝日将軍」と自称していた。

よい　形容詞「よき」のイ音便。

討つて　動詞「討ち」の促音便。

を《オ》めいて　わめいて。大声をあげて。「をめい」は、動詞「をめき」のイ音便。

あますな　討ち余すな。

もらすな　討ちもらすな。

若党《わかとう》　若い郎党。家来の若者。

取りこめて　取り囲んで。包みこんで。

ささへ《エ》たり　「ささふ」は敵の来るのをさえぎり守ること。

主従五騎《しゅじゅうごき》　義仲、巴、手塚太郎、手塚別当、今井四郎の五人。

おのれ　本来は「自身」の意だが、自称または対称の代名詞に使われる語。対称の場合は目下の者に対して用いる。ここでは巴をさす。

疾し　速い。早い。

人手にかからば　人手にかかって傷を受けて戦えなくなったら。「人手にかからずば」とする本もあるが、その場合は、人手にかからなかったら。無事であったらの意。しかし、いずれにせよ、義仲はすでに死を覚悟しているのである。

具《ぐ》せられたりけり　連れてきておられたことよ。「具す」はここでは、伴うの意。「られ」は尊敬の助動詞「らる」の連用形。「けり」は詠嘆の意が入っている。

しかるべからず　よろしくない、残念だ、の意。

のたまふ《ウ》　おっしゃる。

働《はたら》かさず　身動きさせず。「働く」は、動く、活動する、の意。現代語の「働く」より意味が広い。

捨ててんげり　「捨ててけり」を強調した、軍記物語独特の言い方。「捨てて」の下の「て」は完了の助動詞「つ」の連用形。「けり」は過去の助動詞。

物《もの》の具《ぐ》　鎧・甲など。

〈品詞分解〉

木曽左馬頭(名)、そ(代)の(格助)日(名)の(格助)装束(名)に(格助)は(係助)、赤地(名)
の(格助)錦(名)の(格助)直垂(名)に(格助)、唐綾威(名)の(格助)鎧(名)着(上一・用)て(接助)、
鍬形(名)打つ(四・用(促音))たる(存・体)甲(名)の(格助)緒(名)締め(下二・用)、厳物作り(名)
の(格助)大太刀(名)はき(四・用)、石打ち(名)の(格助)矢(名)の(格助)、そ(代)の(格助)日(名)
の(格助)いくさ(名)に(格助)射(上一・用)て(接助)少々(副)残つ(四・用(促音))たる(存・体)

を《格助》、頭高に《形動・用》負ひなし《四・用》、滋籐《名》の《格助》弓《名》持つ《四・用(促音)》て《接助》、聞こゆる《連体》木曽《名》の《格助》鬼葦毛《名》と《格助》いふ《四・体》馬《名》の《格助》、きはめて《副》太う《形・用(ウ音)》たくましい《形・体(イ音)》に《格助》、金覆輪《名》の《格助》鞍《名》置い《四・用(イ音)》て《接助》ぞ《係助(係)》乗つ《四・用(促音)》たり《存・用》ける《過・体(結)》。鐙《名》ふんばり《(複)四・用(撥音)》立ち上がり《(複)四・用》、大音声《名》を《格助》あげ《下二・用》て《接助》名のり《四・用》ける《過・体》は《係助》、「昔《名》は《係助》聞き《四・用》けむ《過推・体》ものを《接助・逆確》、木曽《名》の《格助》冠者《名》、今《名》は《係助》見る《上一・終》らむ《現推・終》、左馬頭兼伊予守《名》、朝日《名》の《格助》将軍源義仲《名》ぞ《係助》や《間助》。甲斐《名》の《格助》一条次郎《名》と《格助》こそ《係助(係)》聞け《四・已(結)》。互ひに《副》よい《形・体(イ音)》敵《名》ぞ《係助》。義仲《名》討つ《四・用(促音)》て《接助》兵衛佐《名》に《格助》見せよ《下二・命》や《間助》。」とて《格助》、をめい《四・用(イ音)》て《接助》駆く《下二・終》。一条次郎《名》、「ただいま《副》名のる《四・体》は《係助》大将軍《名》ぞ《係助》。あます《四・終》な《終助》者ども《名(接尾)》、もらす《四・終》な《終助》若党《名》、討て《四・命》や《間助》。」とて《格助》、大勢《名》の《格助》中《名》に《格助》取りこめ《(複)下二・用》て《接助》、われ《名》討つ取ら《(複)四・未(促音)》む《意・終》と《格助》ぞ《係助(係)》進み《四・用》ける《過・体(結)》。木曽《名》三百余騎《名》、六千余騎《名》が《格助》中《名》を《格助》縦さま・横さま・蜘蛛手・十文字《名》に《格助》駆けわつ《四・用(促音)》て《接助》、後ろ《名》へ《格助》つつと《副》出で《下二・用》たれ《完・已》ば《接助・順確》、五十騎《名》ばかり《副助》に《格助》なり《四・用》に《完・用》けり《過・終》。そこ《代》を《格助》破つ《四・用(促音)》て《接助》行く《四・体》ほど《名》に《格助》、土肥二郎実平《名》、二千余騎《名》で《格助》ささへ《下二・用》たり《存・終》。それ《代》を《格助》も《係助》破つ《四・用(促音)》て《接助》行く《四・体》ほど《名》に《格助》、あそこ《代》で《格助》は《係助》四《名》、五百騎《名》、ここ《代》で《格助》は《係助》二《名》、三百騎《名》、百四《名》、五十騎《名》、百騎《名》ばかり《副助》が《格助》中《名》を《格助》、駆けわり《四・用》駆けわり《四・用》行く《四・体》ほど《名》に《格助》、主従《名》五騎《名》に《格助》ぞ《係助(係)》なり《四・用》に《完・用》ける《過・体(結)》。五騎《名》が《格助》うち《名》まで《副助》巴《名》は《係助》討た《四・未》れ《受・未》ざり《消・用》けり《過・終》。木曽殿《名(接尾)》、「おのれ《代》は《係助》、疾う疾う《副》、女《名》なれ《断・已》ば《接助・順確》、いづち《代》へ《格助》も《係助》行け《四・命》。われ《代》は《係助》討ち死に《名》せ《サ変・未》む《意・終》と《格助》思ふ《四・体》なり《断・終》。もし《副》人手《名》に《格助》かから《四・未》ば《接助・順仮》自害《名》を《格助》せ《サ変・未》むずれ《意・已》ば《接助・順確》、木曽殿《名(接尾)》の《格助》最後《名》の《格助》いくさ《名》に《格助》、女《名》を《格助》具せ《サ変・未》られ《尊・用》たり《完・用》けり《過・終》なんど《副助》言は《四・未》れ《受・未》む《婉・体》こと《名》も《係助》、しかるべから《形・未》

ず。」とのたまひけれども、なほ落ちも行かざりけるが、あまりに言はれたてまつて、「あつぱれ、よからう敵がな。最後のいくさして見せたてまつらむ。」とて、控へたるところに、武蔵国に聞こえたる大力、御田八郎師重、三十騎ばかりで出で来たり。巴その中へ駆け入り、御田八郎に押し並べて、むずと取つて引き落とし、わが乗つたる鞍の前輪に押しつけて、ちつとも働かさず、首ねぢ切つて捨ててんげり（てけり）。その後、物の具脱ぎ捨て、東国の方へ落ちぞ行く。手塚太郎討ち死にす。手塚別当落ちにけり。

〈通釈〉

九三・1〜九四・2

今井四郎と木曽殿、（今は）主従ただ二騎だけになって、（木曽殿が）おっしゃるには、「いつもはなんとも感じない鎧が、きょうは重くなったぞ。」今井四郎が申し上げるには、「おからだもまだお疲れになっていらっしゃいませんし、御馬も弱ってはおりません。どうして一着の御鎧を重く思われるはずがありましょうか。それは味方につき従う軍勢がいませんので、臆病で（気が弱くおなりになって）そうお思いになるのでございましょう。この兼平一人ではございますとも、他の武者千騎（がいるもの）とお思いください。（まだ）矢が七、八本残っておりますから、しばらく防ぎ矢をいたしましょう。あそこに見えますのは、粟津《あわず》の松原と申します。（木曽殿は私が敵を防いでいる間に）あの松の中で御自害なさいませ。」と言って、馬にむち打って行くうちに、また（敵の）新手の武者が五十騎ばかり出て来た。（今井が）「御主君はあの松原へお入りください。兼平はこの敵を防ぎ申し上げましょう。」と申したので、木曽殿が言われるには、「義仲は、都で討死するつもりであったが、ここまでのがれて来たのは、おまえと同じ所で死のうと思ったためである。別々のところで討たれるよりも、同じ所で討死にしよう。」と言って、（兼平の馬と）馬の鼻先を並べて今にも駆け出そうとされるので、今井四郎は馬から飛び降りて、主君の馬のくつわにすがって申し上げるには、「武将たる者は、常日ごろどんな高名がございましょうとも、最後の時に醜いさまを見せますと、永久の不名誉となってしまいますぞ。おからだはお疲れになっていらっしゃいます。あとに続く手勢はございません。（このまま戦って）敵に囲まれおしへだてられて、名もない身分の者の郎党に組み落とされて、お討たれになるようなことになりましたら、『あれほど日本中に評判高くいらっしゃった木曽殿を、だれそれの郎党がお討ち申し上げた。』などと人々が申したりするのは残念でございます。とにかくあの松原へお入りになってください。」と申したので、木曽殿は、「それなら。」と言って、粟津の松原へ馬を走らせなさる。

〈語釈・語法〉

主従二騎　はじめは三百余騎だったが、ついに五騎となり、今は二騎となったのである。これまでの叙述から、五騎とは、木曽義仲・今井四郎・巴・手塚太郎・手塚別当であったことがわかる。

重うなつたるぞや　「重くなりたるぞや」の音便。「や」は詠嘆の終助詞。

御身もいまだ疲れさせたまは《ワ》ず。……　今井は義仲を必死になってはげましているのである。

思《おぼ》しめす　①お思いになる。②ご寵愛《ちょうあい》になる。ここでは①の意。

臆病《おくびょう》でこそ　「臆病にてこそ」のつまった形。気おくれがして。

兼平一人《いちにん》候ふ《ウ》とも　おそばにこの兼平一人だけがありますとしても。一人だけでほかにだれもいなくても、の意。

つかまつる　ここは、してさしあげるの意。

不覚《ふかく》　失敗。すぐ前の「高名」と反対の意で用いられている。

御身は疲れさせたまひ《イ》て候ふ《ウ》　九三ページ2行目の「御身もいまだ疲れさせたまはず。」と矛盾したように読める表現であるが、なんとか木曽を説きふせて、名誉を守ろうとしたもの。心情は、矛盾していない。

言ふかひなし　取るに足りないの意。

それがし　何某。だれそれ。不特定の人をさす。

討ちたてまつたる　「討ちたてまつつたる」のつまった形。音読するときには「討ちたてまったる」と促音に読む。

口惜《くちお》し　①残念だ。②つまらない。③情けない。ここは①の意。

「さらば。」　接続詞「それならば」の意で、兼平の説得を受け入れたもの。

〈品詞分解〉

名(接尾)	名	名	格助	四・用(促音)	接助
今井四郎・木曽殿、	主従	二騎	に	なつ	て

四・用(尊)	過・体	係助	名	係助	代	格助	係助
のたまひ	ける	は、	「日ごろ	は	何	と	も

下二・未	消・体	名	格助	名	係助	形・用(ウ音)	四・用(促音)
おぼえ	ぬ	鎧	が、	今日	は	重う	なつ

完・体	係助	間助	名	四・用(謙)	過・体	係助	(接頭)名
たる	ぞ	や。」	今井四郎	申し	ける	は、	「御身

係助	副	下二・未	尊・用	補動・四・未(尊)	消・終	(接頭)名	係助
も	いまだ	疲れ	させ	たまは	ず。	御馬	も

四・用	補動・四・未(丁)	消・終	代	格助	四・用(促音)	接助
弱り	候は	ず。	何	に	よつ	て

か、一領の御着背長を重うは思しめし候ふべき。それは味方に御勢が候はねば、臆病でこそ、さは思しめし候へ。兼平一人候ふとも、余の武者千騎と思しめせ。矢七つ八つ候へば、しばらく防ぎ矢つかまつらむ。あれに見え候ふ、粟津の松原と申す。あの松の中で御自害候へ。」とて、打つて行くほどに、また新手の武者五十騎ばかり出で来たり。「君はあの松原へ入らせたまへ。兼平はこの敵防ぎ候はむ。」と申しければ、木曽殿のたまひけるは、「義仲、都にていかにもなるべかりつるが、これまで逃れ来るは、汝と一所で死なむと思ふためなり。所々で討たれむよりも、ひと所でこそ討ち死にをもせめ。」とて、馬の鼻を並べて駆けむとしたまへば、今井四郎、馬より飛び降り、主の馬の口に取りついて申しけるは、「弓矢取りは、年ごろ日ごろいかなる高名候へども、最後の時不覚しつれば、長ききずにて候ふなり。御身は疲れさせたまひて候ふ。続く勢は候はず。敵に押し隔てられ、言ふかひなき人の郎等に組み落とされさせたまひて、討たれさせたまひなば、『さばかり日本国に聞こえさせたまひつる木曽殿をば、それがしが郎等の討ちたてまつたる［完・体］。』なんど［副助］申さ［四・未（謙）］む［婉・体］こと［名］こそ［係助（係）］口惜しう［形・用（ウ音）］候へ［補動・四・已（結）（丁）］。ただ［副］あ［代］の［格助］松原［名］へ［格助］入ら［四・未］せ［尊・用］たまへ［補動・四・命（尊）］。」と［格助］申し［四・用（謙）］けれ［過・已］ば［接助・順確］、木曽［名］、「さらば［接］。」とて［格助］、粟津の松原［名］へ［格助］ぞ［係助（係）］駆け［下二・用］たまふ［補動・四・体（尊）（結）］。

〈通釈〉　九四・3〜11

今井四郎はただ一騎で、五十騎ほどの（敵の軍勢の）中へ駆け入り、鐙をふんばって（馬上に）立ち上がり、大声を張り上げて名のったことには、「日ごろはうわさにも聞いていたであろう、今は目のあたりに見よ。木曽殿の乳兄弟で、今井四郎兼平といい、当年三十三歳になる。（木曽殿の武将に）そういう者がいるということは、鎌倉《かまくら》殿（頼朝）までも御存じでいらっしゃるはずだ。この兼平を討ち取って、（首を鎌倉殿の）お目にかけよ。」と言って、射残していた八本の矢をやつぎばやにつがえては引き、さんざんに射る。（敵の）生死のほどはわからないが、たちまち敵八騎を射落とす。その後、太刀を抜いて、あちらの敵に馳せ向かいして、切って回るが、（その敵に馳せ向かい、こちらの敵に馳せ向かいして、切って回るが、（その勢いにおそれをなして、敵の中には）面と向かって戦う者もない。（敵は）ただ、「射落とせ。」と言って（兼平を）中に取り囲んで、雨の降るように矢を射たが、（兼平の）鎧が丈夫なので裏まで（矢が）通らず、（鎧の）すき間に当たらないので（兼平は）傷も負わない。

〈語釈・語法〉

音にも聞きつらむ《ン》　「音」は、うわさの意。「つ」は強意の助動詞終止形。「らむ」は現在推量の助動詞。「……つらむ」で、「これまで（最近）……していたことだろう」の意になる。

まかりなる　「なる」の謙譲表現。

知ろしめされたるらむ《ン》ぞ　「知ろしめす」は「知る」の尊敬表現。「れ」は尊敬の助動詞「る」の連用形。「たる」は存続の助動詞「たり」の連体形。「らむ」は現在推量の助動詞連体形。「ぞ」は係助詞で意味を強めている。

見参《けんざん》に入れよ　主君のお目にかけよ。「見参に入る」は、①（貴人に）お目にかかる。②（人または物を）お目にかける。ここでは②。

射残したる八筋の矢を　九三ページ5行目に「矢七つ八つ候へば」とあった。

死生《ししょう》は知らず　（矢で射られた者が）死んだか生きて助かったかはわからないが。

あれに馳《は》せ合ひ《イ》、これに馳せ合ひ《イ》　あちらに馬を走らせて戦い、こちらに馬を返して戦い。兼平の獅子《しし》奮迅《ふんじん》の戦いぶりが目に浮かぶような描写である。

ただ、「射取れや。」　「ただ」は、それだけで他の事をしない意。

「や」は詠嘆の助詞。敵は兼平の奮戦におそれをなして、ただ遠まきして矢を射かけたのである。

〈品詞分解〉

今井四郎（名） ただ（副） 一騎（名）、五十騎（名） ばかり（副助） が（格助） 中（名） へ（格助） 駆け入り（(複)四・用）、鐙（名） ふんばり（(複)四・用(撥音)） 立ち上がり（四・用）、大音声（名） あげ（下二・用） て（接助） 名のり（四・用） ける（過・体） は（係助）、「日ごろ（名） は（係助） 音（名） に（格助） も（係助） 聞き（四・用） つ（強・終） らむ（現推・終）、今（名） は（係助） 目（名） に（格助） も（係助） 見（上一・用） たまへ（補動・四・命(尊)）。木曽殿（名(接尾)） の（格助） 御乳母子（(接頭)名）、今井四郎兼平（名）、生年（名） 三十三（名） に（格助） まかりなる（四・終(謙)）。さる（連体） 者（名） あり（ラ変・終） と（格助） は（係助）、鎌倉殿（名(接尾)） まで（副助） も（係助） 知ろしめさ（四・未(尊)） れ（尊・用） たる（存・体） らむ（現推・体） ぞ（係助）。兼平（名） 討つ（四・用(促音)） て（接助）、見参（名） に（格助） 入れよ（下二・命）。」とて（格助）、射残し（(複)四・用） たる（存・体） 八筋（名） の（格助） 矢（名） を（格助）、差しつめ（(複)下二・用） 引きつめ（(複)下二・用）、さんざんに（形動・用） 射る（上一・終）。死生（名） は（係助） 知ら（四・未） ず（消・用）、やにはに（副） 敵（名） 八騎（名） 射落とす（(複)四・終）。そ（代） の（格助） 後（名）、打ち物（名） 抜い（四・用(イ音)） て（接助）、あれ（代） に（格助） 馳せ合ひ（(複)四・用）、これ（代） に（格助） 馳せ合ひ（(複)四・用）、切つ（四・用(促音)） て（接助） 回る（四・体） に（接助）、面（名） を（格助） 合はする（下二・体） 者（名） ぞ（係助(係)） なき（形・体(結)）。分捕り（名） あまた（副） し（サ変・用） たり（完・用） けり（過・終）。ただ（副）、「射取れ（(複)四・命） や（間助）。」とて（格助）、中（名） に（格助） 取りこめ（(複)下二・用）、雨（名） の（格助） 降る（四・体） やう（名） に（断・用） 射（上一・用） けれ（過・已） ども（接助・逆確）、鎧（名） よけれ（形・已） ば（接助・順確） 裏（名） かか（四・未） ず（消・用）、あきま（名） を（格助） 射（上一・未） ね（消・已） ば（接助・順確） 手（名） も（係助） 負は（四・未） ず（消・終）。

九四・12〜九六・7

〈通釈〉

木曽殿はただ一騎で粟津の松原へ向かって馬を走らせられたが、時は正月二十一日、夕日が山に入りかかるころのことであるので、（田の面には）薄氷がはっていたことでもあり、（薄暗くて）深い田があるとも知らずに、馬をざっと（田の中に）乗り入れると、（たちまち没して）馬の頭までのめりこんでしまった。（いくら鐙をふんで）あおってもあおっても、鞭《むち》で打っても打っても（馬は）動かない。（木曽殿は）今井の行くえが気がかりで、ふり返られると、その甲の内側を、三浦の石田次郎為久が追いついて、弓を十分に引いてひょうと射る。（矢が命中し、木曽殿は）重傷なので、甲の前面を馬の頭に当ててうつ伏されたところに、石田の郎党が二人来合わせて、とうとう木曽殿の首を取ってしまったのだった。（石田はさっそく）その首を太刀の先に貫き、高くさし上げて、大声をあげて、「この日ごろ、日本国中に有名でいらっしゃる木曽殿を、三浦の石田次郎為久がお討ち申し上げたぞ。」と名のったので、今井四郎は（なおも）戦っていたがこれを聞いて、「今となってはもはやだれをかばうためにいくさをしよう。（もう戦ってもむだだ。）これを見よ。東国の武者方よ。（これが）日本一の勇士が自害する手本よ。」と言って、（自分の）太刀の先を口にくわえ、馬からさかさまに飛び落ち、（自分の）太刀に貫かれて死んでしまった。（こうして二人とも死んでしまったので）そのために粟津での戦いは終わったのであった。

〈語釈・語法〉

正月二十一日、入相《いりあい》ばかりのことなるに　陰暦の正月二十一日は今の暦では二月下旬から三月上旬に当たる。このころ、この地方では田に稲はなく、夕暮れには薄氷も張る。しかも時刻は「入相」時で薄暗く、義仲は深田に気づかず馬を乗り入れてしまったのである。

おぼつかなし　①ぼんやりしている。②疑わしい。③気がかりだ。④もどかしい。ここでは③の意。

取つてんげり　「てんげり」は完了の助動詞「つ」の連用形「て」に過去の助動詞「けり」が付いて撥音「ん」が挿入された形。

殿ばら　「殿」は男子に対する敬称。「ばら」は複数を示す接尾語。

剛《こう》の者　すぐれて強い勇士のこと。ここでは兼平自身のことを言っている。

貫《つらぬ》かつて　「貫かりて」の音便。「貫かる」は、貫かれる、突き刺さる意の自動詞。

さてこそ　そういうわけであるから。義仲・兼平の二人とも死んでしまったので、いわゆる粟津の合戦は終わったのであった、の意。ほかに、そういうわけで粟津の合戦というようないくさはなかった、という解釈もある。

〈品詞分解〉

木曽殿〔名(接尾)〕　は〔係助〕　ただ〔副〕　一騎〔名〕、　粟津の松原〔名〕　へ〔格助〕　駆け〔下二・用〕　たまふ〔補動・四・体(尊)〕　が〔接助〕、　正月〔名〕　二十一日〔名〕、　入相〔名〕　ばかり〔副助〕　の〔格助〕　こと〔名〕　なる〔断・体〕　に〔接助〕、　薄氷〔名〕　は〔係助〕　張つ〔四・用(促音)〕　たり〔存・用〕　けり〔過・終〕、　深田〔名〕　あり〔ラ変・終〕　と〔格助〕　も〔係助〕　知ら〔四・未〕　ず〔消・用〕　して〔接助〕、　馬〔名〕　を〔格助〕　ざつと〔副〕　打ち入れ〔(接頭)下二・用〕　たれ〔完・已〕　ば〔接助・順確〕、　馬〔名〕　の〔格助〕　頭〔名〕　も〔係助〕　見え〔下二・未〕　ざり〔消・用〕　けり〔過・終〕。　あふれ〔四・已〕　ども〔接助・逆確〕　あふれ〔四・已〕　ども〔接助・逆確〕、　打て〔四・已〕　ども〔接助・逆確〕　打て〔四・已〕　ども〔接助・逆確〕　働か〔四・未〕　ず〔消・終〕。　今井〔名〕　が〔格助〕　ゆくへ〔名〕　の〔格助〕　おぼつかなさ〔名〕　に〔格助〕、　振り仰ぎ〔(接頭)四・用〕　たまへ〔補動・四・命(尊)〕　る〔完・体〕　内甲〔名〕　を〔格助〕、　三浦〔名〕　の〔格助〕　石田次郎為久〔名〕　おつかかつ〔(複)四・用(促音)〕　て〔接助〕、よっ引いてひやうふっと射る。痛手なればに、真つ向を馬の頭に当ててうつぶしたまへるところに、石田が郎等二人落ち合うて、つひに木曽殿の首をば取つてんげり。太刀の先に貫き、高くさし上げ、大音声をあげて、「この日ごろ日本国に聞こえさせたまひつる木曽殿をば（をば）、三浦の石田次郎為久が討ちたてまつたるぞや。」と名のりければ、今井四郎、いくさしけるがこれを聞き、「今は誰をかばはむとてか、いくさをもすべき。これを見たまへ、東国の殿ばら。日本一の剛の者の自害する手本。」とて、太刀の先を口に含み、馬より逆さまに飛び落ち、貫かつてぞ失せにける。さてこそ粟津のいくさはなかりけれ。

❖構成・主題

〈構成〉

前書き　本教材の導入として、木曽義仲が京都から敗走するまでの事情を簡単に紹介している。

(1)（九〇・1〜九二・17）

義仲はみごとないでたちで、三百余騎の先頭に立って突進し、敵の大軍を次々と突破していくが、やがて主従五騎となってしまう。巴は義仲の命令で落ちて行くことになるが、その前に最後の奮戦をみせて、敵将御田八郎を討ち取る。

(2)（九三・1〜九四・2）

主従二人となって気弱になった義仲を、兼平は粟津の松原で自害させようとする。義仲はどこまでも兼平といっしょに戦うことを望むが、兼平は理を尽くして自害をすすめたので、義仲も今はただ一騎で粟津の松原へと向かう。

(3)（九四・3〜11）

一人残った兼平は敵陣に突入し、死力を尽くして奮戦する。

(4)（九四・12〜九六・7）

一方、義仲は粟津の松原に駆け入ろうとしたが、深田にふみ込んでしまった。そこを、追いかけてきた石田次郎に射られてついに首をかかれてしまう。奮戦していた兼平は、今はこれまでと思い、壮烈な自害を遂げる。

〈主題〉

木曽義仲は源平の合戦で見事な勝利をしめ、平家を都から追い払ったが、入京以来粗暴なふるまいが多く、上皇の怒りを買い、ついに鎌倉の頼朝のさしむけた範頼《のりより》・義経に討ち破られることになる。こうして都から敗走していくなかでの、粗暴さの裏にかくされた義仲の人間性を悲劇的な結末とともに感動的に描ききっている。とりわけ、義仲とその乳兄弟兼平との間の、主従のきずなに深く結ばれた心の交流に、読む者をひきつけずにはおかない感動的な主題がふくまれている。

❖発問の解説

1 (九〇ページ) **義仲の「装束」の特徴は何か。**

解答例　この時の義仲の装束の特徴は、大将軍にふさわしい派手で美しい鎧装束である。教科書の九〇ページ1行目から九一ページ3行目までに、直垂・鎧・甲・太刀・矢・馬・鞍の順で、その華麗な姿が述べられている。教科書の図も参考にしながら、その姿を想像してみよう。

2 (九二ページ) **「主従五騎」とは、誰のことか。**

解答例　最後に残った、木曽とその従者たち。「主」の木曽義仲、「従」の巴・今井四郎・手塚太郎・手塚別当。

3 (九三ページ) **「いかにもなる」とは、どのようになることか。**

解答例　討ち死にするか自害すること。「いかにもなるべかりつる」とは、都の戦いで、討ち死にするか自害するか、どのようにでもなるべきだった、ということ。義仲はいつでも死ぬ覚悟であったが、今井四郎とともに死にたいと思ってここまで逃れてきたのだと語っている。

4 **前の発言「御身もいまだ疲れさせたまはず。」(九三・2)とあわせて、兼平の真意は何か、考えてみよう。**

解答例　義仲に、大将軍として立派な最期を遂げてほしいと願っている。

解説　本書の「理解・表現の解説」を参照する。矛盾しているように聞こえるが、どちらも木曽の名誉を守ろうとしたことばで、心情としては矛盾していない。

❖理解・表現の解説

〈理解〉

(1) **義仲と巴、義仲と兼平との心の通い合いはどのように描かれているか、それぞれ叙述をふまえて具体的にまとめなさい。**

解答例　本文からそれぞれの描写を抜き出してみよう。

義仲と巴

・「おのれは、疾う疾う、女なれば、いづちへも行け。……木曽殿の最後のいくさに、女を具せられたりけりなんど言はれむことも、しかるべからず。」（九二・7〜10）――義仲の心の中に、せめて自分の愛する者は生きていてほしいという願いがわきおこってきたのではなかろうか。戦場離脱を命じたのが、単に自分の体面からだけでないことは明らかである。

・「なほ落ちも行かざりけるが、あまりに言はれたてまつて、……その後、物の具脱ぎ捨て、東国の方へ落ちぞ行く。」（九二・11〜16）――ようやく巴も義仲の真意を理解するのである。愛するものを生かそうとする義仲の心、愛するもののために生きようとする巴の心を考えてみよう。

義仲と兼平

巴が落ち、手塚太郎が戦死し、手塚別当が落ち、義仲と今井の二人だけが戦場に残されるのである。主従二騎となり、さすがに弱気になった義仲と、それをはげます今井の描写は本編の圧巻ともいうべきところである。

・「日ごろは何ともおぼえぬ鎧が、今日は重うなつたるぞや。」（九三・1〜2）――心を許しあった乳兄弟の今井に向かっては、さすがの義仲も、戦い疲れた苦しさをついつい吐露してしまうのである。

・「御身もいまだ疲れさせたまはず。……あの松の中で御自害候へ。」（九三・2〜7）――義仲は、京の六条河原の合戦からずっと戦いどおしで、今はもうすっかり疲れ切っている。心を許し合っている今井兼平と二人だけになって、思わず、本心をのぞかせたわけであるが、兼平は「そんな気の弱いことでどうするか。まだ、君は疲れてなどいないし、馬も元気だ」とはげましているのである。だから「臆病でこそ、さは思しめし候へ。」と心にもない悪口まで言っているのである。

・「……これまで逃れ来るは、汝と一所で死なむと思ふためなり。」（九三・10）――自分が敵を防いでいる間に自害せよという今井に対して、義仲はあくまでいっしょに戦って死にたいという。しかし義仲の名誉を守るために、今井にはこのことばを受けることはできないのである。

・「弓矢取りは、年ごろ日ごろいかなる高名候へども、最後の時不覚しつれば、長ききずにて候ふなり。御身は疲れさせたまひて候ふ。……ただあの松原へ入らせたまへ。」（九三・13〜九四・1）――今井は、敵陣にかけこもうとする義仲を必死で制するのである。それというのも、義仲が敵の手にかかることなく、りっぱに自害させたいと一途に思っての心情のほとばしりである。つい先刻「御身もいまだ疲れさせたまはず。」と言いながら、すぐに「御身は疲れさせたまひて候ふ。」という一見矛盾した今井のことばも、今井の義仲に対する心情が生んだ矛盾で、その真情は何ら変わっていないのである。

・「今は誰をかばはむとてか、いくさをもすべき。」（九六・4〜5）――義仲の死で、今や今井のすべては終わったのである。

(2) **義仲の死がどのようなものとして描かれているか、兼平の死と比べて考えなさい。**

解答例　義仲は、名誉ある自害のための場所へ急ぐ途中で、名もなき郎等の手で首をかかれる。だが、物語では、それは深田にはまるという義仲の不運と、兼平のことを心配してふり返ったためだと書かれている。

一方、兼平のほうは、たった一人で五十騎の敵に立ち向かい、さんざんに敵を討ち破るが、主君が討たれたことを知り、壮烈な自害を遂げる。

このように二人の死にざまは対照的であるが、だからといって、どちらが立派であるということにはならない。義仲はあくまでも兼平と共に死にたいと思い、別れてからも兼平のことを心配しており、兼平は、自分が敵をくいとめている間に義仲に立派に最期をかざらせたいと思って奮戦するのである。対照的な死ではあるが、二人の心情を中心に考えてみよう。

〈表現〉

(1) **冒頭の八行「木曽左馬頭……をめいて駆く。」から、動詞・形容詞の音便形を抜き出して、その種類ともとの形を確かめなさい。**

解答例　「打ったる」（九〇・2）→動詞「打ち」（促音便）
「残ったる」（九一・1）→動詞「残り」（促音便）
「持って」（同・1）→動詞「持ち」（促音便）
「太う」（同・2）→形容詞「太く」（ウ音便）
「たくましいに」（同・2）→形容詞「たくましき」（イ音便）
「置いて」（同・2）→動詞「置き」（イ音便）
「乗ったりける」（同・2）→動詞「乗り」（促音便）
「ふんばり」（同・3）→動詞「ふみはり」（撥音便）
「よい」（同・5）→形容詞「よき」（イ音便）
「討って」（同・5）→動詞「討ち」（促音便）
「をめいて」（同・6）→動詞「をめき」（イ音便）

(2) **「御身も……御自害候へ。」（九三・2〜同・7）の今井四郎の会話から敬語を抜き出して、その用法を確かめなさい。**

解答例　「御（接頭語・尊敬語、以下同）身もいまだ疲れさせ（助動詞・尊敬語）たまは（補助動詞・尊敬語）ず。御馬も弱り候は（補助動詞・丁寧語）ず。…一領の御着背長を重うは思しめし（動詞・尊敬語）候ふ（補助動詞・丁寧語）べき。…御勢が候は（動詞・丁寧語）ねば、…さは思しめし（動詞・尊敬語）候へ（補助動詞・丁寧語）。兼平一人候ふ（動詞・丁寧語）とも、余の武者千騎と思しめせ（動詞・尊敬語）。矢七つ八つ候へ（動詞・丁寧語）ば、…防ぎ矢つかまつら（動詞・謙譲語）む。…見え候ふ（補助動詞・丁寧語）、…と申す（動詞・謙譲語）。…御自害候へ（動詞・丁寧語）。」

転換期の文学――『平家物語』の魅力

兵藤《ひょうどう》 裕己《ひろみ》

❖学習の視点

1　『平家物語』の序章「祇園精舎」に象徴される、物語全体のテーマを理解しよう。

2　『平家物語』が時代の転換期において、切実な共感をもって読みつがれてきた理由を読み取ろう。

3　本文を参考にして、『平家物語』の「木曽殿の最期」以外の章を読んでみよう。そのうえで、内容・文体・文章のリズムなどをまとめてみよう。

❖筆者解説

兵藤裕己（ひょうどう・ひろみ）　国文学者。一九五〇（昭和二五）年、愛知県に生まれる。京都大学国文科卒業。『平家物語』の語り物としての性格から研究を始め、中世文学を中心として、近代文学まで範囲を拡大し、文芸における声の役割について論じる。芸能に関する発言も多い。学習院大学教授。主な著書は、『語り物序説「平家」語りの発生と表現』（一九八五年・有精堂出版）、『王権と物語』（一九八九年・青弓社）、『太平記〈よみ〉の可能性――歴史という物語』（一九九五年・講談社）、『平家物語〈語り〉のテクスト』（一九九八年・筑摩書房）、『〈声〉の国民国家・日本』（二〇〇〇年・日本放送出版協会）、『演じられた近代〈国民〉の身体とパフォーマンス』（二〇〇五年・岩波書店）など多数。

❖出典解説

この文章は一九九九年刊行の『日本古典のすすめ』（岩波書店）に収められた「平家物語」をもとに、書き下ろされたものである。

❖「平家物語」引用部分の研究

（九八・3～九九・1）

〈通釈〉

祇園精舎《ぎおんしょうじゃ》の鐘の音には、すべてのものが変転し、同じ状態でとどまることはないという響きがある。（釈尊《しゃくそん》入滅の時に色を変えた）沙羅《しゃら》双樹《そうじゅ》の花の色は、盛んな者も必ず衰えるという、この世の道理を示している。（栄耀栄華に）おごる者も、それを長く維持できることはなく、ただ春の夜の夢のようである。勢い盛んな者も、ついには滅びてしまうのは、まさに風の前にある塵のようなものである。

遠く異国の例をあげてみると、秦《しん》の趙高《ちょうこう》、漢の王莽《おうもう》、梁《りょう》の朱异《しゅい》、唐の禄山《ろくさん》、これらは皆、もとの主君や皇帝の政治に従わず、快楽を極め、（家臣などの）諫めを聞き入れることがなく、世の中が乱れることを理解しないで、庶民の憂いも知らなかったので、長く（権勢が）続くことなくして、滅亡してしまった者どもである。近い時代の我が国の例を調べてみると、承平《じょうへい》の（平）将門《まさかど》、天《てん》慶《ぎょう》の（藤原）純友《すみとも》、康和《こうわ》の（源）義親《ぎしん》、平治《へいじ》の（藤原）信頼《のぶより》、これらはおごる心も、勢いが盛んなことも、みなそれぞれに尋常ではなかったが、最近では六波羅《ろくはら》の入道、前《さき》の太政大臣平《たいらのあ》　朝臣清《そんきよ》盛《もり》公と申した人の有様を伝え聞くことこそ、想像を絶するもので、表現する言葉もない。

〈語釈・語法〉

祇園精舎の鐘の声　「精舎」は寺という意味。「鐘の声」は、祇園精舎の中にある無常堂で打ち鳴らされる鐘の音。

諸行無常の響きあり　人生のすべては刻々に変化するものであり、この世のすべてがはかないという響きをたてる。『涅槃経《ねはんぎょう》』の中の一節。以下、「沙羅双樹」「盛者必衰」も同様。『平家物語』では、全編にわたって無常観や因果応報の仏教思想が基調となるが、とくに冒頭の一文は作品全体の思想をよく表す文章として有名である。

沙羅双樹　沙羅はインドに産する樹の名。高さ三十メートルにも及び、淡黄色の小花を開く。釈尊（釈迦）が涅槃の時、その床の四方に各一双八株あった沙羅を沙羅双樹という。

盛者　権勢を得てさかえる者。

必衰　かならず衰え、ほろびる。

理《ことわり》　①物事の筋道。道理。②理由。わけ。などの意味があるがここでは①の意味。この世が無常であるのは、ものの道理というものであるということ。

おごる　地位・権力・財産・才能などを誇って、思い上がった振る舞いをする。「おごる平家は久しからず」ということわざにもなっている。

春の夜の夢・風の前の塵　ともにはかないもののたとえ。経典の一節を意識した表現。

異朝　外国。ここでは中国をさす。

旧主先皇　かつて仕えていた主君や皇帝。

思ひ入れず　考えに入れない。無視する。

亡じにし者どもなり　滅亡してしまったの意味。「亡ず」は漢語「亡」にサ行変格活用の動詞「す」が付いて濁音化したもの。「に」は完了の助動詞「ぬ」の連用形、「し」は過去の助動詞「き」の連体形。

本朝　わが国。前出の「異朝」に対する語。

うかがふ《ウ》　①こっそりのぞき見る。それとなく様子を探る。②ひそかに好機を待つ。機会をねらう。③尋ね求める。調べてみる。④様子を知る。などの意味があるが、ここでは③の意味。

皆とりどりにこそありしかども　それぞれに尋常（並みたいてい）ではなかったが。「こそ」の結びになるはずの「しか」は、直後に接続助詞が続いているので、ここでは係り結びの結びの流れ（消滅）になる。

まぢかくは　（ごく）最近では。

六波羅の入道前太政大臣平朝臣清盛公　平清盛は仁安三（一一六八）年、入道（出家して仏道に入ること）して六波羅に邸を構えたので、このような呼び方をする。朝臣は姓《かばね》。三位以上は氏の下に朝臣をつけ、四位以下では名の下につける。公は太政大臣・左右大臣の敬称。清盛は仁安二年二月十一日に内大臣から太政大臣に昇格し、同年五月十七日に辞したので前太政大臣という。太政大臣は太政官の最高の位。

心もことばも及ばれね　「ね」は打消の助動詞「ず」の已然形で「こそ」の結び。

❖語句・表現の解説　九九ページ

摂理　自然界を支配している理法。用例 自然の摂理には逆らえない。

朝敵　朝廷に対して敵対すること。またその人物や集団。

言語に絶する　言葉で言い表すことができないほどはなはだしい程度・状況である。

慣用された　よく使われた。

七五調　五七調とならんで、日本の詩歌などにおける音数律の主な一形式。七音節とそれに続く五音節が一単位となったものをいう。古今和歌集に収められた長歌の一節、「……今は野山し近ければ　春は霞に　たなびかれ　夏はうつせみ　なき暮らし　秋は時雨に　袖を貸し　冬は霜にぞ　責めらるる」などはその例である。

対句《つい》仕立て　対句の形式に文章を構成すること。「対句」は、修辞法の一つで、並置された二つの句が語形や意味上、対応するように作られた表現形式。詩歌・漢文・漢詩・ことわざなどによく用いられる。「万丈の山、千仞《せんじん》の谷」「男は度胸、女は愛敬」などがその典型的な例。

美文調　洗練された美しい語句を用い、修辞上の技巧を凝らした文章の調子。

鎮まらざる亡魂　成仏できない清盛の魂。「ざる」は打消の助動詞「ず」の連体形。

それに悪行ゆえの必滅の　「それ」は「清盛の鎮まらざる亡魂」をさす。

罪業　仏教語で、罪となる悪い行い。読み方は「ざいごう」。

成仏　①悟りを開いて仏果を得ること。②死んで仏になること。

ここでは②の意味。読み方は「じょうぶつ」。

因果論　ある二つのことがらが原因と結果の関係として結びついているとする考え方。

一〇〇ページ

尋常ならざる　普通ではない。とても程度がはなはだしい。

後白河法皇　「法皇」は、譲位した天皇（上皇という）で、仏門に入った人をいう。

平家討伐の計画　一一七七（安元三）年、京都・東山の鹿ケ谷《ししがたに》で行われた平家討伐の密議。『平家物語』によると、同年五月二十九日、多田行綱《ただゆきつな》は東山鹿ケ谷の山荘における後白河院の近臣による平家打倒の謀議を平家方に密告した。驚いた清盛は院の近臣である西光《さいこう》法師、藤原成親《しげちか》・成経《しげつね》父子、平判官康頼《やすより》、俊寛《しゅんかん》僧都ら、謀議にかかわったとされる院の近臣を捕縛し、斬首あるいは流刑に処した。

露見　隠していた悪事や秘密がばれること。

離宮　皇居（御所）とは別に設けられた宮殿。天皇家の別荘。

幽閉　人をある場所に閉じ込めて、外に出られないようにすること。類 監禁。

クーデター　政権や実権を持たない勢力が非合法的な武力行使によって政権や実権を奪うこと。支配階級内部での権力移動であり、体制そのものの変革を目的とする革命とは区別される。

加担　力を貸すこと。助けること。

焼き討ち　火のついた矢を放ったり、直接火をつけたりして敵方を攻めること。

灰燼《かいじん》に帰す　跡形もなくすっかり焼け落ちてしまう。

震撼《しんかん》させる　ふるえあがらせる。

挙兵　兵士を集めて軍事行動を開始すること。

伊豆《いず》で源《みなもとの》頼朝《よりとも》が挙兵し　源頼朝は源義朝《よしとも》の三男。父・義朝が平治の乱で敗れた後、頼朝は伊豆に流されていたが、以仁王《もちひとおう》の命を受けて平氏打倒の兵を挙げた。

内乱　一つの国内において、政権の奪取を目的とする反政府勢力と政府側とによって行われる武力闘争。類 クーデター。

一〇一ページ

勧善懲悪《かんぜんちょうあく》　善事を勧め、悪事を懲らすこと。小説・芝居などで、善玉が最後には栄え、悪玉は滅びるという筋書きによって示されることが多い、道徳的な見解。

国民文学　国民のさまざまな特性を巧みに表現した、その国特有の文学。また、その国で広く国民に愛読されている文学。

通俗的　世間一般で好まれるさま。俗っぽいさま。

期待の地平をくつがえす　「地平」は、大地のなだらかな広がり。遠くまで続く、起伏の少ない大地のこと。どこまでも期待をし続けるが、それをくつがえすということ。

一〇二ページ

木曽義仲《よしなか》の栄光と没落　源義仲（木曽義仲）は、一一八〇（治承四）年、以仁王の命によって挙兵し、都から逃れた以仁王の遺児を北陸宮として擁護し、越中・加賀の国境にある倶利伽羅《くりから》峠の戦闘で平氏の軍勢を破って上洛した。相次ぐ飢饉や平氏の悪行によって荒廃した都の治安回復が期待されたが、治安維持に失敗し、義仲軍の大軍が都に滞在することによる食糧事情の悪化や皇位継承に介入したことなどにより、後白河法皇との関係が悪化した。その後法住寺合戦を経て法皇と後鳥羽天皇を幽閉したが、一一八四（寿永三）年、源頼朝が送った範頼《のりより》・義経《よしつね》軍との粟津《あわづ》の戦いに敗れ、三十一歳で戦死した。（教科書九〇ページ以下の『木曽の最期』参照。）

破竹の勢い　竹の初めの一節を割るとあとは一気に割れるように、勢いが激しくてとどめることができないこと。

称する　ここでは「名づけて賞賛する」の意味。

占拠　ある場所を占領すること。

あえなく　期待や予想に反して、あっけなく物事が終わるさまをいう。用例 優勝候補に挙げられながらあえなく一回戦で敗退した。

周知のように　広く知られているように。読者がその話題についてはある程度理解しているはずだという意識を表す。

兄頼朝によって滅ぼされてしまいます　義経《よしつね》は、源平の合戦の後、兄頼朝の許可を得ることなく官位を受けたことや、平家との戦いにおいて、頼朝の命を得て帯同した梶原景時《かじわらかげとき》らの意見を尊重せず、独断専行によって行動したことなどの怒りを買い、それに対し自立の動きを見せたため、頼朝と対立し朝敵とされた。全国に捕縛の命が伝わると難を逃れ再び奥州・平泉《ひらいずみ》の藤原秀衡《ひでひら》を頼ったが秀衡の死後、頼朝の追及を受けた当主・泰衡《やすひら》に攻められ平泉の衣川《ころもがわ》で自刃し果てた。

『平家物語』がつくられた時点　『平家物語』は、鎌倉時代の初頭、一二〇一年から一二二一年の間に現在の形に近いものが成立したとされる。（教科書九六ページ『平家物語』参照。）ただし、平曲として独特の節回しで琵琶《びわ》法師によって語られ、伝えられていく過程でしだいに改訂されて現在の形になったものである。

一〇三ページ

予定調和　小説・映画・演劇など、また経済や政治などにおいて、読者や観客、民衆などが予想する流れに沿って事態が動き、結果もその予想通りであること。

私たちの読書印象からはおよそずれた理屈　『平家物語』の世界では、悪行によって平家一門が滅び、源氏によって秩序が回復され、王朝の世界は存続するが、実際には善因善果を享受するはずの源氏もわずか三代で滅んだという事実を読者は知っているので、予定調和的に構築される物語世界に違和感をもつということ。「およそ」は、下の「ありません」と呼応して、「まったく」の意味。

一つの世界の終末をかさね合わせています　日常の秩序や価値観も永続的なものではなく、崩壊するというこの世の理を合わせて描いている。

つじつまあわせ　理屈を合わせること。また、筋道が通るように仕組んだり作り上げたりすること。

文章のリズム、または文体の速度　『平家物語』は、流麗な和漢混合文で書かれている。合戦などの場面には漢文脈が多用され、悲劇的な場面では和文体を用いたり和歌を挿入したりする。会話文中には当時の口語や方言なども使われる。これらの工夫によって、文章を読むときのリズム感が自然に出る。

一〇四ページ

それにもかかわらず　『平家物語』の読者は、単に平家一門の没落だけでなく、世界をなりたたせている秩序そのものが崩壊することを痛切にあじわうことになるにもかかわらず。

ねざす　物事が定着する。また、そこに基盤を置く。

許容　大目にみること。そこまではよいとして認めること。

テクスト　①教材とする書物。教科書。②書物の本文。③コンピュータで扱う文字列や文章。ここでは②の意味。

反転させてしまう　根本から変えてしまう。覆す。

❖発問の解説

（九八ページ）

1　**音便形「知らざつしかば」のもとの形は何か。**

解答例　知らざりしかば

解説　「ざつ」の部分は、打消の助動詞「ず」の連用形「ざり」が促音便になったもの。活用語の連用形において、語末が「り」で、次に「し」音が続くとき「り」が促音便「つ」にされることがある。（必ず音便になるわけではない。）現代語では促音便は「っ」と表記するが、古文では「っ」が使われていなかったので、「つ」と表記される。「知ら」は四段活用の動詞「知る」の未然形、「ざつ」は打消の助動詞「ず」の連用形、「しか」は過去の助動詞「き」の已然形、「ば」は接続助詞。現代語訳は「知らなかったので」。

（九九ページ）

2　**「因果論」とは、ここではどのようなことをさしているか。**

解答例　平清盛をはじめとして、平家一門が朝廷にはむかうという悪行を犯した（原因）ために滅びてしまった（結果）こと。

（一〇一ページ）

3　**「私たちの期待」とは、どのような期待か。**

解答例　悪因悪行の平家一門を滅ぼしたのは源氏であるが、それは善因善果の理法にかなうものなので、源氏は長い期間にわたって繁栄を続けてほしいという期待。

（一〇三ページ）

4　**「時代を超える危機」とは、どのようなことか。**

解答例　繁栄をきわめた平家一門が急速に没落したが、それは平家が依拠していた日常的秩序や価値観そのものが根本的に崩壊することを意味するのである。つまり、平家一門やその時代という特定の現象を超えて、この世のあらゆるものが崩壊するという、無常観が厳然として存在するということ。

いる。

❖構成・要旨

〈構成〉

本文は大きく三つの部分に分けることができる。

(1) 序章「祇園精舎」の引用(初め～九九・1)

『平家物語』の序章「祇園精舎」の引用。

(2) 引用された「祇園精舎」の解説(九九・2～15)

序章は『平家物語』の因果律を凝縮する内容であることや、物語の主題・主人公・文体・内容・序章の構想などを述べる。

(3) 『平家物語』の特徴・内容と魅力(一〇〇・1～終わり)

① 『平家物語』の内容と源氏の運命(一〇〇・1～一〇二・1)

因果律によって平家一門は没落するが、平家を滅ぼした源氏もまた滅ぶことを述べる。

② 『平家物語』の本質と魅力(一〇二・2～終わり)

『平家物語』は日常の秩序感覚を反転させる印象を読者に与える作品であるが、今もなお切実な共感をもって読みつがれていることを述べる。

〈要旨〉

『平家物語』は「諸行無常」「盛者必衰」の摂理を語るが、序章はその構想になる。平清盛の「悪行」が頂点に達したところで、源氏との戦いになり、平家は滅ぼされる。その因果論と勧善懲悪はわかりやすい。しかし、源氏もまた滅亡することを見通している。それは日常の秩序感覚や倫理観を根源的に崩す印象を与えるが、時代の転換期にあって切実な共感をもって読みつづけられている。

❖理解の解説

(1) 『平家物語』の序章「祇園精舎」には、どのような思想が読み取れると筆者は述べているか、整理しなさい。

解答例 「諸行無常」と「盛者必衰」の思想。「諸行無常」は、この世のいっさいのものはいつか滅んでいくという考え方で、「盛者必衰」は、どんなに盛んな者も必ず衰えるということで、こうした考えを総合して仏教的無常観ということができる。

(2) 『平家物語』の「木曽の最期」や、その他の巻を読んで、「文章のリズム」(一〇三・15)や「文体の速度」(同)について、どのような印象を持つか、自由に話し合いなさい。

解答例 A君…「木曽の最期」を音読してみると、昔の演芸種目に落語や漫才と並んで講談があるけれど、その講談を自分が演じているような気持ちになる。言葉遣いは漢文訓読体のようで、会話部分も地の文の部分も、とても速いテンポで読むことができる。もちろんこの「木曽の最期」は激しい合戦の場面なので、その雰囲気を出すように工夫されていると思うけれど、その合戦の様子や、木曽義仲、今井四郎など登場人物の心情、そして彼らを通して、当時の武士の一般的な感情や生き方が生き生きと手に取るように伝わってくる気がする。

Bさん…私は教科書にも取り上げられている「木曽の最期」のほか、巻六の「紅葉」や巻七「平維盛都落」などを読んで、それぞれを比較してみました。A君が言ったように、前者はとてもリズム感があり、心情も事実も目まぐるしく展開するにもかかわらず、読む者に鋭く伝わってくるように感じました。それに対して後者は、同じ一つの物語とは思えないほどの「情感」にあふれた文章だと思いました。「紅葉」では、まだ幼い高倉天皇の、故事に通じた優雅な振る舞いを、また「平維盛都落」では、平家の武将で随一の美男子といわれた維盛とその妻子との悲痛な別れを、情感あふれる文章で描いています。それらは、むしろわざとゆったりとしたテンポを意識して、一語ずつ読者の意識に浸透させることをねらっているような気さえしました。これらを合わせると、この世の中のさまざまな相をみごとに描き分けた作品だと思います。

(3) **現代の社会で起きている「私たちの日常的な秩序感覚を反転させてしまう」(一〇四・4)ような出来事の例を挙げて、木曽義仲や義経の滅亡を語る『平家物語』との共通点を考えなさい。**

解答例　義仲や義経は平家との戦いにおいて大きな貢献をした人物であるが、その滅亡は敵と戦った結果ではなく、いわば身内の争いによる自滅だが、その主な原因は自己を過信したことによるものである。義経は、現在では「判官びいき」ということばにもなっているほどの国民的英雄として、映画やドラマではその活躍のプラス面が強調されることが多いが、兄・頼朝の不信をかったのは、義経自身の「源氏のチームワーク」を乱すような、思いあがりの行動が発端であると言われる。

現代では、私たち人類が、まさに義経のような行動をしているように思える。義経が対平家との戦いにおいて、源氏の一員として大きな戦績を残したことは事実である。人間も、これまですばらしい文明を築いてきた。数多くの未知や困難を科学技術で解決し、その恩恵を人々は享受してきた。しかし、欲望はとどまるところを知らず、エネルギーを浪費してより多くの生産や利益を望むために、その犠牲になって地球環境は疲弊を始め、繁栄の影では食糧問題や経済格差で悩む大勢の人を生み出してしまった。地球は、人口の増加と温暖化で自滅するところまで追い込まれている。義経が、「分限」を知らずに官位を望み、周囲の意見を無視して独断で行動したために自滅したように、生物の一員であることをわきまえず、人類がさらに過剰な欲望を満たそうとするなら、現在栄えている文明だけでなく、生存の基盤である地球環境も一気に失うかも知れない危機にあり、まさに「日常の秩序感覚や価値観の地崩れ的な崩壊」を招きかねない状況にある。

第6章　韻文の表現（一）　和歌・俳諧を鑑賞する

和歌

万葉集

❖学習の視点

1　『万葉集』の歌を味わって読む。
2　それぞれの歌人の歌の特色を、歌の調子・内容・用語の面から理解する。
3　句切れ、枕詞などの修辞の効果をとらえる。
4　繰り返し声に出して読み、作者の心情、情景を味わう。

❖作品解説

【万葉集について】

〈名称〉

「万葉」の意味については、①「万《よろず》の言《こと》の葉」（多くの歌を集めたもの）、②「万代」（長期にわたるもの）の二説があるが、「葉」を「言葉」の意味に用いるのは平安時代中期以後のことであり、上代には「葉」を「代・世」の意味に用いた例がしばしば見られるので、現在では②が定説となっている。つまり、万代にわたって作られ、今後も万代に伝わるべき歌の集の意とされる。読み方も中世以降「マンニョウシュウ」と呼びならわされてきたが、現在は一般に「マンヨウシュウ」と読んでいる。

〈撰者〉

『万葉集』がだれの手によって編集されたかについては、正確には分からない。①橘諸兄《たちばなのもろえ》、②橘諸兄と大伴家持、③大伴家持、などの諸説があるが、巻によって編集の様式がさまざまであり、ひとりの手で統一的に編集されたものとは思えない。

〈成立年代〉

撰者と同様、成立年代も明らかではないが、集中、年月の明記されている歌で最も新しいものが、天平宝字三（七五九）年正月一日の大伴家持の作であるところから、成立が七五九年以後であることはまちがいない。しかし、それ以後のいつであるかについては諸説があり、確定できないが、大体八世紀末と見る説が妥当であろう。

〈組織・構成〉

全二十巻、歌数約四千五百余首。大部分が短歌で、長歌約二百七十首、旋頭歌《せどうか》約六十首、仏足石《ぶっそくせき》歌一首などをふくみ、歌の性質による分類と年代順による配列とを併用して編集している。

〈歌風〉

『万葉集』に収録された歌は、きわめて長い年月にわたっており、その間に時代とともに歌風の変遷が見られる。普通、平城京遷都の和銅三（七一〇）年を境に前後二期に分け、それぞれを更に二期に分けて四期とする。この区分に従って歌風の変遷と、各期の代表歌人を見てみよう。

第一期――〜壬申《じんしん》の乱（六七二）頃。

万葉歌風の発生期で、集団的な歌謡から個性的な和歌へと移行していく時期。素朴・純真で力強く、古代的な美しさがある。

雄略天皇・舒明《じょめい》天皇・天智《てんじ》天皇・額田王《ぬかたのおおきみ》・有間皇子《ありまのみこ》。

第二期――〜平城京遷都（七一〇）。

万葉歌風の確立期・隆盛期。五七調が確立し、修辞技巧も豊かに駆使され、重厚・雄健・荘重で格調が高い。

天武天皇・持統天皇・大津皇子・柿本人麻呂・高市黒人《たけちのくろひと》。

第三期――〜聖武天皇の天平五（七三三）年頃。

万葉歌風の完成期。個性が豊かとなり、歌風も多彩となる。写実的・具象的傾向が精緻《せいち》となり、印象鮮明な清澄な世界が現れる。

山上憶良《おくら》・大伴旅人・山部赤人・坂上郎女《さかのうえのいらつめ》・高橋虫麻呂。

第四期――〜天平宝字三（七五九）年頃。

万葉歌風の爛熟《らんじゅく》期。感傷的な繊細美・幽艶《ゆうえん》美が目立ち、素朴・雄健さを失い、平安和歌への過渡期の様相を示す。

大伴家持・笠女郎《かさのいらつめ》・狭野弟上娘子《さののおとがみのおとめ》。

〈表記〉

『万葉集』の時代は、片仮名・平仮名がまだなかったため、表記は、漢字の音訓、またはその一部を用いた、いわゆる万葉仮名である。

例 籠《コ》毛《モ》与《ヨ》　美《ミ》籠《コ》毛《モ》乳《チ》　布《フ》久《ク》思《シ》毛《モ》与《ヨ》　美《ミ》夫《ブ》君《ク》志《シ》持《モチ》（以下略）

〈出典〉

本文は「日本古典文学全集　2〜5」（一九七一〜一九七五年・小学館刊）によっている。

❖本文の研究

あかねさす紫野行き標野《しめの》行き野守《のもり》は見ずや君が袖《そで》振る

〈歌意〉（詞書《ことばがき》）天皇《すめらみこと》、蒲生野《がもうの》に遊猟《みかり》する時に、額田王《ぬかたのおおきみ》の作る歌

紫草の生えている天皇の御料地をあちこち歩き、あなたがそんなに袖をお振りになるのを、野の番人が見てはいないかしら。

〈語釈・語法〉

あかねさす　「日」「紫」にかかる枕詞。

野守　野の番人。

袖振る　額田王の魂を招き寄せようとするような、愛情の表現。

〈品詞分解〉

あかねさす	紫野	行き	標野	行き	野守	は	見
名	名	四・用	名	四・用	名	係助	上一・未

ず	や	君	が	袖	振る
消・終	係助(係)	代	格助	名	四・体

〈鑑賞〉

詞書《ことばがき》にあるように、この歌は天智天皇の薬狩りに随行して、その夕べの宴会の席で詠んだもの。「君」は大海人皇子《おおあまのおうじ》（のちの天武天皇）、「野守」は作者の現在の夫、天智天皇を暗示している。恋の誘いに揺れる女心を歌って巧みであるが、秘密の恋歌ではない。なお、これに答えた大海人皇子の歌は「紫のにほへる妹《いも》を憎くあらば人妻ゆゑに我《われ》恋ひめやも」（紫草のように美しいあなたをいとわしく思うなら、人妻であるあなたに、どうしてわたしが恋をするでしょうか）である。

近江《おうみ》の海夕波千鳥汝《な》が鳴けば心もしのにいにしへ《エ》思ほ《オ》ゆ

〈歌意〉（詞書）柿本朝臣人麻呂《かきのもとのあそみひとまろ》の歌一首

近江の海、その夕波に群がって鳴く千鳥よ。おまえが鳴くと、心もしおれるばかりにうちひしがれて昔の（大津の宮の）ことが思われることよ。

〈語釈・語法〉

近江の海　六音で字余りであるが、この六音によるゆったりした感じでこの歌の全景をうち出している。「オオミノミ」と五音に読む読み方もある。

夕波千鳥　夕波の上に群れ鳴く千鳥よ、という作者の呼びかけ。

しのに　副詞で、ぐったりしおれる感じを表す。

いにしへ《エ》　昔。ここでは、天智天皇の都（大津の宮）のあった昔のこと。

〈品詞分解〉

近江	の	海	夕波千鳥	汝	が	鳴け	ば	心
名	格助	名	名	代	格助	四・已	接助・順確	名

も	しのに	いにしへ	思ほゆ
係助	副	名	下二・終

〈鑑賞〉

初句で大きく全体の情景を打ち出し、続いて細部の千鳥に目を向け、第三句以下で、大津の宮の盛時をしのぶ作者の心情をむせ

ぶがごとく訴えている。余韻嫋々《じょうじょう》たる歌である。

天地の……　田子の浦ゆ……

（反歌）田子の浦ゆうち出でて見ればま白にそ富士の高嶺に雪は降りける

〈歌意〉（詞書）山部宿禰《やまべのすくね》赤人《あかひと》、富士山を仰いで詠んだ歌一首　併せて短歌

天と地が分かれたこの世界の始まりから、神々しく高く尊い駿河の国の富士山の高嶺を、大空をはるかに振り仰いで見ると、空を渡る太陽の姿も隠れ、月の光も見えない。白雲も流れていくのをはばかり、その季節でもないのに雪が降っている。語り伝え、言い伝えていきましょう。この富士山の高嶺のことを。

（反歌）田子の浦を通って開けたところに出て見ると、真っ白に富士山の高嶺に雪が降り積もっていることだ。

〈語釈・語法〉

分かれし時ゆ　分かれた時から。

天の原　大空。

振りさけ見れば　遠く振り仰いで見ると。

時じくそ　その時でもないのに。時節かまわず。

田子の浦ゆ　田子の浦を通って。

〈品詞分解〉

天地（名） の（格助） 分かれ（下二・用） し（過・体） 時（名） ゆ（格助） 神さび（上二・用（接尾）） て（接助） 高く（形・用）
貴き（形・体） 駿河（名） なる（存在・体） 富士（名） の（格助） 高嶺（名） を（格助） 天の原（名）
振りさけ見れ（（複）上一・已） ば（接助・順確） 渡る（四・体） 日（名） の（格助） 影（名） も（係助） 隠ら（四・未）
ひ（継続・用） 照る（四・体） 月（名） の（格助） 光（名） も（係助） 見え（下二・未） ず（消・用） 白雲（名） も（係助）
い行きはばかり（（接頭）（複）四・用） 時じく（形・用） そ（係助（係）） 雪（名） は（係助） 降り（四・用） ける（詠・体（結））
語り継ぎ（（複）四・用） 言ひ継ぎ行か（（複）四・未） む（意・終） 富士（名） の（格助） 高嶺（名） は（係助）
田子の浦（名） ゆ（格助） うち出で（（接頭）（複）下二・用） て（接助） 見れ（上一・已） ば（接助・順確）
ま白に（形動・用） そ（係助（係）） 富士（名） の（格助） 高嶺（名） に（格助） 雪（名） は（係助） 降り（四・用）
ける（詠・体（結））

〈鑑賞〉

五・七音が何度か繰り返され、終わりを五・七・五音で結ぶ形式の歌を長歌と言う。あとに「反歌」として短歌を伴う。「天地の……」は、五・七音の繰り返しが重々しいゆったりしたリズムをつくり、富士山をことほぐ荘重で神々しい雰囲気をかもしている。情景としても、富士の高嶺に対して、姿を隠す太陽、光を失

う月、動かない白雲を配して雄大である。季節を問わずに雪が降り積もる富士山の時空に超越した姿を称揚している。反歌は長歌の壮大な時空間に対し、富士山を仰いで感嘆する作者を配した。海岸から見た富士山の奥行きや雄大さを表現している。

わが園に梅の花散るひさかたの天《あめ》より雪の流れくるかも

〈歌意〉（詞書）梅花《ばいか》の歌三十二首并せて序（一首のみ）

私の園に梅の花が散っていることよ。（この梅の花びらは）空から雪が流れ落ちて来るのだろうかなあ。

〈語釈・語法〉

ひさかたの 「天」「雨」「月」などにつく枕詞。

流れくるかも 流れてくるのだろうかなあ。「かも」は、疑問の意を含んだ詠嘆の終助詞。

〈品詞分解〉

わ（代）　が（格助）　園（名）　に（格助）　梅（名）　の（格助）　花（名）　散る（四・終）　ひさかたの（名）　天（名）

より（格助）　雪（名）　の（格助）　流れくる（（複）カ変・体）　かも（終助）

〈鑑賞〉

梅の花を雪と見立てるのは漢詩や和歌においてしばしば見られる手法である。この歌は二句切れで、上二句で事実を述べ、三句以下でその情景を雪に見立てておおらかに叙述している。作者は大伴旅人《おおとものたびと》。

世の中を憂《う》しとやさしと思へ《エ》ども飛び立ちかねつ鳥にしあらねば

〈歌意〉（詞書）貧窮《びんぐう》問答の歌一首并せて短歌（反歌のみ）

世の中はつらいと思い、また身がやせ細るようだと思うけれども、飛び立って去ることもできない、鳥ではないのだから。

〈語釈・語法〉

憂し つらい。

やさし 「恥し」と当てる。恥ずかしい。身がやせ細るようだ。耐えがたい。

飛び立ちかねつ 「かね」は「……することができない」意の接尾語。「つ」は完了の助動詞。

〈品詞分解〉

世の中（名）　を（格助）　憂し（形・終）　と（格助）　やさし（形・終）　と（格助）　思へ（四・已）　ども（接助・逆確）

飛び立ちかね（（複）下二・用（接尾））　つ（完・終）　鳥（名）　に（断・用）　し（副助）　あら（補動・ラ変・未）　ね（消・已）

ば（接助・順確）

〈鑑賞〉

「貧窮問答の歌」の長歌の末尾の三句「かくばかり　すべなきものか　世の中の道」を受け、やや角度を変えて歌ったもの。四句切れで、結句「鳥にしあらねば」と四句「飛び立ちかねつ」は倒置されている。貧者の、逃れようのない、せっぱつまった悲しさがよく表現されている。作者は山上憶良《やまのうえのおくら》。

石走る垂水の上のさわらびの萌え出づる春になりにけるかも

〈歌意〉（詞書）志貴皇子《しきのみこ》の懽《よろこ》びの御歌一首

岩の上を音を立てて流れ落ちる滝のほとりにわらびが芽を出す春になったのだなあ。

〈語釈・語法〉

石走《いわばし》る 「垂水」に係る枕詞。

垂水 滝。瀑布。

さわらび 芽を出したばかりのわらび。

なりにけるかも なったのだなあ。「かも」は詠嘆を表す終助詞。

〈品詞分解〉

石走る	垂水	の	上	の	さわらび	の	萌え出づる
四・体	名	格助	名	格助	名	格助	(複)下二・体

春	に	なり	に	ける	かも
名	格助	四・用	完・用	詠・体	終助

〈鑑賞〉

「石ばしる垂水」の清冽な力強さと「さわらび」の繊細さを対照させた。春の到来を素朴に喜ぶ心が現代人にも共感を呼ぶ。

夏の野の繁《しげ》みに咲ける姫百合《ひめゆり》の知らえぬ恋は苦しきものそ

〈歌意〉（詞書）大伴坂上郎女《おおとものさかのうえのいらつめ》の歌一首

夏の野の草の繁みにひっそりと咲く姫百合のように、人に知られぬ恋は苦しいものですよ。

〈語釈・語法〉

知らえぬ 人に知られていない。「え」は、上代の受身の助動詞「ゆ」の未然形。

苦しきものそ 「そ」は係助詞「ぞ」と同じで、上代には清音に用いる場合がある。断定の意を強める。

〈品詞分解〉

夏	の	野	の	繁み	に	咲け	る	姫百合	の
名	格助	名	格助	名	格助	四・命	存・体	名	格助

知ら	え	ぬ	恋	は	苦しき	もの	そ
四・未	受・未	消・体	名	係助	形・体	名	係助

〈鑑賞〉

人知れぬ恋の苦しみを歌っている。上三句は「知らえぬ」を導く序詞《じょことば》であるが、夏の野にひっそりと咲く百合のイメージが、心情を表現して効果的である。

君が行く道の長手を繰り畳《たた》ね焼きほろぼさむ《ン》天《あめ》の火もがも

〈歌意〉（詞書）中臣朝臣宅守《なかとみのあそみやかもり》と狭野弟上娘子《さののおとがみのおとめ》との間に交わされた贈答の歌（のうち一首）

あなたが行く道の、その長い道をたぐり寄せて、たたんで焼き滅ぼしてしまう天の火がほしいものだなあ（そうして道を焼いてしまえば、あなたは行けなくなってしまうのに）。

〈語釈・語法〉

繰り畳《たた》ね　たぐり寄せてたたんで。「たたね」は下二段動詞「たたぬ」の連用形。

天の火もがも　「もがも」は願望の終助詞。…があったらなあ、の意。実現が難しいことに対する願望を表す。

〈品詞分解〉

君（名）が（格助）行く（四・体）道（名）の（格助）長手（名）を（格助）繰り畳ね（（複）下二・用）
焼きほろぼさ（（複）四・未）む（婉・体）天（名）の（格助）火（名）もがも（終助）

〈鑑賞〉

流罪となった恋人を思う、ひたむきで情熱的な恋の歌である。『万葉集』には、恋人中臣宅守が流罪となった時、二人の間で交わされた贈答歌が、六三首という異例な多さで載せられている。この歌に答えた中臣宅守の歌は、「吾妹子《わぎもこ》に恋ふるに我《われ》はたまきはる短き命も惜しけくもなし」（わたしのいとしい人よ。あなたを恋い慕うわたしは、この短い命も惜しくはないのだ。）というものである。

多摩川《たまがわ》にさらす手作りさらさらになにそこの児《こ》のここだかなしき

〈歌意〉 多摩川で（さらさらと）さらす手織りの布のように、いまさらながら、どうしてこの子がこんなにいとしいのだろうか。

〈語釈・語法〉

さらさらに　水で「さらさらと」洗うことと、「さらにさらに（いまさらながら）」の意とを掛けている。一・二句は「さらさらに」の序詞。

なにそ　「そ（ぞ）」は疑問の係助詞。結びは「かなしき」（形容詞の連体形）。

ここだ　副詞。こんなに。たくさん。

かなし　ここは「愛し」の字が当てはまり、いとしいの意。

〈品詞分解〉

多摩川（名）に（格助）さらす（四・体）手作り（名）さらさらに（副）なに（副）そ（係助（係））
こ（代）の（格助）児（名）の（格助）ここだ（副）かなしき（形・体（結））

〈鑑賞〉

生き生きとした労働の歌である。「さ」の音、「こ」の音の繰り返しで、快いリズムが生きている。作者不明の東歌《あずまうた》。

父母が頭《かしら》かきなで幸《さ》くあれて言《イ》ひし言葉《けとば》ぜ忘れかねつる

〈歌意〉 父母が、私の頭をなでて、無事でいなさいと言ったことばが忘れられないことだ。

〈語釈・語法〉

幸くあれて　「幸《さ》く」は「さきく」のつづまったもの。無事に、つつがなく、の意の副詞。「て」は「と」の東国方言。

言葉《けとば》ぜ　「けとば」は「ことば」の、「ぜ」は強意の係助詞「ぞ」の東国方言。

〈品詞分解〉

名	格助	名	(複)下二・用	副	ラ変・命	格助	四・用	過・体
父母	が	頭	かきなで	幸く	あれ	て	言ひ	し

名	係助(係)	下二・用(接尾)	完・体(結)
言葉	ぜ	忘れかね	つる

〈鑑賞〉

父母と防人に旅立つその子の相互の愛情が、素朴・純粋に歌われている。旅立ちに際して頭をなでることが、無事を祈る願いを表したようである。

うららかに照れる春日《はるひ》にひばりあがり心悲しもひとりし思へ《エ》ば

〈歌意〉（詞書）二月二十五日に作った歌一首

うららかに照っている春の日に、ひばりがあがって、なんとなくもの悲しいことであるよ。ひとりでもの思いに沈んでいると。

〈語釈・語法〉

うららかに　のどかに。うららかに。

照れる　「照る」の命令形（已然形）に、存続の助動詞「り」の連体形がついた形。

ひとりし思へ《エ》ば　「し」は強意の副助詞。「ひとりし思へば心悲しも」と続く。

〈品詞分解〉

副	四・命	存・体	名	格助	名	四・用	名
うららかに	照れ	る	春日	に	ひばり	あがり	心

形・終	終助	名	副助	四・已	接助・順確
悲し	も	ひとり	し	思へ	ば

〈鑑賞〉

上三句の明るいのどかな春の風景が、一転して下二句の沈鬱《ちんうつ》な心境に移っていく。この明と暗の融合した微妙な哀感は、家持独自の世界であると言えよう。

この歌には、次のような左注（後書き）がついている。

「春日遅々にして、うぐひすただに啼《な》く。悽惆《せいちう》の意（心がはれない）歌にあらずは撥《はら》ひ難し。よりてこの歌を作り、式《も》ちて締緒（結ばれた心）を述ぶ。」

歌によらなくては癒《いや》されない愁いと悲しみは、近代詩にも通じる新しい意識を感じさせ、時代が中世へと移りつつあることを表している。作者は大伴家持《おおとものやかもち》。

❖理解・表現の解説

〈理解〉

(1)　これらの歌を、句切れやリズムに注意して、繰り返し声に出して読みなさい。また、好きな歌を暗唱し、心ひかれた理由を文章にまとめなさい。

解説　それぞれの歌の情景や作者の心情を味わいながら、

繰り返し読んでみるとよい。歌に対する好みは、各人各様であろうが、多くの歌に接していると、おのずから好みが出てくるものである。

(2)「近江の海」「天地の」「わが園に」の歌では、風景はどのように描かれているか、説明しなさい。

解答例 「本文の研究」参照。「近江の海」は、広い湖、夕波、千鳥の声が一体となっている。「天地の」は富士山の神々しさを太陽や月、雲などと対比させている。「わが園に」は、散る花を雪と見立てていることで、華やかな梅の花が空をふさぐように散る風景を生き生きと描いている。

〈表現〉

(1)「夏の野の」の歌と「多摩川に」の歌を比較して、序詞《じょことば》とはどのようなものか、考えなさい。

解説 「夏の野の」は、上三句が「知らえぬ」を導く序詞である。「夏の野の繁みに咲ける姫百合」が、人に知られずひっそりと咲いている、というイメージから「知らえぬ」が出てくる。意味の上から作られている。一方、「多摩川に」は上二句が「さらさら」を導く序詞である。これは、「さらさら」の音に引かれて作られているが、多摩川に布をさらすという東国の人々の労働を表すイメージでもある。このように、枕詞《まくらことば》より長く、ある語句や音を導き出す表現が序詞であるが、内容にぴったりしたイメージをも表していることに注意しよう。

古今和歌集

❖学習の視点

1 『古今和歌集』の歌を味わって読む。
2 それぞれの歌人の歌の特色を、歌の調子・内容・用語の面から理解する。
3 句切れ、掛詞、縁語などの修辞の効果をとらえる。
4 繰り返し声に出して読み、作者の心情、情景を味わう。

❖作品解説

【古今和歌集について】

〈名称〉

「古今の和歌を集めたもの」の意。「古」は『万葉集』以後、「今」は編集当時をさしている。

〈撰者〉

醍醐《だいご》天皇の勅命によって編集された勅撰《ちょくせん》集である。「仮名序」に、紀友則《きのとものり》・紀貫之《つらゆき》・凡河内躬恒《おおしこうちのみつね》・壬生忠岑《みぶのただみね》らに命じて撰《えら》ばせたと記されている。

〈成立年代〉

「仮名序」に延喜《えんぎ》五（九〇五）年四月一八日の日付があるが、これは勅撰の命の下された日と思われる。集中に延喜一三年三月一三日の歌合わせの歌が入っているところから、完成して奏上したのは延喜一三、四年頃と思われる。

〈組織・構成〉

全二十巻。巻頭に「仮名序」、巻末に「真名序《まな》」が添えられており、歌の起源や変遷、編集の由来などが述べられている。

収録された歌数は伝本により異なるが、約千百首である。これを、春上下・夏・秋上下・冬・賀・離別・羇旅《きりょ》・物名《もののな》・恋一～五・哀傷・雑上下・雑体・大歌所御歌《おおうたどころのみうた》の十三部・二十巻に分類している。

〈歌風〉

『古今集』に収録された歌の年代は約百五十年にわたる。これを歌風の上から普通三期に分けている。

第一期――読み人知れずの時代

『万葉集』の最も新しい歌は天平宝字三年（七五九）の大伴家持《おおとものやかもち》の歌であるが、これ以後、約八十年間を「読み人知らずの時代」と呼んでいる。

「読み人知らず」の歌には、文字どおり作者不明のもののほか、作者の身分が低くて名を出すことをはばかったものや、高貴の人が何らかの事情で故意に名を表さなかったものなどがあり、すべてが古い歌とは言えないが、大部分は『万葉集』以後、六歌仙時代以前のものである。

歌集は古今調よりも万葉調に近いものが多く、いわばその中間にあると言えよう。

第二期――六歌仙の時代

八八七年ころまでの約五十年間。遍昭《へんじょう》・在原業平《ありわらのなりひら》・文屋康秀《ふんやのやすひで》・喜撰《きせん》・小野小町《おののこまち》・大伴黒主《おおとものくろぬし》ら六歌仙の活躍した時代で、歌風は素朴な万葉風から離れて、次第に技巧的になってきている。

第三期――撰者の時代

前述した四人の撰者たちの活躍した時代で、約二十年間。この時期は、いわゆる古今調の完成した時期で、婉曲《えんきょく》・優美・繊細な理知的歌風で、序詞《じょことば》・縁語などの修辞的技巧が駆使されており、以後の王朝和歌の規範とされた。

〈出典〉

本文は「日本古典文学全集 7」（一九七一年・小学館刊）によった。

❖本文の研究

見わたせば柳桜をこきまぜて都ぞ春の錦《にしき》なりける

〈歌意〉（詞書）花盛りに京を遠くから見て詠める〈春〉

桜の花の盛りに、京の市中をながめて詠んだ歌。はるかに都の方を見わたすと、柳の緑と花の紅を混ぜ合わせて、都こそ春の錦であったよ。

〈語釈・語法〉

都ぞ春の錦 「ぞ」は強調の係助詞。「ける」が結びで連体形。

「秋の錦」は秋の山の紅葉の形容であるが、それに対して、都は「春の錦」だ、と強調している。

〈品詞分解〉

見わたせ（複）四・已　ば 接助・順確　柳 名　桜 名　を 格助　こきまぜ 下二・用　て 接助　都 名
ぞ 係助（係）　春 名　の 格助　錦 名　なり 断・用　ける 詠・体（結）

〈鑑賞〉

柳の緑、花の紅と色彩の美しさに感嘆し、下二句で「春の錦」と強調している。「柳桜をこきまぜて」の表現がいかにも実感的である。作者は素性《そせい》。

さくら花散りぬる風のなごりには水なき空に波ぞ立ちける

〈歌意〉（詞書）亭子院《ていじのいん》の歌合《うたあわせ》の歌〈春〉

桜の花を散らした風はおさまったが、風のなごりとして空にはまだ花びらが舞っている。（波は水面に立つものであるが）それは水のない空に波が立っているようだ。

〈語釈・語法〉

なごりには　なごりとして。余波として。「に」は格助詞。「は」は意味を強める係助詞。

水なき空に波ぞ立ちける　水のない空に、なんと波が立っていることだなあ。詠嘆の助動詞「ける」は「ぞ」の結びで連体形。空に舞い上がった花びらを波にたとえているのである。

〈品詞分解〉

さくら花 名　散り 四・用　ぬる 完・体　風 名　の 格助　なごり 名　に 格助　は 係助　水 名
なき 形・体　空 名　に 格助　波 名　ぞ 係助（係）　立ち 四・用　ける 詠・体（結）

〈鑑賞〉

「水なき空」は、空を池に見立てている。「散る花」は「波」の見立てで、いかにも貫之らしい技巧的で絵画的な歌である。作者は紀貫之《きのつらゆき》。

五月《さつき》待つ花橘《はなたちばな》の香《か》をかげば昔の人の袖《そで》の香ぞする

〈歌意〉（詞書）題知らず〈夏〉

五月の来るのを待って咲くたちばなの香をかぐと、昔なじみのあの人の袖にたき込めた香のかおりがすることだ。

〈語釈・語法〉

昔の人　昔なじみの人。ここでは女性であろう。

袖の香ぞする　「ぞ」は係助詞。「する」は「す」の連体形。

〈品詞分解〉

五月 名　待つ 四・体　花橘 名　の 格助　香 名　を 格助　かげ 四・已　ば 接助・順確　昔 名　の 格助
人 名　の 格助　袖 名　の 格助　香 名　ぞ 係助（係）　する サ変・体（結）

〈鑑賞〉

古来愛唱されてきた歌である。「昔の人」とは、以前愛し合っていたが、今は別れていった恋人のことであろう。恋のせつなさを根底にすえて、たちばなの香の優雅さを詠嘆している。

風吹けば落つるもみぢ《ジ》葉水きよみ散らぬかげさへ《エ》底に見えつつ

〈歌意〉（詞書）池のほとりで紅葉の散るのを見て詠んだ歌〈秋〉

風が吹くと、散り落ちるもみじの葉が（池の面に浮いているが）、水が澄んでいるので、散らずに枝についている葉の影までが（池に映って）水底に見えることよ。

〈語釈・語法〉

水きよみ　形容詞「清し」の語幹「きよ」に接尾語「み」が付いたもの。

散らぬかげさへ《エ》　「さへ」は添加の意味の副助詞。

見えつつ　「つつ」は反復の接続助詞。見え見えして。

〈品詞分解〉

名	四・已	接助・順確	上二・体	名	名	形(幹)(接尾)
風	吹け	ば	落つる	もみぢ葉	水	きよみ

四・未	消・体	名	副助	名	格助	下二・用	接助
散ら	ぬ	かげ	さへ	底	に	見え	つつ

〈鑑賞〉

散ったもみじは水面に浮かび、まだ散っていないもみじは、その影を水面に映して、まるで底に沈んで見える、という対照の妙を巧みによんでいる。作者は凡河内躬恒《おおしこうちのみつね》。

冬ながら空より花の散りくるは雲のあなたは春にやあるらむ《ン》

〈歌意〉（詞書）雪が降っているのを詠んだ歌〈冬〉

冬なのに空から花が散って来るのは、きっと雲の向こう側は春であるからでありましょう。

〈語釈・語法〉

冬ながら　「ながら」は状態を表す接続助詞。

花の　花が。「の」は主格の格助詞。この花は「雪」のこと。

春にやあるらむ《ン》　春であるからであろうか。「らむ」は現在の事実について推量する助動詞「らむ」の連体形で、係助詞「や」の結び。

〈品詞分解〉

名	接助	名	格助	名	格助	(複)カ変・体	係助	名	格助
冬	ながら	空	より	花	の	散りくる	は	雲	の

代	係助	名	断・用	係助(係)	補動・ラ変・体	現推・体(結)
あなた	は	春	に	や	ある	らむ

〈鑑賞〉

降る雪を花にたとえ、花が降る以上は、雲のあちら側は今、春の盛りなのだろうというのである。「見立て」の歌で、『古今和歌集』によく見られる理屈の勝った詠みぶりである。作者は清原深養父《きよはらのふかやぶ》。

春日《かすが》野の雪間《ゆきま》をわけて生《お》ひ《イ》出《い》でくる草のはつかに見えし君は《ワ》も

〈歌意〉（詞書）春日神社の祭りに出かけた時に、祭りの見物に出ていた女のところへ、その（女の）家をつきとめて贈った歌〈恋〉

春日野の雪の間を分けて出てくる草のように、ほんのちょっとだけ見えたあなたよ。（なんといとしいことだろう。）

〈語釈・語法〉

まかる　ここは、伺うの意。

はつかに　ここは、ほのかにの意。

君は《ワ》も　君よ。君であることよ。「は」は他と区別する係助詞。「も」は詠嘆の終助詞。

〈品詞分解〉

春日野	の	雪間	を	わけ	て	生ひ出でくる	草	の	はつかに	見え	し	君	は	も
名	格助	名	格助	下二・用	接助	(複)カ変・体	名	格助	形動・用	下二・用	過・体	名	終助	終助

〈鑑賞〉

序詞が単に形式だけのものではなく、「雪間」「生ひ出でくる草」というように、いかにも若い女性のすがすがしい美しさを感じさせる。ういういしい恋の歌である。作者は壬生忠岑《みぶのただみね》。

思ひ《イ》つつ寝《ぬ》ればや人の見えつらむ《ン》夢と知りせばさめざらましを

〈歌意〉（詞書）題知らず〈恋〉

恋しい人を思いながら寝たので、夢にあの人が現れたのだろうか。夢と知っていれば目を覚まさずにいたものを（夢と知らずに目覚めてしまった）。

〈語釈・語法〉

寝ればや人の見えつらむ　「ば」は順接確定の接続助詞。「や」は疑問の意味の係助詞。推量の助動詞「らむ」で結ぶ。

知りせばさめざらましを　「〜ば〜まし」の形で反実仮想を表す。もし〜ならば、の意味となる。「を」は詠嘆の間投助詞。目覚めてしまって残念な気持ちを込めている。

〈品詞分解〉

思ひ	つつ	寝れ	ば	や	人	の	見え	つ
四・用	接助	下二・已	接助・順確	係助	名	格助	下二・用	完・終

らむ	夢	と	知り	せ	ば	さめ	ざら
原推・体(結)	名	格助	四・用	過・未	接助・順仮	下二・未	消・未

まし	を
反実仮想・体	間助

〈鑑賞〉

当時女性は、恋人が通ってこなければ会うことのできない状況にあり、せめて夢で会いたいという思いを募らせている。「〜や〜らむ」の係り結びの表現で、あまりの恋しさゆえに、夢に恋人が現れたのだろうかという強い因果の思いを強調している。「さめざらましを」は目覚めないでいたものを、残念ながら目覚めてしまった、という言い方。夢は必ず覚めるものだが、その不可能なことを願わずにはいられない恋心を表現している。作者は小野小町。

さくら花散りかひ《イ》くもれ老いらくの来む《ン》といふ《ウ》なる道まがふ《ウ》がに

〈歌意〉（詞書）堀河《ほりかわ》の太政大臣《だいじょうだいじん》の四十歳のお祝いが、その九条の家で催された時に詠んだ歌〈賀〉

桜花よ散り乱れて空を曇らせよ。老いというものの来るという道が、隠されて分からなくなるほどに。

〈語釈・語法〉

散りかひ《イ》　互いに散り乱れる。「かひ《イ》」は「かふ」（交ふ）の連用形で、交差する、交わる意。

老いらく　「老ゆらく」の変化したもの。

まがふ《ウ》がに　「がに」は、接続助詞。ばかりに、ために、ように、などの意を持つ。ここでは「ばかりに」。

〈品詞分解〉

さくら花	散りかひくもれ	老いらく	の	来	む	と	いふ	なる	道	まがふ	がに
名	(複)四・命	名	格助	カ変・未	推・終	格助	四・終	伝体	名	四・体	接助

〈鑑賞〉

「老い」が道に迷って来られないようにと、「老い」を擬人化しているところが巧みである。いつまでも若々しくあってほしいという気持ちをこめた点も、賀の歌として新鮮。二句切れ。作者は在原業平《ありわらのなりひら》。

天《あま》の原《はら》ふりさけ見れば春日《かすが》なる三笠《みかさ》の山に出《い》でし月かも

〈歌意〉（詞書）唐（中国）にて月を見て詠んだ。〈羇旅《きりょ》〉

大空を振り仰いで見ると、故郷の春日にある三笠山に出ていたあの月と同じ月が出ていることだなあ。

〈語釈・語法〉

春日なる　故郷の春日にある。

出でし月かも　出ていた月だなあ。

〈品詞分解〉

天の原	ふりさけ見れ	ば	春日	なる	三笠の山	に	出で	し	月	かも
名	(複)(接頭)上一・已	接助・順確	名	存在・体	名	格助	下二・用	過・体	名	終助

〈鑑賞〉

作者の安倍仲麿《あべのなかまろ》は十六歳で唐に留学して皇帝に仕え、五十年以上を過ごしたが、ついに帰国を果たせなかった。唐の広大な空に出た月を振り仰ぎ、故郷でかつて見た月を重ねて懐かしんでいる。「春日」「三笠山」などの地名が、望郷の思いにリアリティをもたせている。

泣く涙雨と降らなむ《ン》渡り川水まさりなば帰りくるがに

〈歌意〉（詞書）妹の亡くなった時に詠んだ歌〈哀傷〉

わたしの泣く涙が、あの世で雨となって降ってほしい。あの三途の川の水が増したら、妹は渡れなくてこの世に帰ってくるだろうから。

〈語釈・語法〉

雨と降らなむ《ン》 「なむ」は、他への願望の終助詞。動詞の未然形につく。降ってほしい。

帰りくるがに 「がに」は接続助詞。期待・予想を表す。動詞または動詞型の連体形につく。

〈品詞分解〉

泣く	涙	雨	と	降ら	なむ	渡り川	水	まさり
四・体	名	名	格助	四・未	終助	名	名	四・用

な	ば	帰りくる	がに
完・未	接助・順仮	(複)カ変・体	接助

〈鑑賞〉

「妹」は、おそらく恋人のことだろう。「哀傷」の部の冒頭に置かれた歌。涙―雨、渡り川―水まさる、というような具体的なイメージで深い悲しみを歌って、真情が率直に表現されている。

『古今和歌集』初期の歌風である。作者は小野篁《おののたかむら》。

❖理解・表現の解説

〈理解〉

(1) **これらの歌を、句切れやリズムに注意して、繰り返し声に出して読みなさい。また、好きな歌を暗唱し、心ひかれた理由を文章にまとめなさい。**

解説 音読するときには、歌の句切れを正しくとらえ、情景や作者の心情を味わいながら読むとよい。また、歌に対する好みは、人によってそれぞれであろうが、多くの歌に接していると、おのずから各人の好みが出てくるものである。どこに心ひかれたのか、〈鑑賞〉の項などを参考として、内容（情景・心情）と形式（表現技法）の両面から考えてみよう。

(2) **「さくら花散りぬる風の」の歌と「風吹けば」の歌には、それぞれどのような風景が詠まれているか、説明しなさい。**

解説 「本文の研究」の項参照。いずれも『古今和歌集』らしい技巧の勝った歌であるが、「さくら花…」の「見立て」の技法に注目しよう。

(3) **「冬ながら」の歌と『万葉集』「わが園に」の歌を比較して、季節の感じ方の違いをまとめなさい。**

解答例 「わが園に」は、梅の花の散る中で雪を連想し、「冬ながら」の歌は、冬のさなかに雪から花を連想している。『古今和歌集』の時代の人々にとって「花」「春」が、抽象化された季節の概念になっていたことがうかがえる。

〈表現〉

(1) 「風吹けば」の歌の「水きよみ」、「思ひつつ」の歌の「夢と知りせばさめざらましを」を、それぞれ現代語に訳しなさい。

解答例 「水きよみ」は「水が清いので」。「きよ」は形容詞「清し」の語幹に接尾語「み」が付いたもの。理由、原因を表す。「夢と知りせばさめざらましを」は「夢だと知っていたなら目覚めなかったものを。知らないで目覚めてしまった」。「まし」は反実仮想の助動詞。

(2) 「泣く涙」の歌の「降らなむ」を品詞に分け、文法的に説明しなさい。

解答例 「降ら／なむ」。「降ら」は四段活用動詞「降る」の未然形。「なむ」は他への願望の意味の終助詞。降らないでほしい、の意味である。

新古今和歌集

❖学習の視点

1 『新古今和歌集』の歌を味わって読む。
2 それぞれの歌人の歌の特色を、歌の調子・内容・用語の面から理解する。
3 体言止め、本歌取りなどの修辞の効果をとらえる。
4 繰り返し声に出して読み、作者の心情、情景を味わう。

❖作品解説

【新古今和歌集について】

〈名称〉
「新しい古今和歌集」の意から、『古今和歌集』を模範としながらそれを乗り越えた集を作ろうとした撰者たちの意欲がうかがえる。

〈撰者〉
後鳥羽《ごとば》上皇の院宣《いんぜん》により、源通具《みちとも》・藤原有家《ありいえ》・藤原定家《さだいえ》・藤原家隆《いえたか》・藤原雅経《まさつね》の五人が撰進した。和歌集撰進の院宣はこの他、寂蓮《じゃくれん》を加えた六人に下されたのであったが、寂蓮はまもなく没したので、実際に撰集の事にあたったのは、上記の五名である。

〈成立年代〉

仮名序に、「時に元久二年三月二十六日になむしるし終はりぬる。」とあるところから、元久《げんきゅう》二（一二〇五）年に成立したことが明らかになっている。なお『新古今集』は後鳥羽上皇の意思により、その後もしばしば改訂が行われている。このような改訂の作業を「切継《きりつぎ》」と言う。

〈組織・構成〉

全二十巻。『古今集』と同じく、「仮名序」と「真名序」が添えられている。しばしば切継が行われているので、歌数は伝本によって異なるが、約千九百七十八首である。それを、春上下・夏・秋上下・冬・賀・哀傷・離別・羇旅《きりょ》・恋一～五・雑上中下・神祇・釈教の十二部、二十巻に分類している。

〈歌風〉

『万葉集』の素朴な力強さ、『古今集』の理知的な優雅さと異なり、しみじみとわきあがる余情を象徴的に表現している。

採録された歌は当代の代表歌人の歌が最も多く、西行《さいぎょう》（九四首）・慈円（九一首）・藤原良経《よしつね》（七九首）・藤原俊成《としなり》（七二首）・式子《しょくし》内親王（四九首）・藤原定家（四六首）・藤原家隆（四三首）・寂蓮（三五首）・後鳥羽院（三三首）が採録歌数の多い順である。当代以前の歌人では、紀貫之（三二首）・和泉式部（二五首）・柿本人麻呂（二三首）などの歌が多い。

形式上から見ると、本歌取り、初句切れ、三句切れ、体言止めなどの技巧が特徴的である。

〈出典〉

本文は「日本古典文学全集　26」（一九七四年・小学館刊）によった。

❖本文の研究

春の夜の夢の浮橋《うきはし》とだえして峰に別るる横雲の空

〈歌意〉（詞書）守覚法親王《しゅかくほうしんおう》が五十首の歌をお詠ませになられたときに詠んだ歌〈春〉

春の夜の夢が途中でさめて（まださめきらぬ心地であたりを見渡すと）山の峰から横雲が離れようとしているあけぼのの空よ。

〈語釈・語法〉

よませはべり　「はべり」は丁寧の補助動詞。親王に対してなら尊敬の「たまひ」を使うべきところであるが、ここは『新古今和歌集』を編集された後鳥羽上皇に対してのことばづかいになっている。

夢の浮橋　夢のこと。「夢」はさめやすくたよりのないもの、「浮橋」も水に浮かぶたよりのないものであるところから「夢の浮橋」という語が生まれた。

とだえして　「とだえ」は橋の縁語。

峰に別るる　「に」は、より・からの意の格助詞。

〈品詞分解〉

春（名） の（格助） 夜（名） の（格助） 夢（名） の（格助） 浮橋（名） とだえし（サ変・用） て（接助） 峰（名） に（格助） 別るる（下二・体） 横雲（名） の（格助） 空（名）

〈鑑賞〉

なまめかしさとあわれさとが渾然《こんぜん》一体となった集中の代表的名歌の一つである。区切れがなく、最後を体言止めにしたことで夢幻的な余韻をただよわせている。「春」の部に入っているが、夢ともうつつともつかぬ世界が、恋人との逢瀬《おうせ》の朝の恍惚《こうこつ》とした気分を思わせ、恋の歌ともとれる。作者は藤原定家《ふじわらのさだいえ》。

風通《ウ》ふ寝覚めの袖《そで》の花の香にかを《オ》る枕《まくら》の春の夜の夢

〈歌意〉（詞書）千五百番の歌合《うたあわせ》に詠んだ歌〈春〉

夜明け方、風が吹き通ってきて目覚めると、袖は花の香にかおっている。枕も花の香にかおっている。この枕で見ていた春の夜の夢は、なんと甘美だったことか。

〈語釈・語法〉

風通《かよ》ふ　花を吹き散らしている風が吹き通ってくる。

〈品詞分解〉

風（名） 通ふ（四・体） 寝覚め（名） の（格助） 袖（名） の（格助） 花（名） の（格助） 香（名） に（格助） かをる（四・体） 枕（名） の（格助） 春（名） の（格助） 夜（名） の（格助） 夢（名）

〈鑑賞〉

春風、寝覚めの袖、花の香にかおる枕のいずれもが、春の夜の艶《えん》な夢を演出している。落花を詠んでいるが、この歌も、恋の夢をイメージさせる美しい調べである。これも体言止めに余韻がある。作者は藤原俊成女《ふじわらのとしなりのむすめ》。

うちしめりあやめぞかを《オ》るほととぎす鳴くや五月《さつき》の雨の夕暮れ

〈歌意〉（詞書）五首の歌を人々に詠ませました時、夏の歌として詠みました。〈夏〉

しっとりとした湿気のなかで菖蒲が薫り高い。ほととぎすが鳴く五月の雨の夕暮れであるよ。

〈語釈・語法〉

あやめ　現在の菖蒲。香りが強いので端午の節句に軒に挿したり湯に入れたりして邪気を払った。

鳴くや　鳴いているなあ。「や」は詠嘆の間投助詞。

〈品詞分解〉

うちしめり（（接頭）四・用） あやめ（名） ぞ（係助（係）） かをる（四・体（結）） ほととぎす（名） 鳴く（四・体）

や（間助） 五月（名） の（格助） 雨（名） の（格助） 夕暮れ（名）

〈鑑賞〉

本歌は「ほととぎす鳴くや五月のあやめ草あやめも知らぬ恋もするかな」（読み人知らず『古今和歌集』）。初句・二句までが「あやめ」に係る序詞。「うちしめり」の歌は、恋の迷いを詠んだ本歌の序詞を取り入れつつ、あやめの香りと鳥の声、雨の湿気、薄暗い夕暮れといった、五感を柔らかく刺激する自然の情感を表現している。旧暦五月は現在では六月。作者は藤原良経。

さびしさはその色としもなかりけり真木《まき》立つ山の秋の夕暮れ

〈歌意〉（詞書）題知らず〈秋〉

この寂しさは、特に一つの色かたちのゆえというのではない。杉や檜《ひのき》の常緑樹が立っている山の秋の夕暮れの寂しさよ。

〈語釈・語法〉

真木立つ 「槙」は「ま木」。「ま」は美称の接頭語。

〈品詞分解〉

さびしさ（名） は（係助） そ（代） の（格助） 色（名） と（格助） し（副詞） も（係助） （しも（副助））
なかり（形・用） けり（詠・終） 真木（名） 立つ（四・体） 山（名） の（格助） 秋（名） の（格助） 夕暮れ（名）

〈鑑賞〉

どこがどういうのでなく、風景のすべてが寂しい、と言うのである。墨絵のような枯れた閑寂の世界を歌っている。体言止めに余韻がある。作者は寂蓮。次の二首とともに「三夕《さんせき》の歌」として知られている。三句切れ。

心なき身にもあはれは知られけりしぎ立つ沢の秋の夕暮（西行法師）

見渡せば花ももみぢもなかりけり浦のとまやの秋の夕暮（藤原定家）

志賀《しが》の浦や遠ざかりゆく波間より凍りて出《い》づ《ズ》る有明《ありあけ》の月

〈歌意〉（詞書）摂政太政大臣《せっしょうだいじょうだいじん》の家の歌合に、湖上の冬の月を詠んだ歌〈冬〉

志賀の浦よ、その岸べから、凍っていくにつれてだんだん遠くなってゆく波の、その波間から凍ったように冷たくさえて出てくる有明の月よ。

〈語釈・語法〉

遠ざかりゆく 氷が岸べからしだいに沖へ張りつめてゆき、すでに氷の張ってしまったところは波が立たないので、波打ちぎわが遠ざかるのである。教科書一一七ページ脚注13の「本歌」を踏まえている。

凍りて出づ《ズ》る 月が冷たくさえきって見える。

有明《ありあけ》の月　夜が明けて、なお空に残っている月。

〈品詞分解〉

名	格助	名	間助	(複)四・体	名	格助	四・用
志賀	の	浦	や	遠ざかりゆく	波間	より	凍り

接助	下二・体	名	格助	名
て	出づる	有明	の	月

〈鑑賞〉

澄みきった静かな、しかも身のしまるような寂しさをたたえた情景である。体言止めが、全体を強く引きしめている。作者は藤《ふじ》原家隆《わらのいえたか》。

玉の緒よ絶えなば絶えね長らへ《エ》ば忍ぶることの弱りもぞする

〈歌意〉（詞書）百首の歌の中に、忍ぶ恋を詠んだ歌〈恋〉

（私の）この命よ。絶えてしまうものならば、いっそのこと絶えてしまえばよい。（このまま）生き長らえていると（ますます恋心が強くなって）耐え忍ぶ心が弱まって（秘めていた恋が人目につくようになって）困ってしまうから。

〈語釈・語法〉

絶えなば絶えね　「絶え」は下二段動詞「絶ゆ」の連用形で「緒」の縁語。「な」は完了の助動詞「ぬ」の未然形で、接続助詞の「ば」が付いて仮定条件を表す。「ね」は完了の助動詞「ぬ」の命令形。

長らへ《エ》ば　「ながらへ」は下二段動詞「ながらふ」の未然形で、「緒」の縁語。「ば」が付いて仮定条件を表す。

弱りもぞする　「もぞ」で「そうなっては困る」という気持ちを表す。「よわり」は「緒」の縁語。「ぞ〜する」で係り結び。

〈品詞分解〉

名	間助	下二・用	完・未	接助・順仮	下二・用	完・命	下二・未
玉の緒	よ	絶え	な	ば	絶え	ね	長らへ

接助・順仮	上二・体	名	格助	四・用	係助	係助	サ変・体(結)
ば	忍ぶる	こと	の	弱り	も	ぞ	する

〈鑑賞〉

上の句は作者の激しい思いを表し、下の句になると女性の弱々しさと恋の不安感を表している。詞書にもあるように「忍ぶる恋」の題で詠まれた歌であるが、ただの作りごとではなく、作者の真情がほとばしり出ている。二句切れ。「玉の緒」「絶え」「ながらへ」「よわり」は縁語となっている。作者は式子内親王《しょくしないしんのう》。

思ひ《イ》あまりそなたの空をながむれば霞《かすみ》を分けて春雨ぞ降る

〈歌意〉（詞書）雨の降る日、恋人に贈った歌〈恋〉

恋しさにたえかねて、あなたのいる方の空をながめると、一面に立ちこめた霞を分けるようにして、春雨がしきりに降っているよ。

〈語釈・語法〉

そなたの空　そちらの空。ここでは、恋人のいる方向。

ながむ　ここでは、じっと見つめるの意。

霞を分けて　霞を分けるようにして。「雨」の姿を強調している。

春雨ぞ降る　「降る」は、係助詞「ぞ」を受けて連体形。

〈品詞分解〉

思ひあまり	そなた	の	空	を	ながむれ	ば
(複)四・用	代	格助	名	格助	下二・已	接助・順確

霞	を	分け	て	春雨	ぞ	降る
名	格助	下二・用	接助	名	係助(係)	四・体(結)

〈鑑賞〉

「春雨」は涙を連想させるので、恋の嘆きを象徴している。「思ひあまり」とあることから、思うにまかせぬ悲しい恋を思わせる。作者は藤原俊成《ふじわらのとしなり》。

年たけてまた越ゆべしと思ひ《イ》きや命なりけり佐夜《さや》の中山《なかやま》

〈歌意〉(詞書)東国へ赴くことになり、詠みました。〈羇旅〉

すっかり年を取り、再びこの山道を越えることになろうとは、思わなかった。生きていればこそであるなあ、佐夜の中山よ。

〈語釈・語法〉

年たけて　年齢を重ねて。「たける」は長くなる、長じるの意。

越ゆべし　越えるだろう。「べし」は推量の助動詞。

思ひきや　思っただろうか、いや、思わなかった。「き」は過去の終助詞。「や」は反語の係助詞。

命なりけり　命があったのだなあ。

佐夜の中山　東海道の難所。

〈品詞分解〉

年	たけ	て	また	越ゆ	べし	と	思ひ	き	や
名	下二・用	接助	副	下二・終	推・終	格助	四・用	過・終	係助

命	なり	けり	佐夜	の	中山
名	断・用	詠・終	名	格助	名

〈鑑賞〉

齢七十にならんとする西行は、奈良東大寺の勧進のため奥州に旅立った。中山の峠を越えるのは三十年ぶりのことである。「命なりけり」という簡明な表現に、若くして出家し、歌に人生を託してきた人の感慨がある。

❖理解・表現の解説

〈理解〉

(1) **これらの歌を、句切れやリズムに注意して、繰り返し声に出して読みなさい。また、好きな歌を暗唱し、心ひかれた理由を文章にまとめなさい。**

解説　音読するときには、歌の句切れを正しくとらえ、情景や作者の心情を味わいながら読むとよい。また、歌に対する好みは、人によってそれぞれであろうが、多くの歌に接していると、おのずから各人の好みが出てくるものである。どこに心ひかれたのか、〈鑑賞〉の項などを参考として、内容(情景・心情)と形式(表現技法)の両面から考えてみよう。

(2) **「春の夜の」「風通ふ」「さびしさは」の歌について、表現上**

どのような工夫がなされているか、まとめなさい。

解説 三首とも体言止め（名詞止め）であることがまず挙げられる。これは『新古今和歌集』の特徴の一つでもある。体言止めが一首の上にどんな効果をもたらしているか、「本文の研究」の項を参照しながら考えてみよう。

(3) 「志賀の浦や」の歌と本歌（注13）を比較して、詠まれている風景の違いを考えなさい。

解答例 本歌は、夜がふけるにつれて波打ちぎわが凍って、波が遠ざかってゆく情景を詠んでいるが、「志賀の浦や」は、それに加えて「有明の月」を詠んでいるところが違う。本歌に比べて、一種凄艶《せいえん》なイメージが加わっていて、『新古今和歌集』の特色を表している、と言える。

〈表現〉

(1) 「玉の緒よ」の歌の「絶えなば絶えね」を現代語に訳しなさい。

解答例 絶えてしまうものならばいっそのこと絶えてしまえ。

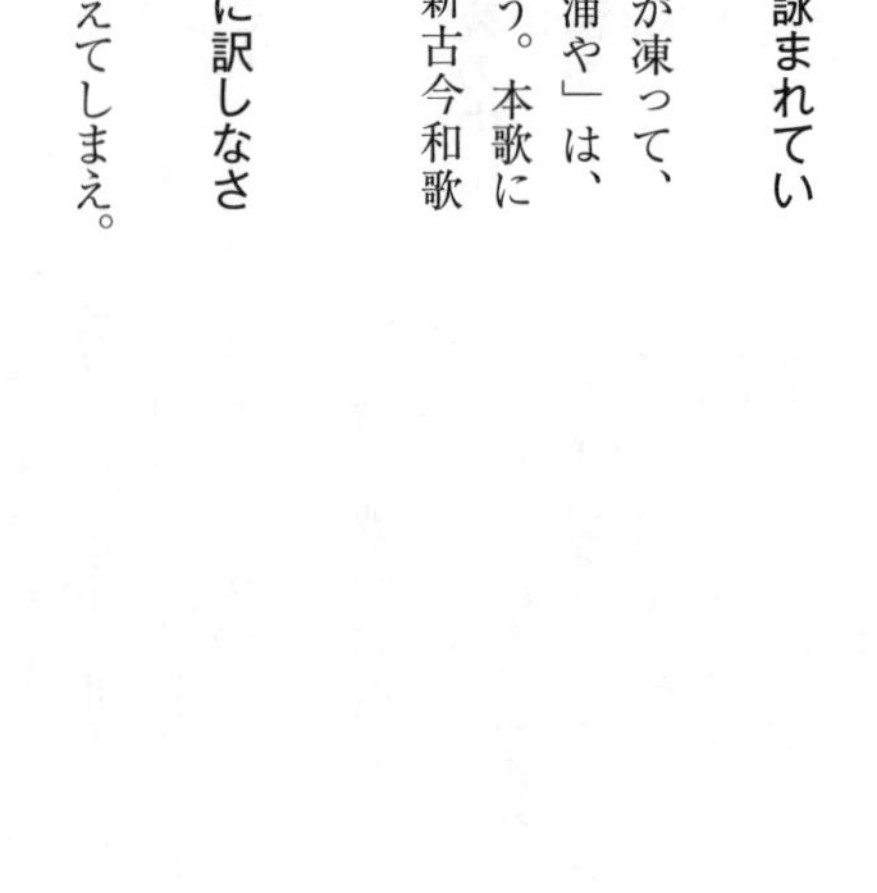

奥の細道

松《まつ》尾《お》芭《ば》蕉《しょう》

❖学習の視点

1　脚注を参考にしながら、『奥の細道』の数節を読み、旅に出かける芭蕉の心境、旅中での感慨などを味わう。
2　それぞれの句を鑑賞する。
3　芭蕉の旅程を、本文の叙述と「奥の細道足跡」（教科書一二三ページの図）を照合しながらたどってみる。

❖作品解説

〈名称〉

この紀行文は、元禄《げんろく》五（一六九二）年後半から翌六年にかけて草稿が成ったが、この段階では、特に書名らしいものは付いていない。しかし、芭蕉自筆の定稿を門人の素龍に清書させたものには、その表紙に芭蕉自身の手で「おくのほそ道」と記されている。この「おくのほそ道」ということばは、『奥の細道』本文中の、「壺《つぼ》の碑《いしぶみ》」の節に「かの絵図にまかせてたどり行けば、おくのほそ道の山際に十府《とふ》の菅《すげ》あり。」と出てくる地名であろう。芭蕉はこの「おくのほそ道」という固有名詞を普通名詞として、この奥州旅行記の書名としたものと思われる。

〈作者〉

松尾芭蕉（まつお・ばしょう）　江戸時代前期の俳人。一六四四（正保元）年、伊賀《いが》の国（現在の三重県）上野の生まれ。本名宗《むね》房《ふさ》。桃青《とうせい》・風羅《ふうら》坊《ぼう》とも号した。藤堂良忠《とうどうよしただ》（俳号蟬吟《せんぎん》）に仕えたが、その死後、官を辞し、京都に移って北村季《き》吟《ぎん》に俳諧《はいかい》を学んだといわれる。のち、江戸に出て水道工事に従事したりした。延宝八（一六八〇）年には深川の芭蕉庵に移り、杉山杉風《さんぷう》の援助を受けて俳諧活動を続けた。一時は談林風の俳諧に心酔していたが、やがて新しい芸術性を持った新風に向かった。これがいわゆる蕉風で、「さび」「しをり」「細み」を提唱した。芭蕉の俳諧精神を端的に表明するものとして「不易《ふえき》流行」のことばは、特に有名である。生涯を通じて旅に徹し、俳諧の道を求めてやまず、元禄七（一六九四）年、西国への旅の途中、病にかかって大坂《おおざか》（今の大阪）で死んだ。

『芭蕉七部集』をはじめとして、紀行文に『奥の細道』『野ざらし紀行』『笈《おい》の小文』など、俳文に『柴門《さいもん》の辞』『幻住庵記』などがある。さらに芭蕉の俳論としては、門人の書き集めた『三冊《さんぞう》子《し》』（服部土芳《はっとりどほう》）、『去来抄《きょらいしょう》』（向井《むかい》去来）、『俳諧問答』（森川許《もりかわきょ》六《ろく》）などがある。

〈成立年代〉

草稿が成った後、推敲《すいこう》が重ねられ、元禄六（一六九三）年末から翌年春頃に定稿が成ったものと推定される。芭蕉が自身の所持本とするため、門人の素龍に清書させた、いわゆる「素龍筆芭蕉所持本」が成ったのは元禄七（一六九四）年初夏である。なお、この素龍本に基づいて板本が出版されたのは、芭蕉没後八年目の元禄一五（一七〇二）年である。

〈内容〉

芭蕉が門人曾良《そら》とともに江戸を発《た》ったのは元禄二（一六八九）年三月二七日、その主な行程は、江戸―千住―草加―那須―白河―飯坂―松島―平泉―立石寺―新庄―羽黒山―酒田―象潟《きさかた》―新潟―出雲崎《いずもざき》―高田―市振―金沢―小松―大聖寺―福井―敦賀《つるが》―彦根―大垣の順である。その間、約六百里（二四〇〇キロメートル）に及ぶ大旅行の紀行文である。

しかし、これは旅の忠実な記録だけでなく、随所に虚構が加えられ、高度に洗練された文学作品となっている。この虚構の部分は同行した曾良の『随行日記』を読むとよく分かる。たとえば、芭蕉は『奥の細道』の随所で、旅の苦しさを述べているが、『随行日記』によれば、芭蕉は土地土地の俳諧好きの富裕な商人や名士に歓迎され、必ずしもこの旅が芭蕉の言う「乞食行脚」ではなかったらしいことが分かる。

〈文体〉

文章と句とがきわめて有機的に照合し合い、相互に補完し合った俳文である。

俳文とは俳諧の精神を散文に生かそうとするもので、極端に圧縮され、省略された表現をとる。また、掛詞・縁語も重要な技法として多用され、故事・成句・古詩・古歌などが豊富に用いられ、それが文中にみごとに消化され、リズミカルな文章を生み出している。

また、語法上からみると、室町時代に大きな転換期を経た日本語が、江戸時代初期は近代語として定着してきた時期で、たとえば仮名遣いにもハ行とヤ行の混同が見られる（ただし教科書では歴史的仮名遣いに改めてある）。また、連体形による終止が多く見られるが、これも活用の移行過程を示すものと言えよう。

その他、他動詞の自動詞的表現、文法上の破格の用法などが見られるが、これはその都度「語釈・語法」で指摘しておいた。

〈出典〉

本文は「日本古典文学全集　41」（一九七二年・小学館刊）による。

序

❖本文の研究 一一九・1〜一二〇・8

〈通釈〉

月日というものは、(過去から未来へと)永遠に旅を続ける旅人であり、(したがって)来ては去り、去っては来る年もまた同じく旅人である。(船頭として)舟の上に一生を浮かべ(て暮らし)、あるいは(馬子として)馬のくつわを取りながら老年を迎える者は、毎日毎日が旅であって、旅を(自分の)すみかとしている。(風雅の道に生涯をささげた)古人の多くも、旅の途中で死んでいる。私もいつの年からか、ちぎれ雲が風に誘われるように、あてのない旅にさすらい歩きたい気持ちがしきりに動いてやまず、海べの地方を放浪し、去年の秋、(隅田)川のほとりにあるあばら家に(帰って)、くもの古巣を払って(やっと落ち着き)、(かれこれしているうちに)ようやく年も暮れ、新しい年が来て、霞の立ちこめた空をのぞむにつけ、(今度は)白河の関を越えて(旅に)行こうと、(まるで)そぞろ神がとりついて狂ったようになって心が落ち着かず、道祖神が(旅に)招いているようで、(そわそわと)何も手につかない。ももひきの破れをつくろい、笠《かさ》の緒をつけかえて、三里に灸《きゅう》をすえるなど(旅のしたくを)しているうちから、松島の月が(どんなに美しかろうかと)まっ先に気になって、住んでいる所は人に譲り、杉風の別荘に移ったころ、

草の戸も住みかは《ワ》る代ぞ雛《ひな》の家

(とよんで、それを発句とした)表八句を(懐紙に書いて)庵の柱に掛けておく。

〈語釈・語法〉

月日は百代《はくたい》の過《か》客《かく》にして 李白「春夜宴《スルノ》二桃李園一序《ニ》」の冒頭「夫《レ》天地者《ハ》万物之《ノ》逆旅《げきりょ》ニシテ、光陰者百代之過客。《ナリ》」を踏まえている。「逆」は迎えるの意で「逆旅」は宿屋。「過客」は旅人。「百代」は「ハクタイ」と読む。

行きかふ《ウ》年もまた旅人なり 古い年が去り、新しい年がやってくることを旅人であるとしている。

舟の上に生涯を浮かべ、馬の口とらへ《エ》て老いを迎ふ《ウ》る 対句表現。当時は、舟と馬とが代表的な交通機関であった。

死せるあり 「る」は完了の助動詞「り」の連体形。完了の助動詞「り」は命令形接続だが、サ変動詞の場合は未然形に付く。「死せる」の下には「者(人)」が略されている。

片雲の風に誘は《ワ》れて 「片雲」はちぎれ雲。「の」を主格の格助詞ととれば「ちぎれ雲が風に誘われて」となり、「片雲」は芭蕉自身を比喩したことになり、連体格の格助詞ととれば「ちぎれ雲を吹き飛ばす風に(私が)誘われて」となる。**「通釈」**は前者によった。

海浜にさすらへ《エ》　貞享《じょうきょう》四～五年の鳴海《なるみ》・伊良子崎《いらござき》・須磨《すま》・明石《あかし》などを訪れた『笈《おい》の小文《こぶみ》』の旅を言う。「さすらへ」は下二段活用「さすらふ」の連用形で中止法。なお、「さすらふ」は正しくは四段活用だとして、これを誤用とする説もあるが、古くは下二段活用のほうが一般的であった。

江上《こうしょう》　川のほとり。「上」はほとりの意。

蜘蛛《くも》の古巣を払ひ《イ》て　長く留守にしたため、荒れはてていた家に、久しぶりに帰ったことを具体的に表現している。

やや　副詞。ようやく。そうこうしているうちに。

春立てる霞《かすみ》の空に　「立てる」は「春」と「霞」の両語にかけた掛詞。「春立てる霞の空に」はすぐ次の「白河の関越えんと」にかかるようにみえるが、「春立てる」の「る」が完了で、「越えん」の「ん」が未来（意志）であることと、出立が三月下旬であって、春のうちに白河の関を越えることは事実上不可能なので、「心を狂はせ」にかかると見るべきである。

そぞろ神《がみ》　「そぞろ」を副詞として「つきて」または「狂はせ」にかかるとする説もあるが、ここは次の「道祖神」と対になっているので、教科書脚注に従って一語とみる。

ものにつきて　この「もの」は漠然と自分のことを言った語で、ここの文脈は、「そぞろ神が自分にとりついて、心を狂わせ」であり、芭蕉の、そわそわして落ち着かない気持ちを表現している。

ももひきの破れをつづり、笠《かさ》の緒《お》付けかへ《エ》て、三里に灸《きゅう》すゆる　いずれも旅立ちの用意を示している。

松島の月まづ《ズ》心にかかりて　旅の第一の目的が松島の月を見ることにあったことが、「まづ」に示されている。

住めるかた　江戸深川の芭蕉庵をさす。

移るに　「移る」の下に「時」などの体言を補って訳す。

草の戸も……（句）〈句意〉このわびしい草庵でさえ、やはり住み替わるべき時は来たのだ。しかも今度の新しい主人は、自分とは違って妻も娘もあるので、おりから雛祭《ひなまつ》りの時期とて、今までのわびしさとひきかえて、この家にもはなやかに雛人形が飾られたことよ。季語は「雛」、季節は「春」。この、「草の戸も」の「も」には、冒頭の「月日は百代の過客にして、行きかふ年もまた旅人なり」という芭蕉の人生観に対応して、すべてのものが変化していく、という詠嘆の気持ちが込められている。

〈品詞分解〉

月日（名）は（係助）百代（名）の（格助）過客（名）に（断・用）して（接助）、行きかふ（(複)四・体）年（名）

も（係助）また（副）旅人（名）なり（断・終）。舟（名）の（格助）上（名）に（格助）生涯（名）を（格助）

浮かべ（下二・用）、馬（名）の（格助）口（名）とらへ（下二・用）て（接助）老い（名）を（格助）迎ふる（下二・体）

者（名）は（係助）、日々（名）旅（名）に（断・用）して（接助）旅（名）を（格助）すみか（名）と（格助）

す（サ変・終）。古人（名）も（係助）多く（形・用）旅（名）に（格助）死せ（サ変・未）る（完・体）あり（ラ変・終）。予（代）

も〔係助〕、いづれ〔代〕の〔格助〕年〔名〕より〔格助〕か〔係助(係)〕、片雲〔名〕の〔格助〕風〔名〕に〔格助〕
誘は〔四・未〕れ〔受・用〕て〔接助〕、漂泊〔名〕の〔格助〕思ひ〔名〕やま〔四・未〕ず〔消・用(結・流)〕、海浜〔名〕
に〔格助〕さすらへ〔下二・用〕、去年〔名〕の〔格助〕秋〔名〕、江上〔名〕の〔格助〕破屋〔名〕に〔格助〕
蜘蛛〔名〕の〔格助〕古巣〔名〕を〔格助〕払ひ〔四・用〕て〔接助〕、やや〔副〕年〔名〕も〔係助〕
暮れ〔下二・用〕、春〔名〕立て〔四・命〕る〔完・体〕霞〔名〕の〔格助〕空〔名〕に〔格助〕、白河〔名〕の〔格助〕関〔名〕
越え〔下二・未〕ん〔意・終〕と〔格助〕、そぞろ神〔名〕の〔格助〕もの〔名〕に〔格助〕つき〔四・用〕て〔接助〕
心〔名〕を〔格助〕狂は〔四・未〕せ〔使・用〕、道祖神〔名〕の〔格助〕招き〔名〕に〔格助〕あひ〔四・用〕
て〔接助〕、取る〔四・体〕もの〔名〕手〔名〕に〔格助〕つか〔四・未〕ず〔消・終〕。ももひき〔名〕の〔格助〕
破れ〔名〕を〔格助〕つづり〔四・用〕、笠〔名〕の〔格助〕緒〔名〕付けかへ〔(複)下二・用〕て〔接助〕、三里〔名〕
に〔格助〕灸〔名〕すゆる〔下二・体〕より〔格助〕、松島〔名〕の〔格助〕月〔名〕まづ〔副〕心〔名〕に〔格助〕
かかり〔四・用〕て〔接助〕、住め〔四・命〕る〔存・体〕かた〔名〕は〔係助〕人〔名〕に〔格助〕譲り〔四・用〕、
杉風〔名〕が〔格助〕別墅〔名〕に〔格助〕移る〔四・体〕に〔格助〕、

草〔名〕の〔格助〕戸〔名〕も〔係助〕住みかはる〔(複)四・体〕代〔名〕ぞ〔係助〕雛〔名〕の〔格助〕家〔名〕

表八句〔名〕を〔格助〕庵〔名〕の〔格助〕柱〔名〕に〔格助〕掛けおく〔(複)四・終〕。

〈鑑賞〉

この「序」には、芭蕉の人生観と旅立ちへの動機が述べられている。ここに示された芭蕉の人生観とは、すなわち、万物はすべて生生流転《しょうじょうるてん》し、人生も結局は旅のようなものだというのである。この芭蕉の旅の哲学を、対句を多用して、読む・聞く人に感動を与える技法をとっている。（月日は百代の過客にして↕行きかふ年もまた旅人なり、舟の上に生涯を浮かべ↕馬の口とらへて老いを迎ふる、古人も多く……↕予も……。そぞろ神の……↕道祖神の……。ももひきの……↕笠の緒……。）また、「草の戸も」の「も」にも、すべてのものが変わっていく、という詠嘆がこめられている。

❖理解・表現の解説

〈理解〉

(1) **旅に駆り立てられてゆく作者の心がどのような順で書かれているか、整理しなさい。**

解答例　次の表現を「通釈」を参考にしながら味わい、芭蕉の旅心の高まっていく過程を味わってみよう。

○月日は百代の過客にして、行きかふ年もまた旅人なり。舟の上に生涯を浮かべ、馬の口とらへて老いを迎ふる者は、日々旅にして旅をすみかとす――万物はすべて生生流転し、人生も結局は旅であるとする人生観が述べられる。

○いづれの年よりか、片雲の風に誘はれて、漂泊の思ひやまず、

海浜にさすらへ――旅を思い、あちこち小旅行をしている。
○去年の秋、江上の破屋に蜘蛛の古巣を払ひて――小旅行からもどって、ちょっと落ち着く。
○やや年も暮れ、春立てる霞の空に、白河の関越えんと、そぞろ神のものにつきて心を狂はせ、道祖神の招きにあひて、取るもの手につかず――年がつまってくると、再びそわそわしはじめ、春になったら奥州旅行をしようと決心すると、もう心が落ち着かなくなって、旅のことばかり考えている。
○ももひきの破れをつづり、笠の緒付けかへて、三里に灸すゆるより、松島の月まづ心にかかりて――いよいよ旅の仕度にとりかかると、もうすでに心は旅の空に飛んでいる。

(2) **「草の戸も」（一二〇・7）の句に込められた作者の気持ちはどのようなものか、考えなさい。**

解答例　このわびしい草庵でさえ、やはり住み替わるべき時が来たのだ。自分とちがって、新しい主人は妻も娘もあるので、おりから雛祭りの時期とて、この家もはなやかな雛人形が飾れる。この家も例外ではなく、すべてのものが変わっていくのだ、と「も」に詠嘆の気持ちが込められている。

(3) **冒頭に示されている作者自身の人生観はどのようなものか、まとめなさい。**

解答例　「月日は百代の過客」＝月日は永遠に旅を続ける旅人。「行きかふ年もまた旅人」＝過ぎ去っては、まためぐり来る年も旅人。「舟の上に……迎ふる者は、日々旅にして旅をすみかとす」＝船頭も馬方も、旅に明け暮れて一生を送っている。「古人も多く旅に死せるあり」＝尊敬し慕う先人たちも多くは旅先で没した。
○万物は流転して、とどまることがない。人生も例外ではなく旅のようなものだ。尊敬する古人も多くが旅先で没している。だから積極的にこの旅（不安と喜び）を味わおう。

〈表現〉

(1) **本文中から、対句的な表現になっている部分を抜き出しなさい。**

解答例　次のものが対句的な表現になっている。

・月日は　百代の過客にして
　行きかふ年も　また旅人なり
・舟の上に　生涯を浮かべ
　馬の口とらへて　老いを迎ふる
・そぞろ神の　ものにつきて　心を狂はせ
　道祖神の　招きにあひて　取るもの手につかず
・ももひきの破れを　つづり
　笠の緒　付けかへて
・古人も
　予も

白河の関

❖本文の研究　一二一・1～8

〈通釈〉

あわただしく心落ち着かぬ旅の日々を重ねているうちに、白河の関までやってきて、ようやく旅らしい気分に落ち着いた。（むかし、平兼盛《かねもり》が、この関までやって来て）「なんとかして（つてを求めて）都へ」と便りのつてを求めたというのももっともなことである。（数多くある関の）なかでもこの（白河の）関は（奥州）三関の一つで、（むかしから）風雅に思いを寄せる人々がその心を寄せたところである。（能因《のういん》法師の「秋風ぞ吹く」の歌の）秋風を今聞いているように感じ、（源頼政《よりまさ》の「紅葉散りしく」の歌の）紅葉を目の前に思い浮かべて、（現在は秋ではないから）青葉のこずえを見ているわけだが、（この青葉の趣も）また捨て難い風情がある。卯《う》の花の白く咲いているところへ、野ばら（の白い花）が咲き加わって、まるで雪の降っている時に（この関を）越えているような気がする。古人が（この関を越える時、能因法師が名歌を残した場所であることに敬意を表して、わざわざ）冠を正しく直し、衣服を整えて通ったということが、清輔《きよすけ》の書いたものの中にも記されたということだ。

卯の花をかざしに関の晴れ着かな　　曾良《そら》

〈語釈・語法〉

ままに　その心にまかせる意。形式名詞「まま」＋格助詞「に」で一語となる連語。

旅心定まりぬ　「序」にもあったように、「春立てる霞の空に、白河の関越えん」（一二〇・1）というのが、今度の旅の第一の目標であった。白河の関を越えるとこれからがいよいよ奥州路になるわけである。そこで本当に旅らしい気持ちになったというのである。

便り　ついで。つて。幸便。

理《ことわり》なり　もっともだ。

とどめおかれしとぞ　下に「言ふ」「伝ふ」などが省略されている。「れ」は尊敬とも解せるが、〈通釈〉では受身の助動詞と解した。「し」は過去の助動詞「き」の連体形。

卯の花を……（句）　季語は「卯の花」、季節は夏。切れ字は「かな」。

〈句意〉（古人は冠を正し、衣装を改めてこの関を越えたというが、今、私たちには正すべき冠も、改めるべき衣装もないので、せめて道のほとりに咲いている）卯の花を髪にさして、それを晴着として関を越えよう。

〈品詞分解〉

心もとなき[形・体]　日数[名]　重ぬる[下二・体]　ままに[（連語）]（まま[名]　に[格助]）、

白河の関にかかりて、旅心定まりぬ。「いかで都へ」と便り求めしも理なり。なかにもこの関は三関の一にして、風騒の人、心をとどむ。秋風を耳に残し、紅葉をおもかげにして、青葉のこずゑ、なほあはれなり。卯の花の白妙に、茨の花の咲きそひて、雪にも越ゆる心地ぞする。古人冠を正し、衣装を改めしことなど、清輔の筆にもとどめおかれしとぞ。

卯の花をかざしに関の晴れ着かな　　曾良

❖理解の解説

(1) 古歌や故事が多く引かれているのはなぜか、考えなさい。

解説　「白河の関」は、古代奥州の三関の一つで、有名な歌枕《うたまくら》であり、由緒は深い。芭蕉も曾良も、ゆかりのある先人に思いを寄せ、この地にまつわる古歌や故事を盛んに引用することで、文章や句の情感を高めているのである。

(2) 作者は、白河の関のどこに心ひかれたのか、(1)を踏まえてまとめなさい。

解説　「序」に「古人も多く旅に死せるあり。」とあるように、芭蕉の旅は、古人の旅を意識し、その思いを追体験する目的もあった。その意味で、「白河の関」には、芭蕉が初めから強い関心を持ったことは間違いない。

立《りゅう》石《しゃく》寺《じ》

❖本文の研究 二三・1〜7

〈通釈〉

山形藩の領内に立石寺という山寺がある。（この寺は）慈《じ》覚《かく》大師が開いた寺で、とりわけ清閑の地である。一度見たほうがよい、と人々が勧めるので、尾花沢からあともどりしたが、その間は七里ほどであった。（着いた時には）日はまだ暮れていなかった。（そこで）ふもとの僧坊に宿を借りておいて、山の上の御堂に登った。岩の上にさらに岩が重なって山ができており、松や檜《ひのき》も老木で、土や石も古びて苔《こけ》がなめらかにおおっていて、岩の上のあちこちの寺院は、みな扉を閉じていて、物音一つ聞こえない。切り立ったがけのふちをめぐり、岩をはいのぼって、仏殿に参拝したが、（あたりは）すぐれた景色がひっそりと静まりかえって、心がただもう澄みきっていくのが感じられる。

閑《しず》かさや岩にしみ入る蟬《せみ》の声

〈語釈・語法〉

一見すべきよし 「べき」は適当の「べし」の連体形。「よし」は「由」で形式名詞。

尾花沢《おばなざわ》よりとつて返し 〈通釈〉では「あともどりしたが」としたが、実際に同じ道を引き返したわけではない。芭蕉たちは、初め、旅程として立石寺を予定していなかったが、人々に「ぜひ行ってごらんなさい」と強く勧められて、予定にはなかったが道を変更して立石寺に立ち寄ったのである。

その間《かん》 尾花沢から立石寺まで。

坊 宿坊。

岩に巌《いわお》を重ねて 「巌」は岩の特に大きいもの。岩・巌と字を変えて語調を整えるとともに、大小さまざまの岩が重なり合っているさまを表している。

なめらかに 形容動詞「なめらかなり」の連用形。接続助詞「して」を補って読むとわかりやすくなるだろう。

寂寞《じゃくまく》 静かで寂しいさま。

閑《しづ》かさや…… 〈句〉〈句意〉なんと静かなことであろうか。その静かさの中で、せみの声だけが、まるであたりの苔《こけ》むした岩の中にしみこんでいくように聞こえている。季語は「蟬」、季節は夏、切れ字は「や」。

〈品詞分解〉

山形領（名） に（格助） 立石寺（名） と（格助） いふ（四・体） 山寺（名） あり（ラ変・終）。

慈覚大師（名） の（格助） 開基（名） に（断・用） して（接助）、ことに（副） 清閑（名） の（格助） 地（名） なり（断・終）。 一見す（サ変・終） べき（適当・体） よし（名）、人々（名） の（格助） 勧むる（下二・体） に（格助）

より〔四・用〕て〔接助〕、尾花沢〔名〕より〔格助〕とつて返し〔四・用（促音）〕、そ〔代〕の〔格助〕間〔名〕七里〔名〕ばかり〔副助〕なり〔断・終〕。日〔名〕いまだ〔副〕暮れ〔下二・未〕ず〔消・終〕。ふもと〔名〕の〔格助〕坊〔名〕に〔格助〕宿〔名〕借りおき〔（複）四・用〕て〔接助〕、山上〔名〕の〔格助〕堂〔名〕に〔格助〕登る〔四・終〕。岩〔名〕に〔格助〕巌〔名〕を〔格助〕重ね〔下二・用〕て〔接助〕山〔名〕と〔格助〕し〔サ変・用〕、松柏〔名〕年〔名〕ふり〔上二・用〕、土石〔名〕老い〔上二・用〕て〔接助〕苔〔名〕なめらかに〔形動・用〕、岩上〔名〕の〔格助〕院々〔名〕扉〔名〕を〔格助〕閉ぢ〔上二・用〕て〔接助〕、物〔名〕の〔格助〕音〔名〕聞こえ〔下二・未〕ず〔消・終〕。岸〔名〕を〔格助〕めぐり〔四・用〕、岩〔名〕を〔格助〕這ひ〔四・用〕て〔接助〕、仏閣〔名〕を〔格助〕拝し〔サ変・用〕、佳景〔名〕寂莫と〔形動・用〕して〔接助〕心〔名〕澄みゆく〔（複）四・体〕のみ〔副助〕おぼゆ〔下二・終〕。

閑かさ〔名〕や〔間助〕岩〔名〕に〔格助〕しみ入る〔（複）四・体〕蟬〔名〕の〔格助〕声〔名〕

〈参考〉

「閑かさや……」の句は、初案以後、二度の推敲を重ねて現在の形になっている。このことについて、山本健吉氏がその著『芭蕉――その鑑賞と批評―』の中で、解説しているので紹介しておこう。

まず「岩にしみ入る」に到った三段階の表現の変化については、「石にしみつく」→「岩にしみ込む」→「岩にしみ入る」になったのだが、初めの二つの表現について山本氏は、

「初案・再案ともに拙劣であり、蟬の声の本質を把握していないとともに、森閑寂寥《せきりょう》とした四辺の閑かさにも応ずる響きがない。『しみつく』は何か色彩的なものが岩面に付着するようであり、『しみ込む』は岩面からいくらか内部に滲透《しんとう》するようだが、やはり表層に止《とど》まる。」と述べている。最後の「岩にしみ入る」については、「蟬の声が『しみ入る』ことは、同時にあたりの閑かさが『しみ入る』ことであって、そこにはひそまりかえった趣で、大地に岩が存在するのだ。そしてそこに立つ作者の肺腑にも、自然の寂寥そのものとして、深く『しみ入る』のである。」と述べている。

「閑かさや」についても、三段階の表現の推敲がされている。「山寺や」→「淋《さび》しさや」→「閑かさや」である。これについて山本氏は、「『岩にしみ入る蟬の声』があまりに詩句として完璧《かんぺき》の美を持っているために、『山寺や』という場所の説明はもはや余計であり、『淋しさや』などという主観語でも、覆いつくせないのだ。」と述べている。

❖発問の解説

1 「岩に巌を重ねて」から、山のどのような様子が分かるか。（一二二ページ）

解答例　大小さまざまな岩が重なりあっている様子。

❖理解の解説

(1) 立石寺を訪れた作者の感慨はどのようなものだったか、想像してみなさい。

解説　「岩に巌を重ねて山とし、松柏年ふり、土石老いて苔なめらかに」、「院々扉を閉ぢて、物の音聞こえず」、「寂莫として心澄みゆくのみ……」に注目する。

○俗界を拒絶した自然および寺院のたたずまいに、心が澄んでいき、自然の生命の中へとけ込んでいくような心境になっている。また、本来の旅そのものを味わっているように見える。

(2) 「閑かさや」（一二二・7）の句で、「蟬の声」はどのような効果をあげているか、考えなさい。

解説　蟬の声だけが聞こえる、ほかの物音はなにもしない情景を詠んでいる。蟬の声を出すことで、周囲の静寂が際立つ効果があがっている。なお、「しみ入る」は、静かに浸透していく印象を与えている。

　この句については、〈参考〉に紹介した山本健吉氏の見解も参照しよう。

第7章　練り上げられた思考　評論を読む

正徹物語《しょうてつ》

正徹

❖学習のねらい

1 中世の代表的歌論書である『正徹物語』を読み、紹介されている歌の情景と心情を理解する。

2 作者の歌についての考え方を読み取る。

❖作品解説

〈名称〉

作者正徹の名を取ったもの。

〈作者〉

正厳正徹（せいがん・しょうてつ）　禅僧・歌人（一三八一―一四五九）。定家の有心体の歌風にひかれ、独自の境地を開拓した。

〈成立年代〉

文安五（一四四八）年頃の成立。

〈内容〉

上・下二巻の歌論書。もともとこの上下は別々の本であったとの説がある。和歌の風体・作法・注釈・歌人の逸話・批評などを記す。定家を尊崇し、「幽玄」を理想とする態度で貫かれている。

〈出典〉

本文は「日本古典文学大系」第六五巻（一九六一年・岩波書店刊）によった。

待つ恋

❖本文の研究　一二八・1〜一二九・4

〈通釈〉

「待つ恋」の題に、

　　枝のもとの方があらい小萩に風があらく吹きつけている。
　月の夜がふけてゆくにつれて、白露が重くやどるように、
（なかなか訪れてこないあなたを待って）わたしの袖《そで》の涙も
　重くなってゆく。

　この歌は、わが身を全く題の心に託してよんでいるから、「待つ」と言わなくとも、「待つ心」があらわれている。ちょっと聞くと何とも理解できず、いいかげんなことを言ったように思われるであろう。けれども、よくよく自分が歌の題の心になり切って考えると、骨身にしみて趣が深いのである。

（すなわち）萩の咲き乱れた庭を眺めながら思う人を待っていると、風が枝のもとの方があらい小萩にあらく吹いて、たまった露が吹き落とされてくだけ落ちる、それが、袖にやどった自分の涙と一つに見えて、月の夜がしだいにふけてゆくと、（悲しみがまさって）袖の涙もいっそうしきりに流れるので、重くなってゆき、萩に置く露と競走しているような様子が思いやられて、待つ心の深さが感じられる。

（作者は）縁側の端にでも出て、眺めているのであろうと、想像できるありさまである。本当に気にかけて一晩中待っている姿は、なまめかしくやさしいことだ。

〈語釈・語法〉

おもる　「重る」。重くなる。

ふつと　全く。普通は下に打消を伴って、絶えて、ふっつりの意となる。

たは《ワ》言　でたらめ。ふざけた言いぐさ。

それ　題である「待つ恋」の状況。

なしはてて　なりきって。

案ずれば　考えると。

骨髄《こつずい》　骨の内腔を満たしているやわらかい組織。ここでは、心の中、心の底の意になる。

おもしろき　①趣がある。②興味深い。ここでは①。

いとど　ますます。いっそう。

袖の涙も置きまされば　袖に落ちる涙も多くなってゆくので。「涙と露が一つに見え」るので、涙も露と同じように「置く」と表現したのである。

縁の端へも……　「作者は」を上に補って解釈する。

艶《えん》にやさし　「艶」は①優美なこと。②なまめかしいこと。③思わせぶりなこと。④中世の和歌や能楽における美的理念の一つ。などの意味があるが、ここでは恋人を待っている女性であるか

ら、②の意になろう。また、「やさし」は①つらい。肩身が狭い。②優美だ。上品だ。③つつましい。④けなげだ。⑤情がこまやかだ。などの意味があるが、ここでは②または⑤の意であろう。ただひとり縁の端に出て夜ふけるまで庭を眺めながら来ぬ人を待って袖をぬらしている姿、そのさびしげではあるが、何ともいえずなまめかしい感じを表したものである。

〈品詞分解例〉

待つ（四・体） 恋（名） に（格助）、

風（名） あらき（形・体） 本あら（名） の（格助） 小萩（名） 袖（名） に（格助） 見（上一・用） て（接助）

ふけ行く（(複)四・体） 月（名） に（格助） おもる（四・体） 白露（名）

こ（代） の（格助） 歌（名） は（係助）、ふつと（副） わ（代） が（格助） 身（名） を（格助） 題（名） の（格助）
心（名） に（格助） なし（四・用） て（接助） よみ（四・用） たれ（存・已） ば（接助・順確）、待つ（四・終） と（格助）
言は（四・未） ね（消・已） ども（接助・逆確）、待つ（四・体） 心（名） 聞こえ（下二・用） たり（存・終）。ちやと（副）
聞き（四・用） て（接助） 何（代） と（格助） も（係助） 心得（下二・未） られ（可・未） ず（消・用）、たは言（名） を（格助）
言ひ（四・用） たる（存・体） やう（名） に（格助） おぼゆ（下二・終） べき（推・体）。されども（接）、
よくよく（副） わ（代） が（格助） 身（名） を（格助） それ（代） に（格助） なしはて（(複)下二・用） て（接助）
案ずれ（サ変・已） ば（接助・順確）、骨髄（名） に（格助） 通じ（サ変・用） て（接助） おもしろき（形・体）
なり（断・終）。

萩（名） の（格助） 咲き乱れ（(複)下二・用） たる（存・体） 庭（名） を（格助） 眺め（下二・用） つつ（接助） 人（名）
を（格助） 待ちゐれ（(複)上一・已） ば（接助・順確）、風（名） あらく（形・用） 本あら（名） の（格助） 小萩（名）
に（格助） 吹き（四・用） て（接助）、露（名） も（係助） くだけ落つる（(複)上二・体） に（格助）、袖（名） の（格助）
涙（名） も（係助） 一つ（名） に（格助） 見え（下二・用） て（接助）、月（名） も（係助） ふけゆく（(複)四・体）
まま（名） に（格助）、いとど（副） 袖（名） の（格助） 涙（名） も（係助） 置きまされ（(複)四・已）
ば（接助・順確）、重く（形・用） なりゐ（(複)上一・用） て（接助）、真萩（名） の（格助） 露（名） と（格助）
あらそひ（四・用） たる（存・体） 風情（名） 思ひやら（(複)四・未） れ（自・用） て（接助）、待つ（四・体） 心（名）
深く（形・用） 聞こゆ（下二・終）。
縁（名） の（格助） 端（名） へ（格助） も（係助） 出で（下二・用） て（接助）、眺めゐ（(複)上一・用） て（接助）
こそ（係助(係)） ある（補動・ラ変・体） らめ（現推・已(結)） と（格助）、おしはから（四・未） るる（自・体） 体（名）
なり（断・終）。まことに（副） 心苦しく（形・用） 夜もすがら（副） 待ちゐ（(複)上一・用） たる（存・体）
姿（名）、艶に（形動・用） やさしき（形・体） なり（断・終）。

❖発問の解説

（一二八ページ）

1 「それ」は、何をさしているか。

（解答例）歌の題「待つ恋」の心。

❖要旨

「待つ恋に」と題した藤原定家《ふじわらのさだいえ》の歌の情景と、そこから浮かんでくる、人を待っている女性の心情を、歌の表現に即して述べ、歌の真髄を明らかにしている。

❖鑑賞

この歌は、ちょっと読んだだけでは何のことか理解しがたい歌であるが、「待つ恋」という歌の題から浮かび上がってくる、恋人を待っている女の姿を歌の中に詠み込み、しかも待つ女の身に自分を置いて、そのうえで読んでみると、「骨髄に通じておもしろき」（一二八・5）歌であるというのである。正徹は「よくよくわが身をそれ（題の心）になしはてて案ず」（一二八・5）という深い鑑賞のしかたをこの一文で提示しているのである。

❖読解・表現の解説

〈読解〉

(1) 「風あらき」（一二八・2）の歌は、「宮城野の」（注2）の歌を本歌としている。その技法の効果を、表現に即してまとめなさい。

（解　説）「宮城野の」の歌を本歌としたこうした技法は「本歌取《ほんかど》り」と呼ばれる。定家の父、藤原俊成《としなり》のころから盛んに行われるようになり、『新古今和歌集』の歌には数多く見られる。前の時代からよく知られている本歌のイメージをもとに、全く別のイメージを構成する、というダブル・イメージで奥行きを持たせる効果をあげている。

「宮城野の」の歌は「君をこそ待て」と「待つ恋」を詠んではいるが、初句から四句目までの「宮城野の本あらの小萩露を重み風を待つごと」という比喩に重点が置かれた理知的な歌である。それに対して、「風あらき」は「小萩の露」と「袖の露」を掛け、「ふけ行く月」という「待つ」情景を詠み込み、イメージのはっきりした情緒的な歌になっている。「待つ恋」という題に即して、どちらに効果があるかが分かるであろう。

(2) 「縁の端へ」（一二九・1）以下では、どのようなことが想像されているか、考えなさい。

（解答例）女性が縁側へ出て、男の訪れを待っている。一晩中苦しく悲しい思いで涙を流しながら待っている姿と心情を想像している。

(3) 「風あらき」の歌の鑑賞のしかたとして、どのようなところがすぐれているか、話し合いなさい。

（解答例）作者正徹は、定家の恋の歌を高く評価し、「恋の歌は、定家の歌ほどなるは、昔よりあるまじきなり。」と言っている。「よくよくわが身をそれになしはてて案ずれば」（一二八・5）とあるように、題の、待つ女性になりきって鑑賞しているところがすぐれている。

〈表現〉

(1) 次のⓐ～ⓒの傍線部について、文法的に説明しなさい。

ⓐ何とも心得られず（一二八・4） ⓑ風情思ひやられて（一二八・9） ⓒおしはからるる体なり（一二九・2）

解答例 助動詞「る」「らる」の使い分けである。ⓐ可能の助動詞「らる」の未然形。 ⓑ自発の助動詞「る」の連用形。 ⓒ自発の助動詞「る」の連体形。

玉勝間《たまかつま》

本《もと》居《おり》宣《のり》長《なが》

❖学習の視点

1　『玉勝間』の一節を文章の構成に注意しながら読む。
2　根拠や例など、文章の論理を的確に読み取る。論理を正しくつかみ、要旨をまとめる。
3　文章の論旨をまとめ、作者の主張を捉える。

❖作品解説

【玉勝間について】

〈名称〉

『玉勝間』の書名は、第一巻の巻頭にあげられた次の歌による。

　言草《ことぐさ》のすずろにたまる玉かつまつみて心を野べのすさびに

（歌意――ことばがいつのまにかたまっていく籠《かご》、その籠にことばを摘んで心を晴らす慰みにしよう。）

この歌は『玉勝間』全体の序ともいうべきもので、この中から「玉かつま」を採って書名としている。なお、「かつま」とは、目の細かい竹籠のことで、「玉」は美称。

〈筆者〉

本居宣長（もとおり・のりなが）（一七三〇―一八〇一）。国学者・歌人。伊勢《いせ》松坂（三重県松阪《まつさか》市）の商家に生まれ、初め医学を志したが、契沖《けいちゅう》の著書に接して国学に転じた。賀茂《かも》真《ま》淵《ぶち》に入門して『古事記』の研究を終生の仕事と決意し、門弟たちに古典の講義をしながら三十余年の努力を重ねて大著『古事記伝』を完成した。鈴屋《すずのや》と号し、語学上の研究、古典の注釈などに特色ある見解を示している。著書には『古事記伝』『玉勝間』のほかに、『源氏物語玉の小櫛《おぐし》』『うひ山ぶみ』などがある。

〈成立年代〉

寛政五（一七九三）年から執筆をはじめ、享和元（一八〇一）年に没するまでの間に書かれ、寛政六（一七九四）年から文化九（一八一二）年にかけて五回に分けて出版された。

〈組織・内容〉

全十四巻・目録一巻の随筆集で、三巻ずつまとめた五編によって構成されている。内容は多種多様で、特に統一はないが、学問上の問題から趣味に関することまで、宣長の学問の深さ、知識の広範さをいかんなく発揮した、江戸時代を代表する随想集である。

〈文体〉

文体はいわゆる擬古文であり、比較的平明であるといえよう。

〈出典〉

本文は「本居宣長全集」第一巻（一九六八年・筑摩書房刊）によった。

いにしへよりも後世のまされること

❖本文の研究　一三〇・1〜6

〈通釈〉

昔よりも後世のほうが優れているということは、すべての物にも事にも多くある。その一つを言えば、昔は、橘《たちばな》を二つとないものとして讃えていたが、このごろは蜜柑《みかん》というものがあって、この蜜柑に比べれば、橘はものの数ではなく、圧倒されている。その他、柑子《こうじ》、柚《ゆ》、くねんぼ、橙《だいだい》などの種類は多い中で、蜜柑は味が特に優れていて、それらの中でも橘によく似ていて、たいへん優れたものである。この一例で推察することができる。

〈語釈・語法〉

いにしへ　昔。

ならびなき　並ぶもののない。二つとない。

めでつるを　賞賛していたが。「を」は逆接の接続助詞。

けおさる　勢いに押される。圧倒される。負かされる。

こよなく　格別に。この上なく。形容詞「こよなし」の連用形。

〈品詞分解〉

いにしへ（名）より（格助）も（係助）後世（名）の（格助）まされ（四・命）る（存・体）こと（名）、よろづ（名）の（格助）物（名）に（格助）も（係助）事（名）に（格助）も（係助）多し（形・終）。そ（代）の（格助）一つ（名）を（格助）言は（四・未）ん（仮・体）に（接助）、いにしへ（名）は（係助）、橘（名）を（格助）ならびなき（形・体）物（名）に（断・用）して（接助）めで（下二・用）つる（完・体）を（接助）、近き（形・体）世（名）に（格助）は（係助）、蜜柑（名）と（格助）いふ（四・体）物（名）あり（ラ変・用）て（接助）、こ（代）の（格助）蜜柑（名）に（格助）比ぶれ（下二・已）ば（接助・順確）、橘（名）は（係助）数（名）に（断・用）も（係助）あら（補動・ラ変・未）ず（消・用）けおされ（下二・用）たり（存・終）。そ（代）の（格助）ほか（名）柑子・柚・くねんぼ・橙（名）など（副助）の（格助）、たぐひ（名）多き（形・体）中（名）に（格助）、蜜柑（名）ぞ（係助（係））味（名）ことに（副）すぐれ（下二・用（結・流））て（接助）、中（名）に（格助）も（係助）橘（名）に（格助）よく（副）似（上一・用）て（接助）こよなく（形・用）まされ（四・命）る（存・体）物（名）なり（断・終）。こ（代）の（格助）一つ（名）にて（格助）おしはかる（四・終）べし（可・終）。

〈通釈〉

二三〇・6～二三一・3

あるいは、昔はなくて今はあるものも多く、昔は悪くて今はよいというたぐいは多い。こういうことから考えれば、今より後も、また、どうであろうか。今より優れたものが多く出てくるだろう。今の考え方から思えば、昔はすべてにおいて不十分で、不満足なことが多かったであろう。けれども、その時代にはそうは思わなかったであろう。これから後もまた、多くてよい物が出てくる時代では、今の時代をそのように思うだろうが、今の人は、物事が不十分とは思わないのと同様である。

〈語釈・語法〉

わろし　①よくない。②体裁が悪い。③みっともない。④品質が悪い。⑤へただ。⑥貧しい。ここでは①の意。

よし　①すぐれている。②美しい。③人柄がよい。④身分が高い。⑤豊かだ。⑥巧みだ。⑦楽しい。⑧縁起がいい。⑨都合がいい。⑩親しい。⑪正しい。ここでは①の意。

もて　「持ちて」の変化形で、格助詞的な働きをする。

いかにあらん　どうであろうか。

事足らず　不十分である。

あかぬ事　不満足なこと。「あく」は満足すること。「あかぬ」は四段活用動詞「飽く」＋打消の助動詞「ず」の連体形。不満足だ。もの足りない。

さは　そうは。すべてにおいて不十分で不満足なことをさしている。

おぼえずやありけん　思わなかったであろう。

しか　そのように。物事が不十分であるということをさしている。

〈品詞分解〉

あるいは〔接〕、いにしへ〔名〕に〔格助〕は〔係助〕なく〔形・用〕て〔接助〕、今〔名〕は〔係助〕ある〔ラ変・体〕物〔名〕も〔係助〕多く〔形・用〕、いにしへ〔名〕は〔係助〕わろく〔形・用〕て〔接助〕、今〔名〕の〔格助〕は〔係助〕よき〔形・体〕たぐひ〔名〕多し〔形・終〕。これ〔代〕を〔格助〕もて〔連語〕思へ〔四・已〕ば〔接助・順確〕、今〔名〕より〔格助〕後〔名〕も〔係助〕また〔副〕、いかに〔副〕あら〔ラ変・未〕ん〔推・体〕。今〔名〕に〔格助〕まされ〔四・命〕る〔存・体〕物〔名〕多く〔形・用〕出で来〔(複)カ変・終〕べし〔推・終〕。今〔名〕の〔格助〕心〔名〕にて〔格助〕思へ〔四・已〕ば〔接助・順確〕、いにしへ〔名〕は〔係助〕よろづに〔副〕事〔名〕足ら〔四・未〕ず〔消・用〕、あか〔四・未〕ぬ〔消・体〕事〔名〕多かり〔形・用〕けん〔過推・終〕。されど〔接〕そ〔代〕の〔格助〕世〔名〕に〔格助〕は〔係助〕、さ〔代〕は〔係助〕おぼえ〔下二・未〕ず〔消・用〕や〔係助(係)〕あり〔補動・ラ変・用〕けん〔過推・体(結)〕。今〔名〕より〔格助〕後〔名〕また〔副〕、物〔名〕の〔格助〕多く〔形・用〕よき〔形・体〕が〔格助〕出で来〔(複)カ変・未〕ん〔婉・体〕世〔名〕に〔格助〕は〔係助〕、今〔名〕を〔格助〕も〔係助〕しか〔副〕思ふ〔四・終〕べけれ〔推・已〕ど〔接助・逆確〕、今〔名〕の〔格助〕人〔名〕、事〔名〕足ら〔四・未〕ず〔消・終〕と〔格助〕は〔係助〕おぼえ〔下二・未〕ぬ〔消・体〕が〔格助〕ごとし〔比・終〕。

❖構成・要旨

改行されていないが、内容上は次の二つの部分に分かれる。

(1)（一三〇・1〜6「……おしはかるべし。」）
橘と蜜柑の例があるように、物事において昔よりも後世のほうが優れているということは多い。

(2)（一三〇・6「あるいは……」〜一三一・3）
今後、優れたものは多く出てくるだろうし、今考えれば昔は何事も不十分だったのだが、その時代はそう思っていなかっただろう。これから後に今の時代を考えると不十分に思うだろうが、現在の人は不十分とは思わないのである。

❖読解・表現の解説

〈読解〉

(1) 次の傍線部の語がさす内容をまとめなさい。
ⓐさはおぼえずやありけん（一三一・1）
ⓑ今をもしか思ふべけれど（一三一・2）

解答例 ⓐ「さ」は、すぐ前の文の内容「よろづに事足らず、あかぬ事多かり」をさしている。「すべてにおいて不十分で、不満足である」とは思っていなかっただろう、ということ。
ⓑ「しか」は、すぐ後の「事足らず」をさしている。「物事が不十分である」と思うだろうが、ということ。

(2) 筆者の主張はどのように展開しているか、全体の構成を考えなさい。

解答例　文章の展開と構成

作者の主張と根拠となる具体例

（一三〇・1～6「……おしはかるべし。」）

主張　昔よりも後世のほうが優れていることが多い。

具体例　橘と蜜柑

↓

作者の考え（一三〇・6「あるいは……」～一三一・3）

今後も今より優れたものが数多く出るだろう。しかし、今現在は人々は不足には思っていないのである。

〈表現〉

(1) 本文中から推量の助動詞を抜き出して、その用法を説明しなさい。

解答例　「いかにあらん」（一三〇・10）の「ん」は連体形でラ変活用動詞「ある」の未然形に接続。どのようにあるだろうか、の意味である。「多く出で来《く》べし」（一三〇・11）の「べし」は終止形でカ変活用の複合動詞「出で来」の終止形に接続。多く出てくるだろうの意味。「多かりけん」（一三一・1）の「けん」は過去推量。終止形で形容詞「多し」の連用形に接続。「おぼえずやありけん」（一三一・2）の「けん」も過去推量。疑問の係助詞「や」があるので、連体形で結ぶ。思わなかったであろう、の意味。「出で来《こ》ん世」（一三一・2）の「ん」は連体形で「出で来」の未然形に接続。出て来るだろう時代、の意味。「思ふべけれど」（一三一・3）の「べけれ」は「べし」の已然形。四段活用動詞「思ふ」の終止形に接続。思うだろうけれど、の意味。

漢文編

第8章　漢文への扉

漢文を学ぶために

❖学習の視点

1　古代の中国からもたらされ、日本語や日本文化に長く影響を与えてきた漢文とは何かを理解する。

2　漢字だけで書かれた漢文（白文）に訓読するために付ける、句読点・送り仮名・返り点などの訓点を理解する。

3　漢文における助字や置き字、返読文字や再読文字とは何かを知り、訓点を付けたり書き下し文にするときの具体的な方法を学ぶ。

4　訓読にしたがって実際に白文に訓点を付けたり、訓点にしたがって漢文を書き下し文にしてみる。

❖語句・表現の解説

一三六ページ

句読点　もとの漢文は文の切れ目がなく表記されていたので、読むときに、読点「、」や句点「。」などの句読点を補う。

一三七ページ

送り仮名　中国語には日本語の活用や助詞・助動詞に相当するものがないので、それを補うための工夫が「送り仮名」である。

返り点　漢文を、読むときに、日本語と語順が異なる場合に、日本語の語順に合わせて読むための工夫。

訓読　漢字をその意味に当てはまる日本語の読み方で読むこと。ここでは、（句読点・送り仮名・返り点などの訓点の通りに、）漢文を日本語の文法にしたがって読むこと。

漢字仮名交じり文　漢字と平仮名・カタカナで成り立っている文章のこと。現在の日本語の表記も基本的にこの形。

❖例文の解説

1 返り点 一三八ページ

禍《わざはイ》ひを転じて福と為《な》す。

〈意味〉災難に遭遇したとしても、それをうまく活用して、かえって幸福になるようにする。

〈典拠〉『戦国策』燕策

歳月は人を待たず。

〈意味〉年月は人を待ってはくれない。（年月は、人の都合や希望に関係なく、あっという間に経ってしまう。）

〈典拠〉陶淵明「雑詩十二首　其二」

人生意気に感ず。

〈意味〉積極的に何かを行おうとする（自分を理解してくれる）人のために、金銭や名誉を度外視して協力（行動）する。

〈典拠〉魏徴「述懐」

以《も》つて父母に事《つか》ふるに足る。

〈意味〉父母に十分にお仕えする。

〈典拠〉『孟子』梁恵王上

人の悪を称する者を悪《にく》む。

〈意味〉他人の悪口ばかりを言う人を憎む。

〈典拠〉『論語』陽貨

私事《しじ》を以《も》つて公義を害せず。

〈意味〉私的な事柄を追求するあまり社会一般の道理を損なう、というようなことはしない。

〈典拠〉劉向《りゅうきょう》『説苑《ぜいえん》』至公

一三九ページ

百聞《ひゃくぶん》は一見《いっけん》に如《し》かず。

〈意味〉（人の話を）何度も聞くよりも、（実際に自分で）一度でも見るほうがよい（よく分かる）。

〈典拠〉『漢書』趙充国伝

君子《くんし》は言《げん》を以つて人を挙げず。

〈意味〉君子は、言うことが善いからといってすぐにその人を用いはしない。（言行不一致ということがしばしばあるので。）

〈典拠〉『論語』衛霊公

其《そ》の親を愛するを知らざる者無し。

〈意味〉親を愛するということを理解しない人間はいない。

〈典拠〉『孟子』尽心上

悪小なるを以つて之《これ》を為すこと勿《な》かれ。

〈意味〉悪いことは、たとえ小さなことであってもしてはいけない。

〈典拠〉『資治通鑑』（『三国志』蜀志・補注）

吾《われ》日に吾《わ》が身を三省す。

〈意味〉私は毎日、自分自身について何度も反省している。

〈典拠〉『論語』学而

一三八ページ・脚注

天は長く、地は久し。

〈意味〉天には永遠の生命があり、大地には悠久の生命がある。

〈典拠〉『老子』第七章

備へ《エ》あれば患《うれ》ひ無し。↓本書一九九ページ参照。

直《た》だ百歩ならざるのみ。

〈意味〉ただ百歩ではないだけだ。

〈典拠〉『孟子』梁恵王上

恵王曰《いワ》はく、「善《よ》し。」と。

〈意味〉恵王は「なるほど。」と言った。

〈典拠〉『戦国策』燕策

2 漢文の基本構造　一四〇ページ

[日本語の文法と同じ構造]

日《ハ》暮《レテ》途《みちハ》遠《シ》。

〈意味〉年をとっても、まだ目的を達成していない。

〈典拠〉『史記』伍子胥伝

大《キナ》器《ハ》晩《おそク》成《なル》。

〈意味〉大きな器が簡単にはできあがらないように、すぐれた人物も才能の表れるのは遅いが、晩年になって大成する。

〈典拠〉『老子』第四十一章

[日本語の文法と異なる構造]

知者《ハ》楽《シム》レ水《ヲ》。

〈意味〉知恵のある者は、水の流れにまかせる（ように、物事に執着せずに順応し、臨機応変に事を処理する）。

〈典拠〉『論語』雍也

君子は諸《これ》を己に求む。↓本書二四九ページ参照。

〈意味〉りっぱな人は何事も原因は自分にあると考える。

〈典拠〉『論語』衛霊公《えいれいこう》

漢王我に将軍の印を授く。

〈意味〉漢王は私に上将軍の印を授けた。（だから私は漢王にそむかない。）

〈典拠〉『史記』

一四〇ページ・脚注

客舎青青柳色《かくしやせいせいりうしょく》新たなり。

〈意味〉宿舎のまわりの柳が（雨に濡れて）、青青として新鮮である。

〈典拠〉王維「送㆔元二使㆓安西㆒」

家良馬に富む。↓本書二一〇ページ参照。

〈意味〉その家にはりっぱな馬が多くいた。

〈典拠〉『淮南子《えなんじ》』塞翁馬

子路季氏《しろきし》の宰《さい》と為る。

〈意味〉（孔子の弟子の）子路は（魯《ろ》の実力者の）季氏の家老となった。

〈典拠〉『史記』仲尼弟子列伝

名は泰山《たいざん》より重し。

〈意味〉名声や評判の重さは、（中国・山東省の名山である）

泰山の重さ以上である。

〈典拠〉司馬遷「報任少卿書」に「死は泰山より重し。」がある。

3 助字（置き字）

一四一ページ

千里の行《かう》も足下より始まる。

〈意味〉遠い旅路も足もとの一歩を踏み出すことから始まる。

〈典拠〉『老子』第六十四章

一四二ページ

刑は刑無きを期す。

〈意味〉刑罰は、それによって犯罪をなくし、刑罰を用いないですむようになることが目的である。

〈典拠〉『尚書』大禹謨

故《ふる》きを温めて新しきを知る。

〈意味〉古くからの物事をよく研究し（そこから）新しい知識を得る、それによって先生になる（参考とする）ことができる。

〈典拠〉『論語』為政

4 返読文字

知者は惑は《ワ》ず。

〈意味〉知恵のある者は迷うことがない。

〈典拠〉『論語』

人に非《あら》ざるなり。

〈意味〉（天命でこうなったので）人のせいではない。

〈典拠〉『孟子』

妄言する毋《な》かれ。

〈意味〉（秦の始皇帝に取って代わろうなどという）でたらめなことを言うものではない。

〈典拠〉『史記』項羽本紀

備へ《エ》有れば患《うれイ》ひ無し。

〈意味〉ふだんから準備をしておけば、いざというとき何も心配がない。

〈典拠〉『春秋左氏伝』

一四三ページ

天帝我をして百獣に長《ちやう》たらしむ。

〈意味〉天の神は、私をすべての獣の上に立つものとされました。

〈典拠〉『戦国策』

是《ここ》を以《も》つて放《はな》たれたり。

〈意味〉そのために追放されたのだ。

〈典拠〉屈原『楚辞』

5 再読文字

万里長征して、人未《いま》だ還《かえ》らず。

〈意味〉数万里のかなたに遠征した人々（兵士たち）は、いまだに帰ってこない。

〈典拠〉王昌齢「出塞」

人の将《まさ》に死せんとするとき、其《そ》の言《げん》や善《よ》し。

〈意味〉人が死ぬ間際の言葉には、（偽りも飾りもない）純粋さがある。

〈典拠〉『論語』泰伯

酒を引き且《まさ》に之《これ》を飲まんとす。

〈意味〉酒を引き寄せて今にもそれを飲もうとした。

〈典拠〉『戦国策』

時に及びて当《まさ》に勉励すべし。

〈意味〉時を逃さずに努め励む（大いに楽しむ）べきだ。

〈典拠〉陶淵明「雑詩」

❖演習一の解説

次の漢文に、返り点を参考にして読む順に番号を付けなさい。

1. 覆水不《ず》レ返《ラ》レ盆《ニ》。　□□□レ□レ□。

（解答例）1 2 5レ4レ3。

〈書き下し文〉覆水盆に返らず。

〈意味〉一度起きた事は、けっしてなかった事にはできない。

〈典拠〉『拾遺記』

2. 尽《クシテ》二人事《ヲ》一、待《ツ》二天命《ヲ》一。　□二□□一、□二□□一。

（解答例）3二1 2一、6二4 5一。

〈書き下し文〉人事を尽くして、天命を待つ。

〈意味〉できるかぎりのことをした後、成り行きに任せて心を煩わせない。

〈典拠〉胡寅『読史管見』晋紀・武帝

3. 平二‐定《ス》海内《ヲ》一。　□二‐□□□一。

（解答例）3二‐4 1 2一。

〈書き下し文〉海内《かいだい》を平定《へいてい》す。

〈意味〉天下（国内）を平定した。

〈典拠〉『史記』殷本紀

4. 有《ル》レ言者《ハ》、不二必《ズシモ》有《ラ》一レ徳。　□レ□□、□二□□一レ□。

（解答例）2レ1 3、7二4 6一レ5。

〈書き下し文〉言《げん》有る者は、必ずしも徳有らず。

〈意味〉善いことを言う者に必ずしも徳があるとはかぎらない。

〈典拠〉『論語』憲問

5. 一編一詠、膾《くわい》二‐炙《しやス》人口《ニ》一。　□□□□、□二‐□□□一。

（解答例）1 2 3 4、7二‐8 5 6一。

〈書き下し文〉一編一詠《えい》、人口《じんこう》に膾炙す。

〈意味〉詩のどの一編やどの一首も、広く人々の口にのぼってもてはやされている。（「膾」はなます、「炙」はあぶり肉の意味で、広く人々に賞味されることから。）

〈典拠〉林嵩『周朴詩集序』

6. 欲《ス》三東《シテ》渡《ラントウ》二烏江《かうヲ》一。　　□三□ □二□ □一。

(解答例) [5]三[1] [4]二[2] [3]一。

〈書き下し文〉東《ひがし》して烏江を渡らんと欲す。

〈意味〉東に向かい、烏江を渡ろうとした。

7. 無《なシ》下不《ざル》レ知《ラ》レ愛《スルヲ》二其親《そノ》一者《ヲ》上。　　□下□レ□レ□二□ □一□上。

(解答例) [7]下[5]レ[4]レ[3]二[1] [2]一[6]上。

〈書き下し文〉其の親を愛するを知らざる者無し。

〈意味〉親を愛するということを理解しない人間はいない。

〈典拠〉『史記』項羽本紀

〈典拠〉『孟子』尽心上

8. 不《ず》下為《ために》二児孫《ノ》一買《ハ》中美田《ヲ》上。　　□下□二□ □一□中□ □上。

(解答例) [7]下[3]二[1] [2]一[6]中[4] [5]上。

〈書き下し文〉児孫《じそん》の為に美田《びでん》を買はず。

〈意味〉子や孫のために立派な田畑を買っておくようなことはしない。

〈典拠〉西郷隆盛（南洲）「偶成」

❖演習二の解説

次の白文に、書き下し文を参考にして返り点・送り仮名・句読点を付けなさい。

1. 李下不正冠　　李下《りか》に冠を正さず。

(解答例) 李下《ニ》不レ正《サ》レ冠《ヲ》。

〈意味〉（すももの木の下で冠が曲がっているのを直すと実を盗んだのではと疑われることから、）他人の疑いを招きやすい行為を避ける。

〈典拠〉『文選』「君子行」

2. 不入虎穴不得虎子　　虎穴に入らずんば、虎子《こし》を得ず。

(解答例) 不レ入《ンバラ》二虎穴《ニ》一、不レ得二虎子《ヲ》一。

〈意味〉危険をおかさなければ、大きな成果は得られない。

〈典拠〉『後漢書』班超伝

3. 欲以蟷螂之斧禦隆車之隧
蟷螂《たうらう》の斧《おの》を以《も》つて、隆車の隧《わだち》を禦《ふせ》がんと欲す。

(解答例) 欲《ス》下以《ツテ》二蟷螂之斧《ヲ》一、禦《ガント》中隆車之隧《ヲ》上。

〈意味〉カマキリがその前脚を上げて、大きな車の進行を止めようとしたことから、自分のか弱い力をかえりみず、強大な敵に対抗しようとすること。

〈典拠〉『文選』陳琳「為袁紹檄予州文」

4. 客有能為狗盗者　　客に能《よ》く狗盗《くたう》を為《な》す者有り。

(解答例) 客有《ニリ》下能《ク》為《ス》二狗盗《ヲ》一者上。

〈意味〉食客の中に、こそドロの技に秀でたものがいた。

〈典拠〉『史記』孟嘗君列伝

❖演習三の解説

次の漢文を書き下し文にしなさい。

1. 桃李《たうり》不レ言《ざレドモものいハ》、下自《おのヅカラなス》成レ蹊《みちヲ》。

(解答例) 桃李言はざれども、下《した》自づから蹊を成す。

〈意味〉桃やスモモは言葉を発しないが、美しい花やおいしい実を目当てに人々が集まるので、その下に自然と道ができるということから、徳のある人のもとには特別なことをしなくても自然と人々が集まって服するようになるということ。

〈典拠〉『史記』李将軍列伝

2. 窺《うかがヒ》二‐入《レテ》其《そノ》意《ヲ》一、形‐容《スル》二之《これヲ》一、謂《いフ》二之《ヲ》奪胎法《ト》一。

解答例　其の意を窺ひ入れて、之を形容する、之を奪胎法と謂ふ。

〈意味〉（先人の詩や文章などの）意図をよく吟味して借用し、全体の様子を言い表す、これを奪胎法（要旨のみ取りいれ、言葉を換えて表現する方法）とよぶ。

〈典拠〉恵洪『冷斎夜話』

3. 不《ず》下以《もッテ》二一悪《ヲ》一忘《レ》中衆善《ヲ》上。

解答例　一悪を以つて衆善を忘れず。

〈意味〉わずかな欠点（悪行）を問題にするあまり、その人の多くの長所（善行）を忘れてはならない。

〈典拠〉唐・太宗『帝範』巻一

4. 不《ず》レ得下以《もッテ》二常《ノ》礼《ヲ》一断《ズルヲ》上之《ヲ》。

解答例　常の礼を以つて之を断ずるを得ず。

〈意味〉普通の法律で、このことを判断することはできない。

〈典拠〉干宝『捜神記』巻十五

5. 敗軍之《の》将、不《ず》レ可《べカラ》二以《もッテ》言《フ》一レ勇《ヲ》。

解答例　敗軍の将、以つて勇を言ふべからず。

〈意味〉戦いに敗れた将軍は、武勇について語ってはならない。

〈典拠〉『史記』淮陰侯列伝

6. 遇《ト》不遇《トは》者時也《なり》。

解答例　遇と不遇とは時なり。

〈意味〉うまくゆく、うまくゆかない、その差はそれが時機にかなっているかどうかによる。

〈典拠〉『荀子』巻二十・宥坐

憲法十七条

❖学習の視点

1 奈良時代に作られた「憲法十七条」を読み、当時の日本人にとっての漢文の意味について知る。

2 「憲法十七条」に『論語』が引用されていることを知り、中国古典が日本の文化に与えた影響について考えよう。

❖出典解説

本文は『新編日本古典文学全集』第三巻（一九九六年・小学館）によった。

❖作品解説

憲法十七条（けんぽうじゅうしちじょう） 勅撰の歴史書。六国史の第一。舎人親王らの撰。養老四（七二〇）年に成立。三十巻から成る。神代から持統天皇までの歴史を編年体でまとめた通史。『帝紀』や『旧辞』、朝鮮の記録、寺院や個人の記録などが素材として用いられた。また、中国の『史記』などの正史にならってまとめられた。もともとは『日本紀』と記されていた。

❖編者解説

舎人親王（とねりしんのう） 六七六（天武五）年〜七三五（天平七）年。天武天皇の第三皇子。『日本書紀』編纂を主宰。

❖語句・表現の解説

一五〇ページ

憲法十七条 呼称は「憲法」だが、法規というよりも道徳規範を書いたもの。仏教や儒家の思想が取り入れられている。また文体も、中国古典を意識して書かれている。一般に聖徳太子（厩《うまや》戸皇子《どのみこ》）が制定したとされ、起草は厩戸皇子とも考えられるが、八世紀以降の官名「国司」も出てくるので、後に書き換えられたか、書き加えられたかしたという説もある。

親 自分自身で。

以和為貴 人と調和をとることを尊ぶ。『論語』「学而」（第一二章）から。

是以（ここをもって）　こういうわけで。

或～乍～（あるいは～、あるいは～。）　あるものは～、またあるものは～。

諧　整う。調和する。

論事　議論する。

事理　ものごとの道理。

❖理解の解説

(1)「憲法十七条」について、図書館などで、全文を調べてみよう。

解説　教科書の出典にあたると、「憲法十七条」の全文を見ることができる。それぞれの条文の最初の一文に、要約が書かれているので、それを読むだけでも、当時の社会の状況をうかがい知ることができるだろう。

(例)・五に曰はく、餮《むさぼり》を絶ち欲を棄てて、明らかに訴訟を弁《わきた》めよ。
・六に曰く、懲悪勧善は、古《いにしえ》の良典なり。
・七に曰く、人各《おのおの》任有り。
・八に曰く、群卿百寮、早く朝《まゐ》りて晏《おそ》く退《まか》でよ。
・九に曰く、信は是《これ》義の本なり。
・十に曰く、忿《ふん》を絶ち、瞋《しん》を棄てて、人の違《たが》ふことを怒らざれ。
・十四に曰く、群臣百寮、嫉妬《しっと》有ること無かれ。

第9章　漢語の特色

守レ株／推敲／借二虎威一／漁父之利／塞翁馬

❖学習の視点

1　もととなった物語を読んで、故事成語のおもしろさを知る。
2　漢文の句法に注意して読み、それぞれの句法の特徴を理解する。
3　漢文を訓読し、書き下し文に改めることができるようにする。

株を守る

❖作品解説

韓非子（かんぴし）　法家思想の集大成。戦国時代の韓非の著とされる。法家は、富国強兵を目指し、自国が生き残るめに、「法」と、臣下を思い通りに扱えるようにする「術」で、中央集権国家を運営することを目指した。この思想を利用したのが秦である。

❖本文の研究　一五四ページ

〈訓読〉
宋人《そうひと》に田を耕す者有り。田中《でんちゅう》に株有り。兎《うさぎ》走りて株に触れ、頸を折りて死す。因《よ》りて其《そ》の耒《らい》を釈《す》てて株を守り、復《ま》た兎を得んことを冀《こいねが》ふ。兎復た得べからずして身は宋国の笑ひと為れり。

〈通釈〉
宋の国に畑を耕す者がいた。兎が走ってきて切り株にぶつかり、頸を折って死んだ。そこで耒《すき》を捨てて切り株を守り、再び兎を得ることを願った。兎は再び得ることはできず、その身は宋国の笑いものとなった。

〈語釈・語法〉
因　結果を表す接続詞。
釈　手放して下に置く。うち捨てる。

冀　自身の願望を表す動詞。ほかに、希望や意思を述べる用法「どうか～させてください」もある。

為　ここは「なる」の意味の動詞。

❖理解・表現の解説

〈理解〉

(1) **「宋人」（一五四・1）が笑い者となった理由を考えなさい。**

解答例　めったにない兎が切り株にぶつかって死ぬということを願って、耕作を放棄したから。

〈表現〉

(1) **「株を守る」の意味を辞書で調べ、この故事成語を用いた短文を書きなさい。**

解答例　「株を守る」あるいは「守株」の故事成語の意味は、古いやり方に固執して、新しいことに対処できないこと。

（例文）いつまでも株を守るようなことをしていると、今の時代に合った製品は開発できない。

推《すい》敲《こう》

❖作品解説

唐詩紀事（とうしきじ）　南宋の計有功《けいゆうこう》の撰。唐代の詩人について主要作品とそれに関する記事、作者の略伝、逸話などを収めている。全八十一巻。正史に伝わらない内容を含んだ有用な書物とされている。

❖本文の研究　一五五ページ

〈訓読〉

賈島《かとう》挙《きょ》に赴きて京《けい》に至る。驢《ろ》に騎《の》り詩を賦《ふ》して、「僧は推《お》す月《げつ》下《か》の門」の句を得たり。推すを改めて敲《たた》くと作《な》さんと欲し、手を引きて推敲の勢《せい》を作すも、未《いま》だ決せず。覚えずして大尹韓愈《たいいんかんゆ》に衝《あ》たる。乃《すなわ》ち具《つぶさ》に言ふ《ウ》に、愈曰《い》は《ワ》く、「敲くの字佳《よ》し」と。遂《つい》に轡《たずな》を並べて詩を論ずること之《これ》を久しくす。

〈通釈〉

賈島が科挙の試験を受けるために都（長安）にやって来た。ロバに乗って詩を作っていたとき、「僧は推す月下の門」という一句を考えついた。（そこでさらに考えて）推という字を敲という字に改めようかと、手をのばして推したり敲いたりする様子をして考えたが、なかなか決まらなかった。（そのうちに夢中になりすぎて）うっかり長安の長官の韓愈の行列の中にロバを乗り入れてしまった。そこで、（賈島は）その理由をくわしく説明したところ、韓愈が言うには、「敲の字のほうがよい」と。そして、ついに二人は、みちみち詩を論じながら行った。

〈語釈・語法〉

未《いま》ダ《ず》レ決セ　「未」は再読文字で「イマダ…ズ」と読み、いままでに…

ないという意を表す。ここは、まだどちらか決まらない、の意。

乃《すなわチ》 そこで、かえって、しかるになどの意の接続詞。

矣 読まないで、断定の意や推量の意を表す。「カナ」と読む場合は感嘆の意を表す。

❖理解・表現の解説

〈理解〉

(1) 「推」（一五五・1）と「敲」（同・2）とでは、詩に描かれるイメージはどのように異なるか、まとめなさい。

解答例 「僧は推す月下の門」は、僧が月に照らされた門の中に音もなく入っていくというイメージである。また、僧が門の中に入っていくことはあらかじめ許可されている様子もイメージされる。「僧は敲く月下の門」は、僧が月に照らされた門を敲いているというイメージであり、静けさの中にその音が響き渡っているという感じがする。また、僧が門の中に入っていくことは自由にはできないという様子もイメージされる。

〈表現〉

(1) 「推敲」の意味を辞書で調べ、この故事成語を用いた短文を書きなさい。

解答例 「推敲」の故事成語の意味は、詩や文章の表現などを何度も練り直すこと。

（例文）作文を今夜推敲してから提出しよう。

虎《とら》の威《い》を借《か》る

❖作品解説

戦国策（せんごくさく） 前漢の劉向《りゅうきょう》の編。戦国時代のいわゆる遊説の士の言説・献策・国策を中心に、各国の歴史を記す。「戦国時代」という語は、この書名がもとになっている。秦による統一後、始皇帝の焚書によって、この時代の史料が比較的少ない中で、歴史や思想に関する重要な書物となっている。

❖本文の研究 一五六～一五七ページ

〈訓読〉

虎百獣を求めて之を食らひ、狐を得たり。狐曰はく、「子敢へて我を食らふこと無かれ。天帝我をして百獣に長たらしむ。今子我を食らはば、是れ天帝の命に逆らふなり。子我を以つて信ならずと為さば、吾子の為に先行せん。子我が後に随ひて観よ。百獣の我を見て、敢へて走らざらんや。」と。虎以つて然りと為す。故に遂に之と行く。獣之を見て皆走る。虎獣の己を畏れて走るを知らざるなり。以つて狐を畏ると為すなり。

〈通釈〉

虎はあらゆる獣を求めて食べていて、（ある時）狐を捕らえた。

狐は、「あなたはすすんで私を食べてはなりません。天帝が私に百獣の長とさせました。今もし、あなたが私を食べたなら、天帝の命に逆らうことになります。あなたが私の言うことを本当でないと思うなら、私はあなたのために先に立って行きましょう。あなたは私の後につきしたがって観察しなさい。あらゆる獣が私を見て、どうして逃げないことがあるでしょうか。（いや、必ず逃げます。）」と言った。虎はその通りだと思った。そこでそのまま狐といっしょに行った。獣たちはこれを見て、みな逃げた。虎は獣たちが自分を畏れて逃げたのだと知らなかった。狐を畏れたのだと思った。

〈語釈・語法〉

子無二敢食一レ我也 あなたはすすんで私を食べてはなりません。「子」は虎のこと。「無敢～」は、禁止。ここの「也」は置き字で読まない。強調を表す。

天帝使三我… 天帝が我に…させる。「使」は使役の意。

是逆二天帝命一 「是」は、前の「今子食我」をさしている。

不レ信 本当でない。

虎以為レ然 「以」の下に、「狐言」が省略されている。

獣見レ之 「見」は、目にする。

❖発問の解説

（一五六ページ）

1 狐が「是逆天帝命也」と言ったのはなぜか。

解答例 狐が天帝の威光を借りて、虎に食べられないようにするため。

❖理解・表現の解説

〈理解〉

(1) 「先行」（一五六・6）と言った狐の狙いは何か。

解答例 獣が自分を見て逃げたように見えるから。

(2) 「敢不走乎」（一五六・7）を書き下し文にし、現代語に訳しなさい。

解説 〈訓読〉〈通釈〉参照。ここは反語であることに注意する。

(3) 「然《しかり》」（一五六・8）のさす内容を具体的に説明しなさい。

解答例 天帝から狐が百獣の長とされたのが本当かどうかは、先に行く狐を見て獣たちが逃げるのを、自分が後からついていって確かめれば分かるのだ、ということ。

〈表現〉

(1) 「虎の威を借る」の意味を辞書で調べ、この故事成語を用いた短文を書きなさい。

解答例 つまらない者が権力を持つ者の威光を借りて威張ること。

（例文）実力がない彼が威張っていられるのは権力者の兄がついているからで、まさに虎の威を借るだね。

(2) 「観」（一五六・7）と「見」（同）には、どのような意味の違いがあるか、話し合いなさい。

解答例 「観」は、よく見る、観察する。「見」は、目にする。「見」の場合、獣たちは目に入ったとたん逃げるということを表している。

漁父之《の》利

❖作品解説

戦国策（せんごくさく） 前漢の劉向《りゅうきょう》（前七七―前六年）が整理・校訂した。戦国時代の各国の外交策（史実や各国を回って政策を説いた人たちの言動）を国別に整理したもの。三十三編、十二策から成る。

❖本文の研究 一五八～一五九

〈訓読〉

趙且《ちょうまさ》に燕《えん》を伐《う》たんとす。蘇《そ》代《だい》燕の為《ため》に恵王《けいおう》に謂《い》ひ《イ》て曰は《ワ》く、「今者《いま》臣来《きた》りて易水《えきすい》を過ぐ。蚌方《ぼうまさ》に出《い》でて曝《さら》す。而《しこう》して鷸《いつ》其《そ》の肉を啄《ついば》む。蚌合《ごう》して其の喙《くちばし》を箝《はさ》む。鷸曰は《ワ》く、『今日《きょう》雨ふらず、明《あ》日《す》雨ふらずんば、即ち死蚌有らん』と。蚌も亦《ま》た鷸に謂ひ《イ》て曰は《ワ》く、『今日出《い》でず、明日出でずんば、即ち死鷸有らん』と。両者相舍《あいす》つるを肯《がえん》ぜず。漁者《りょうしゃ》得て之《これ》を幷《あわ》せ擒《とらウ》ふ。今趙且に燕を伐たんとす。燕・趙久しく相攻めて、以《もっ》て大衆を敝《つか》れしむ。臣強秦《しん》の漁父と為《な》らんことを恐るるなり。願は《ワ》くは王之《これ》を熟計《じゅくけい》せんことを」と。恵王曰は《ワ》く、「善《よ》し」と。乃《すなわ》ち止《や》む。

〈通釈〉

趙が燕を伐とうとした。蘇代は燕のために（趙の）恵王に言った、「つい先ほど、私がこちらへ参りまして易水を通りかかりました。からす貝が水から出て日光浴をしていました。すると、シギがからす貝の肉をついばみました。からす貝は（上下の殻を）閉じてシギのくちばしをはさみました。シギが言うには、『今日雨が降らない、明日降らなければ、すぐにここに死んだからす貝ができあがるぞ』と。からす貝もまたシギに言い返すには、『今日放さず、明日も放さなければ、すぐにここに死んだシギができあがるぞ』と。両者は双方共に放そうとはしません。（そこへ）漁師が（参りまして）双方共につかまえてしまいました。（ところで）今、趙では燕を伐とうとしていますが、燕も趙も長い間攻め合うことによって、人民を疲れさせせます。（そのため）強国の秦が（先ほどの話の）漁師になるのではないかと、気がかりです。どうか王には、ここのところをよくよくお考えくださいますように。」 恵王は、「なるほど。」と言い、（燕を伐とうとするのを）思いとどまった。

〈語釈・語法〉

漁父之利 当事者どうしが争っている間に、第三者が利益を横取りすること。「鷸蚌《いっぽう》の争い」ともいう。「ギョホ」とも読む。

且 ～しようとする。「且」は再読文字で「将」と同義。
今者 「いま」と読む。現在、近ごろ、の意。「者」は時を表す語につく助字。
方 ちょうど、今、の意の副詞。
曝 日なたぼっこをする。日光浴。
而鷸啄二其肉一 而には順接、逆接、両方の意味がある。ここは順接の接続詞。
合 貝を閉じ合わせる。
即 とりもなおさず。すぐに。
得而幷二擒之一 両方をいっしょに手に入れることができた。ここでの「而」は読まないで、上の語に送り仮名として「テ」を送る。
乃 そこで。間をおいてつなげる気持ちを表す。

❖理解・表現の解説

〈理解〉

(1) 「鷸」と「蚌」の会話の部分（一五八・7、一五九・1）を、書き下し文にしなさい。

解説 書き下し文は、漢文の漢字をそのまま残して、送り仮名の部分だけひらがなにする。付属語の「不」もひらがなにする。〈訓読〉参照。

〈表現〉

(1) 「漁父の利」の意味を辞書で調べ、この故事成語を用いた短文を書きなさい。

解答例 当事者が争っているうちに、第三者が利益を得ること。
（例文）私が妹とけんかをしているうちに、弟がちゃっかり二人分のケーキを食べてしまって、漁父の利を得た。

塞翁《さいおう》が馬《うま》

❖作品解説

淮南子（えなんじ） 前漢の高祖の孫で淮南《わいなん》王であった劉安《りゅうあん》（前一七九―前一二二）が、老荘の説に基づいて周末以来のさまざまな思想・知識を広く集めて編集したもので、全二十一巻から成る。

❖本文の研究 一六〇～一六一ページ

〈訓読〉

夫《そ》れ禍福《かふく》の転じて相生《あいしょう》ずるや、其《そ》の変見《へんみ》難《がた》きなり。近ごろ塞《さい》の上《ほとり》の人に、術を善《よ》くする者有り。馬故《ゆえ》無くして亡《に》げて胡《こ》に入る。人皆之を弔《とむらウ》ふ。其の父曰《いワ》はく、「此《こ》れ何遽《なん》ぞ福《さいわい》と為《な》らざらんや」と。居《お》ること数月、其の馬胡の駿馬《しゅんめ》を将《ひき》ゐ《イ》て帰る。人皆之を賀《が》す。其の父曰《ワ》はく、「此れ何遽ぞ能《よ》く禍《わざわイ》と為らざらんや」と。家良馬に富む。其の子騎を好み、堕《お》ちて其の髀《ひ》を折る。人皆之を弔ふ。其の父曰は《ワ》く、「此れ何遽ぞ福ひ《イ》と為らざらんや」と。居ること一年、胡《こ》人《ひと》大いに塞に入る。丁壮《ていそう》の者は弦《げん》を控《ひ》きて戦ひ《イ》、塞の上の人、死する者十に九なり。此れ独り跛《は》の故を以って、父《ふ》子《し》相《あい》保てり。故に福ひ《イ》の禍ひ《イ》と為り、禍ひ《イ》の福ひ《イ》と為るは、化《か》極《きわ》むべからず、深《しん》測るべからざるなり。

〈通釈〉

そもそも禍福は転々として交互に生じるのであるが、その変化は見通し難いのである。近ごろ国境のとりで近くの人に占いの上手な人がいた。（その家の）馬が理由もなく逃げて遊牧民族の胡の土地に入ってしまった。人々は皆このことを気の毒がった。（ところが）その家の老人は、「これがどうして福とならないことがあろうか。」と言った。数か月たって、その（逃げた）馬が遊牧民族の駿馬《しゅんめ》をひき連れて帰ってきた。人々は皆これを祝福した。（すると）その家の老人が「このことがどうして禍《わざわ》いにならないでおられようか。」と言った。（こうして）その家は良馬に富むようになった。その子供は乗馬が好きで、（あるとき）馬から落ちてもも骨を折ってしまった。人々は皆このことを気の毒がった。その老人は「このことがどうして福とならないことがあろうか。」と言った。（それから）一年たって、遊牧民族が大挙して国境を越えて侵入した。若者たちは弓を引いて戦い、国境のとりで近くの人で死者は十人中九人にも及んだ。（ところが）足が不自由だったためにこの父子だけは生きのびたのである。このようなわけで、福が禍いとなり、禍いが福となる、（こうした禍福の）変化のありさまを極めることは難しく、（また）道理の奥深さを予測することはできないのである。

〈語釈・語法〉

其変　その変化、禍が福となり福が禍となる変化。

何遽…乎　どうして…か、いやそんなことはない。反語形。

駿馬　脚が速く力の強いすぐれた馬。

騎　馬に乗ること。騎馬・騎乗・乗馬。

丁壮　「丁」は成人した男子。「壮」は三十歳前後の男子。

〈参考〉

「塞翁が馬」のもととなった故事で、「人間万事塞翁が馬」とも言う。似たような意味のことわざに「禍福はあざなえる縄のごとし」がある。すなわち「不幸と幸運とは、この二つがよりあわさった一本の縄のようなものである」という意味で、「塞翁が馬」の物語によく付合している。『史記』南越伝あるいは『漢書』賈《か》誼《ぎ》伝にもとづくことばである。

❖理解・表現の解説

〈理解〉

(1)　「此何遽不為福乎。」（一六〇・3）を現代語に訳しなさい。

解説　〈通釈〉を参照。教科書の「句法のまとめ」から、「何遽～乎」は反語を表すから、「不為福乎」は「福とならないだろうか、いや福となる」の意味になる。

(2)　**それぞれの出来事を周囲の人はどのように評価したか、まと**

めなさい。

解説　それぞれの出来事に対する周囲の人の評価を、簡単にまとめてみる。

馬↓亡而入胡………人↓弔　馬↓将胡駿馬而帰……人↓賀

子↓堕而折其髀……人↓弔　父子↓相保……人↓（賀？）

弔は「他人の不幸に対して、同情のことばを述べる」意。

賀は「物やことばをおくって、よろこび祝福する」意。

前者は幸運、後者は不幸（不運）と評価したのである。

(3) **この話で、「福」とはどのようなものと見なされているか、考えなさい。**

解答例　「福」は人間の努力や意志とは関係なく、予測できない運に左右されるものであると同時に、次の「禍」につながる一過性のものと考えられている。

〈表現〉

(1) **「塞翁が馬」の意味を辞書で調べ、この故事成語を用いた短文を書きなさい。**

解答例　人の幸・不幸は計り知れない。「禍福はあざなえる縄のごとし」と同じ。

（例文）試合には負けてしまったが、塞翁が馬で、これが新しい出発点になるかもしれない。

(2) **本文中で用いられている置き字をすべて抜き出し、それぞれの意味を漢和辞典で調べなさい。**

解答例　訓読のときに読まない助字は「而」のみだが、この文章では五か所ある。すべて「〜して」という順接の接続の意味。

(3) **「何遽」の他に、「何」「胡」「曷」「寧」など、「なんゾ」と読む漢字を漢和辞典で調べなさい。**

解答例　「何」…「どうして」の意。副詞。

「胡」…「なに」「どうして」などの意。疑問詞・副詞。

「曷」…「どうして」の意。副詞。

「寧」…「どうして…しようか。」の意。反語を表す副詞。

「巨」…「豈巨」の形で使い、反語を表す。

「盍」…「なんぞ…ざる」と読み、「どうして…しないのか」という疑問を表す疑問詞。「なんぞ」と読み、「どうして」などの意の疑問や反語を表す疑問詞。

このほかに「那」「奚」「害」「容」「焉」「庸」「渠」「詎」「遐」「蓋」など多数ある。

第10章　言動に表れる人間の本質

管鮑之交／刺客荊軻／死諸葛走二生仲達一／那須宗高

❖学習の視点

1　返り点、送り仮名に注意して、漢文を正しく訓読する。
2　脚注を活用しながら内容を読み取り、要旨をつかむ。
3　史伝のおもしろさを味わって読む。
4　中国の春秋戦国時代とはどんな時代であったか、各国の抗争の様子を調べてみる。
5　登場人物の言動から、人物像や心情、立場などを読み取る。

❖作品解説

【十八史略について】

〈成立年代〉

広く一般に流布した七巻本は明代初期に成立した。

〈構成・内容〉

『史記』以下十八種の史書を七巻に要約し、太古から宋《そう》末までの歴史を編年体（年代を追った記述の方法）で初学者向きにまとめたものである。『十八史略』という書名も、十八種類の歴史書の要約ということに由来している。

七巻本の内容は次のとおり。

巻一　三皇（太昊伏羲氏《たいこうふっき》・炎帝神農氏・黄帝軒轅氏《けんえん》）
　　五帝（少昊金天氏《しょうこう》・顓頊高陽氏《せんぎょく》・帝嚳高辛氏《ていこく》・帝堯陶唐氏《ていぎょう》・帝舜有虞氏《ていしゅんゆうぐ》）、夏・殷《いん》・周、春秋戦国
巻二　秦《しん》・西漢
巻三　東漢・三国・西晋《しん》
巻四　東晋・南北朝・隋《ずい》
巻五　唐
巻六　五代・宋（太祖……神宗）
巻七　宋（哲宗……欽《きん》宗）・南宋（高宗……帝昺《ていへい》）

〈編者〉

曾先之（そう・せんし）　宋末から元初にかけての人。字《あざな》は孟参《もうしん》。盧陵《ろりょう》（現在の江西省盧陵道吉安県）の出身で、一二六五年（南宋の咸淳《かんじゅん》二年）進士の試験に及第し、地方官を歴任したといわれるが、くわしい経歴は不明である。

〈日本への伝来〉

『十八史略』がいつごろわが国に伝来したかは、正確には分からないが、足利《あしかが》時代の末には伝来していたものと思われる。江戸時代になり、各藩に藩校が設けられると、教科書として広く採用され、『論語』『孝経』『文章軌範』『唐詩選』とともに、初学者必読の書とされた。

〈出典〉

教科書本文は『新釈漢文大系』第二十巻「十八史略」（明治書院　一九六七年）によっている。

❖本文の研究

管鮑《かんぽう》の交《まじワ》り

一六四・1～6

〈訓読〉

兄襄公無道《あにじょうこうむどう》なり。群弟禍《ぐんていわざわイ》ひの及ばんことを恐る。子糾魯《しきゅうろ》に奔《はし》る。管仲之《かんちゅうこれ》に傅《ふ》たり。小白莒《しょうはくきょ》に奔る。鮑叔之《ほうしゅくこれ》に傅たり。襄公　弟《おとうと》無知《むち》の弑《しい》する所と為《な》り、無知も亦《また》人の殺す所《ころ》と為る。斉人《せいひと》小白を莒より召《まね》く。而《しこう》して魯も亦《また》兵を発して糾を送る。管仲嘗《かつ》て莒の道を遮《さえぎ》り、小白を射《い》て帯鉤《たいこう》に中《あ》つ。小白先《ま》づ《ズ》斉《せい》に至りて立つ。鮑叔《ほうしゅく》牙《が》管仲を薦《すす》めて政《まつりごと》を為さしむ。公怨《うら》みを置きて之を用《イ》ゐる。

〈通釈〉

兄の襄公は道に外れた暴虐な行いをする人であった。多くの弟たちは禍が自らの身に及ぶことを恐れた。（そのため弟の一人である）子糾は魯に逃げていった。管仲はこの子糾の守り役であった。（一方、同じく弟の一人である）小白は莒に逃げた。鮑叔はこの小白の守り役であった。（その後）襄公は弟である無知に殺され、その無知もまた殺されてしまった。（そこで）斉の国の人人は（君主にしようと）小白を莒から呼び戻した。魯の国もまた（子糾を君主にしようと）軍隊を派遣して子糾を送り込んできた。管仲は以前に斉に戻る小白の行く手をふさぎ、小白をねらって弓を射て、帯の留め金に命中させたことがあった。（君位継承問題は）小白が先に斉に入国し、斉の君主となった。（これが桓公である。）鮑叔牙は（桓公に）管仲を推薦して政治を執り行わせた。桓公は怨みをすてて管仲を許し、彼を重用した。

〈語釈・語法〉

管鮑之交　利害によって変わることのない友人としての親密な交わりを言う。

無道　道に外れた暴虐の行いをする人。

奔　出奔すること。逃げること。

為二弟無知所一レ弑　「為二A所一レB」は受け身を表す句法。「AのBする所と為る」と読む。AにBされる、と訳す。

嘗　「かつて」と読み、過去の経験を表し、以前～したことがある、と訳す。

中　「あつ」と読み、的にあたる、の意。

一六五・1～一六六・2

〈訓読〉

仲《ちゅう》、字《あざな》は夷吾《いご》。嘗て鮑叔と賈《こ》す。利を分かつに多く自ら与ふ《ウ》。鮑叔以《も》つて貪《たん》と為さず。仲の貧しきを知ればなり。嘗て事を謀りて窮困《きゅうこん》す。鮑叔以つて愚《ぐ》と為さず。時に利と不利と有るを知ればなり。嘗て三たび戦ひ《イ》三たび走る。鮑叔以って怯《きょう》と為さず。仲に老母有るを知ればなり。仲曰《い》は《ワ》く、「我を生む者は父母、我を知る者は鮑子《ほうし》なり」と。

〈通釈〉

管仲は、字を夷吾といった。以前、鮑叔と商売をしたことがあった。利益を分配するのに自らが多く取った。鮑叔はそれを欲深いとは思わなかった。管仲の貧しさを知っていたからである。鮑叔（管仲は）以前、事を企てて失敗し難儀したことがあった。鮑叔は（管仲を）愚か者だとは思わなかった。時節に運不運があることを知っていたからである。（管仲は）以前、三回戦って三回とも敗走したことがあった。鮑叔は（管仲を）臆病者だとは思わなかった。管仲に年老いた母がいることを知っていたからである。（だから）管仲は（鮑叔の好意に感激して）、「私を産んでくださったのは父母であり、私を最もよく理解してくれているのは鮑先生である」といった。

〈語釈・語法〉

字　実名のほかに付けて呼ぶ名。通称。

以《テ》為《スト》レ～　～だと思う。「以A為B」で「Aを以ってBと為す」と読む。

利不利　幸運なときと不運なとき。

三戦三走　漢文では数の多さを「三」で表すことが多いので、「三回」が実際の数字かどうかは不明。

鮑子　鮑先生。「子」は有徳の人に対する敬称。『論語』などで「子」と呼ぶ場合は孔子を指す。

❖構成・要旨

(1)（一六四・1～6）――桓公に仕える管仲・鮑叔。
管仲は鮑叔の推薦で、以前命をねらったことがある桓公に仕えることになった。

(2)（一六五・1～一六六・2）――管仲に対する鮑叔の深い理解。
管仲にはいろいろと問題点もあったが、鮑叔は深い理解を示した。そのため、管仲は鮑叔のことを自分の父母以上の理解者だと評するようになったのである。

❖発問の解説

1 「怨」とは、具体的に何をさすか。（一六五ページ）

（解答例） 「怨」とは相手に対するうらみのこと。桓公の「怨」とは、「管仲嘗遮㆓莒道㆒、射㆓小白㆒中㆓帯鉤㆒。」（一六四・4）の部分、すなわち、管仲によってかつて自分の命がねらわれたということに対するうらみである。

❖理解・表現の解説

〈理解〉

(1) **兄弟・従弟としての襄公・子糾・小白（桓公）・無知および、管仲・鮑叔の計六人について、それぞれの役割と、お互いの関係を整理しなさい。**

（解答例） 教科書一六四ページの図と、本文から読み取れることがらをもとに、役割と関係をとらえよう。子糾・小白・無知は、襄公の兄弟または従弟であり、それぞれ襄公に圧迫されていた。そこで無知は襄公を殺したが、無知自身も殺害され、子糾と小白（後の桓公）がその後継を争う関係となる。管仲は子糾の、鮑叔は小白の守り役である。

(2) **管仲の行動や発言から、その人柄がどのようなものか、考えなさい。**

（解答例） 管仲は子糾の守り役だったが、子糾のライバルだった桓公に仕えた。また、鮑叔よりも利益を多く取ったことなどから、人柄を考える。管仲は敵対していた桓公に仕えることで節操がないとも見え、また、鮑叔の親切に対しても少しあつかましい態度をとっているともいえるが、いずれもその根底には、自らの才能に対する自負があると見ることもできる。

(3) **「管鮑之交」とは、どのような関係をいうか、説明しなさい。**

（解答例） 鮑叔が管仲の行動をいつも善意で解釈していたことを読み取る。互いによく理解や尊敬をし合っていて、信頼の厚い関係のことをいう。

〈表現〉

(1) **「襄公為弟無知所弑」（一六四・2）および「無知亦為人所殺」（同・3）の句法を確認しなさい。**

（解答例） 〈語釈・語法〉を参照。いずれも「…の～する所と為る」と読み、「…に～される」と受身の意味になる。

❖本文の研究

刺《し》客《かく》荊《けい》軻《か》

一六七・1～一六八・6

〈訓読〉

喜《き》の太子《たいし》丹《たん》、秦《しん》に質《ち》たり。秦王政《せい》礼せず。怒りて亡《に》げ帰る。秦を怨《うら》みて之《これ》に報いんと欲す。秦の将軍樊於《はんお》期《き》、罪を得て亡げて燕《えん》に之《ゆ》く。丹受けて之を舍《しゃ》す。丹衛人荊軻《えいひとけいか》の賢なるを聞き、辞《じ》を卑《ひく》くし礼を厚くして之を請《こウ》ふ。奉養《ほうよう》至らざる無し。軻を遣《つかワ》はさんと欲す。軻樊将軍の首及び燕の督亢《とくこう》の地図を得て、以《も》つて秦に献ぜんことを請《こウ》ふ。丹於期を殺すに忍びず。軻自ら意を以つて之を諷《ふう》して曰《いワ》はく、「願はくは将軍の首を得て、以つて秦王に献ぜん。必ず喜びて臣を見ん。臣左手《さしゅ》に其の袖《そで》を把《と》り、右手に其の胸を揕《さ》さば、則《すなわ》ち将軍の仇《あだ》報いられて燕《えん》の恥雪《すす》がれん」と。於期遂《つい》に慨《がい》然《ぜん》として自ら刎《ふん》す。

〈通釈〉

（燕《えん》の王）喜の太子の丹は秦に人質となっていた。秦王の政は（丹を）礼遇しなかった。（そのため、丹は秦王の扱いを）怒って（燕に）逃げ帰った。（丹は）秦を恨んで、秦に報復しようと思った。（たまたま）秦の将軍の樊於期《はんおき》が（秦王に咎《とが》められて）罪を受け、燕に逃げてきた。丹は於期を受け入れて、館《やかた》に住まわせた。（ところで）丹は衛国生まれの荊軻《けいか》が賢者であることを聞いて辞を低くし礼を厚くして（荊軻を）招いた。（丹は荊軻に）仕え養うことが至れり尽くせりであった。（さて、いよいよ丹は秦に）荊軻を遣わそうとし（かねて思っていた秦への報復を遂げようとし）た。（すると）軻は（懸賞のかかっていた）樊将軍の首と燕の（最も肥えた）督亢《とくこう》の地図とを申し受けて秦に献上したいと願った。（しかし）丹は於期を殺すに忍びなかった。（そこで）軻は自分だけの考えで（於期に）それとなくさとして言うには、「どうか将軍の首をいただいて、秦王に献上したい。（そうすれば秦王は）必ず喜んで私を引見することでしょう。（その時）私は左手で秦王の袖をつかみ、右手でその胸を刺したならば、将軍の仇《あだ》も報いられ、燕の恥もすすぐことができましょう」と。（それを聞いて）於期は（その考えに）感きわまって自ら首を刎《は》ねて死んだ。

〈語釈・語法〉

不レ礼　礼遇しなかった。他国の太子としてのふさわしい扱いをしなかったということである。

欲レ報レ之　「報」は報復する、復讐する。

舍レ之　「舍」は館に住まわせるということ。秦から逃げてきた樊於期を、丹は自分の館にかくまったのである。

卑レ辞厚レ礼　ことばづかいをていねいにして、贈り物などを多く用意する。

奉養無レ不レ至　衣食の世話をして、行き届かないところがない。

慨然《がいぜん》　「慨」は胸がいっぱいになって嘆声をもらすこと。

一六八・7〜一六九・2

〈訓読〉

丹奔《はし》り往《ゆ》き、伏して哭《こく》す。乃《すなわ》ち函《はこ》を以つて其の首を盛る。又嘗《またかつ》て天下の利匕首《りひしゅ》を求め、薬を以つて之《これ》を焠《さい》し、以つて人に試みるに、血縷《る》のごとくにして立ちどころに死《た》す。乃ち軻を装遣《そうけん》す。行きて易水《えきすい》に至り、歌ひて曰《イワ》はく、

「風　蕭蕭《しょうしょう》として易水《えきすい》寒し

壮士《そうし》一《ひと》たび去りて復《ま》た還《かえ》らず」と。
時に白虹《はっこう》日を貫《つらぬ》く。燕人《えんひと》之を畏《おそ》る。

〈通釈〉

丹は（於期が自刎したことを聞いて、将軍のもとへ）走って行き、ひれ伏して大声をあげて泣いた。それから箱にその首を入れた。また、かつて求めておいた天下無双の鋭利なあいくちを、（刃に）毒薬を塗って焼きを入れ、それで人に試してみたところ、血は糸すじほどしか流れない（小さな傷な）のに見るまに死んでしまった。（そこで）身じたくを整えて軻を秦に遣わすことになった。（軻は）出発して易水まで来た時、歌って言うには、

「風は蕭々ともの寂しく吹き、易水の流れは寒々として身にしみる。

意気さかんな男子が一たびこの地を去って（秦に）行ったら、二度とは生きて帰ることはない」と。

この時、白い虹《にじ》が太陽を横切った。燕の人はこれを（大戦の起こる前兆だとして）恐れた。

〈語釈・語法〉

焠　訓は「にらぐ・やく」。鉄を赤く熱して水に入れて鍛える意。

壮士　ここでは荊軻自身のこと。

白虹貫ㇾ日　「白虹」は兵、「日」は君の比喩。

一六九・3〜一七〇・3

〈訓読〉

軻《か》咸陽《かんよう》に至る。秦王政大いに喜びて之を見る。軻図《ず》を奉じて進む。図窮《きわ》まりて匕首《ひしゅ》見《あらわ》る。王の袖《そで》を把《と》りて之を揕《さ》す。未《いま》だ身に及ばず。王驚きて起《た》ち、袖を絶つ。軻之《これ》を逐《お》ふ《ウ》。柱を環《めぐ》りて走る。秦の法に群臣の殿上に侍する者は、尺寸《せきすん》の兵を操《と》るを得ず。左右《さゆう》手を以つて之を搏《う》つ。且《か》つ曰《い》は《ワ》く、「王剣を負へ《エ》」と。遂に剣を抜きて其の左股《さこ》を断つ。軻匕首を引きて王に擿《なげう》つ。中《あ》たらず。遂に体解《たいかい》して以つて徇《とな》ふ《ウ》。秦王大いに怒りて益《ますます》兵を発して燕《えん》を伐《う》つ。喜《き》丹を斬りて以つて献ず。後《こう》三年、秦兵喜を虜《とりこ》にし、遂に燕を滅ぼして郡《ぐん》と為《な》す。

〈通釈〉

軻は咸陽に着いた。秦王政は大いに喜んで軻を引見した。軻は（持参した督亢《とくこう》の）地図をささげて（秦王の前へ）進んだ。（巻物の）地図が（次第に広げられていって）全部開き終わると中から（かねて用意していた）匕首《ひしゅ》が現れた。（軻は）秦王の袖をつかんで王を刺そうとした。（しかし匕首は秦王の身に）まだ届かなかった。秦王は驚いて立ち上がり袖がちぎれた。（逃げる）秦王を軻は追いかけた。（秦王と軻の二人は）柱の周りを走り回った。秦の法律では群臣で殿上にかしずく者は、短い武器でも身に帯びることを許されていなかった。（そこで王の左右に侍していた）家臣は素手で軻に立ち向かった。そして言うには、「王よ、（早く）剣を負いなさい」と。とうとう剣を抜いて（秦王は軻の）左

の股《また》を切断した。軻は（いまやこれまでと）匕首を引きよせ王に投げつけた。（しかし）あたらなかった。（秦王は軻の）体をばらばらに切ってさらしものとした。（このことがあって）秦王は大いに立腹し、ますます軍隊をくり出して燕を伐《う》った。（燕王の）喜は（太子の）丹を斬《き》って（その首を秦王に）献じた。（この）後三年にして、秦の兵は喜をとりこにし、とうとう燕を滅ぼして（これを）秦の一郡とした。

〈語釈・語法〉

咸陽《かんよう》　秦の都。現在の陝西《せんせい》省西安の北西にある。

大喜見レ之　荊軻は、秦王が懸賞をかけて求めていた樊将軍の首と、かねてから欲しがっていた督亢の地図を持参したのである。そこで大喜びして軻を引見したのである。

未レ及レ身　匕首の刃は秦王の体に届かなかった。

左右　王の左右に侍している人々。ここでは「群臣侍二殿上一者」とほぼ同じ。

❖構成

(1)（一六七・1〜一六八・6）——丹、秦王への報復を計画。

秦王暗殺を丹から依頼された荊軻は、秦王から懸賞のかかっている樊於期の首と燕の一等地の地図を秦王に献上する折、隙《すき》を見て王を刺殺するという計略をたて、於期を説得する。於期は心を動かされて自ら首を刎《は》ねて死ぬ。

(2)（一六八・7〜一六九・2）——荊軻、咸陽へ赴く。

丹は於期の自刃《じじん》を大いに悲しむ。使命を託された荊軻は、秦王の求める於期の首と督亢の地図を持参して、秦王刺殺のため、咸陽へ向かう。途中、易水に来て、決死の覚悟を歌によむ。

(3)（一六九・3〜一七〇・3）——暗殺の失敗と、燕の滅亡。

秦王に目通りした荊軻は、予定のとおり、地図に仕込んだ匕首をふりかざして秦王をねらうが、失敗し、秦王の剣でずたずたに斬《き》りさかれ、さらし者にされる。怒った秦王は燕を討つが、燕王喜は丹を殺してその首を差し出し、許しをこう。しかし、この事件の三年後、喜は秦に捕らえられ、遂に燕は滅亡する。

❖発問の解説

（一六八ページ）

1 「願〜矣。」という荊軻のことばは、誰に向けられたものか。

解答例　前後で「軻自ラ」、「於期遂ニ」とあることから考える。樊於期に対することばである。

（一六九ページ）

2 荊軻は「匕首」をどこに隠していたか。

解答例　「図窮而匕首見。」つまり、地図が全部開き終わって匕首が現れた、とあるから、匕首を芯にして地図を巻いて持参したのである。

❖理解・表現の解説

〈理解〉

(1) すべての登場人物を抜き出して、それぞれどのような立場にあるか、整理しなさい。

解答例 喜＝燕の王。丹＝喜の長男で太子。政＝秦の王。樊於期＝燕に亡命した秦の将軍。荊軻＝秦王政をねらう刺客となる。以上五人のうち主要人物は丹以下四名。〈通釈〉を参照して、四人の関係を図式化してみよう。

(2) 荊軻が秦王に会ったときの経過を、順を追ってまとめなさい。

解説 〈通釈〉参照。

(3) 次の人物について考えなさい。

ⓐ本文前半からうかがわれる太子丹の性格はどのようなものか。

ⓑ樊於期が「自刎」（一六八・6）した理由は何か。

解答例 ⓐ秦王の政は人質の丹を礼遇しなかったことに対し、丹はこれを怒って逃げ帰り、報復しようと思った。また、秦の樊於期将軍が罪を受けて逃げて来たとき、助けて屋敷を与えて住まわせ、親切に面倒をみた。さらに、荊軻が提案したように樊将軍を自殺させることには、なかなかふみきれなかった。これらのことから、与えられた屈辱に対しては深いうらみをもつ一方で、頼ってくる人間に対して恩情を示して、冷徹にはなりきれない人柄が読み取れる。

ⓑ荊軻に説得されたということが理由の第一だか、その根底には秦王に対するうらみがあった。すなわち、自分が犠牲になることで、確実に秦王を殺せる（に復讐できる）と考えたからである。また、教科書脚注14にあるように、樊於期は一族を皆殺しにされていたことからも、その心情を考えると、うらみの深さが想像できる。

(4) 荊軻が易水のほとりに立ったときの心情を、歌の内容（一六八・10）を踏まえて考えなさい。

解答例 易水を渡ると、燕の地から離れることになる。「壮士ひとたび去りてまた還らず」の詩句の「不二復《タ》還《ラ》一」は「二度と還らない」の意で、秦王政を単身暗殺に向かう刺客荊軻の、（事の成否にかかわらず）生きて帰ることはないであろうという悲壮な心情がうかがえる。

〈表現〉

(1) 本文中で用いられている否定表現をすべて抜き出し、それぞれの意味を比較しながら確認しなさい。

解答例 ・「不レ礼」（一六七・1）は動詞「礼」に対する否定表現で、「厚遇しなかった」の意味。

・「無レ不レ至」（一六八・1）は二重否定で、「(世話をして)行き届かないということがなかった」という意味。「すべて行き届いていた」という肯定の意味の強調になる。

・「不レ忍レ殺二於期一」（一六八・3）は動詞「忍」に対する否定表現で、「於期を殺すに忍びず」の意味。

・「不二復還一」（一六八・11）は動詞「還」に対する否定表現で、「復」という副詞で強調され、「二度と（は）帰らない」という意味。

・「未ㇾ及ㇾ身」（一六九・6）は「未」は「まだ〜しない」という否定語による動詞「及」に対する否定表現で、「まだ体にとどかなかった」という意味。

・「不ㇾ得ㇾ操二尺寸兵一」（一六九・9）は助動詞「得」に対する否定表現で、「不ㇾ得」で「〜することができなかった」という不可能の意味を表す。

・「不ㇾ中」（一七〇・1）は動詞「中」に対する否定表現で、「あたらなかった」という意味になっている。

❖本文の研究

死《し》せる諸葛《しょかつ》生《い》ける仲達《ちゅうたつ》を走《はし》らす

一七一・1〜一七二・10

〈訓読〉

蜀漢《しょくかん》の丞相《じょうしょう》亮《りょう》、衆十万を悉《つ》くして、又斜谷口《やこくこう》より魏《ぎ》を伐《う》ち、進みて渭南《いなん》に軍す。魏《ぎ》の大《たい》将軍司馬懿《しばい》、兵を引きて拒守《きょしゅ》す。亮《りょう》数《しばしば》司馬懿に戦ひ《イ》を挑む。懿出《い》でず。乃《すなわ》ち遺《おく》るに巾幗《きんかく》婦人の服を以ってす。亮の使者懿の軍に至る。懿其《そ》の寝食及び事の煩簡《はんかん》を問ひ《イ》て、戎事《じゅうじ》に及ばず。使者曰《い》は《ワ》く、「諸葛公夙《つと》に興《お》き夜《よわ》に寐《い》ね、罰二十以上は皆親《みずか》ら覧《み》る。噉食《たんしょく》する所は数升《すうしょう》に至らず」と。懿人に告げて曰は《ワ》く、「食少なく事煩は《ワ》し。其《そ》れ能《よ》く久しからんや」と。亮病篤《やまいあつ》し。大星《たいせい》有り、赤くして芒《ぼう》あり。亮の営中《えいちゅう》に墜《お》つ。未《いま》だ幾《いくばく》ならずして亮卒《しゅっ》す。

〈通釈〉

蜀の宰相である諸葛亮は、軍勢十万を総動員して、再び（魏と蜀の境となっている秦嶺山脈の）斜谷《やこく》（褒斜《ほうしゃ》道）の隘路《あいろ》を通って魏に遠征し、（東に長安に通じる）渭水《いすい》の南岸まで軍を進めた。魏の大将軍である司馬懿は、兵を撤退させて防御に回った。亮は、しばしば司馬懿に戦いを挑んだ。（しかし）懿は出て戦わなかった。そこで（亮は）婦人用の装飾品や衣服を贈った。亮の使者が懿の陣地に着いた。懿は亮がどんな物を食べ睡眠はどうしているか、多忙か暇かなどを尋ねるだけで、軍事については聞かなかった。使者は「諸葛は朝早く起き、夜遅くにお休みになられ、最も軽い刑罰である杖《つえ》で二十回たたく体罰から、すべて自分で判断なさっている。食事の量は数升に至らないほど少ない。」と答えた。懿はまわりの人に「食事は少なく仕事は多い。（亮は）長くはないだろう。」と言った。亮は重病であった。（そのころ）大きな星が現れ、赤い長い尾を引いていた。（その星が）亮の陣営に落ちた。間もなく亮は亡くなった。

〈語釈・語法〉

煩簡　「煩」は忙しいこと。「簡」は暇なこと。

升　当時の升は日本の一合より少なめの量だった。だから「数升」は数合と同じである。

～乎《や》　～だろうか（いや、～ない）（反語）。「乎」は疑問の助字だが、文末に位置して反語の意になる場合がある。

芒　異常な天文現象。ここでは「有㆓大星㆒、赤」の現象を指す。

〈訓読〉　一七二・11～一七三・3

　長史楊儀《ちょうしようぎ》軍を整へ《エ》て還《かえ》る。百姓《ひゃくせい》奔《はし》りて懿《い》に告ぐ。懿之《これ》を追ふ《ウ》。姜維《きょうい》儀をして旗を反《かえ》し鼓《つづみ》を鳴らして、将《まさ》に懿に向かは《ワ》んとするがごとくせしむ。懿敢《あ》へ《エ》て逼《せま》らず。百姓《ひゃくせい》之が諺《ことわざ》を為《つく》りて曰は《ワ》く、「死せる諸葛生ける仲達を走らす」と。懿笑ひ《イ》て曰は《ワ》く、「吾《われ》能《よ》く生《せい》を料《はか》るも、死を料る能《あた》は《ワ》ず」と。

〈通釈〉　長史の楊儀《ようぎ》が軍を整えて退却した。人民が（これを）懿に告げた。懿はこれを追撃した。姜維《きょうい》は楊儀に命じ、軍旗をひるがえさせ、鼓を鳴らし、今にも懿の軍に向かわせるがごとくさせた。懿はすすんで迫ろうとはしなかった。（これを見た）人民は諺をつくって「死んだ諸葛が生きている仲達を逃走させた。」と言った。懿は笑って「私は生きている者のすることは推し量ることができるが、死んだ者がすることは推し量ることができない。」と言った。

〈語釈・語法〉

百姓　「ひゃくしょう」ではない。「ひゃくせい」と読み、人民・庶民を表す。

令《しム》㆓A《ヲシテ》B《セ》㆒　AにBさせる（使役）。「令」は使役の助字。「令㆓A B㆒」という形で「AをしてBせしむ」という使役の意になる。

不㆓敢《あヘテ》～《セ》㆒　すすんで～はしない（否定）。「不敢」は、その気持ちに踏み切れないことを表す。

死諸葛走㆓生仲達㆒　死んだ諸葛亮が生きている司馬懿を敗走させたの意。「走」は逃走・敗走。ここでの故事から、死後も生前の威勢で相手を恐れさせるという意味の成語になった。

❖構成・要旨

(1)（一七一・1～一七二・10）　諸葛亮を恐れる司馬懿。
　司馬懿は進出してきた諸葛亮を恐れて、あえて戦闘を交えようとしなかった。

(2)（一七二・11～一七三・3）　死せる諸葛亮を恐れる司馬懿。
　司馬懿は恐れていた諸葛亮が死んでも、なお恐れていたので進撃しなかったと見なされた。

❖発問の解説

（一七二ページ）

1　諸葛亮が女性の衣服などを贈ったのはなぜか。

解答例　亮は司馬懿に戦いを挑んだが、懿は出てこなかった。そのため、亮は懿を男らしくないと挑発して、何とか戦端を開かせようとしたのである。

❖理解・表現の解説

〈理解〉

(1) **司馬懿が使者に「寝食及事煩簡」（一七二・4）だけを尋ねた理由を考えなさい。**

解答例　続けて「不及戎事」とあるので、軍事については尋ねなかったことが分かる。つまり軍事について聞いているのではないと安心させておいて、諸葛亮に関する情報を聞き出そうとしたのである。しかし、蜀の使者が明かした諸葛亮の食事、睡眠、仕事量のバランスを欠いた生活は、指導者の健康面に不安があるということを示していて、それ自体は必ずしも軍事上の機密ではなかったが、重大な情報にはかかわりがなかったのである。

(2) **楊儀・姜維、それぞれの行動の意図は何か、考えなさい。**

解答例　楊儀は軍を整然と引き上げさせることで、蜀軍が負けて撤退するのではないということを示すとともに、追撃されてもいつでも応戦できるという構えをとったのである。また、楊儀は姜維に命じて、あたかも懿の軍に襲いかかるかのごときそぶりをさせた。それは司馬懿の魏軍に対する牽制であった。それがもとになって懿は追撃を中止したのである。

(3) **最後の司馬懿のことば（一七三・3）に込められた彼の気持ちを、考えなさい。**

解答例　ここでの「死んだ者」とは諸葛亮のことである。「吾能く生を料るも、死を料る能はず」は「私は生きている者（が何をしようとしているか）について考えをめぐらす（見当をつける）ことができるが、死んだ者（が何をしようとしているか）については考えをめぐらすことができない」という意味。笑って言っていることがポイント。生きている諸葛亮ならその意図が分かるかもしれないが、諸葛亮が死んだ後にその意図を考えたわけではないと言い、「司馬懿は諸葛亮が死んだ後でも彼をこわがったのだ」という人々の評価に対し、そうではないというちょっとした反論の気持ちを表していると見ることもできる。あるいは、人々の評価が図星であったと考えれば、司馬懿は戦いの後に精神的に余裕ができ、負け惜しみを言っているととらえることもできる。

〈表現〉

(1) **本文中で用いられている再読文字をすべて抜き出して、その用法を確認しなさい。**

解答例　本文中に再読文字は二つある。一つは「未㆑幾亮卒」（一七二・10）の「未」で、「いまダ～ずシテ」と読み、「まだ～しないうちに」の意味。もう一つは「若㆑将㆑向㆑懿」（一七三・1）の「将」で、「まさニ～すル」と読み、「～しようとする」の意味。

(2) **「奔」（一七二・11）と「走」（一七三・2）とでは、どのように意味が異なるか、漢和辞典で確認しなさい。**

解答例　「奔」と「走」はともに「はしる」と訓読みするが、語感が微妙に異なる。「奔」は勢いよくかける、かけつける、

「走」ははや足で行く意。本文では「走」には「逃走」の意味が含まれているが、「奔」はここではそのような意味は含まれていない。

❖作品解説

【日本外史】

〈成立年代〉

文政九（一八二六）年に完成。翌年、松平定信に献上された。

〈構成・内容〉

全二十二巻。平氏・源氏から徳川氏までの歴史を記す。司馬遷の『史記』を範として執筆された。尊皇攘夷思想によって書かれ、史実に誤りがあるとされているが、幕末から明治維新にかけて多く読まれた。

〈筆者〉

頼山陽（らい・さんよう）　一七八〇～一八三二年。大阪に生まれる。江戸後期の学者。三十二歳に京都に出て、文人として活動するようになった。安政の大獄で軽視した頼三樹三郎（らいみきさぶろう）は、長男。

❖本文の研究

那須宗高

一七四ページ

〈訓読〉

日既に晡《ほ》なり。敵一舟を以つて美姫《びき》を載せ扇を竿《さお》に挿《さしはさ》みて之を舳《へさき》に植《た》つ。陸を去ること五十歩《ぶ》、麾《さしまね》きて射んことを請《こ》ふ《フ》。義経《よしつね》曰《い》は《ワ》く、「誰《たれ》か之に命中する者ぞ。」と。衆下野《しゅうしもつけ》の人那須宗高を薦む。義経召して之に命ず。宗高騎《き》して独り出づ。両軍注視す。宗高一発して、扇轂《せんこく》を断つ。扇《おうぎ》翻《ひるがえ》りて墜《お》つ。両軍大いに呼《さけ》ぶ。

〈通釈〉

日は既に夕暮れになった。敵（の平家）は小舟の一そうに美しい女性を乗せて、扇を竿に挟んでへさきにまっすぐ立てた。陸から五十歩くらい離れたところで、さしまねいて（扇を）射てみよと求めた。義経は、「誰かあれに命中する者はいるか。」と言った。人々は下野の人で那須宗高を薦めた。義経は（宗高を）召して、（射ることを）命じた。宗高は一騎で進み出た。両軍が見つめた。宗高は一矢を放って、扇のかなめを射貫いて断ち切った。扇はひるがえりながら（海に）落ちた。両軍は大いに叫んで喝采した。

〈語釈・語法〉

誰〜　人を問うときの言葉。誰が〜であるか。

注視　集中して見ること。

一発　一矢を放つ。

断　射貫いて断ち切った。

❖理解・表現の解説

〈理解〉

(1)　『日本外史』と『平家物語』【参考】の那須宗高（与一）の描かれ方について、それぞれまとめなさい。

解説　『日本外史』の方は、漢文なので登場人物の感情などが細かく描かれてはいない。『平家物語』の方は、擬態語・擬音語などを入れたり、平家・源氏がそれぞれどよめき喝采している様子などを描いたりしていて、臨場感が感じられる。

〈表現〉

(1)　「誰」（一七四・2）の用法について、辞書で調べなさい。

解説　漢字の用法を調べるためには、国語辞典ではなく、『新字源』や『漢字海』のような漢和辞典・漢字辞典で調べよう。

❖参考　那須与一　一七五ページ

〈通釈〉

時は二月十八日午後六時頃のことで、ちょうど北風が激しくて、磯を打つ波も高かった。舟は揺り上げたり落ちたり漂うので、扇も竿の先で安定せずにひらひらしている。沖には平家が、舟を一面に並べて見物している。陸には源氏が轡を並べてこれを見ている。どちらもどちらも晴れがましくないということはない。（中略）与一は鏑矢を取って弓につがい、よく引いてびゅうっと放った。小柄な兵ではあるが、矢は十二束三伏、弓は張りが強い、岸に響くほど矢音が長く鳴って、あやまたず扇のかなめのあたりを一寸ほど隔てて、ふっと射切った。鏑矢は海に落ち、扇は空に舞い上がった。しばらくひらひらと舞ったが、春風に一、二度もまれて、海へさっと散った。夕日が輝いている中に、紅一色の扇で日輪が描かれている扇が、白波の上に漂い、浮いたり沈んだり波に揺られていたので、沖では平家が、舟端をたたいて感嘆した。陸では源氏が、箙をたたいてどよめいた。

〈品詞分解〉

頃《名》は《係助》二月十八日《名》の《格助》酉《名》の《格助》刻《名》ばかり《副助》の《格助》こと《名》なる《断・体》に、《接助》折節《名》北風《名》激しく《形・用》て、《接助》磯《名》打つ《四・体》波《名》も《係助》高かり《形・用》けり。《過・終》舟《名》は《係助》揺り上げ《下二・用》揺りすゑ《下二・用》漂へ《四・已》ば、《接助・順確》扇《名》も《係助》串《名》に《格助》定まら《四・未》ず《消・用》ひらめい《四・用(イ音)》たり。《存・終》沖《名》に《格助》は《係助》平家、《名》舟《名》を《格助》一面《名》に《格助》並べ《下二・用》て《接助・単純》見物す。《サ変・終》陸《名》に《格助》は《係助》源氏、《名》くつばみ《名》を《格助》並べ《下二・用》て《接助》これ《代》を《格助》見る。《上一・終》いづれ《代》も《係助》いづれ《代》も、《係助》晴れなら《形動・未》ず《消・終》と《格助》いふ《四・体》こと《名》ぞ《係助(係)》なき。《形・体(結)》

（中略）

与一、《名》鏑《名》を《格助》取つ《四・用(促音)》て《接助》つがひ、《四・用》よつ引い《四・用(イ音)》て《接助》ひやうど《副》放つ。《四・終》小兵《名》と《格助》いふ《四・体》ぢやう、《名》十二束三伏、《名》弓《名》は《係助》強し、《形・終》浦《名》響く《四・体》ほど《名》長鳴り《名》し《サ変・用》て、《接助》あやまた《四・未》ず《消・用》扇《名》の《格助》要際《名》一寸《名》ばかり《副助》おい《四・用(イ音)》て、《接助》ひいふつと《副》ぞ《係助(係)》射切つ《四・用(促音)》たる。《完・体(結)》鏑《名》は《係助》海《名》へ《格助》入り《四・用》けれ《過・已》ば、《接助・順確》扇《名》は《係助》空《名》へ《格助》ぞ《係助(係)》上がり《四・用》ける。《過・体(結)》しばしば《副》虚空《名》に《格助》ひらめき《四・用》ける《過・体》が、《接助》春風《名》に《格助》一もみ《名》二もみ《名》もま《四・未》れ《受・用》て、《接助》海《名》へ《格助》さつと《副》ぞ《係助(係)》散つ《四・用(促音)》たり《完・用》ける。《過・体(結)》夕日《名》の《格助》輝い《四・用(イ音)》たる《存・体》に、《格助》皆紅《名》の《格助》扇《名》の《格助》日《名》出だし《四・用》たる《存・体》が、《格助》白波《名》の《格助》上《名》に《格助》漂ひ、《四・用》浮き《四・用》ぬ《反復・終》沈み《四・用》ぬ《反復・終》揺ら《四・未》れ《受・用》けれ《過・已》ば、《接助・順確》沖《名》に《格助》は《係助》平家、《名》舟端《名》を《格助》たたい《四・用(イ音)》て《接助》感じ《サ変・用》たり。《完・終》陸《名》に《格助》は《係助》源氏、《名》箙《名》を《格助》たたい《四・用(イ音)》て《接助》どよめき《四・用》けり。《過・終》

第11章　韻文の表現（二）

唐詩

王之《おうし》渙《かん》　ほか

❖学習のねらい

1　代表的な漢詩を読んで、季節感や情景、作者の心情を味わう。
2　漢詩のうち、絶句や律詩など、近体詩の形式や特徴を理解する。
3　現代にも共通する考えをとらえ、漢詩が古典として愛され続けている理由をとらえる。

❖漢詩について

〈近体詩と古体詩〉

漢詩は大きく、唐代以前に成立した古体詩と、唐代に入って完成された近体詩とに分けることができる。古体詩は韻律的にはかなり自由であるが、近体詩は極めて厳格なのが特徴である。

〈近体詩の種類〉

近体詩には、四句よりなる「絶句」、八句よりなる「律詩」、十句以上からなる「排律」などの種類がある。また、それぞれ、一句の語数によって「五言〜」「七言〜」などと分けられる。

- 近体詩
  - 絶句
    - 五言絶句
    - 七言絶句
  - 律詩
    - 五言律詩
    - 七言律詩
  - 排律
    - 五言排律
    - 七言排律

○**絶句**　一編四句から成り、五言絶句は一句の字数が五字、七言絶句は七字。第一句は起句（一首の歌い起こしの句）、第二句は承句（起句を受けて内容を深める句）、第三句は転句（詩趣を一転させる句）、第四句は結句（転句の意を受けるとともに全体を結ぶ句）と呼ばれる。

○**律詩**　一編八句から成り、二句ずつを単位として聯《れん》という。

一・二句を首聯《しゅれん》（絶句の起に当たる）、三・四句を頷聯《がんれん》（絶句の承に当たる）、五・六句を頸聯《けいれん》（絶句の転に当たる）、七・八句を尾聯《びれん》（絶句の結に当たる）と呼ぶ。

○**排律**　ふつう一編十二句または十六句から成るが、時には百句、二百句の長編もある。

教科書に採録した唐詩は五言絶句、七言絶句、五言律詩、七言律詩である。

〈対句〉

対句とは、絶句の起句と承句、転句と結句など、また律詩の頷聯、頸聯などのそれぞれの二つの句が、同一場所に同じ品詞が来るなどの構造をもち、それぞれの語も対比的な意味内容をもつようなものをいう。なお、絶句の起と承、転と結の二つとも対句になっているものを全対格《ぜんついかく》といい、また、一つの句の中に対句的な要素が入っているものを句中対《くちゅうつい》という。

〈押韻《おういん》〉

五言絶句では二句と四句末に、七言絶句では、一句・二句・四句末に音の響き（韻）の同じ字をそろえて音調を整えることを原則とする。しかし、これはあくまで原則で、五言絶句で第一句に押韻するもの、七言絶句で第一句に押韻しないものもある。

五言律詩では偶数句に韻を踏み、七言律詩では、第一句にも韻を踏むのを原則とする。

〈平仄《ひょうそく》〉

「平」も「仄」も、簡単に言えば、漢字のアクセントの名称である。「平」は平らで高低のない音声であり、「仄」は高低の変化のある音声である。すべての漢字には中国語では「四声」といって、「平・上・去・入」の四つのアクセントがあるが、このうち「上・去・入」の三つを「仄声」という。漢詩ではすべての漢字を、この「平」と「仄」とに大別し、その配列方式を定めて、詩の調子を整えるのである。

この「平仄」を合わせることは、極めて複雑で専門的なことであるが、そこにまた詩人の腕の見せどころもあったのであろう。

ついでながら、現在でも、物事のつじつまが合わないことを、「平仄が合わない」というが、この言葉は、漢詩の「平仄」から生まれた言葉である。

〈唐詩について〉

漢詩は中国文学を代表するジャンルであるが、特に唐の時代に入ってその全盛時代を迎える。唐代に作られたすべての詩を収録した『全唐詩』は、全九百巻、詩人の数二千八百人を超え、作品の数は約四万九千編にものぼる。このこと一つとっても、詩が唐代において、いかに隆盛を極めたかは想像するにあまりあるところである。

詩が、このように唐代になって盛んになった原因としては、①唐の国力が充実したこと、②皇帝が詩を愛好し、詩人が優遇されたこと、③科挙の試験で詩賦《しふ》（中国の韻文）を採用したこと、④西域との交通が開け、外国の音楽が伝わったこと、⑤近体詩が成立したこと、などが挙げられよう。

〈唐詩の時代区分〉

唐の時代は、約三百年続くが、詩の歴史の上では、これを次の四期に分けるのが普通である。

初唐　高祖〜玄宗（六一八〜七一二年）　約一〇〇年
盛唐　玄宗〜代宗（七一三〜七六五年）　約五〇年
中唐　代宗〜文宗（七六六〜八三五年）　約七〇年
晩唐　文宗〜昭宗（八三六〜九〇六年）　約七〇年

教科書で採り上げた唐代の詩人は、王維・王之渙・李白・孟浩然・杜甫・王翰が盛唐、劉禹錫・柳宗元・白居易が中唐、杜牧が晩唐に属する。

〈宋代の詩〉

唐王朝が滅んだ後、分裂時代を経て宋王朝が成立する。

宋代では文学の中心は詩から文に移り、唐代に比べていささか精彩を欠くが、蘇軾《そしょく》・司馬光《しばこう》・王安石《おうあんせき》・陸游《りくゆう》・朱熹《しゅき》など、すぐれた詩人も出た。宋代の詩は形式よりも内容を重視するものが多く、理論的な叙事詩と枯淡の趣きの多い叙情詩が好まれた。その一方で、主流は「宋詞」とよばれる不定型な韻文体の作品に移った。

この時代以降も引き続き、漢詩は作られ続けたが、質・量ともに唐代をしのぐことはなかった。

〈古体詩（古詩）について〉

近体詩は、五言、七言の絶句・律詩など、形式やきまりの整った詩形を持つが、それ以前に成立した古体詩は、一句の字数が四字の四言古詩、五字の五言古詩、七字の七言古詩、および字数の不定な楽府《がふ》などがある。これらの古体詩は、句数や構成、または対句・平仄《ひょうそく》・押韻などのきまりがゆるやかで、古代の人々の哀歓や真情が率直に表現されており、唐代にも好んで作られている。

❖作品・作者解説

「登ル二鸛鵲楼《かんじゃくろう》一」　王之渙は盛唐の詩人。ほかに遊牧民族との国境地帯を題材とした辺塞詩も多く、なかでも「涼州詞《りょうしゅうし》」は有名。この「登二鸛鵲楼一」の詩は「唐詩選」に収められている。

「鹿柴《ろくさい》」　王維は盛唐の詩人。官吏となり、玄宗・粛宗に仕えた。画の名手であり、文人画の祖と仰がれた。「鹿柴」もそのような趣をうかがうに足る詩である。仏教に帰依し、「詩仏」とよばれた。

「秋風ノ引」　劉禹錫は中唐の詩人。政治家でもあるが、左遷を経験し文学に没頭する。当時の政府を揶揄した詩、地方の農家の生活や感情をうたった詩などがある。なかでも「竹枝詞」は有名。

「江雪」　柳宗元は中唐を代表する詩人。長安に生まれる。湖南省に左遷されるが、この時期に自然を題材にしたすぐれた作品を作った。赴任した柳州では善政をしいた。

「涼州詞」　王翰は盛唐の詩人。山西省の出身。中央官僚を歴任するも、河南省に左遷された。豪放な性格で、最後は辺境の湖南省に流された。

「望ム二廬山《ろざん》ノ瀑布《ばくふ》ヲ一」　李白は盛唐の詩人。若いときから老荘思想をもち、自由奔放な詩が多く、「詩仙」と称せられる。この詩のほかに「子夜呉歌《しやごか》」など有名な作品が数多くある。誇張表現も交えた、李白らしい雄大な詩である。

「江南春」　杜牧は晩唐を代表する詩人。揚州で華やかな生活を送り、それが詩に反映しているという。おおらかで、軍事面で才能があった。遠縁の杜甫と比較し、杜甫を大杜、杜牧を小杜と呼ぶ。

「過《よぎル》二故人《ノ》荘《ニ》一」　孟浩然は盛唐の詩人。科挙に及第せず、郷里の襄《じょう》陽《よう》（湖北省）の鹿門《ろくもん》山に隠居、のち諸国を放浪し詩人たちと交った。とくに王維と親しく、また李白に尊敬された。「春眠暁《あかつき》を覚えず」で始まる「春暁《しゅんぎょう》」の詩は有名。

「登《ル》二岳陽楼《ニ》一」　杜甫は盛唐を代表する詩人。若い頃より頭角を現していた。三十三歳の頃李白と、また高適とも出会っている。四十四歳で官吏になるも、安禄山の乱が起きる。粛宗のもとに駆けつけようとして捕まり、長安に拘束される。その後、転々と生活の場を変えることになる。杜甫の詩は当時の歴史状況もうかがえることから、「詩史」とも呼ばれる。

「香炉峰下、新《タ》ニ卜《シ》二山居《ヲ》一、…」　白居易は中唐の詩人。字を楽天という。若い頃からエリートとなる一方で、「長恨歌」などで詩人としても世に知られた。しかし四十四歳の時に左遷され、地方官になる。白居易の詩は平易で、幅広い読者から愛され、日本文学にも影響を与えた。

❖本文の研究

一七八ページ

登《のぼル》二鸛鵲楼《かんじゃくろうニ》一

王之渙《おうしかん》

〈訓読〉

鸛鵲《かんじゃくろう》楼に登《のぼ》る

白日《はくじつ》　山に依《よ》りて尽《つ》き

黄河《こうが》　海《うみ》に入《い》りて流《なが》る

千里《せんり》の目《め》を窮《きわ》めんと欲《ほっ》し

更《さら》に上《のぼ》る　一層《いっそう》の楼《ろう》

〈通釈〉

鸛鵲楼に登ってみると，太陽は（真っ赤に燃えて西方の）山に寄りそうように落ち果て、黄河は（東に向かって）海に入るまで流れつづけている。（思わず望郷の思いに駆られて、）千里かなたの（故郷までの）眺めを見きわめようとして、さらにもう一階上の楼に上がったことであった。

〈語釈・語法〉

鸛鵲楼　むかし、コウノトリがこの楼に巣造りしたことから、この名があるという。「鸛雀楼」とも書く。

白日　輝く太陽。ここでは次句の「黄河」に対して「白日」のように色の対比を用いたもので、真っ赤に燃えて沈む夕日のこと。

依《ヨリテ》レ山《ニ》尽《キ》　夕日が西の山に隠れて見えなくなること。「依レ山」は次句の「入レ海」に相対して用いられている。

入《リテ》レ海《ニ》流《ル》　「流入レ海」と読み替えたほうがわかりやすく、「流れて海に入る」のであって、「海に入っても流れる」のではない。一般に中国では、その大陸の西高東低という地形的特質から、大河は東に流れて海に注ぐというイメージがある。

窮《メント》二千里《ノ》目《ヲ》一　「目窮《ム》二千里《ヲ》一」と同じで、千里の果ての故郷を見定めること。「千里目」と次句の「一層楼」が対をなしている。

〈主題〉

楼上の遠大な夕景に触発された望郷の思い。

〈構成〉

五言絶句。「流・楼」が同韻。起句と承句、転句と結句がともに対句。

〈鑑賞〉

初めて鸛鵲楼に登って目にした夕景のすばらしさから、作者は起・承の二句を対句にまとめて歌い出す。夕日は西の山の方角に沈み、黄河は東の海の方角に流れ、（実際には内陸なので黄河が海に入るところは見えるはずもないのだが、）その東西の対比によって眼下に見えるものの広がりを感じさせる。そこで誘発された望郷の思いは、直接それとは言わずに、転・結の二句のこれまた対句で、階段の一段一段を踏みしめて楼上に登る心にこめられる。すなわち、水平方向にあたる千里までの遠く（作者の故郷もこれに含まれる）まで見はるかしたいという思いが、垂直方向にあたる上へと登る行動に表れるのである。

参考までに、土岐善麿の訳詞を次に掲げることにする。

入日《いりひ》かげ　山にかぎろい
大河《おおかわ》は　海にそそげり
眼路《めじ》はるか　更にも見んと
たかどのの　高きに登る　（『新版　鶯《うぐいす》の卵』）

〈出典〉『全唐詩』巻八（中華書局・一九六〇年刊）による。

鹿柴《ろくさい》

王維《おうい》

〈訓読〉

鹿《ろく》　柴《さい》
空山《くうざん》　人を見ず
但《た》だ人語《じんご》の響きを聞く
返景《へんけい》　深林に入り
復《ま》た青苔《せいたい》の上を照らす

〈通釈〉

人かげもない山の中。ただ人の話し声がどこからともなく、わずかに聞こえてくる。夕日の光が深い林にさしこんで、青い苔の上を照らし出す。

〈語釈・語法〉

但《タダ》　「ただ～（のみ）」と読み、限定を表す。

人語《ノ》響《キヲ》　人の話し声。「響」は音、声。
返景《へんけい》　夕日の照り返し。「ヘンエイ・ハンケイ」とも読む。「景」は日ざしの意。
復《まタ》　そして、というほどの軽い意。

〈主題〉
人里離れた鹿柴の静かな夕方の趣。

〈構成〉
五言絶句。「響・上」が同韻。

〈鑑賞〉
起句と承句で閑寂なようすを表している。承句の「人語響」は、静かさの中に音を配置することで、なおさら静かさを深める役割を果たしている。転句と結句では、静寂な風景の中の自然の美しさを描写している。「鹿柴」は鹿を囲う柵のことだが、そのような雰囲気の場所をイメージして読めばよい。劉須渓は、この詩を評して「無レ言《クシテ》而有《リ》二画意一」と評している。

〈出典〉『漢文名作選三』（一九八四年・大修館書店刊）による。

一七九ページ

秋風引《しゅうふうノいん》　劉禹錫《りゅううしゃく》

〈訓読〉
秋風の引
何《いず》れの処《ところ》よりか秋風至る
蕭蕭《しょうしょう》として雁群《がんぐん》を送る
朝来《ちょうらい》　庭樹《ていじゅ》に入《い》り
孤客　最も先に聞く

〈通釈〉
いったいどこから秋風が吹いてくるのだろうか。（この秋風は）寂しげな音を立てながら、（渡り鳥である）雁の群れを（北の地から）送ってきたかのようである。（秋風は）今朝がた、庭の木々に吹き渡（り、木の葉を鳴らしてい）る。（遠い異郷の地にあり、北への望郷の思いで心が敏感になっている）一人の旅人（の私）が、真っ先に（秋風の吹いたことに気づいて）その音を聞いているのだ。

〈語釈・語法〉
何処《いずレノところヨリカ》　場所を表す疑問詞で、ここでは「どこから」の意味。
蕭蕭《しょうしょうトシテ》　風が寂しく吹くようす。擬音語から来ている。
雁群《がんぐん》　雁《かり》の群れ。雁は、秋になると北の地から南へ移る渡り鳥。
孤客　一人ぼっちの異邦人、旅人。

〈主題〉
初めて秋風が吹いてきたことに気づき、いや増す望郷の思い。

〈構成〉
五言絶句。「群・聞」が同韻。

〈鑑賞〉
起句で、秋風が急に吹いてきたことを描写する。冒頭に「どこから」という疑問詞をもってきたことで、突然の秋風に作者が軽い驚きを覚えたことも暗示する。承句では、秋風特有の物寂しい気分を表すのに「蕭蕭」という擬音語を用い、さらに、その秋風は北の地から渡り鳥とともにやってきたと言う。転句で、風はこの朝方から吹き始め、庭の木々を鳴らして秋の訪れを告げたとし、結句では、（満ち足りた何気ない日常ならば秋風が吹き始めたこともとりわけ気に留めないであろうが、）望郷の思いがつのっていた孤独な旅人である私だからこそ、真っ先にその音に気がついたのだと結ぶ。この時、作者はただの旅人ではなく、南方に流されていて、いつ帰れるともわからぬ身の上だったようである。北の地から吹く秋風によって、故郷への思いがさらにつのったことであろう。ちなみに、承句にある「雁」も、次の故事に見られるように、望郷の象徴である。前漢の時代、武帝の使いとして遊牧民族である匈奴《きょうど》の地に赴いた蘇武《そぶ》は、その地で匈奴により囚われの身となり、十数年も漢の地に帰れなかった。その間、蘇武は南に渡る雁の足に手紙を結びつけて放ったということから、手紙のことを「雁書」とも言うようになった。

〈出典〉『劉禹錫集』下（中華書局・一九九〇年刊）による。

江《こう》雪《せつ》

柳宗元《りゅうそうげん》

〈訓読〉

千山《せんざん》　鳥《とり》飛ぶこと絶《た》え
万逕《ばんけい》　人蹤《じんしょう》滅す
孤舟《こしゅう》　蓑笠《さりゅう》の翁《おう》
独り釣る　寒江《かんこう》の雪に

〈通釈〉

たくさんの山々に鳥の飛ぶ姿は見えなくなった。たくさんの小道は人の足あともすっかり消えた。ぽつんと一そう浮かんだ小舟の上に、簑笠《みのかさ》をつけた老人が、雪の降りしきる川面《かわも》にたった一人で釣り糸を垂れている。

〈語釈・語法〉

千山　多くの山々。この「千」は、たくさんの・数え切れないという意。
万逕　多くの小道。この「万」は、「千山」の「千」と同様の意。
人蹤　人の足あと。人の通ったあと。
蓑笠　みのとかさ。
寒江　雪のために寒々と感じられる冬の川。

〈主題〉

野も山も真っ白に埋まった雄大な雪景色の中に、一人の老人が孤独に釣り糸を垂れている。

〈構成〉

五言絶句。「絶・滅・雪」が同韻。起句と承句が対句になっている。

〈鑑賞〉

墨絵のような絵画的表現の詩である。起句の「千」、承句の「万」からイメージされる雄大さと、転句の「孤」、結句の「独」からイメージされる寂しさとが対照的である。寒々とした情景は、失意の作者を取り巻く環境の象徴となっており、その情景の中で釣り糸を垂れる老人の姿には、失意に耐えながら生きる作者の姿が投影されている。

〈出典〉

『和刻本漢詩集成（唐詩）』第六輯（汲古書院・一八七五年刊）による。

一八〇ページ

涼《りょう》州《しゅう》詞《し》　王《おう》翰《かん》

〈訓読〉

葡萄《ぶどう》の美酒《びしゅ》　夜光《やこう》の杯《はい》
飲まんと欲《ほっ》すれば　琵琶《びわ》　馬上《ばじょう》に催《うなが》す
酔《え》ひ《イ》て沙場《さじょう》に臥《ふ》すとも　君笑ふ《ウ》こと莫《な》かれ
古来征戦　幾人か回《かえ》る

〈通釈〉

うまいぶどう酒をガラスの杯についで飲もうとすると、だれかが馬上で琵琶をかき鳴らして酒興をそそる。すっかり酔っぱらって砂漠の戦場で寝てしまったわたしを、だらしのないやつと、君よ、笑ってくれるなよ。昔から、戦争に出た者で、いったい何人が無事で生きて帰れたことであろうか。

〈語釈・語法〉

葡萄美酒　葡萄酒。西域の名産で珍重された。

欲レ飲　「欲」は、〜しようとする。

催　せき立てるように鳴る。酒をもっと飲めとうながすのである。

莫レ笑　笑ってくれるな。戦いのつらさ・恐ろしさを酒でまぎらす臆病者と軽蔑してくれるな。「莫」は禁止の意を表す。「勿・無」などと同じく否定の意にも用いられる。〜してはならないという意のときは「なカレ」と読むが、〜がないという意のときは「なシ」と読む。

征戦　遠くまで出かけて戦うこと。

幾人回　何人が帰ったのか（疑問）。反語的表現。「幾」は疑問詞。「幾何・幾許」なら「イクバク」と読み、どれほどかの意になる。やがて戦死すべき運命に置かれた兵士の絶望的な悲哀がこめられている。

〈主題〉

辺地に従軍する兵士の哀愁。

〈構成〉

七言絶句。起句の「杯」、承句の「催」、結句の「回」が韻をふんでいる。このような、国境の風物や出征兵士の心情などを詠んだ詩を、辺塞詩《へんさいし》という。

〈鑑賞〉

前半の二句は、異国のぶどう酒やビイドロ製のグラス、異国から伝来した楽器の琵琶を素材として、異国情緒をふんだんに漂わせ、ロマンティックな雰囲気をかもしながら、後半はがらりと一変して、故郷を遠く離れて荒涼とした辺地に従軍した兵士の深い望郷の念と無限の哀愁を歌いあげている。異国情緒あふれた美しいイメージと、兵士の絶望的な心情が見事に調和した作品である。

〈出典〉

『唐詩選（下）』（岩波書店・一九六三年刊）による。

望《のぞム》二廬《ろ》山《ざんノ》瀑布《ばくふヲ》一　李白《りはく》

〈訓読〉

廬《ろ》山《ざん》の瀑布《ばくふ》を望《のぞ》む

日は香炉《こうろ》を照らして　紫煙《しえん》を生《しょう》ず

遥《はる》かに看《み》る　瀑布の長川《ちょうせん》を挂《か》くるを

飛流《ひりゅう》　直下《ちょっか》　三千尺《さんぜんじゃく》

疑《うたが》ふらくは　是《こ》れ　銀河の九天《きゅうてん》より落つるかと

〈通釈〉

日の光が香炉峰にふり注ぎ、山には紫色の霞がたなびいている。はるか遠くより、大きな滝が長い川を立てかけたように落ちているのが見える。その滝の飛ぶように流れ下る勢いは、真っすぐ下に三千尺も落ちているよう。それはまるで、天の川が天空のてっぺんから流れ落ちているのではないかと思われるほどである。

〈語釈・語法〉

香炉　廬山の峰の一つで、山容が香炉に似ていたのでこの名がある。香炉は香をたくときに使う器。香炉峰は、やや後に中唐の白居易が「香炉峰下、新《あらタニ》卜《ぼくシ》二山居ヲ一、草堂初《はじメテ》成《なり》、偶《たまたま》題ス二東壁一」という詩を作ったことでも有名で、さらにその詩の一節が、清少納言の『枕草子』の中で、「香炉峰の雪」のエピソードとして採られている。

紫煙　煙る霞やもや。ここでは日光に映じて紫色にかすんだ山気。この語は、香炉から立ちのぼる香の煙にも掛けられている。

挂《かクル》二長川《ちようせんヲ》一　長い川を立てかけたようになっている。

三千尺　一尺が約三一センチメートルとすると、約九三〇メートルにもなる。ここでは誇張。

九天　天空の最も高いところ。

〈主題〉

廬山の滝が流れ下る雄大な景色を遠望する。

〈構成〉

七言絶句。「煙・川・天」が同韻。

〈鑑賞〉

廬山は、長江下流の現在の江西省にある名山で、東晋時代には詩人の陶淵明が官職を辞してそのふもとに居をかまえた土地としても有名。起句でその廬山の香炉峰が日の光を浴びて霞たなびく風景から始まって、承句からは遠望する滝に焦点を合わせる。滝はまるで長い川を立てかけたようだと形容するが、それだけでは終わらず、しだいにクローズアップされて転句・結句へと続く。真下に勢いよく落ちる水は一キロメートル近くの長さにもなると、転句はかなりの誇張。さらに、天の川が天の最高所から流れ下るようだという結句で、その形容は頂点に達する。自然の造化の雄大さを宇宙的規模にまで拡大して描写するという、神仙思想にも親しんだ李白ならではの詩である。

〈出典〉『全唐詩』巻六（中華書局・一九六〇年刊）による。

江南ノ春　杜《と》牧《ぼく》

〈訓読〉

江南《こうなん》の春《はる》

千里　鶯啼《うぐいすな》きて　緑《みどり》紅《くれない》に映《えい》ず

水村《すいそん》　山郭《さんかく》　酒旗《しゅき》の風《かぜ》

南朝《なんちょう》　四百八十寺《しひゃくはっしんじ》

多少の楼台《ろうだい》　煙雨《えんう》の中《うち》

〈通釈〉

広々とした一帯のあちらこちらで鶯が鳴き、木々の緑と赤い花とが照り映えて美しい。水辺の村や山沿いの町には、酒屋の旗じるしが春風に吹かれている。南朝の（時代の）四百八十とも言い伝えられる寺々の、多くの建物が、煙るように降る雨の中にかすんで見える。

〈語釈・語法〉

緑映ㇾ紅　木々の緑色をした若葉と、その間に咲く赤い花とが互いに照り映えて美しい。

南朝　いわゆる南北朝の南朝。江南の建康《けんこう》（今の南京）に都を置いた「宋《そう》・斉《せい》・梁《りょう》・陳《ちん》」の四朝のこと。なお、「呉《ご》・東晋《とうしん》」を加えた六朝とする説もある。

多少　ここでは、多い・たくさん、の意。どれくらい、の疑問の意に用いることもある。

〈主題〉

煙るように降る雨の中で、多くの寺院を眺めながら、江南の、のどかな春の様子を詠んでいる。

〈構成〉

七言絶句。「紅・風・中」が同韻。

〈鑑賞〉

起句では、江南の春の風物が描かれている。承句では、起句を受けて、はるかな眺望が展開している。転句では、作者の心にあるのは往時の南朝である。そして、結句で追憶によってよみがえる古寺院が、現実の春の情景と融合をとげているのである。

一八二ページ

過《よぎル》二故人ノ荘《そうニ》一

孟浩然《もうこうねん》

〈訓読〉

故人《こじん》の荘《そう》に過《よぎ》る
故人　鶏黍《けいしょ》を具《そなエ》へ
我を邀《むかエ》へて　田家《でんか》に至らしむ
緑樹《りょくじゅ》　村辺《そんぺん》に合《ごう》し
青山《せいざん》　郭外《かくがい》に斜《なな》めなり
軒《けん》を開きて　場圃《じょうほ》に面し
酒を把《と》りて　桑麻《そうま》を話《かた》る
重陽《ちょうよう》の日に到るを待ちて
還《ま》た来たりて　菊花《きくか》に就《つ》かん

〈通釈〉

旧友の別荘を訪ねて　旧友が、ニワトリと、キビの飯（のご馳走）を準備して、わたしを迎えて、田園の家に足を運ばせた。緑の樹木が村の周囲を取り囲み、青い山並みが、村を囲む壁の外に斜めになって続いている（のが見える）。窓を開けて、（庭先の）畑に向かいながら、酒を手にして、桑や麻のでき具合を語る。（やがて、また）重陽の日になるのを待って、再びやって来て、菊の花を見て楽しみたいものだ。

〈語釈・語法〉

具《そなへ》　準備する。用意する。ととのえそろえる。
村辺《そんぺん》　村のはずれ。むらざかい。
郭《かく》　城郭。ここでは、都市の城壁よりも小規模の防壁。土壁。
場圃《じょうほ》　畑。農園。「場」は、秋に畑の一部を土を築き固めて作る、穀物を処理する場所のこと。「圃」は、はたけ。菜園。
把《とり》　手に持つこと。
還《また》　また。再び。

〈主題〉

田園にある旧友の別荘に招かれた喜び。

〈構成〉

五言律詩。「家・斜・麻・花」が同韻。頷聯（第三・四句）と頸聯（第五・六句）がともに対句。

〈鑑賞〉

作者は、旧友の閑居を訪れた。そして、そこに広がる田園や、それに溶け込んだ旧友の生活ぶりに感銘し、菊の花の季節に再び訪れたいと思う。旧友の生活ぶりに感動し、それを味わうことができた喜びが、淡々とした中にも素直に表現されている。

〈出典〉本文は『唐詩三百首』第二巻による。

登ル二岳陽楼ニ一

杜甫《とほ》

〈訓読〉

岳陽楼《がくようろう》に登《のぼ》る

昔《むかし》聞く　洞庭《どうてい》の水《みず》
今上《いまのぼ》る　岳陽楼
呉楚《ごそ》　東南《とうなん》に坼《さ》け
乾坤《けんこん》　日夜《にちや》浮《う》かぶ
親朋一字《しんぽういちじ》無《な》く
老病《らうびやう》　孤舟《こしゆう》有《あ》り
戎馬《じゆうば》　関山《かんざん》の北《きた》
軒《けん》に憑《よ》りて涕泗《ていし》流《なが》る

〈通釈〉

昔洞庭湖の美しさを聞いていたが、今、岳陽楼に上っている。呉と楚は（洞庭湖によって）東西に裂かれ、天地の姿は、昼も夜も水面に浮かぶ。親類や友人からの手紙はなく、老いて病気の私は、一そうの舟があるだけだ。軍馬は関所のある山の北にあって争いは続いている。手すりに寄ると、（さまざまなことを思い）涙が流れる。

〈語釈・語法〉

聞　伝え聞く。
孤舟　一そうの小舟。
戎馬　軍馬。戦乱の象徴。
関山北　関所のある山の北方。中原一帯を指すかもしれない。
憑　寄りかかる。

〈主題〉

洞庭湖の美しさと、戦乱のために孤独に年老いていく思い。

〈構成〉

五言律詩。「楼・浮・舟・流」が押韻。第一句と第二句、第三句と第四句、第五句と第六句が対句。

〈鑑賞〉

前半は岳陽楼から眺めた洞庭湖を含む雄大な景色をうたい、後半は止むことのない戦乱と、そのために孤独のうちに老いていく自分自身の個人的な感慨がうたわれている。その大きな落差が、より作者の孤独な思いを際立たせている。杜甫の詩は、自分の孤独な境遇をよんでいても、さらにスケールの大きな天下の憂いに結びつけるところが特徴である。

〈出典〉

『唐詩選』巻三（明治書院・一九六四年）による。

一八三ページ

香炉峰下、新卜㆓山居㆒、草堂初成、偶〻題㆓東壁㆒

白居易《はくきょい》

〈訓読〉

香炉《こうろ》峰下《ほうか》、新《あら》たに山居《さんきょ》を卜《ぼく》し、
　草堂《そうどう》初《はじ》めて成《な》り、偶《たまたま》東壁《とうへき》に題《だい》す
日高く睡《ねむ》り足れども猶《な》ほ《オ》起くるに慵《ものう》し
小閣《しょうかく》に衾《ふすま》を重ねて寒《かん》を怕《おそ》れず
遺愛寺《いあいじ》の鐘は枕を欹《そばだ》てて聴《き》き
香炉峰の雪は簾《すだれ》を撥《かか》げて看《み》る
匡廬《きょうろ》は便《すなわ》ち是《こ》れ名を逃《のが》るるの地
司馬は仍《な》ほ《オ》老いを送るの官為《かんた》り
心泰《やす》く身寧《やす》きは是れ帰《き》する処《ところ》
故郷何《なん》ぞ独り長安に在《あ》るのみならんや

〈通釈〉

日は空高く昇り、たくさん眠ったのにそれでも起きるのがめんどうである。二階建ての小さな建物だけれども掛け布団を重ねているので寒さも気にならない。遺愛寺の鐘の音は枕によりかかって聴き、香炉峰の雪（景色）は、すだれをはね上げて眺める。（ここ）匡廬《きょうろ》こそ名声などから逃れるのにふさわしい地であり、司馬という仕事もやはり老後を送るのにちょうど良い官職だ。心も身も安らかでいられる所が安住の地だ。（心を落ち着けて暮らしていける）故郷は、何も長安だけとは限るまい。

〈語釈・語法〉

卜㆓山居㆒　「卜㆑居」は地相を占って住む土地を選び、新しく家を建てること。ここは「山居」つまり山の近くに建てるのである。

不㆑怕㆑寒　寒さも恐ろしくはない。「怕」は「恐」と同じ。

撥㆑簾　すだれをはね上げる。「撥」は棒のようなものではね上げること。巻き上げるのではない。

逃㆑名地　俗世間の名誉や利益から離れる。ここでの「名」は、名誉や利益などの俗世間のわずらわしさのこと。

心泰身寧　「泰」は、ゆっくりと安らぐ。「寧」は、しっとりと落ち着いて安らかの意。

〈主題〉

左遷された作者の、自適の生活に入る思い。

〈構成〉

七言律詩。「寒・看・官・安」が同韻。頷聯（第三・四句）と頸聯（第五・六句）とがそれぞれ対句になっている。

〈鑑賞〉

首聯では草堂における朝の自由気ままなのびやかさを詠み、頷聯では気ままな生活の一端を詠んでいる。頸聯では心身が安らかである理由を述べている。尾聯では悟り切った現在の作者の心境を明らかにしている。

❖発問の解説

（二七八ページ）

1 さらに「一層楼」を「上」ろうとしたのはなぜか。

解答例 より高いところに登って、さらにはるか遠くまでを見たいと思ったのである。それは、見えるはずもないであろう、はるか彼方の故郷への思いがそうさせたとも考えられる。

（二七九ページ）

2 「孤客」が最初に「秋風」を聞くのはなぜか。

解答例 一人の旅人である私は異郷の地にあり、望郷の思いで心が敏感になっているので、秋風が吹いてきたことに真っ先に気づき、その風音に聞き入ってしまうのである。

（二八二ページ）

3 「合」「斜」とは、村のどのようなようすを表しているか。

解答例 それぞれ「合」は第三句で「緑樹」「村辺」、「斜」は第四句で「青山」「郭外」に続く句末にある。これら頷聯は対句になっていて、「村辺」「郭外」とあるように、いずれも村の外側をとりまく環境を表現している。そこでは、「緑樹」が「合」わさっていて、「青山」が「斜」めになっているということから、村が自然豊かな緑深き山の中（の盆地状の場所）にあり、俗世間から離れた素朴で清らかなようすであるということを表している。

❖理解・表現の解説

〈理解〉

(1) **「登鸛鵲楼」の詩で、建物や自然物の位置関係について整理し、図に示しなさい。**

解答例 作者のいる「鸛鵲楼」を中央にして、西を左に、東を右にした図（視線が向かう正面が北）にするとわかりやすい。左（西）の端には「山」、右（東）の端には（実際には見えないがイメージとして）「海」を置き、上側（空）から左側に落ちかかるのが「白日」、下側（眼下）から右端に続くのが「黄河」というような感じで配する。

(2) **「鹿柴」の詩で、作者の目の前に広がる光景をまとめなさい。**

解答例 どこからか人の声がかすかに聞こえてくるだけの、寂しい山にあり、作者の目には深い林にさしこんできた夕日が青々とした苔を照らすのが映っている。このような光景である。

(3) **「秋風引」の詩に描かれている「秋」のイメージについて、話し合いなさい。**

解答例 詩に引かれている「秋」のイメージとしては、「蕭蕭」という物寂しげな秋風の音、北から渡ってくる渡り鳥である「雁群」が挙げられる。いずれも、収穫の秋のような満ち足りた雰囲気はなく、どことなくやるせなく寂しげである。

(4) **「江雪」の詩で、「独釣寒江雪」には、作者のどのような心情が表現されているか、考えなさい。**

解答例 孤独を受け止め、しかしそこに自分の生き方を見出しているように思える。理解されなくても、孤高を貫く姿勢が伝わってくる。

(5)「涼州詞」の「葡萄美酒」「夜光杯」「琵琶」（一八〇・1）は、詩全体にどのような印象を与えているか、考えなさい。

解答例　いずれも西域に関係が深いことばである。これにより、詩の前半はとくに、エキゾチックな（異国情緒にあふれた）雰囲気が醸し出されている。

(6)「望廬山瀑布」の詩で用いられている比喩表現にはどのような効果があるか、話し合いなさい。

解答例　まず初句の「香炉」と「紫煙」は、峰の名および霞に対する一種の比喩表現であり、それとなく仏教的な雰囲気もただよわせている（香炉はもっぱら仏事に使用されるもの）。そして滝に関する比喩表現が、この詩の最大の眼目。承句の「挂二長川一」、結句の「銀河落二九天一」がそれで、後者はかなり大げさな表現ともいえるが、かえって人知を超える自然の雄大さのイメージが読む人に伝わってくる。

(7)「江南春」の詩で、作者は「江南」という土地をどのように描こうとしているか、まとめなさい。

解説　〈鑑賞〉参照。南朝の古都であることを考える。

(8)「過故人荘」の詩に描かれている農村のようすをまとめなさい。

解答例　首聯で、もてなしの料理が「鶏黍《けいしょ》」（ニワトリとキビ）というやや質素な食事、招かれたのが文字通り「田家」（いなか家）である。続く頷聯では、緑の木で取り囲まれている村、囲壁の外に迫る山という自然描写、さらに頸聯では、窓を開くと畑に面していて、酒席での話題が桑や麻の出来ぐあいである。

(9)「登岳陽楼」の詩で、作者は自己の存在を自然との対比でどのように表現しているか、まとめなさい。

解説　〈鑑賞〉参照。

(10)「香炉峰下……」の詩について、『枕草子』二八〇段（一八六）をもとに、当時の日本人が白居易から受けた影響を考えなさい。

解説　清少納言は、中宮定子に「香炉峰の雪いかならむ」と言われ、すぐにこの白居易の詩を思い浮かべて御簾を上げさせている。つまり、定子も清少納言も、この詩のことをよく知っていたのである。もともとは漢文は男性のものだったが、教養を要求された中宮やそこに仕える者たちは、白居易の漢詩も勉強し、それを自慢にも思っていたことがうかがえる。

〈表現〉

(1)　それぞれの詩について、漢詩の種類・韻字・対句をまとめなさい。

解説　各詩の〈構成〉参照。

第12章　読みつがれることば

論語　孔子《こうし》の説く「知」と「政」

❖作品解説

【『論語《ろんご》』について】

中国の歴史を通じて、『論語』ほど広く、永く人々に読み継がれてきた書物は、ほかにないだろう。紀元前二世紀に漢の武帝が儒教を国教として以来、文字を読める限り、だれもがこれを読んで、その内容に親しみ、その内容を教えとして仰いだのである。

一方、日本及び日本人が『論語』から受けた恩恵とその影響の大きさにも、計り知れないものがある。『古事記』によれば、昔、それまで固有の文字を持たなかった日本人は、『論語』によって初めて書籍なるものに接し、文字の便利さを知ったのであり、それを読み解く努力の中から片仮名を工夫し、平仮名も作り出したのである。特に徳川時代以降は、朱子学の影響によって「四書」の筆頭としての『論語』の普及は、各家庭にまで及んだ。

中国でも日本でも、『論語』がこのように長い間にわたって広く永く読まれ親しまれてきた何よりの理由は、この書物が人間の生き方についての知恵と励ましを与えてくれるからであるが、いま一つには、この書物の文体が平易で、分かりやすい点にある、と言うことができよう。

吉川幸次郎博士の指摘によれば、『論語』全編の使用漢字の数は、字種にしてわずか千五百二十字であるという。わが国の「常用漢字」の数が二千百三十六字である点を思うと、『論語』の使用漢字の字種の少なさは一種の驚きであるが、それだけ、この書籍の文体の平易さを示す何よりの証拠であろう。

『論語』は、全二十編。編者も成立年代もはっきりとはわからない。「学而《がくじ》」「為政《いせい》」「八佾《はちいつ》」「里仁《りじん》」「公冶長《こうやちょう》」「雍也《ようや》」「述而《じゅつじ》」「泰《たい》伯《はく》」「子罕《しかん》」「郷党《きょうとう》」「先進《せんしん》」「顔淵《がんえん》」「子路《しろ》」「憲問《けんもん》」「衛霊公《えいれいこう》」「季《き》氏《し》」「陽貨《ようか》」「微子《びし》」「子張《しちょう》」「堯曰《ぎょうえつ》」といった編名も、それぞれの編の章の初めに出てくる二字または三字を採って編名としたのであり、べつに一編の内容を概括しての編名ではない。

その文章は簡潔で、きわめて含蓄に富み、大部分は、孔子《こうし》とその門弟たちとの間に交わされた問答の形をとり、孔子の思想・人格及び生活態度を、生き生きと伝えている。その孔子は、弟子三千人といわれていることからもうかがえるように、すぐれた教育家としての晩年を送ったが、その成果の一つが『論語』の誕生となったのであり、『論語』はおそらく、古今を超越した人生の知恵の書として、今後も永久に読み継がれていくであろう。

日本に『論語』が伝えられたのは、百済《くだら》の王仁《わに》の献上品による(記紀によれば応仁天皇の時代)とされる(二八五年)。江戸時代には、朱子学が幕府公認の官学となり、そのよりどころとして「論語」があった。古典は時代によって、都合よく解釈される宿命をになっているが、また、時代に左右されないで、時代を超えた力も持っている。自分自身のことばで、自分に則して解釈しなおしてみることも大切である。

【孔子について】

儒教の創始者とされている。山東省の生まれ。宋から魯に亡命した没落貴族の子孫で、父は武人、母は庶民の生まれ。三歳のときに父に死なれ、母も十五歳のときに他界した。貧苦のなかで学問に志した。魯国の開祖で周の大政治家であった周公を理想人物と仰ぎ、周公が定めたという礼を習った。魯に内乱が起こり、君主とともに斉の国に亡命した。一団の弟子たちも孔子と行をともにし、その後、列国を歴訪する旅にのぼった。理想の政治を各国に説いてまわったが、受け入れられず、十三年間さすらいの旅をつづけたのち、魯に帰った。その後、仕官せず、子弟の教育に専念した。先賢の遺訓のなかにふくまれた人間中心主義と合理主義精神をとり出して強調し、自分と同じ仲間として、すべての人に接する心「仁《じん》」を説いた。そして「仁」を実行する「礼」(社会の秩序を保つため、経験によってつくられた慣習)を重視しめざした。

在世中は、世情に迂遠なる者として冷遇されたが、前漢の武帝による儒教の国教化以後は、清末に至るまで、国家社会の政治や倫理道徳の根本を確立した偉大な思想家として尊崇され、その思想は、中国のみならず、日本をも含む東アジアの漢字文化圏の古典中の古典として多くの影響を与えた。

【出典】

本文は、『論語』(金谷治・訳注　岩波文庫　一九九九年)によっている。

[知]

❖学習の視点

1　「知」とはどのような特徴を持つ活動であるか考え、学問する喜び、人格完成のための知のあり方を読み取る。

2　学問への心構え、問題意識をもつこと。知ること、覚えることの意義を理解する。

3　重要な漢文句法を身につける。

4　『論語』全編を読む機会を作るための手掛かりとする。

❖本文の研究

一九〇・1〜3

〈訓読〉

子曰《しい》は《ワ》く、「学びて時に之《これ》を習《なら》ふ《ウ》、亦説《またよろこ》ばしからずや。朋遠方《ともえんぽう》より来《きた》る有り、亦楽しからずや。人知らずして慍《うら》みず、亦君子《くんし》ならずや」と。（学而《がくじ》）

〈要旨〉

学問する喜び、交友の楽しみ、不遇な状況にも負けない心もちといった、学問への心構えについて。

〈通釈〉

先生が言われた。「学んでは、折に触れておさらいをする、なんともうれしいことだね。（そのたびに理解が深まるから。）友達が遠方から訪ねてきてくれる、これも楽しいね。人が自分のことをわかってくれなくても腹を立てない、そんな人はいかにも君子だね。（見習うべきだ。）」

〈語釈・語法〉

子　「シ」と音で読み、孔子・老子・荘子などと、男子の尊称に用いられた。『論語』での「子」は夫子（先生の意）の略と考えられ、弟子が孔子を尊んで「先生」という意味に用いたもの。なお『孟子』では弟子に対して用い、「子は誠に斉の人なり。」「子も亦《また》来たりて我《われ》を見るか。」などと使っている。

学而時習レ之　「之」の字を「これ」と訓じているので指示語と解されるが、この「之」は上の語が動詞であることを示し、口調を整えるための助字で、指示語ではない。同じ使い方には「久レ之」や「頃レ之」があり、しばしば出てくる用字法である。

不二亦説一乎　「乎」は詠嘆を表すことば。なんとよろこばしいことではないか、の意。この章句には「不二亦□一乎」の形が三問出てくる。また「乎」には疑問の意味もあることに注意しよう。

慍　音「ウン」、訓「いきどおる・いかる・うらむ」。「慍」は、「うらむ」、「不レ慍」は「うらみず」という読み方になる。

〈鑑賞〉

開巻第一章、編名もここから採って「学而《がくじ》」という。孔子は、反復学習して学問を深め、学友とともに向上進歩していくことが人間にとって大事なことであり、不遇にも揺るがぬ平常心をもって学問することの真の喜びや楽しみがあるというのである。学習院、時習館、山県有朋《ありとも》などの名称はこの章に基づいている。

一九〇・4

〈訓読〉

子曰は《ワ》く、「学びて思は《ワ》ざれば則《すなわ》ち罔《くら》し。思ひ《イ》て学ばざれば則ち殆《あや》ふ《ウ》し」と。（為政《いせい》）

〈要旨〉

学ぶことと思索することは、どちらも学問にとって必要だ。


〈通釈〉

先生が言われた、「学んでも考えなければ、学んだことがはっきり分からない。考えても学ばなければ、考えたことがあやふやでまちがえる」と。

〈語釈・語法〉
思　思いをめぐらす。自力で思索する。

〈鑑賞〉

読書と思索とは表裏一体の関係にあり、どちらが欠けても学問の益にならないと孔子は言う。学んだだけでは単に人の受け売りを表面的になぞっただけで、深い知識を得られないかもしれない。逆に、自分の狭い思いだけに入り込んでしまえば、それはきわめて不安定でまちがえるかもしれないのである。

一九一・1〜2

〈訓読〉

子曰は《ワ》く、「由《ゆう》よ、女《なんじ》に之《これ》を知ることを誨《おしエ》へんか。之を知るを之を知ると為《な》し、知らざるを知らずと為《な》す、是《こ》れ知るなり」と。（為政）

〈要旨〉

孔子の子路への教え。「知る」ということの真の意味。


〈通釈〉

先生が言われた、「由よ、おまえに知るとはどういうことか教えようか。知っていることは知っているとし、知らないことは知らないとする、それが知るということなのだよ」と。

〈語釈・語法〉
知レ之　「之」の字を「これ」と訓じているが、語調を整えるための助字として「コレヲ」を読まない説もある。

〈鑑賞〉

子路は軽率なふるまいが多く、知らないことでも知ったふりをする傾向があったので、孔子がさとしたと思われる。知ったことと知らないことを区別して、知らないことをどこまでも知るように努力しなければならないということ。「聞くは一時の恥、聞かざるは末代の恥」ということわざに通じるものがある。

一九一・3〜4

〈訓読〉

子曰は《ワ》く、「憤《ふん》せざれば啓《けい》せず。悱《ひ》せざれば発せず。一隅《いちぐう》を挙《あ》ぐるに三隅《さんぐう》を以《も》つて反《かえ》らざれば、則《すなわ》ち復《ふたた》びせざるなり」と。（述而《じゅつじ》）

〈要旨〉

学ぶ者がやる気と問題意識を持って自発的に考えなければ、教える意味がないと、孔子が説いている。

〈通釈〉

先生が言われた、「(分かりそうで分からず、)なんとか分かろうといらいらしているのでなければ、指導しない。(言えそうで言えず、)口をもごもごしているのでなければ、はっきり教えない。一つの隅《すみ》を示すと、あとの三つの隅も理解して返答するようでなければ、繰り返しては教えない」と。

〈語釈・語法〉

憤 「憤慨」の意味ではなく、分かろうとして苦しむ。

不レ復也 もう一度繰り返して教えない。つまり、相手が三隅まで理解して返答するようになるまで、その成熟を待つ、との意。

〈鑑賞〉

生徒(弟子)が勉強して力をつけ、もう少しで分かりかけているが、生徒自身ではどうにもならなくなっていると見たとき、わたしは初めて指導してやる。生徒自身が自学自習をして力をつけ、こちらで一隅を挙げて教えたときに、すぐにそれにつながる他の三隅をも理解して返答するようであって初めて教える。――孔子は、教育者として、教育の根本原則を自発学習だと教えている。

一九一・5〜9

〈訓読〉

哀公問ふ《ウ》、「弟子《ていし》孰《たれ》か学を好むと為す」と。孔子対へ《こたエ》て曰は《ワ》く、「顔回《がんかい》といふ《ウ》者有り、学を好む。怒りを遷《うつ》さず、過《あやま》ちを弐《ふたた》びせず。不幸短命にして死せり。今や則《すなわ》ち亡《な》し。未《いま》だ学を好む者を聞かざるなり」と。(雍也《ようや》)

〈要旨〉

最も学問を好んだ顔回への賛嘆と、その死への悲しみ。

〈通釈〉

哀公が「お弟子の中で、学問好きと言えるのは誰ですか。」と問うた。孔子は答えて言われた、「顔回という者がおりまして、それが学問好きでした。(学問好きの内容として言えますのは、彼が)怒りにまかせて八つ当たりをせず、過ちをくり返さなかったからです。不幸にも短命で死にました。今ではもうおりません。学問好きという者は、(ほかには)聞いたことがありません」と。

〈語釈・語法〉

孰 「たれ」と読み、同じ「たれ」でも「誰」より狭い範囲の中での不定の人をさす。ここでは「弟子の中では」という限定があるので「孰」が使われている。広く「たれ」と聞くには「誰」を使う。

〈鑑賞〉

孔子の弟子たちの中で顔回ほどに学問を好んだ者はなかった。顔回がどのような生活をしながら学問をしていたかは、次の文章から読みとれる。「顔回はまことに立派な人物であるよ。竹のわりごにつめた一杯のめしと、ひさごのお椀一杯の汁で、せま苦しい裏町に住んでいる。普通の人ならそのつらさに耐えられないが、顔回は学問をする楽しみを改めずに励んでいる。顔回はまことに立派な人物であるよ。」

一九二・1～3

〈訓読〉

子《し》曰は《ワ》く、「吾十有五《われじゅうゆうご》にして学に志《こころざ》す。三十にして立つ。四十にして惑《まど》は《ワ》ず。五十にして天命《てんめい》を知る。六十にして耳順《みみしたが》ふ《ウ》。七十にして心の欲《ほっ》する所に従ひ《イ》て、矩《のり》を踰《こ》えず」と。（為政）

〈要旨〉

孔子が自分の人生を、人格の成長や学問追究の課程として整理している。

〈通釈〉

先生が言われた、「わたしは十五歳で学問に志した。三十になって独立した。四十になるとあれこれ迷わなくなり、五十になってはじめて天から与えられたおのれの使命を知った。六十になってからは、人のことばが素直に聞けるようになった。七十になると、思うままにふるまってもそれで人の道をはずれなくなった」と。

〈語釈・語法〉

十有五　この言い方は、わが国で「十あまり五つ」と言い、二十一日を「はつかあまりひとひ」と言ったことを思い出させる語法。十五歳のこと。

于　置き字。…に対して、の意。

〈鑑賞〉

十五歳で学問に志したというのは、学問で身を立てることを決心した、の意であり、三十にして立つとは、三十歳で、身を立てるための学問の基礎ができた、の意である。四十にして惑わずとは、自分の学問に対する強い自信であり、五十にして天命を知るの「天命」とは、こうして学問することで貢献すべき運命に生まれついたのが自分であり、またそれが天の与えた使命であると、孔子は強い自負を語っているのである。そして六十歳では、人のことばに反発しないだけの心の余裕ができたと言い、七十歳になってからは、欲望のままに動いても道をはずすことがなくなり、やっと真の自由を得たというのであろう。いろいろな読み取り方はあろうが、そのように読める。――ごく普通人でも、一見できそうな事柄の羅列であることから、人間の成長を示す標準的尺度を表すことばが、「志学・而立・不惑・知命・耳順・従心」として使われて普及したのは、人々の孔子に対する敬愛の情からばかりでなく、この編のリズミカルで平易な文体のせいでもあろう。

❖発問の解説

（一九一ページ）

1　「孰」の用法を漢和辞典で調べなさい。

（解説）「孰」は「たれか」と読み、「だれ」という疑問の意味を表す。名の知らない人や不定の人をさす。またそのほかに「いずれか」と読み、「どちらか」と選択の意味を表すこともある。

（一九二ページ）

2　「志学」「而立《じりつ》《じりゅう》」「不惑」「知命」「耳順」「従心」という熟

語の意味を漢和辞典で調べなさい。

解説 それぞれ「十五歳」「三十歳」「四十歳」「六十歳」「七十歳」の別名である。〈鑑賞〉参照。

❖理解・表現の解説

〈理解〉

(1) 「学」(一九〇・1)と「習」(同)との関係はどのようなものか、整理しなさい。

解答例 「学」は新しいことを学ぶこと、「習」はその学んだことを何度も繰り返して、自分のものにすることである。いわば、学問には、新しい知識を得ることと、その知識を身につける過程の両方の側面がある。

(2) 「学」(一九〇・4)と「思」(同)との関係はどのようなものか、整理しなさい。

解答例 「学」は新しいことを学ぶことだが、「思」はその学んだことについて自分の力で思索することで、学問にはその両方が必要である。

(3) 孔子は「知」(一九一・1)とはどのようなことだと言っているか、まとめなさい。

解答例 知ったことと、まだ知らないことをはっきり区別して把握することこそが、知識の基本であると言っている。

(4) 孔子が弟子に対して採っていた教育方針をまとめなさい。

解答例 孔子は弟子の自発性を重んじていた。自分から、進んでする学問でなければ身につかないと知っていたからである。自分の役割はあくまで、弟子の自発的な学問の手助けをするにすぎないと考えていたのであろう。

(5) 孔子が考える「学問」とはどのようなものか、整理しなさい。

解答例 学問は単に新しいことを学ぶだけではない。繰り返して自分のものにすることや、思索することも必要である。また、まだ知らないことを把握しておくことも大事だし、自発的に学ぶことの必要性、さらに、年齢にしたがって学問に対する態度も変化していくことを経験から学んでいた。

〈表現〉

(1) 「学而時習之……不亦君子乎」(一九〇・1)を「不亦〜乎」に注意して現代語に訳しなさい。

解答例 〈通釈〉参照。

(2) 「今也則亡」(一九一・8)と「未聞好学者也」(同)の「也」の用法をそれぞれ漢和辞典で確認しなさい。

解答例 前者は「や」と読み、直前の語について強調の意味を表す。後者は「なり」と読み、文末について断定の意味を表す。

［政］

❖学習の視点

1 孔子の政治観や政治理念を理解する。
2 指導者の資質として、何が求められていると孔子は考えていたかを読み取る。
3 対比表現などを含め、『論語』の簡潔な文章を味わう。

❖本文の研究

一九三・1〜2

〈訓読〉

子曰は《ワ》く、「之《これ》を道《みちび》くに政《せい》を以《も》つてし、之を斉《ととの》ふ《ウ》るに刑を以つてすれば、民免《たみまぬが》れて恥づる無し。之《これ》を道くに徳を以つてし、之を斉ふ《ウ》るに礼を以《も》つてすれば、恥づる有りて且《か》つ格《ただ》し」と。（為政）

〈要旨〉

人々を導くには政治権力や刑罰ではなく、道徳や礼儀を用いるべきだ。

〈通釈〉

先生が言われた、「人々を指導するのに政治権力（法令）を用い、規制するのに刑罰を用いるならば、人々は政治権力や刑罰を逃れることのみを考え、恥を感じなくなる。人々を指導するのに道徳を用い、規制するのに礼儀を用いるならば、人々は（悪いことをすると）恥じるようになり、さらに（自ら）正しい行いをするようになる」と。

〈語釈・語法〉

道 導く。指導する。
斉 整える。規制する。
免 逃れる。
格 正しい。善に至る。

〈鑑賞〉

孔子の政治に対する考え方が典型的に表れている文章である。人々を権力や刑罰でおどして導こうとすることは、かえって害になるということを言う。人々は単にそれらを避ければよいという考え方に陥り、逆に人目のないところでは悪をなすかもしれない。いわば、恥を知らなくなり、これによって善をすすめるという本来の目的からはずれてしまう可能性が高い。これとは逆に、権力や刑罰によって人々を導くべきだというのは、後の「法家」とよばれた人々の考え方である。

一九三・3

〈訓読〉

子曰は《ワ》く、「君子は諸《これ》を己《おのれ》に求め、小人《しょうじん》は諸を人に求む」と。（衛霊公《えいれいこう》）

〈要旨〉

物事の責任は自分にあるか、他人にあると考えるかで、その人の人格がどのようなものかが分かる。


〈通釈〉

先生が言われた、「りっぱな人は物事の原因を自分に求めるが、とるに足らない人は物事の原因を他人に求める」と。

〈語釈・語法〉
君子　徳の高いりっぱな人。
小人　人格が低くて、とるに足らない人。
諸　「之於」を短縮した語で「これヲ」と読む。ここでは広く「あらゆる物事」をさしている。

〈鑑賞〉

孔子はしばしば「君子」と「小人」の対比を行う。りっぱな人と、とるに足らない人との違いはどこにあるかということである。ここで孔子は、「君子」はあらゆる物事の責任は自分にあると考えるが、「小人」は物事の責任は他人にあると考えるという。人は何かうまくいかないことがあると、とかく人のせいにしがちである。そういうような場合、自分にも何か足りないところがなかったのではないかと、反省してみるべきである。孔子は人に責任を転嫁しがちな人間の性向を見抜いていて、努めてそれを克服することを勧めている。

一九三・4

〈訓読〉

子曰は《ワ》く、「君子は義に喩《さと》り、小人は利に喩る」と。（里仁《りじん》）

〈要旨〉

君子は正義を第一に考えるが、小人は利益を第一に考える。


〈通釈〉

先生が言われた、「りっぱな人は正義を基準にして（物事を）理解するが、とるに足らない人は（自らの）利益を基準にして（物事を）理解する」と。

〈語釈・語法〉
喩二於～一　～をもとにして理解する。
義　道義。正義
利　利益。

〈鑑賞〉

前項に続き、「君子」と「小人」の対比を行っている。君子は「義」を重んじ、「小人」は「利」を重んじるという。ここのところは、資本主義の世の中で生活している現代人には、分かりにくいかも知れない。ここでいう「利益」とは、「自分だけの利益」、すなわち、自らの得になるか損になるかのみを考えることととらえるとよい。これに対して「正義」とは、ときには個人的な利害をすてても、人道や公共のためにつくすことと考えることができる。

一九三・5〜6

〈訓読〉

季康子《きこうし》政《せい》を孔子に問ふ《ウ》。孔子対《こた》へ《エ》て曰は《ワ》く、「政は正《せい》なり。子帥《ひき》ゐ《イ》て以つて正しければ孰《たれ》か敢《あ》へ《エ》て正しからざらんや」と。（顔淵《がんえん》）

〈要旨〉

政治は、指導者が率先して正しい状態にあることから始まる。

〈通釈〉

（魯の大夫の）季康子が政治について孔子に質問した。孔子はこれに答えて言った、「『政』というものは、すなわち『正』ということです。あなたが率先して正しいことをしていれば、ほかの人々が正しくないことをするでしょうか。（みな正しいことをするはずです。）」と。

〈語釈・語法〉

帥　率先して。先頭に立って。

孰敢〜　「誰が、あえて〜だろうか」という意味で、疑問を表している。反語の意味にもなり、その場合は「いったい誰が〜しないだろうか（いや、する）」となる。

〈鑑賞〉

孔子から始まる儒家の考えの特徴の一つとして、為政者や指導者など、上に立つ者の役割を重視することが挙げられる。上に立つ者の身が率先して正しければ、それに従う人々も自ら正しい道を歩むようになるというのが基本的な考え方である。そのことから、上に立つ者の克己心を重視するようになる。後の朱子学で重んじられた「大学」という書物には「修身斉家治国平天下《しゅうしんせいかちこくへいてんか》」ということばがある。すなわち天下を治めるにはまず、上に立つ者が自分の身を修めることから始めなければならないという考え方である。自分の身を修めることによって、家庭が平和になり、国が治まり、ひいては天下が治まるという順序になるという。

一九四・1〜3

〈訓読〉

季康子政を孔子に問ひ《イ》て、曰は《ワ》く、「如《も》し無道《むどう》を殺して以つて有道《ゆうどう》を就《な》さば何如《いかん》」と。孔子対《こた》へ《エ》て曰は《ワ》く、「子政を為すに、焉《いず》くんぞ殺すを用ゐ《イ》ん。子善を欲すれば民《たみ》善なり」と。（顔淵）

〈要旨〉

政治を行うのに、過酷な刑罰は必要ではない。指導者が善をなそうとすることがまず必要である。

〈通釈〉

（魯の大夫の）季康子が政治について孔子に質問して言った、「もし悪人を殺して（人々に）善政を施したら（善人を養成したら）、どうでしょうか」と。孔子はこれに答えて言った、「あなたが政治を行うのに（どうして殺すことが必要でしょうか、）殺すことは必要ではありません。あなたがよいことをしようとするならば、人々もよいことをするはずです」と。

〈語釈・語法〉

無道　道徳にはずれた悪い行いをする人、またはその状態。

就　〜をする、行う。養成する。

有道　道徳を身につけている人、またはその状態。

用レ殺　殺すことを行う。

〈鑑賞〉

一九三・1〜2と同じように、人々を治めるのに必ずしも厳しい刑罰は必要ではないという孔子の考え方が見られる。悪人も元から悪人というわけではないから殺す必要はないということで、このようなところから性善説とよばれる考え方も出てくる。また、前項の一九三・5〜6と同様に、為政者がまず善をなそうとする姿勢が大切だということを説いている。

❖発問の解説

（一九三ページ）

1 「政」とは、どのようなものか。

解答例　ここでいう「政」は、人々を管理する「政治権力」や法制のことである。後文の季康子との問答に見られるような、広い意味での「政治」のことではない。

（一九四ページ）

2 「如」「焉」の用法を漢和辞典で調べなさい。

解説　ここでは、「如」は「もし」と読み、仮定の意味を表す。「焉」は「いずくんぞ」と読み、疑問や反語の意味を表す。ほかの用法も辞典で調べよう。

❖理解・表現の解説

〈理解〉

(1) なぜ「政者正也」（一九三・5）といえるのか、その理由をまとめなさい。

解答例　孔子はここで同じ音である「政」と「正」とが、本来つながっているものだと説明している。すなわち「政治」は、まず為政者が「正しい状態にある」ことが必要だと言っている。

(2) 孔子が考える理想的な政治とはどのようなものか、まとめなさい。

解答例　為政者がまず正しいことを行えば、人々も正しいことを行う。為政者がよいことをしようと努めることが第一だ。

〈表現〉

(1) 本文中から対偶表現になっている箇所をすべて抜き出して、その効果を考えなさい。

解答例　「道之以政、斉之以刑、」（一九三・1）、「道之以徳、斉之以礼、」（同・2）がそれぞれ対句表現であるとともに、そこから始まる二句（同・1〜2）自体が対句表現になっている。さらに、「君子求諸己、小人求諸人。」（一九三・3）、「君子喩於義、小人喩於利。」（一九三・4）が、それぞれ対句表現。リズムのよさとともに、意味の対照的な関係が分かりやすい。

老子

老子の説く「知」と「政」

❖学習のねらい

1　儒家思想の学習のあとを受け、概観的に道家思想を学ぶ。
2　老子の思想や、人生態度について学ぶ。
3　老子独特の比喩《ひゆ》や逆説的表現を読み取り、味わう。

❖作品解説

【『老子』について】

周の老子の著作と伝えられているが、成立年代は分からない。作者の老子の実在についても諸説があるが、『史記』によれば、周代の楚《そ》の人で周の王室に仕え、孔子に礼を教えたこともあると言われている。周が衰えたため周を去ることになり、途中、関所の役人の依頼で書き残したのが『老子』上下二巻八十一章だという。

上編では主として「道」、下編では「徳」が論じられているので、『老子』のことを「道徳経」ともいう。

一般には、孔子の儒家思想とほぼ同時代に成立した道家思想をまとめた、開祖老子の書とされているが、その内容には儒家思想や、墨家などの学説も取り入られているとして、戦国時代になってからの著作だろうとも言われている。

老子は、天地万物の根本はとらえがたく名づけようもないが、あえて名づければ「道」であり、無為にして自然の働きをするものである。人間は、この天道・自然の働きに従って、自分の欲望や意思を去り、「虚無」の立場に立ち、完全に自己を空しくした者が「聖人」であって、儒家の「仁義」などは人為的なものだから排し、「無為にして化する」のが理想だと説いた。

この考え方は次の荘子によって受け継がれ、『荘子』によって完成された。それが世に言う「道家思想」である。

【出典】　『新釈漢文大系』第七巻（一九六六年・明治書院刊）による。

［知］

❖本文の研究

大道廃れて仁義有り　（第十八章）

〈訓読〉

大道廃《すた》れて仁義《じんぎ》有《あ》り、智恵《ちえ》出《い》でて大偽《たいぎ》有り。六親《りくしん》和せずして孝《こう》慈《じ》有り、国家昏乱《こんらん》して忠臣有り。

〈通釈〉

無為自然の大道がすたれると、仁義の道を説く者が現れる。こざかしい知恵が生まれると、礼楽のような作為が必要となる。父子兄弟夫婦の間が平和でないときに、孝行や慈悲深い親が現れる。国家が乱れた状態になると、忠臣が現れる。（このように考えると、仁義とか忠孝とかが言われることは大道のすたれた証拠で、決して望ましいことではない。）

〈語釈・語法〉

大道　「大」はすぐれた、立派な、の意。儒家が「道」と言うのに対し、道家では「大道」と言った。

孝慈　目上に仕えるのが「孝」、目下をいつくしむのが「慈」。

昏乱《こんらん》　心が乱れて道理が分からなくなる状態になること。

〈主旨〉

仁義とか忠孝とかを説く必要のない上古の純朴な社会こそが、われわれの理想である。

〈鑑賞〉

一読して文章の調子のよさに気づくのは、第一句・第二句が脚韻を踏んだ対句（「義・偽」同韻）、第三句・第四句も対句だからであるが、論理の展開が逆説的で、普通なら「大道廃れて仁義無し」と始めるところを、人の意表をつく形で「仁義有り」と始まるところ、まことに効果的である。

人を知る者は智　（第三十三章）

〈訓読〉

人を知る者は智、自らを知る者は明《めい》なり。人に勝つ者は力有り、自らに勝つ者は強し。足るを知る者は富み、強《つよ》めて行ふ者は志《こころざし》有り。其《そ》の所を失はざる者は久し、死して亡《ほろ》びざる者は寿《いのちなが》し。

〈通釈〉

他者を知る者は智者といえ、自分を知っている者は聡明といえる。他者に勝つ者は力が強く、自分に勝つ者は強者といえる。満足できる者は富者といえ、務め努力する者には志がある。自分の居場所を見失わない者は長命で、死んでも滅びない者が長寿である。

〈語釈・語法〉

知　理解する。知る。

人　他者。他人。

智　知識のある者。

勝　弱さに打ち勝つ。

知足　満足することを知ること。

富　精神的にも満ち足りていること。

而　置き字。ここでは逆説の意味で訳す。

〈主旨〉

知識や腕力といった人間の面よりも、自分の内面を考察する方が大切である。

知る者は言わず　（第五十六章）

〈訓読〉

知る者は言はず、言ふ者は知らず。其《そ》の兌《あな》を塞《ふさ》ぎ、其の門を閉ぢ《ジ》、其の鋭を挫《くじ》き、其の紛《ふん》を解き、其の光を和《やわ》らげ、其の塵《ちり》に同《どう》ず。是《これ》を玄同《げんどう》と謂《い》ふ《ウ》。故《ゆえ》に得て親しむべからず、亦《また》得て疎《うと》んずべからず。得て利すべからず、亦得て害すべからず。得て貴《たっと》ぶべからず、亦得て賤《いや》しむべからず。故に天下の貴《き》と為《な》る。

〈通釈〉

知っている者は語らず、語る者は知らない。その（目・耳・口などの）穴を塞ぎ、その門を閉じ、その（自分の）鋭さをくじき、その（自分から起こす）もつれを解き、その（知性や才能の）輝きを和らげ、その（知性を俗世間の）塵芥に紛れさせる。これを玄同という。そのために（玄同者と）親しむことはできないが、疎んじることもできない。また（玄同者に）役立つことができないが、損なうこともできない。また（玄同者を）高い地位にすることができないが、卑しい地位にすることもできない。そのため世の中で貴い存在となる。

〈語釈・語法〉

閉其門　出入り口を閉ざして、外からの誘惑などを断つこと。

解其紛　自分の気性の激しさなどから起きるもつれを解きほぐすこと。

和其光　自分の優れたところを包み込む。

同其塵　共にする。共通する。塵は、俗世間のこと。和光同塵は、仏教用語で菩薩《ぼさつ》が汚れた人間界に行き、衆生《しゅじょう》を救うこともいう。

玄同　万物の事象のもとに存在するものと一体になる境地。捉えどころがないので「玄」（ほの暗い）の文字を使っている。

〈主旨〉

世の中の事象の根底にある「道」は、万物のなかにあり、つかみどころがないもので、それと一体になる境地に至ることが和光同塵である。

❖発問の解説

1 老子の言う「大道」「大偽」とは、何をさすか。
（一九五ページ）

解答例　「道」と「偽」それぞれを形容している「大」は、「偉大な、大がかりな」という意味である。「道」は、老子が重視した無為自然の法則であり、人間界だけでなく自然界も貫徹する。これに対し、「偽」とは文字通り「人為」であり、人間が作為的に作り出した文化や文明であり、儒学でいうところの「礼楽」である。老子はこれを無為自然という真理からはずれた人間の、浅はかな「知恵」から生まれたものと批判している。

❖読解・表現の解説

〈読解〉

(1)「大道」（一九五・1）が廃れていない世界とはどのような世界か、考えなさい。

解答例　自然の摂理にしたがって人々が暮らしている世界。無理に作為的なことをしないで暮らしていける世界。

(2)「死而不亡者寿」（一九五・6）とはどのようなことか、まとめなさい。

解答例　肉体は死んでも、その者の功績が残っていけば、その者の名前は長く生き続けるということ。

(3)「故為天下貴」（一九六・6）とあるが、なぜそうなるのか、話し合いなさい。

解説　「玄同者」は、つかみどころのない存在で、意味を確定することはできない。だから、存在するが干渉することができないとして人々が敬意と畏怖心を抱くため、貴い存在なのである。

〈表現〉

(1)「和光同塵」（一九六・2）について、漢和辞典で調べなさい。

解説　国語辞典ではなく、漢和辞典で調べる。優れた才能などを包んで、俗世で交際すること、仏教用語として、菩薩が衆生を救うことなどの意味が出てくる。

［政］

❖本文の研究

小国寡民　（第八十章）

〈訓読〉

小国寡民《しょうこくかみん》、民《たみ》をして什伯《じゅうはく》の器《き》有るも用《もち》ひ《イ》ざらしめ、民をして死を重んじて遠く徙《うつ》らざらしめば、舟輿《しゅうよ》有りと雖《いえど》も、之《これ》に乗る所無く、甲兵《こうへい》有りと雖も、之を陳《つら》ぬる所無し。民をして復《ま》た結縄《けつじょう》して之を用ゐ《イ》、其《そ》の食を甘しとし、其の服を美《うるわ》しとし、其の居《きょ》に安《やす》んじ、其の俗《ぞく》を楽しましめば、隣国相望《あいのぞ》み、鶏犬《けいけん》の声相聞こゆるも、民老死《ろうし》に至るまで、相往来《あいおうらい》せず。

〈通釈〉

国を小さくして人民の数を少なくし、たくさんの文明の利器があっても人民に使わせないようにして、人民に、命を大切にして遠くの他郷に行くことをさせないようにするならば、乗り物があってもこれに乗ることもなく、よろいや武器があっても、これらを広げて使うことはないだろう。（そこでは）人民に、（太古の時のように、文字の代わりに）縄を結んで意思を伝達する用を足し、その土地にできる食物で満足し、その土地で作れる衣服を立派だとし、その住居で心平らかに過ごし、その土地の風俗習慣を楽しむようにさせれば、隣の国がお互い見渡せるほど近く、鶏や犬の鳴き声がお互いに聞こえるほど近くても、（人民はお互いが自分の生活に満足しているので）年老いて死に至るまでお互い行き来することもなく（国と国が戦うようなことのない、安全で平和な一生を）過ごすだろう。（それがわたしの理想である。）

〈語釈・語法〉

小国寡民　小さな国で少ない人民。国土が狭くて人民も少ない小国のこと。富国強兵に反対して、自給自足を政治の理想とする老子の考え方がよくうかがわれる言葉である。

什伯《じゅうはく》之器　「什伯」は「十百」に同じで、いろいろな器具。

〈主旨〉

国が小さく、民の数が少なければ、命を大事にして兵器を使うこともない。他国との往き来もしない。それがわたしの理想だ。その小さな国での暮らしぶりは、きっと太古の時のように、自給自足の暮らしに満足して、終生平和に暮らせるだろう。

❖発問の解説

（一九七ページ）

1　**「鶏犬之声相聞」は、どのようなことを表しているか。**

解答例　「おたがいに鶏や犬の鳴き声が聞こえる」ということは、（日常生活の上でもそのように感じられるほど、）すぐ近くに隣の国があるいうことを表す。また、それほどお互いの国が小さいということをも表しているであろう。そんな近くにあっても、お互いに行き来する必要がないほど平和で自給自足的な生活を送れる小国を、老子は理想としているのである。

❖理解・表現の解説

〈理解〉

(1) 老子の考える理想の社会は、孔子の考える理想の社会とどのように異なるか、話し合いなさい。

解説 ［知］にあった「大道廃有仁義」（一九五・1）を文字通りに解釈すれば、「大道」（天地を貫く理法としての道）が健在の世界は「仁義」がない世界ということになる。しかし、これは老子特有の逆説的表現である。「仁義」そのものがない世界なのではなく、「仁義」が普通にあまねく存在しているので、とりたてて「仁義」という言葉でもってその重要性を力説する必要がない世界だということである。そのような社会では「仁義」という言葉さえも存在しないであろう。同様にそれは「知恵」「孝慈」「忠臣」などという言葉も不要な社会で、加えて戦争の起こらない社会を理想としている。孔子については、「論語」の項目で確認しよう。

〈表現〉

(1) 「使民有什伯之器……雖有甲兵無所陳之」（一九七・1〜3）を、書き下し文に改めなさい。

解説 〈訓読〉参照。

朝三暮四《ちょうさんぼし》（二編）

❖学習のねらい

1　「朝三暮四」の故事成語について、列子と荘子ではどのような意味の違いがあるのかを知る。

2　列子と荘子、それぞれの考え方を読み取る。

❖作品解説

列子（れっし）　先秦時代の道家列禦寇《れつぎょこう》（列子）及びその弟子が編集したもので、伝説・寓話が多く収められている。八巻八編。

〈出典〉　教科書本文は『新釈漢文大系』第二十二巻（明治書院一九六七年）によっている。

荘子（そうじ）　書物名は「そうじ」と読み、個人名は「そうし」と読む。戦国時代の荘周の著作と伝えられているが、成立年代は分からない。老子の思想を継いで道家思想を完成した書である。「内篇」のうち最も重要なのが「逍遥遊《しょうようゆう》」「斉物論《せいぶつろん》」の二編であり、老子の中心思想である道家の「道」の概念を継承し、発展させたものという。

荘子によれば、自我を捨てて功名を求めようとする心を持たなければ、万物に順応して天地に遊ぶことができる。功名を求めないで世間の用に役立たないことこそ、かえって身を全うすることができるのであって、それが「無用の用」なのだという。人間が自己の知性にふり回されているむなしさ・悲しさを説くものとして、その現代的意義が改めて見直されている。

〈出典〉　『新釈漢文大系』第七巻（一九六六年・明治書院刊）による。

❖本文の研究

一九八ページ

〈訓読〉

宋《そう》に狙公《そこう》なる者有り。狙《さる》を愛し、之《これ》を養ひ《イ》て群《ぐん》を成す。能《よ》く狙《さる》の意を解し、狙も亦公《またこう》の心を得たり。其《そ》の家口《かこう》を損じて、狙の欲《よく》を充《み》たせり。俄《にわか》にして匱《とぼ》し。将《まさ》に其《そ》の食を限らんとす。衆狙《しゅうそ》の己《おのれ》に馴《な》れざらんことを恐るるや、先《ま》づ《ズ》之《これ》を誑《あざむ》きて曰《い》は《ワ》く、「若《なんじ》に芧《しょ》を与《あた》ふ《ウ》るに、朝《あした》には三《さん》にして暮れには四《し》にせば、足るか」と。衆狙皆起《た》ちて怒《いか》る。俄にして曰は《ワ》く、「若に芧を与ふ《ウ》るに、朝には四にして暮れには三にせば、足るか」と。衆狙皆伏して喜ぶ。物の能鄙《のうひ》を以《も》つて相籠《あいくる》む、皆猶《な》ほ此《かく》のごときなり。聖人の智を以つて群愚《ぐんぐ》を籠むる、亦《また》猶狙公の智を以つて衆狙を籠むるごときなり。名実虧《めいじつか》けずして、其れをして喜怒《きど》せしむ。

〈通釈〉

宋の国に狙公という者がいた。（狙公は）猿《さる》をかわいがり、これを飼育して群れをなすほどであった。（狙公は）よく猿の気持ちを理解し、猿もまた狙公の心を理解していた。（狙公は自分の）家族の食料をへらして、猿の（食）欲を満足させた。（そうしているうちに）急に（食料が）乏しくなった。（そこで）猿の食を制限しようとした。（しかし狙公は）猿の群れが自分になつかなくなることを恐れたのか、まず猿たちをだまして言った、「お前たちにとちの実（どんぐり）を与えるのに、朝には三つ、夕方には四つにしたら、十分か。」と。（これを聞いて）猿たちは立ち上がって怒った。（そこで）すかさず言った、「お前たちにとちの実を与えるのに、朝には四つ、夕方には三つにしたら、十分か。」と。猿たちは皆ひれ伏して喜んだ。だいたいものごとは、才能のある者と愚かな者とがだまし合い、言いくるめ合っていて、すべてこの話のようだ。聖人が知恵をもって頭の悪い者たちを言いくるめるのも、またちょうど狙公が智恵で猿の群れをだましたようなものだ。分け前は減っていないが、それで相手を喜ばしたり、怒らせたりする。

〈語釈・語法〉

成レ群　群れをなした。

得二公之心一　「狙公」の心をつかんでいた。

充二狙之欲一　サルの食欲を満たす。サルに十分にエサを与えたことを表している。

俄而　急に。やがて。

焉　句末に置かれて断定の気持ちを表す。この場合、訓読されないことが多い。「焉」が疑問や反語の助字として文頭にあるときは「いづ《ズ》くんぞ」「いづ《ズ》くに」と読まれる。

将レ限二其食一　「将……」は「これから……しようとする」の意。教科書一九九ページ、句法のまとめ参照。

衆狙　群れになった猿。猿の群れ。

馴　鳥や獣が人になつくこと。

聖人　ここでは、儒家の理想とする君主のこと。孔子のことを批判的に言っていると思われる。

〈主題〉

猿に注目をすると、「目先のことにとらわれて、結果が同じであることに気がつかないこと」「愚かな者がことばの内容をよく考えないこと」になる。狙公に注目すると、「ことば巧みに人をだますこと」になる。つまり、「聖人が人々をだまそうとしていることに、民が気がついていないということ」。

一九九ページ

〈訓読〉

神明《しんめい》を労して壹《いつ》と為し、其《そ》の同じきを知らず。之《これ》を朝三《ちょうさん》と謂《い》ふ《ウ》。何をか朝三と謂ふ《ウ》。曰《い》は《ワ》く、狙公芧を賦《あた》へ《エ》んとして曰は《ワ》く、「朝《あさ》は三にして暮《くれ》は四にせん。」と。衆狙皆怒る。曰は《ワ》く、「然《しか》らば則《すなわ》ち朝に四にして暮は三にせん。」衆狙皆悦《よろこ》ぶ。名実《めいじつ》未《いま》だ虧《か》けずして喜怒を用《よう》と為すは、亦是《またこれ》に因《よ》るなり。是《ここ》を以《も》つて聖人之《これ》を和するに是非を以つてし、天鈞《てんきん》に休む。是を之《こ》れ両行《りょうこう》と謂《い》ふ《ウ》。

〈通釈〉

すべてを同一にしようと苦心して、もともと同じであることを知らない。これを朝三という。それは、狙公がどんぐりを与えようとして言うには、「朝は三つで、夕方は四つにしよう。」と。猿たちはみな怒った。（それで狙公は）言うことに、「それなら朝は四つにして夕方に三つにしよう。」猿たちはみな喜んだ。（このように）実質が変わらないままで喜ばせたり怒らせたりして（反応を）利用するのは、これに基づくものだ。これをもって聖人が調和をとるのに良いことと悪いことをもってして、自然の平等のことわりに憩う。これを両行という。

〈語釈・語法〉

然則　そうだとすれば。順接。

是以　だから。これまでの総括。

聖人　ここでは、道家の思想の完成者。調和による世界にいる者。

天鈞　何ものにもとらわれない自然平等のことわり。

〈主題〉

区別をつけて作り出された差は本来一つのもので、自然のままに全体の調和をようとするべきである。（荘子は、殷が滅んだ後に移り住んだ宋の国の出身である。「宋人」は、守株や助長にも出てくる、愚かな者と扱われた。その屈辱感が、区別に疑問を持つという形で、荘子の思想に影響を与えていると言われる。）

❖発問の解説

1　「朝三暮四」の意味を調べなさい。

（解答例）実質は変わらないのに、目先のことにとらわれて結果が同じであことに気がつかないこと。愚かな者が言葉の内容をよく考えないこと。あるいは、言葉巧みに人をだますこと。

❖理解・表現の解説

〈理解〉

(1)　二つの文章に登場する「狙公」「衆狙」を比較して、それぞれの描かれ方の違いを話し合いなさい。

（解答例）列子…狙公―猿を大切にし、猿に嫌われることを恐れる者。

衆狙―目先の利益にとらわれて、全体を見ることができない者。

荘子…狙公―すべてが同一であることを理解した上で、猿の喜怒を利用する者。

衆狙―世界全体が同じであることに気づかない者。

解説 「列子」では、狙公は猿たちを大切にしている内容が出てくるが、「荘子」では出てこない。「荘子」では、だまされる民衆という視点ではなく、世界全体のものの差を取り除く必要と、それができない愚かな人間に対する指摘が書かれている。

〈表現〉

(1) **本文中で用いられている置き字をすべて抜き出しなさい。**

解答例 列子…而・焉・於・哉

荘子…而

解説 読まない置き字であっても、意味がないわけではないので注意する。「而」は接続（本文ではすべて順接）、「焉」は強調、「於」は対象、「哉」は詠嘆を表している。「哉」は「かな」と読ませているテキストもある。

ほかに助字としては、「之」「也」「乎」がある。「乎」も置き字として使われる助字だが、ここでは疑問で「か」という読みがついているので置き字とは見なさない。

雑説

韓愈《かんゆ》

❖学習の視点

1 対句や比喩表現を理解し、すぐれた文章を味わいながら読む。

2 古文復興運動の指導者としての韓愈の文体に触れ、その論説文としての簡潔さと、その論理的構成を理解する。

3 表現技巧と論理展開の関連を確認する。

4 伯楽と名馬を借りて、作者が訴える真意が何であるかを把握する。

❖作者解説

韓愈（かんゆ）　七六八〜八二四年。唐代中期の詩人・文人。字《あざな》は退之《たいし》。生まれが河北の昌黎《しょうれい》であったところから、韓昌黎とも呼ばれた。地方・中央の官職を歴任、孔子・孟子の儒教に深く学び、また、文章家としても柳宗元とともに古文復興運動の中心人物であった。韓愈の形式にとらわれない自由な文体の再生は、文章の素材の内容的転換をもたらし、中国文学に初めて人間への興味をとりあげさせたものといえよう。唐宋《とうそう》八大家の第一人者であり、『雑説』のほかに『師説《しせつ》』『原道』『原性』『原鬼』、詩文集に『昌黎先生集』がある。

〈出典〉

教科書本文は『新釈漢文大系』第七十巻（明治書院・一九七六年）によっている。

❖本文の研究

二〇〇・1〜二〇一・3

〈訓読〉

世に伯楽《はくらく》有りて、然《しか》る後に千里《せんり》の馬有り。千里の馬は常に有れども、伯楽は常には有らず。故《ゆえ》に名馬有りと雖《いえど》も、祇《た》だ奴《ど》隷人《れいじん》の手に辱《はずかし》められ、槽櫪《そうれき》の間《かん》に駢死《へんし》して、千里を以《も》つて称《しょう》せられざるなり。馬の千里なる者は、一食《いっしょく》に或《あ》るいは粟一石《ぞくいっこく》を尽くす。馬を食《やしなウ》ふ者は、其《そ》の能《のう》の千里なるを知りて食《やしなワ》はざるなり。是《こ》の馬や、千里の能有りと雖も、食飽《しょくあ》かざれば、力足らず、才《さい》の美《び》外《そと》に見《あらわ》れず。且《か》つ常の馬と等しからんと欲するも、得《う》べからず。安《いず》くんぞ其の能の千里なるを求めんや。之《これ》を策《むち》うつに其の道を以つてせず。之を食ふ《ウ》に其の材《さい》を尽くさしむる能《あた》は《ワ》ず。之に鳴けども其の意に通ずる能は《ワ》ず。策を執りて之に臨みて曰《い》は《ワ》く、「天下に馬無し」と。嗚呼《ああ》、其れ真《しん》に馬無きか、其れ真に馬を知らざるか。

〔唐宋《とうそう》八家文読本〕

〈通釈〉

世の中に伯楽という馬の良否を見分ける名人がいて、はじめて一日に千里を走る名馬も見いだされる。一日に千里を走る名馬は、いつでもいるのだが、それを見分ける名伯楽は、いつもいるとは限らない。(だから千里の馬はめったに出てこないことになる。)名馬が仮にいたとしても、ただ無知な下僕の手で乱暴な目にあって、馬小屋の中で普通の馬と首を並べて死ぬばかりで、千里の馬としてたたえられない。馬で一日千里を走るような馬は、一食にある場合は飼料一石を食べ尽くすことがある。馬の飼い主は、その馬に一日千里を走る力があると知って飼ってはいない(その能力に気づかないで飼っている)。この馬は、一日千里を走る能力を持ってはいるが、飼料が十分でないから、力が十分に出ない。(だから)優れた才能が外に現れない。とりあえず普通の馬と同じようにと思っても、それさえできない。(それで)どうして千里の能力を発揮することを求めようか、求めるのが無理である。これ(千里の馬)をむちうつのに、(飼い主は)それにふさわしいやり方をせず、この千里の馬を飼うのに(ふさわしい飼料を与えて)才能を残りなく発揮させるようにできない。そのことを訴えて馬はいななくのだが、飼い主に馬の心は通じない。(だから)むちを振り上げてこの千里の馬に向かって、「天下に名馬がいない。」と言っている。ああ、(その飼い主の言うように)本当に名馬はいないのであろうか。それとも、名馬を知らないのであろうか。

〈語釈・語法〉

雑説　「説」は「論」と同じ。特に題名をつけるまでもない小論文。

伯楽　わが国で馬の仲買人をバクロウ(博労・馬喰)と言うのは「伯楽」の音が転じたもの。もと、馬を見分ける名人の名。

不㆓常有㆒　部分否定形。「ツネニハアラズ」と読み、いつもあるというわけではない、の意。「常ニ不㆑有ラ」であれば「ツネニアラズ」と読み、いつもない、という全部否定の意味になる。

秖　「タダ」と読み、「ただ……(する)だけ」。マサニとも読む。この副詞が下の句のどこまでかかるかを見分けることが必要。

食㆑馬　馬を飼うこと。「食」は、音「シ」、訓「やしなう」。

食不㆑飽　飼料が十分でないと。「飽」は腹いっぱい食べること。

才美　才能の見事さ。上の句の「千里之能」のこと。

且　とりあえず(せめて)。

材　才能。一説に「材＝財」と見て、穀物・飼料の意とする。

❖発問の解説

（二〇一ページ）

1 「無馬」「不知馬」とは、それぞれどのようなことか。

解答例 「無レ馬」の「馬」とは「常馬」つまり普通の馬のことではなく、「千里馬」つまり名馬を指している。「不レ知レ馬」の「馬」も同じで、また「不知」は「世に知られていない」という意味である。つまり「無馬」は「名馬が（世の中に）いない」ということ、「不知馬」は「名馬はいるのだが世に知られていない」ということである。もちろん韓愈の言いたいことは、後者である。

❖構成・要旨・鑑賞・文体

〈構成〉

この文の構成については、古来三段説、四段説、五段説があるが、最も標準的な四段説に従うこととする。（したがって〈訓読〉の項での書き下し文は、四段に区切って示した。）

第一段――「不常有」まで。全体の主意を掲げる。

第二段――「故雖有」から「不以千里称也」まで。冒頭の主意に反する現実を述べる。

第三段――「馬之千里者」から「安求其能千里也」まで。伯楽がいないために、名馬も空しくうずもれている実情を論じる。

第四段――「策之」から終わりまで。優れた馬がその真価を認められないでいることに対して、作者は憤りを抑えた嘆きの声で主意を結んで終わる。

以上のように四段に区切って読み返すと、この論がおのずから「起・承・転・結」の形で展開されていることが分かる。

〈要旨〉

一日に千里を走る名馬はいても、それを名馬だと鑑識できる伯楽のいないことを嘆いて、暗に、人材はいても、それを人材と見抜いてくれる名君や賢相のいないことを嘆き、世の不遇者の不満を訴える。

〈鑑賞〉

短文でリズミカルな文章だから、まず繰り返し読んでみよう。

この文章の調子のよさは、作者が力点を置いている箇所に対句を用いているからである。それは厳密な意味での対句ではなく、長短はそろっていないが、リズムはとても美しい。

しかも結語の詠嘆「其真無馬邪」は、第一段の「千里馬常有」に対応し、「其真不知馬也」は「伯楽不常有」に応じて、絶妙の効果をあげ、全文が隠喩《いんゆ》で、作者の言わんとするところは、時の宰相が無能で、有能者を登用しないことにあり、暗に作者自身の登用を迫った文章であることは、一読了解できる。

世有伯楽
然後有千里馬 } { 千里馬常有
而伯楽不常有

策之不以其道
食之不能尽其材
鳴之不能通其意 } 嗚呼 { 其真無馬邪
其真不知馬也

〈文体〉

唐代の中ごろ、それまで隆盛を極めた四六駢儷《べんれい》体に対する反動が起こり、技巧中心の極端に装飾的で修辞の多い美文である四六駢儷体に対して、簡潔・素朴で自由な古代の議論文の文体、特に戦国時代の諸子の文体にかえれという機運が起こった。この運動を「古文復興運動」という。韓愈《かんゆ》は柳宗元とともにその中心をなした文人である。

❖理解・表現の解説

〈理解〉

(1) 「伯楽」(二〇〇・1)、「千里馬」(同)、「常馬」(同・8)は、それぞれ何にたとえられているか、考えなさい。

解答例 「伯楽」は名馬を見分ける名人、「千里馬」は名馬、「常馬」は普通の馬のことであるが、それぞれ人間のことにも読みかえることができる。すなわち「千里馬」は「才能のある人間」、「常馬」は「ふつうの人々・凡人」、「伯楽」は「才能のある人間を見出す人」にたとえられる。

(2) 作者が主張したいことは何か、話し合いなさい。

解答例 「名馬」は重要であるが、その「名馬」を見つけて世に紹介する「伯楽」がいなければ、「名馬」も埋もれたままである。「伯楽」の重要性を訴えているのだが、馬だけではなく人間の世界にもあてはまる。人材を見出すことの重要性を訴えていると見ることができる。(一説に、「名馬」は韓愈自身のこと、「伯楽」はよい天子や宰相のことをさすともいう。)

〈表現〉

(1) 本文中で用いられている「食」字の意味の違いを説明しなさい。

解答例 本文中で用いられている「食」には二種類ある。一つは名詞で、「しょく」と読み、「えさ」という意味である。もう一つは動詞で、「やしなフ」とよみ、「えさを与える」という意味である。前者は「一食或尽粟一石」(二〇〇・5)の「食」、「食不飽、力不足」(同・7)の「食」、後者は「食馬者、不知其能千里而食也」(同・6)の二つの「食」、および「食之不能尽其材」(二〇一・1)の「食」である。

現代文編

第13章　日本語の変遷

余が言文一致の由来

二葉《ふたば》亭《てい》四《し》迷《めい》

❖学習の視点

1　言文一致の文章とはどのような文章かを読み取ろう。
2　筆者が言文一致の文章を書くにあたって、どのようなことに気をつけたか、また、言文一致の文章が最初に書かれた状況はどうだったのかを知り、今使われている文章の特徴と役割について考えよう。

❖筆者解説

二葉亭四迷（ふたば・ていしめい）　小説家・翻訳家。一八六四（元治元）年、東京（江戸）生まれ。東京外国語学校でロシア語を学ぶ。『浮雲』執筆後、内閣官報局に入る。一八九九年年に東京外国語学校教授に就任する。その後、ロシアに渡るなどした後、朝日新聞社に入社。『其面影《そのおもかげ》』を「東京朝日新聞」に連載し、文壇に復活した。一九〇九（明治四二）年、死去。

❖出典解説

この文章は「二葉亭四迷全集」第四巻（一九八五年・筑摩書房）に収められており、本文は同書によった。

❖語句・表現の解説

二〇八ページ

言文一致　教科書二〇六ページを参照。
懺悔《ざんげ》　神や他人などに自分の犯した罪に対する許しをこうこと。
よっぽど前のことだ　余程前のことだ。とても前のことだ。
かいもく　下に否定形が続き、「まったく……でない」の意。
仰せのままに　おっしゃられた通りに。「言われるままに」の敬語。
なまじっか　中途半端なまま。

二〇九ページ

不服　不満。不満に思うこと。

素養　身につけた能力や知識。

俗になる　一般的になる。下品になる。俗っぽくなる。

突拍子もねえことを言やあがる　とんでもないことを言ってやがる。

自分の規則　自分が決めたルール。

国民語の資格を得ていない漢語は使わない　一般の国民が普通に使って意味の通じない漢語は使わない。

二一〇ページ

磊落《らいらく》　快活で、こだわりのない性格。

「侍《はべ》る」的のものは、すでに一生涯の役目を終わったものである　「侍る」のようなことばは、すでに古いことばになって、一般には使われる役目が終わったことばである。

私意　自分一人の意見。

かぼちゃ畑に落っこちた凧《たこ》じゃあるめえし、乙《おつ》うひっからんだことを言いなさんな　かぼちゃ畑に凧が落ちると、凧糸がかぼちゃのツルにからんでしまう。そのような、妙にひっかかるようなことを言いなさんな、という意味。

……といったたぐいで　……といった種類で。

排斥　しりぞけること。

二一一ページ

ありふれた　一般的な。普通の。

無駄骨を折る　無駄な苦労をする。

坪内先生の主義に降参して、和文にも漢文にも留学中だよ　坪内先生の主義とは、「少し美文素を取り込め」をさす。美文を文章に入れようとして、和文や漢文を勉強しているところということ。

❖発問の解説

（二〇九ページ）

1 「行き方が全然反対であった」とあるが、どのような点が異なっていたのか。

解答例　山田美妙は、初め敬語なしの文末が「だ」調の文章を試みて書いていたが、うまくいかないので、「です」調の文章に決めた。自分は、初め文末が「です」調の文章を書こうと思ったが、結局「だ」調の文章にした。ということで、まったく逆の経緯と結果になったという点。

2 「日本語の洗礼」とはどのようなことか。

解答例　日本のなかで人々に使われ、もまれて、一般的なことばとして受け入れられるということ。

❖構成・要旨

〈構成〉

本文は三段落に分けられる。

(1)（初め〜二〇九・10）**言文一致を書きはじめたそもそも**

自分がはじめて言文一致を書いたのは、坪内先生に相談して、円朝の落語《はなし》の通りに書いてみたらと言われたからだ。そして、敬語もないほうがいいと言われたので、そのように書きはじめた。しばらくすると山田美妙君が言文一致の文章を発表したが、「です」調だった。自分は「だ」調にした。

(2)（二〇九・11～二一〇・15）日本語の洗礼を受けたことばを使う

自分の文章は俗っぽいところがあり、坪内先生や徳富さんはもう少し上品な文章にしたほうがよいと言う。しかし、自分の規則は、日本語として使われていない漢語は使わない。今のことばを使って書くことだ。参考としたのは、式亭三馬の作中の深川言葉である。

(3)（二一〇・16～終わり）今書いている文章

坪内先生からは美文素を取り込めと言われたが、逆にそれを排斥しようと努めた。ありふれた言葉をエラボレートしようとしたが不成功に終わった。今は、坪内先生の主義に従い、和文や漢文を学んでいる途中だ。

〈要旨〉

はじめて言文一致を書いたのは、坪内先生に円朝の落語の通りに書いてみたらと言われたからだ。また、文章を「だ」調にした。自分の規則は、日本語として使われていない漢語は使わず、今のことばを使って書くことだ。坪内先生からは美文素を取り込めと言われたが、逆にそれを排斥しようと努めた。ありふれたことばをエラボレートしようとしたが不成功に終わり、今は、坪内先生の主義に従い、和文や漢文を学んでいる。

❖理解・表現の解説

〈理解〉

(1) なぜ「馬鹿な苦しみ」（二一〇・7）なのか。わかりやすく説明しなさい。

解答例　まだ日本語として一般化していない漢語や、日本語でもすでに古語として、現在では使われていないことばを使わないようにする。また、今のことばを使って、自然にそれが発達し、花が咲き、実を結ぶのを待つということをしたが、それは困難で、しかも自身でコントロールできるものではなく、賢いやり方でもなかったので、後から考えると「馬鹿な苦しみ」だったと思っているということ。

(2)「坪内先生の主義」（二一一・4）とはどのようなものか。

解答例　円朝の落語のように書いて、敬語のないほうがいい。また、少し上品でなくてはいけない、美文素を取り込めというもの。自分は、円朝の落語のように書き、敬語のないほうを選んだが、上品でなくてはいけないということと、美文素を取り込めということには従わなかった。その代わりにありふれた言葉を洗練させて使おうとしたが、不成功に終わると考えている。

〈表現〉

(1)「余が言文一致の由来」の文体的な特徴について話し合って

みよう。

解説　この文章で、言文一致の文章について提示されている課題は、敬語のあるなし、俗語を使うか、上品な文章にするか、日本語として使われていない漢語を使うか、すでに使われていない古語を使うか、美文素を取り込むか、という点である。

それぞれについて考えると、まず「だ」調の文章で、敬語を使ってはいない。俗語も使っている。日本語として使われていない漢語は使っていない。すでに使われていない古語も使っていない。美文素は取り込んでいない。以上のようなことに加えて、ユーモアのある文章でもある。そのような特徴を押さえて話し合ってみよう。

(2)　坪内逍遙・三遊亭円朝・山田美妙・二葉亭四迷について調べてみよう。

解説　二葉亭四迷については、「筆者解説」参照。坪内逍遙については記念館があるので、そこに行く機会があれば資料を見られる。また、ネットで調べる場合は、「コトバンク」などの、原典がはっきりしたもので調べる必要がある。また、複数の資料で調べて同じ情報が出てきたとしても、それぞれの資料の元の情報が一つということもあるので、注意が必要である。調べ物をするときには、できるだけ元のデータがしっかりしたもの、また印刷されているものを情報源として取り入れるようにしよう。

第14章　想像力がひらく世界

羅生門《らしょうもん》

芥川龍之介《あくたがわりゅうのすけ》

❖学習の視点

1　小説に描かれた情景、登場人物の心理とその動きを読み取る。
2　場面の展開、転換に注意してあらすじを読み取る。
3　効果的な語句、表現の巧みさ・比喩を味わいながら読む。
4　作者の訴えたかったことは何か（主題）を考えながら読み、短編小説の構成の特色、おもしろさを学ぶ。

❖作者解説

芥川龍之介（あくたがわ・りゅうのすけ）　小説家。一八九二（明治二五）年、東京都に生まれる。生後早く親戚《しんせき》の芥川家に預けられ、のちその養子となるなど、家庭環境は複雑であった。東京大学英文学科卒業。学生時代から創作を志し、在学中の一九一四年、久米正雄《くめまさお》、豊島与志雄《とよしまよしお》、菊池《きくち》寛《ひろし（かん）》らとともに雑誌第三次「新思潮」の創刊に参加し、柳生隆之介の筆名で小説や戯曲を発表した。一九一六年、第四次「新思潮」に発表した『鼻』は夏目漱石《なつめそうせき》に激賞されて出世作となり、同時に漱石の門に入った。卒業後は海軍機関学校教官となり、かたわら次々と歴史小説を発表した。二年後職を辞して作家活動に入った。初期の歴史小説には『芋粥《いもがゆ》』『地獄変《じごくへん》』『奉教人の死』などがある。平安時代の説話やキリシタンの世界に取材したすぐれた短編である。その後しだいに現代小説に転じ、のちには「保吉《やすきち》物」とよばれる、作者の分身と思われる堀川保吉を主人公とする小説のほか、『大導寺《だいどうじ》信輔《しんすけ》の半生』『点鬼簿《てんきぼ》』『玄鶴《げんかく》山房』『河童《かっぱ》』などの現代小説を書いた。生活上、思想上の種々の原因により心身が傷つけられ、一九二七（昭和二）年、自殺した。遺書には死の原因を「何か僕の将来に対する唯《ただ》ぼんやりした不安」と書いている。その死は、当時の人々、特に知識人に大きな衝撃を与えた。

❖出典解説

一九一五（大正四）年一一月、雑誌「帝国文学」に発表された。本文は、「芥川龍之介全集」第一巻（一九九五年・岩波書店刊）によっている。

❖語句・表現の解説

二一四ページ

ある日の暮れ方のことである　「昔……ありけり」「今は昔」などの古い物語の出だしを踏まえたことば。小説の物語性を暗示させる巧みな書き出しである。

丹《に》塗り　赤や朱色で塗ること。「丹」は赤い色の土。染料に使われた。

市女笠《いちめがさ》　菅《すげ》で編み、漆《うるし》を塗った凸字形《とつじ》の笠。右図参照。

さびれ方　「さびれる」は、（景気が悪く）人が集まらない状態になること。対にぎわう。

一通りではない　普通ではない。ひどい状態。

箔《はく》　金属を紙のように薄く平たくのばした物。「金箔」「銀箔」など。

薪《たきぎ》の料《しろ》　薪の材料。「薪」は、木を割って燃料にするもの。

その始末《しまつ》　そういうありさま。「その」は、その前の「この二、三年……ということである。」をさす。

もとより……ない　改めて問題にするまでもない、の意。

顧《かえり》みる　気にかけて心を配る。

狐狸《こり》　きつねやたぬき。「狐狸が棲《す》む」は、荒れ果てた様子を表す表現。

日の目が見えなくなる　日暮れになる。

二一五ページ

その代わり　すぐ前を受けて「人間が足ぶみをしない代わり」の意。

胡麻《ごま》をまいたように　黒く、点々とちらばっている様子をたとえた。

啄《ついば》みにくる　「啄む」は、鳥がくちばしでつついて食べること。

刻限　時刻。

洗いざらした　何度も洗って色があせた。

襖《あお》　①武官が宮中で着る服。②あわせの着物。③狩衣《かりぎぬ》。ここでは③の意。

にきびを気にしながら　現代的に「にきび」を出すことによって、下人のイメージが生き生きしたものになる。あわせて、下人の年齢も察することができる。こういうところに作者の工夫を見ることができる。

二一六ページ

暇《ひま》を出された　クビになった。

衰微《すいび》　盛んであったものが衰えること。対繁栄。

余波《よは》　起こった事柄が周囲や後に及ぼす影響。

途方にくれていた　「途方にくれる」は、どうしていいか分からず、困るということ。用例 友人の家を訪ねようとしたが、道に迷って途方にくれてしまった。

空模様　天気。天候の具合。

差し当たり　今のところ。

どうにもならないことを、どうにかしようとして　都は完全に荒れ果て、主人には暇を出され、暮らしを立てる手段はないのだが、それを何とかしようとして。

とりとめもない考え　まとまりのない考え。「とりとめもない」は、まとまりのない、きちんと定まらないという意味。用例 眠れない夜は、とりとめもないことがあとからあとからと思い浮かぶ。

夕闇はしだいに空を低くして　夕闇がだんだん深くなっていく様子を「空を低く」と表現した。

門の屋根が……雲を支えている　重い薄暗い雲が、門の屋根のあたりまで低くたれこめている様子を表現した。

二一七ページ

築土《ついじ》　築泥《つきひじ》の転。柱を立て、板をしんとして、泥《どろ》で塗り固め、屋根をかわらでふいた垣根。

低徊《ていかい》　考えごとをしながら行ったり来たりすること。ここでは、いろいろに思いめぐらして考えが堂々めぐりすること。

逢着《ほうちゃく》　出くわすこと。用例 いろいろ検討した結果、ようやく一つの解決案に逢着した。

「すれば」は、いつまでたっても、結局「すれば」であった　前にある「選ばないとすれば」の「すれば」（仮定形）を名詞として、下人の心の動きを説明している。説明はそのあとにある。つまり、手段を「選ばないとすれば」→「盗人になるよりほかにしかたがない。」のだが、はっきり心が決まらないのである。

かたをつける　落ちつくところに落ちつかせる。用例 借金のかたをつける。

大儀《たいぎ》そうに　めんどうくさそうに。何をするのも嫌そうに。

火桶《ひおけ》　木製の丸火ばち。桐《きり》の木などをくり抜いて作り、内側を真《しん》鍮《ちゅう》で張る。

目につく　見える。用例 お客さんが来るので、目につく場所を急いで掃除した。

二一八ページ

一人の男　下人をさす。客観的に描写することで、場面がここで転換する感じを出すためにこういう表現をしたのである。

息を殺しながら　「息を殺す」は、息をしないようにじっとしている様子。用例 獲物をねらうように、息を殺して物陰に潜んで待った。

高《たか》をくくっていた　「高をくくる」は、たいしたことはないと思って軽く見る。用例 試合に負けたのは、相手チームが弱いと高をくくっていたからだ。

ただの者ではない　普通の人間ではない。盗み・引剝ぎなどをするような人間であろう、という意。

やもり トカゲに似て、からだが平たく、灰色の爬虫《はちゅう》類。夜、出てきて壁などをはいまわり、小さな虫を食う。

無造作《むぞうさ》に 気軽に。簡単に。ここでは、屍骸《しがい》がいくつも、ごろごろとほうり出すように置かれている様子。

おぼろげながら ぼんやりとではあるが。

二一九ページ

腐乱《ふらん》 （生物の）からだが腐ってくずれること。用例 腐乱死体。

ある強い感情が、ほとんどことごとくこの男の嗅覚《きゅうかく》を奪ってしまった そこにたちこめている屍骸の臭気を忘れさせるほどの「ある強い感情」だったのだが、それは、異常な情景に接したからである。それを先に説明せず、いきなり「ある強い感情」と表現して、読者の興味を次にひきつける効果をあげている。

好奇心《こうきしん》 珍しいことに強く興味をひかれる心。

暫時《ざんじ》 しばらく。

旧記の記者の語を借りれば、「頭身の毛も太る」 『今昔《こんじゃく》物語集』に「頭《カシラ》ノ毛太リテ怖シキニ」とある。「頭身の毛も太る」は、毛穴が大きくなる――恐怖のために髪が逆立つような感じを言う。「身の毛がよだつ」と同じ意。

手に従って抜ける 老婆が手を動かすにつれて、自然に抜ける。

憎悪 たいへん憎むこと。強く憎み嫌うこと。

二二〇ページ

語弊《ごへい》 言い方が適切でないために起こる誤解のこと。「語弊がある」という形で使われる場合が多い。用例 こういう言い方をしては語弊があるかもしれないが、彼はよく考えずに話をするくせがある。

あらゆる悪に対する反感 老婆の「悪」の行為を見ているうちに、それを通して老婆への憎悪→すべての「悪」を憎む、というように気持ちが動いてきたのである。ここでは、下人は「善」の立場に立っている。

未練《みれん》 あきらめられないこと。思い切れないこと。

それほど 2行目～「この時、誰かが……飢え死にを選んだことであろう。」をさす。

合理的 道理・論理に合っている様子。対 非合理的。

合理的には、それを善悪のいずれに片づけてよいか知らなかった 老婆の行為の理由が分からないから、善いことか悪いことかを決めかねる、という意。

この雨の夜に、この羅生門の上で、死人の……許すべからざる悪であった 老婆の行為から、あらゆる「悪」を憎むほどの感情をもった下人にとって、「死人の髪の毛を抜く」ことは「悪」と感じられたが、その上に、「この雨の夜に、この羅生門の上で、」という条件が加わっている。ここには、前に述べている雨の夜の羅生門の雰囲気、あてもなく雨宿りしている下人のやりきれない気持ちが投影しているのである。こういう条件が加わって、どういう理由があろうとも、「それだけで既に許すべからざる悪」になったのである。

とうに忘れて　すっかり忘れて。「とうに」は、早くに、前にという意味。用例 姉は、バレリーナになる夢をとうにあきらめてしまっている。

そこで（12行目）「この男の悪を憎む心は、……燃え上がり出していた」「この雨の夜に、……許すべからざる悪であった。」を受けて、行動を起こすことを示す。

おのれ　怒った時に発する「おまえ」の意味のことば。用例 おのれ、憎いやつ。

慌《あわ》てふためく　あわてて、何をどうしたらよいか分からない様子。用例 朝寝坊をした弟は、慌てふためいて家を飛び出していった。

二二二ページ

勝敗は、はじめから、わかっている　下人は若い男だから、当然老婆より力があるので、勝つことは初めから分かっている。

これだぞよ　「これ」というのは、下人の次の動作で説明されている。つまり「いきなり、太刀の鞘《さや》を払って、白い鋼の色を、その目の前へつきつけた。」という動作で、「殺すぞ」という意。

肩で息を切る　肩を上げ下げして苦しそうに息をしながら。驚きと恐ろしさのために息がつまった様子を表す。「息を切る」は、息切れすること。用例 珍しい虫を発見した弟は、息を切らして野原から駆け戻った。

全然　まったく。「全然」は下に打消の語を伴う場合もあるが、この場合は単に強調している。

成就《じょうじゅ》　望んでいたことが実現すること。

安らかな得意と満足とがあるばかりである　老婆の生死が完全に自分の手に握られている、という意識が憎悪を消してしまい、優位に立っているものの得意と満足が生まれてきたのである。

声をやわらげる　穏やかな声になる。用例 姉は妹の心配を察して、声をやわらげて妹をなぐさめた。

今《いま》し方《がた》　ほんの少し前。用例 今し方訪ねてきたのは、近くの吉田さんですか。

縄をかける　（犯人を）つかまえる。用例 泥棒に縄をかける。

二二三ページ

肉食鳥《にくしょくちょう》　動物の肉を食べる鳥。ワシやタカなど、目の鋭い、強い鳥のイメージ。

喉仏《のどぼとけ》　のどに突き出している骨。裏側に声帯がある。

鴉《からす》の啼くような声　しわがれた、にごった声。

存外《ぞんがい》　思ったよりも。類 案外。

平凡なのに失望した　死人の髪の毛を抜く老婆の行為は異常であるので、それを「悪」と見なした下人は、もっと異常な答えを想像していたのに、思ったより現実的なので失望したのである。

冷ややかな侮蔑《ぶべつ》　「侮蔑」は、あなどりさげすむこと。答えが平凡なものであったがために、一種のばかばかしさを感じ、それが「侮蔑」になったものであろう。

蟇《ひき》のつぶやくような声　「蟇」はひきがえるのこと。醜悪なもののたとえに使われる。ひきがえるがぶつぶつ言うような、はっきりしない不愉快な感じを与える声。

口ごもりながら　「口ごもる」は、口の中にこもったはっきりしない言い方を言う。

なんぼう悪いこと　どれほど悪いこと。

されば　だから。

二二三ページ

じゃて　～だから。それだから。

大目《おおめ》に見てくれるであろ　あまりとがめずに許してくれるだろう。「大目に見る」は、少しぐらい欠点があっても寛大に扱うこと。用例 まだ経験が浅いので、失敗も大目に見てほしい。

冷然　ひややかに物事に対する様子。

さっき門の下で、この男には欠けていた勇気　教科書二一七ページ6行目の、「『盗人になるよりほかに仕方がない。』ということを、積極的に肯定するだけの、勇気」をさす。

この老婆を捕らえた時の勇気　教科書二二〇ページ9行目の「この雨の夜に、この羅生門の上で、死人の髪の毛を抜くということが、それだけで既に許すべからざる悪」と感じて老婆をおどかした時の勇気をさす。

全然、反対な方向に動こうとする勇気　「さっき門の下で、この男には欠けていた勇気」をさす。つまり、盗人になることを積極的に肯定し、すすんで悪を行おうとする勇気のこと。この勇気は、老婆の「悪」を摘発しようとした勇気とは、全然、反対な方向にはたらく勇気だというのである。

意識の外に追い出されていた　意識の中から全く消えていた。

きっと　まちがいなく。

嘲《あざけ》る　相手をばかにするような言動を見せる。

念を押す　もう一度、確かめる。用例 駅に着いたら連絡するようにと、弟は叔母から念を押されていた。

襟上《えりがみ》をつかみながら　「襟上」は、襟もと。ここをつかむというのは、強者の弱者に対するおどしの行為である。

噛みつくように　食ってかかるように。激しく脅すように。

恨《うら》むまいな　恨まないだろうな。

おれもそうしなければ、飢《う》え死にをする体なのだ　教科書二二二ページ17行目の「これとてもやはりせねば、飢え死にをするじゃて、仕方がなくすることじゃわいの。じゃて、その仕方がないことを、よく知っていたこの女は、おおかたわしのすることも大目に見てくれるであろ。」という老婆のことばを逆手にとって、そのまま老婆に同じ論理をぶつけたのである。

二二四ページ

夜の底　はしごの下が真っ暗なことを示す。「地上」を「夜の底」と表現することで、深い闇《やみ》がいっそう鮮やかに印象づけられている。

黒洞々《こくとうとう》たる夜　ほら穴のような暗黒の夜。

下人の行方は、誰も知らない　突き放した表現で終わっているのだが、かえって作品全体に余韻をもたせる効果をあげている。

❖発問の解説

1 「この局所」とはどのようなことか。
（二一七ページ）

解答例 「手段を選ばないとすれば」ということ。この後には「盗人になるよりほかに仕方がない。」が来るが、まだそれを肯定する勇気が出ないでいる。

2 「ただの者ではない」とあるが、どのような者と考えられるか。
（二一八ページ）

解答例 普通の者ではなく、盗みや引剝ぎなどをするような者。

3 「ある強い感情」とはどのような感情か。
（二一九ページ）

解答例 老婆と、その老婆がしていることを見て感じた驚きや恐怖、好奇心。

4 「安らかな得意と満足」があるのはなぜか。
（二二一ページ）

解答例 老婆の生死を自分の手に握ったことにより、憎悪が消えて、完全に自分が優位に立ったことを意識したから。

5 「失望した」のはなぜか。
（二二二ページ）

解答例 羅生門の上で死人の髪を抜くという異常なことをしているのを見て、それに見合う異常なわけがあるのだろうと身構えていたのに、老婆も自分と同じ、食いっぱぐれて困ったあげく、かつらを作ろうとしていたという、ごくありきたりの理由だったから。また、老婆をねじ倒した自分の「善行」の意味が薄まったと感じたから。

6 「ある勇気」とは何か。
（二二三ページ）

解答例 生きていくために盗人になることを積極的に肯定し、すすんで悪を行おうとする勇気。

7 「夜の底へかけ下りた」という表現は、どのような効果をあげているか。
（二二四ページ）

解答例 下人が別の次元に入っていくような感覚をもたせている。また、門の下の世界も、闇の広がる暗い世界であり、そこで生きていく下人の今後も暗示しているという印象を与えている。

❖構成・主題

〈構成〉

羅生門という背景と下人の動きを中心にして、大きく四つの部分に分ける。

(1)（初め～二一七・17）**羅生門の下で**

荒れ果ててさびれた都の羅生門の下で、雨宿りしていた下人が、職もなく途方にくれ、門の上で一夜を明かそうと思い立つ。

(2)　楼の上に老婆がいて、死人の髪の毛を抜いているのを見て、下人は老婆に激しく憎悪をいだく。(二一八・1〜二二〇・11)　羅生門の梯子の上で

①(二一八・1〜二一九・6)　はしごを上った下人は、火が動くのを見てさらに上ると、楼の内に屍骸《しがい》が幾つか捨ててあった。

②(二一九・7〜二二〇・11)　屍骸の上にうずくまって、老婆が死人の髪の毛を抜いているのを見て、下人の心に激しく憎悪がわいてきた。

(3)　(二二〇・12〜二二四・4)　羅生門の上で

下人は老婆をねじ倒して尋ねると、老婆は、死人の髪の毛を抜いてかつらにするのだと言い、これも生きるためにやむ得ないのだと言う。下人は老婆の話を聞いて進んで悪を行おうとする勇気をもち、老婆の着物をはぎ取って逃げる。

(4)　(二二四・5〜終わり)　結末

老婆は体を起こし、門の下をのぞくが、黒い夜があるばかり。下人の行方は分からない。

〈主題〉

主題はいろいろに考えられる。幾つか挙げてみよう。

①下人の心理の移り変わりを通して、生きるためにもたざるをえない人間のエゴイズムを描いている。

②人間が本質的にもっている善と悪のからみ合う矛盾した姿をとらえている。

③生きるためには、モラルなどは通用しない。極限においてはエゴイズムしかないという人間への絶望感。

①、②、③ともこの作品の一つの面をついてはいるが、作者が描きたかったものは、このように明快に割りきれるだろうか。そこで、「羅生門」という題名について考えてみよう。発端から結末まで、さびれた都の一角、雨の夜の羅生門が、この作品の中心にすえられていることに気がつくだろう。雨宿りする下人、死人の髪の毛を抜く老婆、いずれも、絵にしてみれば、画面の中心を占める羅生門の下に、あるいは中に、小さく描かれた点景人物と言えないだろうか。したがって、下人と老婆のぶつかり合いも、つまり人間の善も悪もエゴイズムも、この絵を完成させる小道具としての小さなドラマにすぎないのではなかろうか。少なくとも、作者の目は、登場人物のどちらにも傾いてはいないのである。

こう考えてくると、荒れ果て、さびれた都の雨の夜の羅生門——転がった死体をめぐって下人と老婆の間に展開されるドラマをものみこんでしまう——のかもし出す王朝的な、ある異常な雰囲気が、作者の描こうとしたものとも考えられる。

文学作品の主題は、このように、いろいろな観点から考えることができる。ただ一つながりのことばを組み立てるのでなく、作品の内部、作者の姿勢などをよく考えよう。

❖理解・表現の解説

〈理解〉

(1) **次の項目を整理し、物語の設定を確認しなさい。**

ⓐ時代・季節・時間帯。 ⓑ「下人」「老婆」の境遇。

ⓒ舞台となっている場所。

解答例 ⓐ平安時代末期・晩秋・暮れ方から夜。

ⓑ「下人」…若い男性。四、五日前に主人に暇を出されて、帰る家がない。盗人にならなければ、飢え死にするばかり。

「老婆」…死人の髪の毛でかつらをつくらなければ、飢え死にするところまで追い詰められている。

ⓒ京都にある平安京の正門である羅生門。

(2) **全体を四つの場面に分け、「下人」の心理の移り変わりを整理しなさい。**

解答例 四つの場面については、〈構成〉参照。下人の心理の移り変わりは、以下の通り。

第一の場面…飢え死にしないために手段を選ばず盗人になるしかないと考えているが、積極的に肯定するだけの勇気が出ないでいる。

第二の場面…死人の髪を抜く老婆を見て、六分の恐怖と四分の好奇心とに動かされて、しばらく呼吸をするのも忘れた。しかし、しだいに恐怖が少しずつ消えて、老婆に対するはげしい憎悪が動いて、あらゆる悪に対する反感が増し、ついには悪を憎む心が勢いよく燃え上がり出した。

第三の場面…老婆をねじ倒すと、憎悪の心は冷め、安らかな得意と満足を感じる。老婆が髪を抜く理由を聞いて、その平凡なのに失望する。続く老婆の言い訳を聞き、老婆を捕らえた時の勇気とは反対の方向の勇気が生まれる。飢え死にをするか盗人になるかに迷わず盗人になることを決め、実行する。

(3) **「老婆」の主張の要点を二つ挙げなさい。**

解答例 生きるためには悪いことをしてもよい。生きるために悪いことをしていた者になら、自分もその者に悪いことをしても許される。

(4) **「下人の行方は、誰も知らない。」(二二四・10)という結びにはどのような意味や効果があるか、説明しなさい。**

解答例 その後の下人の具体的な行動を書かず、突き放したような表現で終わることで、作品全体に余韻をもたせている。

〈表現〉

(1) **羅生門の下で雨やみを待っている「下人」は、洛中・洛外のどちらからやって来て、どちらへ行ったと考えられるか、発表してみよう。**

解答例 下人は、屋敷で働いていた者なので、洛中からやってきたと考えられる。また、老婆の着物を奪った後は、盗人になる決心をしているのだから、盗む物がある洛中に戻っていったと考えられる。

(2) **このあとの「下人」の行方と行動を想像して、続編のあらすじを二〇〇字以内で書いてみよう。**

解説　羅生門を下りた下人は、盗人になる勇気を得ているので、まずは何かを盗もうとするはずだ。けれども、作品の中で何度も心情が変化しているように、何か起こればまた盗人になるという決心も動くかもしれない。どのようなあらすじを考えるにしても、下人の心情と行動が読者に納得できるようなストーリーを考えることが重要である。

❖参考【『今昔物語集』】

『羅生門』は、『今昔物語集』の中の説話をもとにして書かれている。芥川龍之介は『今昔物語集』を素材として、ほかにも『鼻』『芋粥』などを書き、とくに『鼻』は、夏目漱石に激賞されて、龍之介の出世作となった作品である。

次に『羅生門』の典拠となった、教科書とは違うもう一つの話の全文を「新日本古典文学大系」から引用しておこう。

巻第三十一　大刀帯陣売魚嫗語《たちはきのぢんにうををうるおうなのこと》第三十一

今昔《いまはむかし》、三条ノ院ノ天皇ノ春宮《とうぐう》ニテ御《おはし》マシケル時ニ、大刀帯《たちはき》ノ陣《ちん》ニ常ニ来テ、魚《うを》売ル女有ケリ。大刀帯共《ども》此レヲ買《かは》セテ食フニ、味《あぢは》ヒノ美《うま》カリケレバ、此レヲ役《やく》ト持成《もてな》シテ、菜料《さいれう》ニ好ミケリ。干《ほし》タル魚ノ切ゝ《きれぎれ》ナルニテナム有ケル。

而《しか》ル間、八月許《ばかり》ニ、大刀帯共《ども》小《こ》鷹狩《たかがり》ニ北野ニ出テ遊《あそび》ケルニ、此ノ魚売ノ女出来《いでき》タリ。大刀帯共、女ノ顔ヲ見知《みしり》タレバ、「此奴《こやつ》ハ野ニハ何態為《なにわざす》ルニカ有ラム」ト思テ、馳寄《はせより》テ見レバ、女、大キヤカナル籮《したみ》ヲ持《もち》タリ。亦、楚《すはゑ》一筋ヲ捧《ささげ》テ持タリ。此ノ女、大刀帯共ヲ見テ、怪ク逃目《にげめ》ヲ仕《つか》ヒテ、只騒ギニ騒グ。大刀帯共ノ従者共寄テ、「女ノ持タル籮ニハ何ノ入《いり》タルゾ」ト見ムト為《す》ルニ、女惜《をし》ムデ不見《み》セヌヲ、怪《あやし》ガリテ引奪《ひきうばひ》テ見レバ、蛇《へみ》ヲ四寸許《ばかり》ニ切ツヽ入《いれ》タリ。奇異《あさまし》ク思テ、「此《こ》ハ何ノ料《れう》ゾ」ト問ヘドモ、女、更《さら》ニ答フル事無クテ、□テ立《た》テリ。早ウ、此奴《こやつ》ノシケル様《やう》ハ、楚ヲ以テ藪《やぶ》ヲ驚カシツヽ、這出《はひいづ》ル蛇ヲ打殺シテ切ツヽ、家ニ持行テ、塩ヲ付テ干《ほし》テ売ケル也ケリ。大刀帯共、其レヲ不知《しら》ズシテ、買《かは》セテ役《やく》ト食ケル也ケリ。

此レヲ思フニ、「蛇ハ、食ツル人悪《あし》」ト云フニ、何《な》ド蛇ノ不毒《どくせ》ヌ。然レバ、其ノ体慥《ていたしか》ニ無クテ、切ゝ《きれぎれ》ナラム魚売ラムヲバ、広量《くわうりやう》ニ買テ食ハム事ハ可止《とどむべ》シトナム、此レヲ聞ク人云繚《いひあつかひ》ケルトナム語リ伝ヘタルトヤ。

夢十夜

夏《なつ》目《め》漱《そう》石《せき》

❖学習の視点

1　ここに取り上げられた「第一夜」「第六夜」のそれぞれの主題を読み取ろう。また主題や細部の事物が、何かを比喩していたり、何らかの物事の象徴として描かれているものが多い。それぞれが何を比喩したり象徴したりしているのかを考えてみよう。

2　いずれも、「自分」の見た夢という設定なので、非現実的な事物が登場したり、時間軸が不安定であったりする。そのような書き方を味わってみよう。

3　時代が急速に変化する中で、その変化を受容するのか拒否するのか、苦悩する知識人としての漱石の姿を想像してみよう。一方で、人間としての理想や変化しないものは何かを考えてみよう。

❖筆者解説

夏目漱石（なつめ・そうせき）　小説家・英文学者。一八六七（慶応三）—一九一六（大正五）年。東京都の生まれ。生後まもなく里子に出され、続いて塩原家の養子になった。九歳のとき夏目家に戻ったが、肉親の愛に恵まれなかった幼児期の体験は内向型で非情な人間観を培い、後年の作品に大きく影響を与えることになった。当初は漢学を好んだが、大学予備門（現在の東京大学教養学部）に進む頃から英文学研究を生涯の仕事と考えるようになる。一八九〇年に帝国大学文科大学（東大文学部）英文科に入学。この頃正岡子規《まさおかしき》と親交を結び、俳句を教えられる。一八九五年には松山中学校の教師を務め、その体験は『坊《ぼ》っちゃん』（一九〇六年）に生かされる。一九〇〇年には文部省から英語研究を目的としてイギリス留学を命じられ、足かけ三年の英国生活を送った。しかし東洋の伝統的精神とヨーロッパ文学のパトス（情念）との矛盾に悩み、困難と不安を抱えていた。そのような暗鬱《あんうつ》な心情を解放する作品として、『吾輩は猫である』（一九〇六年）で文壇に登場し、現実の辛辣《しんらつ》な風刺と自在な語り口が多くの読者を得た。その後、非人情の生き方を描く『草枕』、自我と道義の対立を描く『虞美人草《ぐびじんそう》』などを発表。前期三部作と呼ばれる『三四郎』『それから』『門』では個の自立と我執の対立、近代人の孤独や倫理感に悩む生き方などを描き、『夢十夜』では当時の文明批判や人間性の謎を追求した。一九一〇年の「修善寺の大患」と言われる大病を経て、『彼岸過迄』『行人』『こゝろ』『道草』を発表して、時代とその中に生きる人間のエゴイズムを描き、当時隆盛していた自然主義文学に抗し、独自の文学世界を確立した。未完の『明暗』（一九一六年）では「則天去私」の心境の一端が語られる。十年ほどの作家生活であったが、東洋と西洋、愛とエゴイズム、自我の確立や孤独と不安などのテーマを描く作品は今も読みつがれている。

❖出典解説

『夢十夜』は、一九〇八年、「朝日新聞」に発表された作品で、本文は「漱石全集」第八巻（一九六六年・岩波書店刊）によった。

❖語句・表現の解説

〈第一夜〉

こんな夢を見た [二一七ページ] 全十話のうち、四話がこの書き出しで始められる。

輪郭の柔らかな瓜実顔《うりざねがお》 顔の輪郭がはっきりとしたものではなく、どことなくあいまいな感じをもたせる柔らかさがあるということ。

その中に（2行目）長い髪の中に。

潤いのある目 適度な湿り気を帯びた目。

ねんごろに 心をこめて。親身に。[用例]遠方からの来客をねんごろにもてなす。

[二一八ページ]

見張ったまま 見開いたまま。

一心に 心を一つのことに集中して。[類]一途に。[用例]少しでも聞き逃してはいけないと、一心に耳を澄ませて聞いていた。

自分は黙って、顔を枕から離した 女の、死ぬと言っていることが信じられない気持ちが動作になって表れたもの。

どうしても死ぬのかなと思った これより前にも「これでも死ぬのかと思った」（二一七・10）とあり、ほぼ同様の意味。女の透き通るほど深く見える黒目、温かい血の色などの様子から、「到底死にそうには見えない」（二一七・4）という「自分」の気持ちを念押ししたものである。

大きな真珠貝で穴を掘って 「穴」は、遺骸を埋めるための墓穴。この部分から「夢」にふさわしい、非現実的で幻想的な記述が開始される。「第一夜」全体を通じて、女やその死を美化するものとして「真珠貝」「星の破片」「赤い日」「百合」などが登場する。

墓標《はかじるし》 遺骸を埋葬している場所に目印として立てる、木や石のこと。

百年待っていてください　女が「自分」の愛の深さを確かようとする意図を含んだ発言。転生（死んだものが生まれ変わること）するためには百年が必要だという女の思いも込められる。なお転生しても、再び人間に生まれるとは限らない。

二二九ページ

長いまつ毛の間から涙が頬へ垂れた　百年後に女が会いに来るとき、「ぽたりと露が落ち」（二三〇・6）ることの伏線。この「涙」が百年後には「露」になったと言える。

かろく土の上へ乗せた　「かろく」は「かるく」のこと。

星の破片は丸かった　星の破片に女のイメージを込めている。

腕組みをして　ここでは、女が会いに来るのを苔の上に座りながら百年待とうという強い意志が表れたもの。なおこれ以前にも「腕組み」の記述が使われるが、いずれも女が死ぬということに対する疑いの気持ちを表している。

丸い墓石　拾ってきた星の破片を墓石にしたので丸い。

やがて西へ落ちた　長い百年の最初の一日が経過したことを表す。

勘定　数を数えること。

二三〇ページ

しまいには　ついには。類 とうとう。

自分は女にだまされたのではなかろうかと思い出した　勘定しつくせないほどの回数を、赤い日が頭上を通り越していっても百年は来ず、女の姿も見えないことに対する「自分」のあせりの気持ちを表す。

斜《はす》に　水平や垂直でなく、傾いて。ななめに。

青い茎　まだ完全に成長していない植物の茎。ここでは百合の茎。

すらりと揺らぐ茎　「自分の胸のあたり」まで長く伸びて、百合の茎が風に揺れている様子。

頂　茎の先端。

心持ち　程度がごくわずかであるさま。類 少し。用例 心持ち右に寄ってください。

鼻の先で骨にこたえるほど匂った　百合の花の匂いがひじょうに強いことを誇張する表現。百年待った「自分」に対して、女が強く応えようとしていることを暗示する。

遥かの上から　「遥かな上から」と同意。漱石の作品を初め、この時代の文章では、形容動詞の語幹に格助詞の「の」を続けて連体修飾格にすることがしばしば見られる。

暁の星　金星のこと。暁は夜明け前の時刻。金星は「宵の明星」「明けの明星」とも呼ばれる。

〈第六夜〉

二三一ページ

散歩ながら　散歩のついでに。

下馬評　第三者が興味本位にするうわさや批評。主人が馬から下りて用件をしている間、供の者たちがうわさ話に花を咲かせたことが語源。

甍《いらか》　屋根の頂上の部分。

松の緑と朱塗りの門が互いに映り合ってみごとに見える　伝統的な日本の文化や風景への肯定的評価。

目障り　物を見るとき、じゃまになるもの。また、見て不快な気持ちになるもの。用例 大きな建物が目障りで海岸の風景がよく見えない。

古風　昔の様式ややり方。ここでは山門や松が昔の配置のしかたであること。対 今風。現代風。

鎌倉時代とも思われる　夢にあらわれている場面が、山門の風景や、登場する人物が運慶《うんけい》であることから、鎌倉時代らしいと推定している。

ところが見ているものは……明治の人間である　鎌倉時代らしいという前記の推定をくつがえして、実際は現代（＝明治時代）の出来事であることを読者に明らかにする。

車夫が一番多い　車夫は人力車を引く男のことで、集まった人々は一般的な庶民が多いことを表す。

退屈だから立っている　特に運慶や仁王像、つまり伝統的日本文化に積極的な関心があるわけではないことを表す。

……に相違ない　まちがいがない。確かである。用例 彼が壊したに相違ない。

人間を拵《こしら》えるより　人間の等身大の彫刻を作るより。

よっぽど　よほど。かなり。

今でも仁王を彫るのかね　現在（＝明治時代）でも伝統的な仁王を彫る人がいることに感心する発言。

二三二ページ

帽子をかぶらずにいた　当時は帽子をかぶることが男子のエチケットとされていた。尻をはしょっていることと合わせて、当時の小市民の典型的な身なり。

委細頓着《とんじゃく》なく　まったく気にもかけずに。「委細」だけでは、こまごまとした事情のこと。類 委細かまわず。

いっこう……ない　まったく……ない。すこしも……ない。用例 彼女は、自分の服装などいっこうに気にするそぶりもない。

見物人とはまるで釣り合いが取れない　運慶の姿は鎌倉時代のものであり、見物人は明治時代なので、服装だけをとっても対照的であることをさす。

今時分まで　この時代になるまで。「どうして今時分まで運慶が生きているのかなと思った」とあるが、この疑問は最後の場面で明らかにされる。

奇態　普通とは違っていること。【類】奇異。

とんと……ない　いっこうに……ない。少しも……ない。【用例】彼は最近とんと姿を見せないが元気だろうか。

感じ得ない　感じることがない。

眼中に……ない　気にかけない。なんとも思わない。【用例】彼は絵を描きはじめると、家族のことも、食事さえも眼中になくなる。

二三三ページ

天晴《あっぱ》れ　りっぱである。

自分はこの言葉を面白いと思った　大勢の見物人のうち、運慶を賞賛する発言をするのはこの「若い男」が初めてであり、興味をもった。

すかさず　間を置かず、すぐに。【類】即座に。

太い眉　仁王の眉のこと。

……や否や　……とすぐに。……瞬間に。【用例】わたしの話を聞くや否や、兄は駆け出して見えなくなった。

小鼻　鼻の下部の左右に開いた部分。【用例】小鼻をうごめかす。（＝得意そうな表情をすること。）

怒り鼻　小鼻が横に広がっている形の鼻。

いかにも無遠慮であった　周囲に何の気がねもなく、自分勝手にふるまう様子を表す。

疑念をさしはさむ　疑いの気持ちをもつ。【用例】今回の体操競技の採点には疑念をさしはさむ余地はない。

無造作　特別な技巧を凝らさないこと。「無雑作」と書くこともある。

思い出した　思いはじめた。「〜出す」は、ここでは「〜しはじめる」。

はたして……なら　ほんとうにその通りであるとすれば。【用例】はたして君の言う通りなら、もうすぐ事件が解決できるはずだ。

せんだっての　先ごろの。

二三四ページ

手頃な奴《やつ》が　ちょうどよい大きさの樫《かし》の木が。「奴」は、形式名詞「もの・こと」をくだけて表現したり、ぞんざいに言うことば。

不幸にして　運悪く。

仁王は見当たらなかった　若い男が言っていたように、木の中に仁王が埋まっているということはなかった。

仁王を蔵《かく》している　若い男が言うように、その木の中に仁王像を埋めている。

運慶が今日まで生きている理由もほぼ分かった　明治の木では（明治の人間では）仁王を掘り出すことはできないので、鎌倉時代の運慶の存在価値が今も続いていることが分かったということ。

❖発問の解説

1 （二二八ページ）

「そこ」とは何をさすか。

解答例　女の瞳の中。

2 「黒い瞳のなかに鮮やかに見えた自分の姿が、ぼうっと崩れて来た」とは、どのようなことか。

解答例　女の目に涙があふれたために、そこに写っていた自分の姿が崩れたということ。

3 （二三〇ページ）

「苔の生えた丸い石」とは、どのようなことを表しているか。

解答例　女が死んだとき、丸い星の破片を拾って墓石にしたが、そこで女を待ちながら座り続けているうちに、その墓石が苔むすほどの数えきれない長い年月が経過していたことを表している。

4 （二三三ページ）

「厚い木屑が槌の声に応じて飛んだ」とは、どのようなことか。

解答例　運慶の槌を振り降ろす力がひじょうに強く、厚い木もいっきに削り取ったということ。

5 「そんなもの」とは、どのようなことか。

解答例　彫刻とは、槌と鑿で作るものではなく、木や石の中に埋まっているものを掘り出す作業であるということ。

❖構成・主題

〈構成〉

第一夜

枕元に寝ている女が「百年待っていてくれ」と言い残して死ぬ。「自分」は女が望んだ通り、真珠貝で墓穴を掘り、星の破《か》片《け》を墓標《はかじるし》にして、その女の墓の横に座って百年が経つのを待ち始めた。赤い日が東から昇り、西へ沈むのを何度も見る。そのうちに女にだまされたのではないかと疑い始める。しかし、その自分の前に、一輪の真白な百合《ゆり》が伸び、遠くの空には暁の星が瞬く。いつの間にか百年が過ぎていたのだと思った。

第六夜

運慶《うんけい》が仁王《におう》像を彫っている。大勢の見物人が勝手なことを言いながらそれを取り巻いて見ている。その中の若い男が「運慶は、木の中に埋まっている仁王を掘り出しているだけだ」と言うのを聞く。すると自分でも仁王像を彫ってみたくなり、家にあった樫《かし》の木を片っ端から彫り始めるが仁王は出てこない。やはり明治の木には仁王は埋まっていないのだと悟り、今日まで運慶が生きている理由も分かった。

〈主題〉

第一夜…死ぬ女は男（自分）との永遠の愛を信じ、百年待つようにと言う。男はそれに応えて女が転生するのをひたすら待ち続ける。女は百合に転生して男と再会する。愛し合う男女の姿を幻想的に描く。

第六夜…鎌倉時代の伝統的文化の象徴である仁王像が運慶によって彫られている。明治の人間である自分もそれを彫ろうと思うがうまくいかない。すでに伝統的な力強い日本文化は失われてしまったことを痛感する。

❖理解・表現の解説

〈理解〉

(1) 「第一夜」の色彩表現にはどのような効果があるか、説明しなさい。

解答例　第一夜〈色彩表現〉

①女が死ぬ場面　黒…女の髪やぱっちりと開かれた目。白…女の頰。赤…女の唇。

②女の墓を掘る場面　真珠貝、その貝の裏に差す月の光、柔らかい土の色、星の破片。

③墓のそばで待つ場面　緑…墓のそばの苔。丸い墓石に生える苔。赤…女が予言した通りの太陽。

④転生した女と再会する場面　緑…座り続ける「自分」の目の前に伸びてきた茎。白…百合の花びら。黄金…遠い空で瞬く暁の星。

〈効果〉

①死ぬ前の女が現実の生命を持つ女であることを読者に意識させ、それが「自分」にとって愛すべき女でもあることを描く。

②女の墓は普通のものと異なり、幻想的で装飾性にあふれていることを描き、「夢の世界」に読者を引き込む。

③いずれも永遠性のあるものを描き、はかりしれない長い時間を意識させる。

④転生した女の清純さを表現し、「自分」と女との愛が一切の打算や雑念を排した、ひたむきで真実のものであることを描く。

(2) 「第一夜」には「腕組み」する「私」の姿が描かれているが(二二七・2、二二八・4、二二九・11)、どのような意味が表されているのか、説明しなさい。

解答例　前の二箇所では、「私」は傍観者的な立場から、死ぬのかどうか、成り行きを疑問を抱いて見守っている。最後の一箇所は、苔の上に座っていて、百年待とうという強い意志を表している。

(3) 「第一夜」で「『百年はもう来ていたんだな。』とこの時初めて気がついた。」(二三〇・12)とあるが、どのようなことによって気がついたのか、説明しなさい。

解答例　墓石の下から伸びた青い茎の頂に咲いた百合の花や、その花の上に遥かの上から露が落ちてきたこと、また遠い空に瞬く暁の星などに、転生した女の姿を認めたから。

(4) 「第六夜」の「見物人」(二三二・12)はどのような人たちか、説明しなさい。

解答例　車夫や、帽子もかぶらずにいる無教育な男に代表されるような、ごく一般の庶民。

解　説　彼らは運慶に特別に関心があるわけではなく、ただ「退屈だから立っている」だけである。そして、彫刻をしている運慶の心を動かすほどの発言は誰もすることがなく、ただありきたりの下馬評をしているにすぎない。つまり、日本が伝統的文化を持続できるかどうかという時期にあっても、ほとんどの日本人は、ただ茫然とその成り行きを見つめるだけの傍観者なのである。

(5)　「第六夜」の「ついに明治の木にはとうてい仁王は埋まっていないものだと悟った。」（二三四・5）とは、どのようなことか、説明しなさい。

解答例　鎌倉時代の運慶作の仁王像に代表されるような、質実で力強い伝統的な日本文化は、明治にはすっかり影をひそめて、ただ過去の遺物としてだけ存在し、もはやかつてのような力強さにあふれた日本文化を創造することはできなくなってしまったということ。

〈表現〉

(1)　『夢十夜』を参考に「夢の話」を八〇〇字以内で書いてみよう。

解答例　こんな夢を見た。高校生の自分は農家に生まれて、毎日田畑を耕す父母との三人暮らしだ。どうやら五歳年上の兄がいたらしいが、自分が生まれる前の年に病気で死んでしまったということだ。あどけない兄の写真が、床の間の祖父母の遺影に並べて掲げてある。ある夜、自分は虫歯が痛んで眠れなかった。父は黙々とわら仕事をしているし、母は梅干しにする大量の梅を選り分けている。百万粒以上はありそうだ。夜が更けているはずなのに外はぼんやりと明るい。そこへ一人の見知らぬ僧が現れた。僧は「何か食べさせてください、もう飢え死にしそうだ」と言う。いったいいつの時代の僧なのか、時代劇で見たシーンのようだが、優しい母は突然の訪問者に驚きながらも、梅干しにする梅を壺ごと僧に渡す。僧は、おそろしい速さで梅を食べはじめ、種も出さずに丸ごと飲み込んでいる。数万粒を食べたところで、「満足じゃ。これをお礼に」と言って、白く小さな頭巾をくれた。そして、この頭巾をかぶった人は一回だけどんな願いでもかなうと言うのだ。頭巾を置いて、僧は立ち去り、自分は頭巾をかぶって、虫歯が痛まないよう願うと、口中が梅干しに満たされた感じがして、痛みがぴたりと治る。一人一回だけとは残念で、もっと別のことを願えばよかったと後悔していると、頭巾をひったくった母が、兄の遺影をじっと見ながら何やらつぶやく。しばらくすると、表の方にかすかな足音がする。どことなく子どもっぽい足音だ。しだいに足音は近づき、今には戸を開けようとするとき、父は母から頭巾を奪って、またもや兄の遺影を見ながら急いで何やらわめく。すると、足音は少しずつ遠ざかる。ようやく外は深い闇に包まれ、何事もなく梅の香りだけが漂っている。足音の主を確かめようとしたが、戸を開けるのに手間どるうちに朝がきてしまった。父に、何を願ったのか、尋ねようとしたが、口の中に梅粒が数限りなく入り込んできて、言葉にならない。

❖参考

・『夢十夜』は「第一夜」から「第十夜」の十編からなる小説である。ほかの八編の要約を以下に挙げる。

第二夜…和尚《おしょう》から「侍《さむらい》でありながら無について悟っていない」と蔑まれた自分は、悟りを開いて和尚を斬るか、悟りを開けないまま切腹するか、どちらを選ぶかを自分に課して、悟りを開くために無についてひたすら考える。

第三夜…六歳になる自分の子どもを背負って、たんぼ道を歩いている。子どもは目が不自由で見えない。ところが、あぜ道を進んで行くと、子どもは周囲の様子やそのあたりにある物を次々に言い当て、自分は恐ろしくなって、子どもを放って逃げようかと思い始める。いつの間にか山道に変わり、そのうちに杉の木の前に着く。子どもが「おまえがこの杉の木の根元でおれを殺したのはちょうど百年前だ」と言う。自分はそのことに思い当たったが、そのとたんに背中の子どもは石地蔵のように重くなる。

第四夜…広い土間のまん中に台を据えて、ひげだけが白い爺さんが一人で酒を飲んでいる。おかみさんと要領を得ない会話をしていたが、そのうちに立ち上がり、柳の木の下まで来ると、持っていた手ぬぐいを蛇に変えるという。肩から下げた箱に手ぬぐいを入れ、やがて爺さんは川の中へ入って行くが、いっこうに蛇の姿は見えない。

第五夜…神代《かみよ》に近い昔の話である。自分は戦いに敗れて、敵の捕虜になった。大将の前に引き出されて、生きるか死ぬかを選べと問われて、死ぬと答えた。しかし、恋する女がいるので、その女に一目会うまで待ってくれと頼む。大将は、夜明けの鶏が鳴くまで待ってやろうと言う。女は、馬を駆って自分がいる陣を目ざすが、陣に着く寸前で鶏が鳴いた。そして女は岩に馬のひずめの跡を残して深い淵に沈んでしまった。鶏の鳴き真似をしたのはあまのじゃくだった。

第七夜…とにかく舟に乗っているのだが、乗っている理由がまったく分からない。また、この船がどこへ行くのだか分からない。不安になって水夫に聞くが、要領を得ない。異人に、「自分」には興味のない天文学や神のことを話しかけられたり、サローンでピアノを弾く女や唱歌を歌う男を見ているうちに、つまらなくなって死のうと思った自分は、甲板から海に飛び込む。しかしその瞬間に飛び込んだことを後悔するが、容易に海に着かないまま落ち続ける。

第八夜…床屋に入り、散髪をしてもらっている間、鏡に映るさまざまな人を見る。庄太郎は女を連れて通り（第十夜の伏線）、豆腐屋はラッパを吹く。顔色の悪い芸者や、白い着物の大きな男が通る。金魚売りや人力車や自転車が通る。人力車と自転車はぶつかったようだ。粟餅屋《あわもちや》が餅をつく音が聞こえるがその姿は見えない。女が十円札《さつ》をいつまでも数え続けるのが見えるが、振り返ると女はいない。床屋を出るといろいろな金魚が桶《おけ》に入っているが少しも動かない。

第九夜…世の中が何となくざわめき始めた。戦争が起きるのである。三歳の子と母がいた。父は、ある夜ひそかにいなくなってしまった。母は、夫の無事を祈って、毎夜、子どもを連れて八幡宮へお百度参りに行く。子どもを紐で縁に結んでおいて、自分は石段をのぼったり降りたりする。しかし、そのころ夫は浪士に殺されてしまっていた。

第十夜…パナマ帽をかぶった庄太郎は、水菓子屋（果物屋のこと）で買い物をした女が気に入り、重い荷物を持って女について行った。女は電車に乗り、その終点にある原の端の絶壁に庄太郎を連れて行き、ここから飛び降りろ、さもないと、豚《ぶた》に舐《な》められると言う。庄太郎はもともと豚が嫌いだが、命には代えられないので飛び降りないと言うと、一頭の豚が来る。庄太郎は、ステッキで豚の鼻をたたくと豚は崖《がけ》から落ちる。しかし次々と豚が来て、ついに七日をかけて数万の豚を崖から落とすが、力尽きて舐められてしまう。そして絶壁の上で倒れ、よれよれになって帰って来る。

待ち伏せ

ティム・オブライエン
村《む》上《かみ》春《はる》樹《き》訳

❖学習の視点

1　異常な状況に置かれた主人公の行動と心理の動きを読み取る。
2　作者の心情を読み取りながら、「戦争の話を書きつづけている理由」、ひいては戦争が人間に与える影響について考える。

❖作者解説

ティム・オブライエン　Tim O'Brien　アメリカの小説家。一九四六年、アメリカのミネソタ州オースティンの生まれ。一九六八年、マカレスターカレッジ政治学科を卒業後、一九六九年から一年間ベトナム戦争に従軍。一九七六年、『カチアートを追跡して』でオー・ヘンリー記念賞を受賞。同作品で一九七九年にナショナル・ブック・アワード賞を受賞。戦争を題材とした作品が多い。作品にはほかに『ニュークリア・エイジ』『レーモンド・カーヴァー』『僕が戦場で死んだら』などがある。

❖訳者解説

村上春樹（むらかみ・はるき）　小説家。一九四九（昭和二四）年、京都府の生まれ。『羊をめぐる冒険』（野間文芸新人賞）、『ノルウェイの森』（四三〇万部のベストセラー）、『ねじまき鳥クロニクル』（読売文学賞）などの話題作があるほか、アメリカ文学の翻訳も多数手がけている。

❖出典解説

従軍体験をもとに書かれた短編集 *The Things They Carried*（一九九〇年）に収められており、本文は『本当の戦争の話をしよう』（一九九八年・文藝春秋刊）によった。

❖語句・表現の解説

二三七ページ

私はそうするのが正しいと思うことをやった　事実はそうでなかったが、娘がまだその事実をきちんと受けとめられる年齢になっていないので、今は話さないことが正しいと思い、そのためにうそをついた。

またいつか娘が同じ質問をしてくれたらいいなと思う　前出の「私はそうするのが正しいと思うことをやった」を受けている。娘が成人してから同じ質問をしてくれたら、その時は、真実を話したいと思っている。

仮定　仮にこうだと決めること。用例 地震が起きたと仮定する。

それこそが私が戦争の話を書きつづけている理由　「それ」とは、人を殺したという経験。そのことがあって「書きつづけている」というのだ。二四二ページ15行目に再び「私はそれを整理し終えてはいない。」と出てくる。

二三八ページ

密生《みっせい》　草や木がすきまもないほど、ぎっしり生えていること。

警戒　悪い事が起きないように用心すること。類 警備。用例 年末には警戒を厳しくする。

ひとつひとつ細かい段階を踏むように　夜明けの細かい描写は、時間とともに「私」の意識がとぎすまされていくことを表している。また、「私」の心にその時の印象が強く刻まれていることが分かる。あたりが明るくなり、敵が鮮明に見えるようになった時、どんなことが起きるのだろう。その時の「私」はどんなことを考えているのか。「段階を踏む」とは、一つ一つ、順番に、ということ。用例 一挙に結論に飛びつかず、段階を踏んで理解することが大切だ。

二三九ページ

弾薬帯　弾丸とそれを発射するための火薬を帯状になったものにつけたもの。

猫背気味《ねこぜ》　背中を丸めている様子。

耳を澄ませている　聞こうと注意を集中する。

彼は何かしら朝霧の一部であるように見えた　朝立つ霧の中にいるように現実離れして見えた。

私自身のイマジネーションの一部であるみたいに　前出の「彼は何かしら朝霧の一部であるように見えた」を受け、より現実離れして見えることを強調している。「朝霧」は、朝、水滴が煙のように立ちこめる現象。対 夕霧。

私の胃の感触にははっきりとしたリアリティーがあった　前出の「イマジネーション」と反対の意味を持つ「リアリティー」。幻想のようにとらえながらも、実際には、現実として感じている私がいることも事実である。

二四〇ページ

腰を少し浮かせた　座った状態から腰を上げる状態。用例 名前を呼ばれたのは自分だと思い、腰を浮かして立ち上がろうとした。

条件反射《じょうけんはんしゃ》　生物が環境に適応するために後天的に獲得する反射。反射と無関係な刺激を同時に反復して与えることにより、その刺激（条件刺激）だけで反射が起こるようになる現象。

軍事的責務　兵士としての責任と義務。

考慮　考えをめぐらすこと。考え慮《おもんぱか》ること。類思慮。用例考慮に入れる。

二四一ページ

息を詰め　息をしないようにして、じっとしている。また、息もできず、じっとしている。この場合は、後者。類息を凝らす。用例重大な発表があるというので、息を詰めて見守った。

躊躇《ちゅうちょ》　決心がつかず、ぐずぐずすること。ためらうこと。用例躊躇せずに行動した。

警告　いましめ、告げること。注意をうながすこと。

爆《は》ぜる　はじけること。

ワイヤ　「ワイヤロープ」の略。針金をより合わせた綱。鋼索《こうさく》。

二四二ページ

潜《もぐ》りこんでいた　水中または物の下などに入り込むこと。

左目は星の形をした大きな穴になっていた　手榴弾のために左目がふっとばされた様子。

瀬戸際　安危、勝敗、生死の分かれるさしせまった場合。

どのみち死んだだろう　その時に死ななくてもいずれは死んだだろう。「私」が殺さなくても、誰かに殺されたはずだ。それを確認することによって、「私」のしたことの責任を減じ、また正当化しようとしている。「どのみち……だ」は、いずれにしろ……だ。用例私が行っても行かなくても、どのみち結果は変わらないのだ。

そんなのはどうでもいいことだった　どんな理由にしろ、「私」が「若者」を殺した事実は変わらないことではないか。事実を受け入れなければならない、という気持ち。

抽象的　具体性を欠くさま。ここでは、目の前に死体があるという現実に比べて、あいまいである、あるいは確実ではない、ということ。対具体的。用例抽象的な議論。

死体というひとつの事実　ここに「私」が殺した死体がある、というひとつの事実。「私」の、事実を直視しなければいけないという気持ちが表れている。

二四三ページ

かしいでいる　かたむく。用例舟がかしいだ。

❖発問の解説

1　（二四〇ページ）

「胃の中からこみあげてくるもの」とはどのようなものか。

解答例　おさえることができない恐怖感から起こった吐き気。

2　（二四一ページ）

「死のうとしている」とは、ここではどのようなことか。

解答例　自分が投げた手榴弾によって、次の瞬間には確実に死んでいるということ。

3　（二四二ページ）

「そんなのはどうでもいい」と思ったのはなぜか。

解答例　カイオワの説得のことばは、目の前に自分が殺した若者の死体があるという事実の前では、意味がない、少なくとも「私」には意味を持たなかったから。「私」は、ただただ一人の人間を殺したという事実に圧倒されていたのだ。

4 **「そのこと」とはどのようなことか。**

解答例　自分が戦場で若者を殺したこと。

❖構成・主題

〈構成〉

(1)（初め～二三七・13）「ベトナム戦争の話を書き続ける私」について

①（初め～二三七・10）私はベトナム戦争の話を書き続けている。娘のキャスリーンは、九歳のときに、人を殺したことがあるかと私に尋ねた。その時は否定したが、娘が成人したら、本当のことをすっかり話してしまいたいと思っている。

②（二三七・11～13）私は手榴弾を投げ、二十歳前後の若者を殺したことがある。それこそが、私が、ベトナム戦争の話を書き続けている理由である。

(2)（二三八・1～二四二・14）「戦争で私がしたこと」について

①（二三八・1～二四二・3）私は、ベトナムのミケ郊外で、待ち伏せをしていた。初めの五時間は何も起らなかった。夜明け、一人の若者が目の前に現れた。私は恐怖に襲われ、条件反射的に手榴弾を若者に向かって投げ、彼を殺してしまう。

②（二四二・4～14）それは生きるか死ぬかの瀬戸際ではなかった。そこには危険らしい危険はなかった。私はただぼんやりと死体を見つめ続ける。

(3)（二四二・15～終わり）「私にとってのベトナム戦争」について

私は今でもまだ、ベトナム戦争での自分の行為の意味を考え続けている。ふとした瞬間に若者の幻影が現れ、消えてゆくのを見ながら。

〈主題〉

私はかつて戦場で人を殺したことがある。その時の私は恐怖にとらわれていて、普通の状態ではなかった（戦争という極限状況）。そのため、条件反射的行動（兵士としての訓練による）により、一人の若者を殺してしまう。後になって思えば、その時の状況は生と死の瀬戸際ではなく、彼を殺す必要はなかった。

私は戦場から日常に戻ってもそのことを忘れることができず、彼の幻を見ることがある。私は自分の行為の意味を考え続け、一生そのことを背負って生きていくだろう。

❖理解・表現の解説

〈理解〉

(1)「朝霧の一部であるように見えた」（二三九・13）とはどのようなことか、説明しなさい。

解答例　夢の中の出来事のように現実感がなかったということ。

(2)「私は怖くてたまらなかった。」（二四〇・15）とあるが、何

が怖かったのか、説明しなさい。

解答例　歩いてくる若者の存在自体。「私は彼のことを敵として考えたわけではなかった」とあるように、具体的な理由があって怖かったのではない。

(3)「私は彼に警告を与えたかった。」(二四一・13)とあるが、そのように思ったのはなぜか、説明しなさい。

解答例　この段階で、初めて「私」は若者が死ぬということを考えたから。

(4)「若者の死体というひとつの事実をただぼんやりと見つめていることだけだった」(二四二・13)とあるが、このときの私の心情を説明しなさい。

解答例　若者の死体を前にしては、どんな考えやことばも意味をもたないように感じていた。

(5)「若者が現れるのを見ることがある」(二四三・2)とあるが、この若者の姿はどのような意味をもつか、説明しなさい。

解答例　「私」は、自分が殺した若者のことを考えないようにしていても忘れることができない。しかもその若者は生きた姿をしている。それは、「私」の願望の現れと考えることもできる。

〈表現〉

(1)「戦争の話を書きつづけている理由」(二三七・9)は何か、小説全体から考え、四〇〇字以内でまとめてみよう。

解説　「私」の中では、若者を殺した時の話は完結していない。二三七ページ1～10行目と、二四二ページ15行目～終わりまでを対比させながら考えてまとめよう。

第15章　多彩な表現とイメージ

なぜ日本語で書くのか

リービ　英雄《ひでお》

❖学習の視点

1　筆者が日本語で書くということをどのように思っているのか、読み取ろう。

2　母国語で文章を書くことと外国語で文章を書くことについて、筆者はどう考えているのかを、理解しよう。

❖筆者解説

リービ英雄（リービ・ひでお）　小説家・日本文学研究家。一九五〇年、アメリカ合衆国カリフォルニア州生まれ。父が外交官で、少年時代を台湾、香港で過ごす。一九六七年、初めて日本に移り住み、日本とアメリカの往還を繰り返す。プリンストン大学大学院博士課程終了。プリンストン大学、スタンフォード大学で日本文学の教授を勤める。一九八二年『万葉集』の英訳により全米図書賞を受賞。四十歳を直前にスタンフォード大学を辞し、東京に永住。以後、日本語による作家として活躍。日本に来てからは、中国にも行くようになった。アメリカ人の家で少年を扱った処女作『星条旗の聞こえない部屋』（講談社）で第一四回野間文芸新人賞を受賞。一九九六年刊行の『天安門』（講談社）で芥川賞候補となる。ほかに『日本語を書く部屋』（岩波書店）、『英語でよむ万葉集』（岩波新書）、『我的日本語』（筑摩書房）などがある。

❖出典解説

この文章は『日本語の勝利』（一九九二年・講談社）に収められており、本文は同書によった。

❖語句・表現の解説

二四八ページ

意地の悪い質問　「なぜコトじゃなくてわざわざピアノを弾くの

か。」という質問のこと。この質問の裏には、日本人はピアノなんか弾けないだろう。西欧の文化は理解できないだろうという意識が働いていると考えられるので、「意地の悪い質問」ということになる。

二四九ページ

動機　行動などを起こす原因。動かす力。

必然性　必ずそうなるはずの性質。対偶然性。ここでは、必ず日本語で書くという性質という意味。

戸惑う　どうすればよいのか、まごつく。ここでは、どう返事をすればいいのか、わからなくて困ること。

なぜなら、ぼくが日本語で書く「必然性」には個人的で、経験的で、主観的な要素が大きいから　筆者が日本語で書くわけは、筆者個人の要素と、それまで筆者が経験したことから来た要素と、筆者の考えに基づく要素が大きいから。「日本語で書く必然性はいったいどこにあるのか」の答えは、このように筆者に限った理由が多く、他人に説明するのが難しく、また、理解してもらうことが難しいということ。

ぼくはたとえば在日韓国人のように、民族的な被圧迫という超個人的な「必然性」を背負っているわけではない　「在日韓国人」は、在日朝鮮人、在日コリアンとも称される。主として日本の植民地時代（1910〜1945）に朝鮮半島から渡ってきて日本に暮らす人びとやその子孫である。この時代には朝鮮人は全て日本人として位置づけられ、日本国籍を持つこととなった。戦後、朝鮮人は一様に外国人と見なされ日本国籍を剥奪されるが、その過程で出自を明らかにするために外国人登録証（身分証）の携帯が義務づけられ、その国籍欄に「朝鮮」という識別記号が書かれた。この「朝鮮籍」は、北朝鮮の国籍と解釈される場合もあるが、本来は国籍を表わすものではなく朝鮮人であることを示しているに過ぎない。その後、「朝鮮籍」から韓国や日本の国籍を得る人びとも増えてきている。上記のような多様な呼称は、こうした複雑な「国籍」の問題とも関わっているのである。現在これらの人びとは「特別永住者」として日本に在住する権利を持っているが、永住権を得るまでには長い年月がかかった。また、納税の義務を負う一方で様々な社会保障を受けられないなどの問題も残り、就職差別なども続いている。こうした制度的、社会的な差別を、「超個人的な『必然性』を背負っている」と表現しているのだろう。つまり、出生した子どもは国籍を事前に選ぶことも、それが差別の土台となっていることも知らずに生まれてくるのである。言いかえれば、出自によって「必然」的に手にする権利は異なってしまうのである。

肥沃な内面　まだ多くの経験や固定観念などによって損なわれていない豊かな内面のこと。これからさまざまなことを蓄えるだけの余地のある、若い内面のこと。

はびこる　いっぱいに広がること。

心象　イメージ。

暗示と連想と詠嘆　「暗示」は、それとなく知らせること。「連想」は、あることから何かを関連して思い浮かべること。「詠嘆」は、何かに深く感動すること。

日本語という膜に濾過《ろか》されて「世界」が入ってくることもあった　後の「レビ＝ストロース」のように、日本語を通して知ることで、別のもののように意識される場合があること。

二五〇ページ

未分化　いくつかの要素が分かれていないこと。ここでは、日本語の言葉からははっきりとしない状態だったということ。

脳裏　頭の中。

在日二世と同じように、「みじめだ」というヤマトコトバだった　指紋押捺《おうなつ》は、政府が管理しやすくするためのもので、それをされるということは、いつ何をするか分からないから指紋を記録しておくという扱い、つまり国から信用されていないということだ。この思いを、在日二世も、在日のほかの外国人ももったということ。指紋押捺は、多くの外国人の反対もあって、廃止されている。「ヤマトコトバ」と片仮名になっているのは、日本に親しみをもっているのに信用されていない、しかもその時に思い浮かべた言葉が大和言葉だったという皮肉な思いが込められている。

日本語で小説を書く十分な理由にならないだろうか　「ならないだろうか」は反語で、「ならないだろうか、なる」という意味。その理由は、「西洋文化からドロップ・アウトして、絶えず日本の内と外の見えない境界線にさすらって生きる人間のよろこびとみじめさを物語につづる」こと。

ぼくの中にもそのようなはずみが確かにある　「そのような」とは、「書けないと思われるから書く」ということ。「はずみ」は、ここでは、勢いやなりゆきのこと。

国籍＝人種＝言語＝文化という常識　「国籍」がたとえばアメリカ人であれば、そのアメリカ人に対応する人種・言語・文化があるのだという固定した見方のこと。

左翼、右翼、モダン、ポスト・モダンを問わず、依然として日本の知識人を牢領している常識に対する小さな反抗になればいい　「左翼」は、進歩的、あるいは現在の社会を大きく変えようとする急進的な立場。「右翼」は、現在の状況を大きく変えないようにする保守的、国粋的傾向の立場。「モダン」は、現代的、近代的。「ポスト・モダン」は、「モダン」の後にくるもの。「依然として」は、相変わらず。「牢領」は、取り仕切ること。つまり、日本人の知識人に支配的に存在する固定した見方に対して、アメリカ人の筆者が日本語で小説を書くことで小さな反抗になればよいと思っているということ。

二五一ページ

「コンプレックス」という心理学用語には「固定観念」の意味もあるらしい　「でも、それは、あなたのことばじゃないし、あなたの文学じゃないでしょう」ということばに対して、筆者が考えたこと。この外国の音楽を聞き、外国の文学について論ずることはする日本人が、筆者が日本の文学を読むことについて、

「あなたの」ことばや文学ではないと批判した。つまり、理解できないはずだということを言った。それは、外国人は日本の文学を理解することはできないという強いこだわり、固定観念から来ていると言っている。

日本語の所有権をあらわな形で問題にする日本人も少なくなった　前の「でも、それは、……」と言ったことばを、「日本語の所有権をあらわな形で問題にする」と言っている。「日本語の所有権」とは、日本語は日本人のものだという考え方。「あらわな形」とは、むき出しの形。

日本語が自分の気質に非常に合っている　「気質」は、気性。気風。ここでは、筆者にとって日本語が使いやすい、あるいは自分の表現に合っているというような意味。

「自然」だけでは文体は生まれない　ここでの「自然」は、緊張感がなくできること。そのような緊張感のない状態だけでは、自分らしい文の様式は生まれないということ。

常に「母国語」が「外国語」であるかのような緊張　本当の作家は、いつも自分の母国語で書く場合も、外国語で書くような緊張で書く、つまり、表現のひとつひとつを吟味し、検証しながら書くということ。

二五二ページ

一語一語を勝ち取るのは終わりなき葛藤だった　自分の作品を書くことばの一語一語を獲得するのは、終わりのない自分の内部で行われることばの選別の苦闘だったということ。どのことばを選ぶかは、母国語か外国語かにかかわらず、作家にとっては葛藤があるということ。

ひょっとしたらコンラッドが葛藤そのものを面白がっていたのではないか　こう思ったということは、著者自体が処女作の書き直しを面白がっていたということが推測できる。

❖発問の解説

（二四八ページ）

1　何について「人種も国籍も関係ない」のか。

解答例　日本語で小説などを書くこと。あるいは、ある言語で小説などを書くこと。

❖構成・要旨

〈構成〉

(1)（初め〜二四九・6）**小説を発表した後の批判**

ぼくは、小説を発表してから、さまざまな反応を受けたが、返事に困るのは、「なぜ日本語で書くのか。」という問いだった。その質問には、マイナーな言語である日本語で書く必然性はどこにあるのかという疑問が含まれる。

(2)（二四九・7〜二五〇・8）**「なぜ日本語で書くのか。」という一つの理由**

日本語で書く理由は、ぼくが在日として経験した日本語の歴史がある。

(3)（二五〇・9〜二五一・3）「なぜ日本語で書くのか。」というもう一つの理由

日本語で書くもう一つの理由は、書けないと思われるから書くということである。

(4)（二五一・4〜終わり）作品を書く葛藤

日本語で書くのも読むのも当たり前になったが、「自然」にはならない。作家なら母国語でも外国語のような緊張の中で書くに違いない。コンラッドも、一語一語を勝ち取るのは終わりなき葛藤だったというような言葉を残している。ぼくの処女作を書き直している夜、コンラッドは葛藤そのものを面白がっていたのではないかと空想した。

〈要旨〉

ぼくは、小説を発表してから、さまざまな反応を受けたが、返事に困るのは、「なぜ日本語で書くのか。」という問いだった。

なぜぼくがマイナーな日本語で書くかは、ぼくの在日として経験した日本語の歴史と、書けないと思われるから書くという理由がある。日本語で書くのも読むのも当たり前になったが、「自然」にはならない。作家なら母国語でも外国語のような緊張の中で書くに違いない。

❖理解・表現の解説

〈理解〉

(1)「指紋押捺を受けたとき」「脳裏に浮かんだのは『miserable』という英語ではなくて」「『みじめだ』というヤマトコトバだった」（二五〇・4）理由を筆者はどう考えているか、まとめなさい。

解答例　指紋押捺は、当時の政府が外国人を管理しやすくするためのものであった。それをされるということは、いつ何をするか分からない人間だという扱い、つまり国から信用されていないという思いを、筆者はもっただろう。けれども、筆者にはすでに日本で暮らし、その中で経験を重ねた『在日』の歴史」があり、多くの知識や心象が日本語のまま筆者の頭の中に入っている。だから、この時の思いもヤマトコトバだったと筆者は考えている。「ヤマトコトバ」と片仮名になっているのは、日本に親しみをもっているのに信用されていないみじめな思いと、しかもその時に思い浮かべた言葉が大和言葉だったという皮肉な思いが込められている。

(2)「国籍＝人種＝言語＝文化」（二五〇・11）という等式は、具体的にはどのような日本人に対する認識をさしているのか、説明しなさい。

解答例　例えば、アメリカの国籍をもっていれば、白人で、英語を話し、アメリカの文化の中でだけで生活しているのだろうという固定観念をもっている日本人に対する認識。

(3)「でも、それは、あなたのことばじゃないし、あなたの文学じゃないでしょう。」（二五一・1）とあるが、この部分に含まれている先入観はどのようなものか、簡単に説明しなさい。

解答例　自分では外国の音楽や文学について論じているのに、『金閣寺』を読む筆者には「それは、あなたのことばじゃないし、あなたの文学じゃないでしょう。」と言うような、日本人以外の外国人には日本文学はわからないという客観性をもたない先入観。

〈表現〉

(1)　「『母国語』が『外国語』であるかのような緊張の中で」（二五一・14）話したり書いたりした経験はないか、話し合ってみよう。

解説　筆者は「自然」のような緊張感のない状態だけでは、自分らしい文の様式は生まれないということを述べている。また、本当の作家は、いつも自分の母国語で書く場合も、外国語で書くような緊張で書く、つまり、表現のひとつひとつを吟味し、検証しながら書くということも述べている。そのことを踏まえて考えよう。たとえば、多くの人に聞かせる文章を書く場合や、慣れない俳句や短歌を詠む場合なども考えてみよう。

(2)　母語ではないことばで表現している作家がほかにいないか調べ、その作品を読んでみよう。

解説　日本では次のような人物がいるので、参考にしよう。小泉八雲（ラフカディオ・ハーン）、C・W・ニコル、アーサー・ビナードなど。

虹の雌雄

蜂《はち》飼《かい》 耳《みみ》

❖学習の視点

1　随想に表された日常への筆者の思いを読み取る。
2　随想に込められた筆者の心の動きを捉える。
3　随想に引用されたことばや詩の効果を考える。

❖筆者解説

蜂飼　耳（はちかい・みみ）　詩人。一九七四（昭和四九）年、神奈川県生まれ。早稲田大学大学院文学研究科修士課程修了。二〇〇〇年に詩集『いまにもうるおっていく陣地』で中原中也《なかはらちゅうや》賞、二〇〇六年に詩集『食うものは食われる夜』で芸術選奨新人賞受賞。詩作のほかに絵本の原稿や、随筆、小説などの分野でも活躍している。著書に詩集『隠す葉』、絵本『うきわねこ』などがある。

❖出典解説

この文章は、『秘密のおこない』（二〇〇八年・毎日新聞社刊）に収められており、本文は同書によった。

❖語句・表現の解説

二五四ページ

返事に詰まる　返事ができなくなる。用例 急に問いかけられて、返事に詰まる。
残念という気持ちが、むくり、むくりと雲のように育ちはじめる　残念な気持ちが次第に大きくなっていくさま。
大事な催し物を見逃したのだ　昨日、出ていたという虹を筆者が見逃したということ。
言葉を重ねたのだった　あの人が住んでいるのは、筆者が住んでいるとなりの県であり、あの人には見えている虹は筆者には見えなかったということに気づかずに、お互いに話をしていた。
ふらふらと坂道を下る　虹の話をしたのが徒労のように感じ、筆者は気が抜けたような感じで坂道を下っている。
押し黙り　口をきかずに黙り。

二五五ページ

意味を察して　「となりの県からはさすがに見えませんよ」という言葉の意味を理解して。

あくまでも空想上の区別だ　虹に雌雄の区別があるというのは、あくまでも空想上の話だということ。

棲《す》んでいる　虹の雌雄は漢和辞典に載っているということ。

雌の方はあまり小さな漢和辞典には棲んでいない　虹の雌の項目は、あまり小さな漢和辞典には載っていないということ。

古代の中国では長々と這《は》う生きものが想像されていたようだ　古代の中国で、「にじ」の表記に雄なら「虹」、雌なら「蜺」と表記するが、どちらも部首が虫偏であることから、古代中国では「にじ」を長々と這う生きものを想像していたようだということ。

雌の方は、辞典のなかでのんびり休んでいる　日本では「にじ」は雄を表す「虹」の文字の方に代表されるようになり、雌を表す「蜺」の文字は、辞典のなかに収められているだけになっているということ。

過去に神聖な生きものとされていた　日本では、かつては馬が神霊の乗り物として篤い信仰の対象であったことなどが考えられる。

両方とも　虹の雄と雌とも。

虹の保護区は空　虹を捕まえすぎたために絶滅の危機になり、今度は保護しようとするが、虹は空にあるので、保護区は空になるという、筆者の想像が述べられている。

虹が生きものでなくてよかった　筆者は虹が本当に生きものだったらどうだったろうかということを想像したが、あまり楽しい結果にはなりそうもないので、虹が生きものでなくてよかったと思ったのだ。

二五六ページ

憧憬　あこがれ。用例 彼は女子生徒たちの憧憬の的だ。

飛沫《ひまつ》　飛び散る水の玉。しぶき。

感激と失望　触れられるほどの距離に虹が現れたという感激と、作ろうと思えば簡単に虹を作れるのだという失望。

二五七ページ

落胆　とてもがっかりして元気がなくなること。類 失望。

目の前に留《と》めること　ホースを使って、目の前に現れさせた虹をそのままいさせること。

りんと　りりしいさま。きりっと引き締まって威厳のあるさま。

虹が見せる熱のない炎　熱は感じさせない虹だが、その姿は宮澤《みやざわ》賢治《けんじ》の「報告」という詩にあるように、まるで炎のようだということを表している。

畏れ　おそれて心がすくむ。かしこまる。

❖発問の解説

（二五四ページ）

1　何が「おかしい」のか。

解答例　相手と筆者は住んでいる場所が違うのに、相手も筆者も、筆者の住んでいる場所から虹が見えたはずだと思いながら、言葉を重ねていたということ。
　筆者は相手と、昨日出ていたという虹の話をしていたのだが、ひとりになってその話が「おかしい」ことに気がついたのだ。

2　「次元が異な」るとはどのようなことか。
（二五五ページ）
解答例　いちょうに雄株と雌株があるというのは現実のことだが、虹に雌雄の区別があるというのは、空想上の区別だということ。いちょうの雄株と雌株の話と、虹の雌雄の区別とは、現実と空想というように「次元が異な」るのである。

3　「そのこと」とは何か。
（二五六ページ）
解答例　「虹はいつでも憧憬に結びつく存在」であること。

❖構成・主題

〈構成〉
この文章は、次の五つに分けることができる。

(1)（初め〜二五五・2）**虹についての相手と筆者の会話**
　相手は筆者に昨日出ていた虹について話していたが、筆者は相手とは住んでいる県が違うので、自分には虹が見えなかったことに気づいた。そして、相手にその事実を話していた場面を思い浮かべたが、だれにでも事実ばかりを突きつければいいというものではないと思って、浮かんだ映像を慌てて消した。

(2)（二五五・3〜17）**虹の雌雄の区別・虹が生きものだったとしたら**
　虹の雌雄の区別は空想上の区別であり、雄と雌の虹は漢和辞典の中に棲んでいる。筆者は、虹が本当に生きものだったらと考えたが、好ましい想像は浮かばず、虹が生きものでなくてよかったと思った。

(3)（二五六・1〜10）**憧憬に結びつく存在である虹**
　出会えても目にすることのできる時間は限られているので、虹はいつでも憧憬に結びつく存在である。現れてもいない虹のことを考える余裕は、限られた人にしか与えられない。

(4)（二五六・11〜二五七・3）**自分で虹を作れることの感激と失望**
　小学生のころに自分で虹を作れることを知り、筆者は触れられるほどの距離に虹が現れたという感動と、作ろうと思えば虹を作れるのだと知ったことの落胆を同時に感じた。

(5)（二五七・4〜終わり）**宮澤賢治の詩の引用と、虹についての筆者の思い**
　虹が出たら、宮澤賢治の詩のように、人の心は、虹が見せる熱のない炎を畏れながら慕っているため、きっとだれかに知らせたくなるのだろう。

〈主題〉
虹が生きものだったらと想像すると、好ましい結末は想像できず、虹が生きものでなくてよかったと思う。虹はいつでも憧憬に結びつく存在であり、虹が出たらだれかに知らせたくなる。虹が見せる熱のない炎を、人は畏れながら慕う。

❖理解・表現の解説

〈理解〉

(1)「事実ばかりを突きつければいいというものではない」(二五五・2)という感慨を持つまでの筆者の心の動きをまとめなさい。

解説 次のようにまとめられる。

・筆者と相手とのやりとり

「昨日、虹が出ましたね。」

↓

筆者は返事に詰まり、「そうですか、気づかなかったです。」と小さく呟《つぶや》いた。

(理由) 筆者は昨日出たという虹を見ていなかったからだ。

↓

「大事な催し物を見逃した」と思った筆者の心には「残念」という気持ちが、むくり、むくりと雲のように育ちはじめた。

・ひとりになった筆者

相手と別れてひとりになった筆者は「おかしいな」と気がついた。

(理由) 相手が住んでいるのは、筆者が住んでいるとなりの県であり、昨日出ていたという虹は筆者の住んでいる所からは遠すぎて見えなかったから。

・筆者の想像

筆者は、相手に対して「となりの県からはさすがに見えませんよ。」と、笑いながら否定していたらどうだったろうと、あったかもしれない場面を思い浮かべて、慌てて消した。

(理由) 筆者の言葉を聞いた相手のがっかりする映像がふわりと浮かんだから。

↓

落胆する相手の様子を思い浮かべた筆者は「だれにでも事実ばかりを突きつければいいというものではない」と思った。

(2)「現れてもいない虹のことを考える余裕」(二五六・8)とはどのような「余裕」か、考えなさい。

解答例 地上(現実)の生活と切り離された天空のことを思う余裕。

虹の出現は天空の出来事であり、どんどん時間が過ぎてしまう地上の生活とは切り離される。だから、現れてもいない虹のことを考えることのできる余裕とは、地上の生活(現実の生活)のことを考えないですますことのできる余裕なのである。

(3)「感激と失望が、同時にやって来る。」(二五六・17)とはどのようなことか、説明しなさい。また、「落胆」(二五七・1)の理由を説明しなさい。

解説 「感激と失望が、同時にやって来る。」とは、ホースの先をきつく押さえて飛沫を作れば、触れられるほどの距離に虹が現れるということへの感激と、作ろうと思えばいつでも虹を作れると知ったことによる失望とが同時にやって来るということ。「落胆」した理由は、筆者にとって特別な存在だった虹がいつでも作れることを知ったために、その特別な感じが薄れてしまったから。

(4) 「畏れながら慕う」(二五七・8)のはなぜか、考えなさい。

解答例 天空の出来事である虹が発する熱のない炎に対して近寄りがたさを感じて畏れかしこまりながら、ひかれる気持ちも抑えられないから。

虹が見せる熱のない炎に対して、相反する気持ちが生じていることに着目する。

(5) 「体験」や「引用」の部分を箇条書きで整理し、そこから筆者が感じたことをまとめなさい。

解説 次のようにまとめられる。

・相手と筆者との虹についてのやりとり。(体験)
(筆者が感じたこと)だれにでも事実ばかりを突きつければいいというものではない。

・虹の雌雄についての区別。(漢和辞典からの引用)
(筆者が感じたこと)虹が生きものでなくてよかったということ。

・筆者が小学生のころに虹を作れると知ったこと。(体験)
(筆者が感じたこと)触れられるほどの距離に虹が現れたことに感動したが、作ろうと思えば虹を作れるのだと知ってしまったことに落胆した。

・宮澤賢治の「報告」という詩。(引用)
(筆者が感じたこと)人の心は、虹が見せる熱のない炎を、畏れながら慕うということ。

〈表現〉

(1) 宮澤賢治の詩がもたらす効果について話し合ってみよう。

解説 この詩には、虹を見た人が火事だと思ってさわいだ様子が描かれている。この内容が、筆者の「虹が出たら、きっと、だれかに知らせたくなる」という考えを導く上で効果的に働いている。

(2) 既存の文章を引用して、八〇〇字以内で随想を書いてみよう。

解説 既存の文章を引用する際に注意すること。

・既存の文章をただ丸ごと引用するのではなく、そこに自分の意見を補足すること。

・既存の文章を引用することで、自分の書く文章に奥行きや含みが生じるように工夫すること。

・読み手の好奇心を誘い、読み手を話題に引き込むことができるような効果的な引用を心がけること。

失われた両腕

清《きよ》岡《おか》卓《たか》行《ゆき》

❖学習の視点

1 語句・表現の奥に隠された筆者の気持ちを考えながら読む。
2 象徴的、逆説的な技巧を使った独特の文体を味わう。
3 ミロのヴィーナスの両腕が失われていることをめぐって展開される筆者の「論理」と「心情」を理解する。
4 筆者の最も言いたいこと——主題をきちんととらえ、詩人の豊かな想像力、物の考え方を理解する。

❖筆者解説

清岡卓行（きよおか・たかゆき） 詩人・小説家。一九二二（大正一一）—二〇〇六（平成一八）年。旧満州の大連（現在の旅大市）に生まれる。東京大学仏文学科卒業。一九四五（昭和二〇）年、大連に帰って結婚し、敗戦後の東京へ引き揚げてきた。学生時代から詩を書き、詩集に『氷った焔《ほのお》』『日常』などがあり、『清岡卓行詩集』に収められている。評論には『廃墟《はいきょ》で拾った鏡』『手の変幻』『抒情の前線』など。一九七〇年、小説『アカシヤの大連』によって、芥川《あくたがわ》賞を受けた。植民地であった大連という、失われた故郷への郷愁と恋愛を描いた作品で、これは、彼の全作品に通じる基調音となっている。繊細な鋭い感覚、戦中体験に裏づけられた新鮮な発想による叙情的な作風で注目された。

❖出典解説

評論集『手の変幻』（一九六六年・美術出版社刊）の中に収められ、その最初の章として書かれたものである。本文はその文庫版（一九九〇年・講談社刊）によった。

❖語句・表現の解説

二五九ページ

魅《み》惑的《わくてき》 あやしい魅力で人の心をひきつけ、理性を失わせるような力をもつこと。

両腕を失っていなければならなかった 逆説的な表現で、言いかえれば「彼女がこんなにも魅惑的であるのは、両腕を失っているからだ」ということになる。

ふしぎな思い　完全なものほど美しいというのが常識であるはずなのに、「両腕を失っているから美しい」と思うのだから「ふしぎ」なのである。

制作者のあずかり知らぬ　ヴィーナスの制作者はもちろん両腕をそなえた像を作ったのだが、それが失われて、それによって魅惑的な力をもち、最高の美術作品になるだろうなどとは考えもしなかったであろう。それは制作者の意思とは関わりのないものである、という意味。

生《なま》ぐさい秘密の場所　制作者のなまなましい意図をになって、ヴィーナスが生まれてきた場所。「秘密」は、その場所がどこか分からないことから言ったもの。

うまく　都合よく。「両腕が失われているゆえに美しい」と感ずる筆者の気持ちからすれば都合のよいことだったのである。

的確　本質をつき、事実と一致している様子。類正確。

無意識的　それと意識しないこと。対意識的。

よりよく国境を渡っていくために　ヴィーナスが、国境を超えて世界中の人々に認められる美をもっているが、そうなるために、の意。

よりよく時代を超えていくために　時代の流れを超えて、いつの時代にも認められる美をもっているが、そうなるために、の意。前の「よりよく国境を……」と対句《ついく》表現になっている。

特殊から普遍への巧まざる跳躍《ちょうやく》　ギリシア時代の誰の作という限定された美から、どの国、どの時代をも超えた、誰もが認められる美へと自然に飛躍的に変わってきたことをさす。「特殊」は、ほかとは違うこと、限られたものであること。対普遍。「普遍」は、すべてのものに当てはまること、広く行き渡ること。

部分的な具象《ぐしょう》の放棄《ほうき》　ヴィーナスの両腕が失われたことをさす。「具象」とは具体的なもの。対抽象《ちゅうしょう》。

ある全体性への偶然の肉迫《にくはく》　両腕を失うことによって、完全なものへと偶然に迫っている。

肉迫　もう少しで追い越すところまで迫ること。用例一点差に肉迫したが、惜しくも負けた。

逆説《ぎゃくせつ》　表現の上では一見矛盾しているようだが、よくよく考えるとなかなか的確な説。パラドックス。「急がば回れ」などはその例。

逆説を弄《ろう》しようとしているのではない　逆説をもてあそぼうとしているのではない。両腕を失ったことで普遍的な美を得たという、逆説的な説を、たわむれに述べているのではない、実感として、真面目に述べているのだ、ということ。

弄する　もてあそぶ。用例策を弄している場合ではない。

二六〇ページ

いうまでもなく　わざわざ言う必要もないくらい分かりきった。用例いうまでもなく、私はあなたの味方だ。

高雅《こうが》　格調が高くて、普通の人にはまねができない様子。

豊満《ほうまん》　肉づきがよくて、みごとな様子。

典型《てんけい》　同類のものの中で最もよくその特徴を備えているもの。

用例　彼女は現代女性の典型だ。

均整《きんせい》の魔　あまりにもよく整っていること。その魅力を「魔」と表現したのである。「均整」とは、つり合いがとれて、ととのっていること。

生命の多様な可能性の夢　見る人に自由にさまざまな美しい腕を想像させることができる、という意味。前の「ほとんど飽きさせることのない均整の魔」と対になっている。

心象的な表現　見る人の心の中に、具体的な形となってあらわれる表現。「心象」は見たり聞いたりしたことがもとになって、ある形をとって心の中にあらわれてくるもの。用例　心象風景。

なかばは偶然の生みだしたもの　両腕が失われたのは偶然であるが、ヴィーナスの魅惑的な美しさは両腕が失われることによって生まれたという筆者の思いから言えば「必然」でもあるので、「なかばは」と言ったのである。

全体性への羽ばたき　ヴィーナスが国境を越え、時代を超えて認められる美を持つようになったことをさす。二五九ページ11行目の「特殊から普遍への巧まざる跳躍」と同じ意味。

その雰囲気《ふんいき》　失われた両腕がたたえている「ある捉えがたい神秘的な雰囲気」（5行目）のこと。

具体的な二本の腕が復活することを、ひそかに恐れる　ヴィーナスの両腕が復活することによって、「普遍」「全体性」「生命の多様な可能性の夢」「ある捉えがたい神秘的な雰囲気」などが失われてしまうことを恐れるのである。

たとえ……としても　「たとえ」は副詞。ある場合を想定し、それにもかかわらず次の判断が成立することを表す。用例　たとえ周囲の誰もが非難したとしても、わたしは彼を支持する。

復元　もとの位置や状態に返すこと。用例　壁画のはげ落ちた部分を復元する。

興《きょう》ざめたもの　魅力を台なしにするもの。「興ざめる」はおもしろみがなくなる、の意。

客観的に推定される　科学的な根拠をもって、誰でもが納得できるような推定がなされる。「推定」は、はっきり分からないことを、周囲の状況から推しはかって決めること。

ぼくの困惑《こんわく》は勝手なものだろう　筆者が失われた両腕の復元の試みに困惑することは、復元の正当性からみれば勝手なものであろう、というのである。「困惑」は、めんどうなこと、やっかいなことに関わって、ほとほと困ること。用例　弟の無理難題にはいつも困惑させられる。

二六一ページ

ここ（2行目）　ヴィーナスの失われた両腕を復元させるということをさす。

表現における量の変化ではなくて、質の変化であるからだ　両腕を復元することは、両腕が加わる「量の変化」だけではなく、両腕がないことによって表現されている「無数の美しい腕への暗示」（二六〇・7）という魅力が消えてしまうから、「質の変化」になるのである。

表現の次元《じげん》そのものがすでに異なって　あとに説明されている。すなわち、一方が「おびただしい夢をはらんでいる無」であるのに、もう一方は「限定されてあるところのなんらかの有」であるから、次元が違ってしまう。「質の変化」と同じことを言っている。

次元　物事を考える立場、着目している面。

対象《たいしょう》　目標となるもの。ここでは両腕を失ったヴィーナスを言う。

用例 若い女性を対象にした雑誌。

他の対象　前の「対象」と対比させている。両腕を復元されたヴィーナスを言う。

おびただしい夢をはらんでいる無　失われた両腕は「無」であるが、「生命の多様な可能性の夢」（二六〇・5）をもっている。

限定《げんてい》されてあるところのなんらかの有　両腕が復元されれば、具体的な形をもった「有」になるが、その形に限定されてしまって、「おびただしい夢」はなくなる。

二六二ページ

姿態　体の様子。

群像《ぐんぞう》　多くの人の姿を主題としたもの。対 単身像。

実証的《じっしょうてき》　確かな証拠に基づいて研究を進める様子。

おそろしくむなしい気持ちにおそわれる　何の役にも立たないという気持ちに強くおそわれる。筆者の考えからすれば、両腕の復元は、せっかくのヴィーナスの魅力をなくしてしまうと思われるので、「むなしい」のである。

もし真の原形が発見され、……まさに、芸術というものの名において　筆者は、これまでくり返し述べているように、両腕の失われたミロのヴィーナスを、両腕のない形のままに、両腕がないがゆえに最高の芸術作品と思っている。したがって、「真の原形」が発見されて、そのことをたとえ納得したとしても、筆者の考える「芸術」からすれば、「真の原形」をつけたヴィーナスは、両腕の失われたヴィーナスの魅惑には及ばないのだから、否定せざるをえない、という意味である。「まさに、芸術というものの名において。」と倒置法で強調している点に、筆者の芸術観が強く示されている。

納得《なっとく》　理解し、もっともだと認めること。類 得心。

変幻自在《へんげんじざい》　自由に現れたり消えたりして正体がつかめないこと。

二六三ページ

美学《びがく》　「美」の本質・原理などを研究する学問。

手というものの、人間存在における象徴《しょうちょう》的な意味　手というものが、人間という存在にとってもっている暗示的な意味。その内容はあとに述べている。

象徴的　おもに抽象的なものを具体的なものによって表現する様子。赤が情熱の象徴、ハトは平和の象徴というように。

根源的　おおもととしての。

実体と象徴のある程度の合致　「実体」は、実際の手が意味すること。「象徴」は、その手が象徴するもののこと。その二つの意味がある程度合致している、というのである。

合致　ちょうどうまく合うこと。類 一致。

それ（4行目）　手が「最も深く、最も根源的に暗示しているもの」をさす。

世界との、他人との、あるいは自己との、千変万化《せんぺんばんか》する交渉の手段　人間は外の世界と、自分以外の人間と、あるいは自分自身とさまざまな関わり合いをもつが、このような関わり合いは、象徴的に言えば、「手」を通じてなされる、という意味。

千変万化　いろいろさまざまに変化すること。用例 夕焼けの空の色は、日没まで千変万化の美しさである。

交渉の手段　関わりあう手段。

そうした関係を媒介《ばいかい》するもの　「世界との、他人との、あるいは自己との、千変万化する交渉」の関係のなかだちをするもの。「媒介」は、はし渡しをすること、なかだち。

原則《けんそく》的な方式　基本的な方法。

機械とは手の延長である　人間が物を作ることによって外界と関わりをもつ、その手段として「機械」がある。その意味で、「機械」は「手」の延長なのである。マルクスの『資本論』の中にある比喩《ひゆ》。

こよなく　このうえもなく。用例 ふるさとをこよなく懐かしむ。

述懐《じゅっかい》　しみじみと思いを述べること。

厳粛《げんしゅく》　道徳的にきびしい様子。まじめさ。

これらの言葉　哲学者や文学者のことば。

ふしぎなアイロニーを呈示《ていじ》する　「手」が人間と外部との関わり合いの手段としての象徴的意味をもつものであるのにもかかわらず、ほかならぬその両腕を失ったことによって、ミロのヴィーナスは、国境を越え、時代を超えて外部と関わり合いをもっている。このことが、筆者の目から見ると「ふしぎなアイロニー」なのである。

呈示《ていじ》　さし出して見せること。

ほかならぬその欠落によって、逆に、可能なあらゆる手への夢を奏《かな》でる　前の一文を補足的に説明している。「千変万化する交渉の手段」である「手」がないことによって、かえって、あらゆる関わり合いの夢を与えてくれる、という意味。

ほかならぬ　ほかのものでない。ここでは「手」以外のものでない、の意。「手」を強調している。用例 ほかならぬあなたの頼みなら、できるだけのことはしましょう。

❖発問の解説

（二六〇ページ）

1 「均整の魔」とはどのようなことか。

解答例　ミロのヴィーナスの美的バランスのとれた、人をひきつけて夢中にさせる魅力のこと。

（二六一ページ）

2 「一方」とは何をさすか。

解答例　両腕が失われたままのヴィーナス。

(二六三ページ)

3 「それ」とは何をさすか。

解答例　手というものの、人間存在における象徴的な意味において、最も深く、最も根源的に暗示しているもの。

❖構成・要旨

〈構成〉

この文章は三つの段落に分かれている。段落と段落の間は一行空きになっているからすぐ分かる。

(1)（初め～二六〇・12）**問題提起（主張）**

ミロのヴィーナスがこんなにも魅惑的であるためには、両腕を失っていなければならなかった。国境を越え、時代を超えてだれの眼にも普遍的な美と認められたのは、両腕が失われていたからで、失われた両腕は、存在すべき無数の美しい腕を暗示させる。

(2)（二六〇・13～二六一・9）**(1)の主張の補足**

ミロのヴィーナスの失われた両腕の復元案は、どんなものでも認めがたい。両腕が失われていることに感動している場合、いかに実証的なものであっても、復元案は「芸術」の本質からみれば、限定されたものとなり、現在のおびただしい夢をはらんだ可能性は否定されてしまう。

(3)（二六二・10～終わり）**(1)の主張の別の観点からの補足**

ミロのヴィーナスから失われたのは両腕以外のものであってはならない。なぜなら、「手」は人間の外界との関わりを象徴的に暗示するものであって、それゆえにこそ、失われた両腕は「可能なあらゆる手」への夢を奏でる、というアイロニーを呈示している。

〈要旨〉

ミロのヴィーナスが、これほど美しく魅惑的であるためには、両腕を失っていなければならなかった。それが失われているからこそ、国境も時代も超えた美を感じさせる。したがって、失われた両腕の真の原形が発見されたとしても、芸術の名において認めがたい。また、「手」が、人間にとって外界との交渉の手段であるということを考えるならば、その「手」を失っているゆえにこそ、ヴィーナスは、われわれに、あらゆる手の可能性への夢を奏でるのだと、詩人らしい表現で、美・芸術の本質を探っている。

❖理解・表現の解説

〈理解〉

(1) **「特殊から普遍への巧まざる跳躍」（二五九・11）とはどのようなことか、説明しなさい。**

解答例　「特殊」は、たとえばこの像がギリシア時代の一つの作品というように限定されたもの。「普遍」は、どの国、どの時代をも超えた、誰もが美を認められるもの。この像の美は、両腕が失われたことによって、特殊から普遍へと、自然に飛躍的に変わってきたということ。

(2)「逆説を弄しようとしているのではない」（二五九・13）とはどのようなことか、説明しなさい。

解説 「語句・表現の解説」参照。

(3)筆者が「芸術というものの名において」「真の原形を否認したい」（二六二・8）と思うのはなぜか、説明しなさい。

解説 「語句・表現の解説」の項参照。筆者は、両腕の失われたヴィーナスを、両腕のない形のままに、そのゆえに最高の芸術作品と思っている。「真の原形」が発見されても、それを認めない、というところに、筆者の芸術観が強調されていることを読み取ろう。

(4)「ここには、実体と象徴のある程度の合致がもちろんある」（二六三・3）とはどのようなことか、説明しなさい。

解答例 手が実際に果たしている役割と、手が持つ象徴的な意味が、完全に一致しているのではないが、ある程度重なり合っているということ。たとえば、「手をつなぐ」ということばは、実際に手をつなぐことも意味するし、一緒に協力していくという意味でも使う。

(5)「ミロのヴィーナスの失われた両腕は、ふしぎなアイロニーを呈示する」（二六三・10）とはどのようなことか、説明しなさい。

解説 「語句・表現の解説」参照。

〈表現〉

(1)ミロのヴィーナスにはどのような両腕がついていたか、考えてみよう。また、そのように考えた理由をまとめ、発表しよう。

解説 本文には「選ばれたどんなイメージも、すでに述べたように、失われていること以上の美しさを生みだすことができない」（二六二・5）とあるように、著者は決まったイメージを選ぶことを拒んでいる。一方で「逆に、可能なあらゆる手への夢を奏でる」（二六三・11）とある。これを踏まえて、確定したイメージを探すというより、「あらゆる手への夢」を探してみよう。

(2)両腕のないことがミロのヴィーナスを「魅惑的」（二五九・1）にしているという筆者の考えについて、話し合ってみよう。

解説 「構成・要旨」などから筆者の考えを読み取り、話し合いの参考にしよう。

物語る声を求めて

津《つ》島《しま》佑《ゆう》子《こ》

❖学習の視点

1　口承で伝えられる物語と近代の文学では、それぞれどのような特徴があるのかを読み取ろう。

2　筆者が、口承の物語に感じる魅力を読み取り、近代が失ったとするものが口承文学にどのように残っているか、考えてみよう。

3　現在現れはじめている「マジック・リアリズム」や「クレオール文学」と呼ばれる小説について調べ、その魅力について考えてみよう。

❖筆者解説

津島佑子（つしま・ゆうこ）　小説家。東京都出身。一九四七（昭和二二）年、東京都生まれ。作家太宰治《だざいおさむ》の次女。白百合女子大学英文科卒業。在学中から小説を発表し、注目された。『葎《むぐら》の母』で田村俊子《たむらとしこ》賞、『草の臥所《ふしど》』で泉鏡花《いずみきょうか》賞、『光の領分』で野《の》間《ま》文芸新人賞、『火の山―山猿記』で谷崎潤一郎《たにざきじゅんいちろう》賞と野間文芸賞など、数々の賞を受賞した。そのほかの作品に『黙市《だんまりいち》』、『夜の光に追われて』、『真昼へ』、『大いなる夢よ、光よ』、『風よ、空駆ける風よ』などがある。二〇一六（平成二八）年没。

❖出典解説

この文章は「東洋文庫ガイドブック」（二〇〇二年・平凡社）に収められており、本文は同書によった。

❖語句・表現の解説

二六五ページ

口承　人の口から口へと語り伝えること。

魅了　ひきつけて、夢中にさせること。

まがまがしい　不吉な感じがする。悪いことが起こるような雰囲気がする。［用例］暗い森の中に入ると、そのまがまがしい様子に、妹は泣いて座り込んでしまった。

口上　舞台上から述べる挨拶や伝達の言葉。ここでは、見世物小屋などで、大勢の見物人を集めるために述べるせりふ。
こわいもの見たさ　こわいから見ないほうがよいと思っていても、つい気になって、かえって見たくなること。用例 不気味な絵が描かれている本を、ついこわいもの見たさで本棚から取り出した。
ふんだんに　豊かに。途切れなく。用例 泉からは、ふんだんに地下水がわき出していた。

二六六ページ

山の稜線《りょうせん》　山の尾根。山の一番高く、連なっているところ。
シルエット　影。影法師。輪郭の中が黒くなっている姿、形。
眠気に誘われる　眠くなる。用例 明日のテスト勉強をしていたが、深夜に眠気に誘われて眠ってしまった。

二六七ページ

無垢《むく》　心がけがれのない様子。清らかで純粋であること。
無知　何も知らないこと。
象徴　抽象的な概念などを、具体的な何かに表したもの。シンボル。
本能　生物が生まれつき持っている性質や能力。
子どもの本能で、そこを支配している「近代性」をかぎ分けていたのかもしれない　ここで「子ども」と言っているのは「私」のこと。「赤い鳥」系の話を、「私」はつまらないと思ったが、それは子どもの本能で、話を支配している「近代性」を感じていたからかもしれないということ。ここで述べられている「近代性」に支配されている話とは、「私」がひかれていた母親の話に出てくるような不条理でおどろおどろしい場面などない、理性的でよく整っている話のこと。
かぎ分ける　ある状態になっていることを、察知する。小さな違いを知る。それとなく知る。隠れていることを、察知する。小さな違いを知る。用例 畑にいた兄は、嵐がやってくる予兆をかぎ分けて、足を速めた。
言葉が近代の論理できれいに整理され　整理され、論理的に破綻のない物語の流れや、理屈の通った文章のこと。
描かれている人物たちも「近代的」論理性のなかでしか生きていない　「赤い鳥」系の話で描かれている人物たちも、合理的、理性的な論理性のルールにのっとった小説の世界のなかでしか生きていない、そのような条件の世界でしか存在しないような人物だということ。この世界と対照的な世界は、ヤマンバが馬子を追いかけるような世界。

二六八ページ

地縁　地理的に近い、あるいは生活している上で関係している人々の社会的なつながり。
風土　その土地の地理的な特徴や自然、気候など、そこに住む人々の文化に影響する環境。
血縁　血のつながりのある関係。
活版印刷　文字が彫り上がった活字を、原稿の通りに一つ一つ並べて組み、その版で直接刷る方法。活版印刷は、大量の活字を置く広い場所と、活字を拾って並べる専門知識を持つ者が必要であるため、写真植字にとってかわられた。現在は写真植字も、コンピュータを使ったＤＴＰ（デスクトップパブリッシング）に、印刷技術は取ってかわられている。

普及　一般に広く行き渡ること。

幅広い人たちに理解できる言葉が必要になり、共通語が作られていく　印刷によって、他の地域や、他の年代の人々と言葉を共有するようになると、一部の人々にしか使われていない方言ではない言葉が必要になる。ところで、「共通語」と「標準語」は、基本的に違う。この二つの言葉は、日本では同じように使われているが、「標準語」は国家が一体性を確保するために創出するもので、「共通語」は異なる言葉を使う人々の間で意思疎通をはかるために用いられる言語のこと。ここで「共通語」と出てくるのは、「標準語」の意味に近い。

人工の言葉を使うという約束事を守ることが前提になり、それは言うまでもなく、近代国家という新しい枠組みとも、歩みを共にしている　「人工の言葉」とは、ここでは「共通語」（標準語）のこと。日本では共通語は東京の言葉のように思われるが、東京にも方言があり、共通語＝東京語ではない。国家が漢字や表記などのルールを決め、それらを反映した言葉によって教育がなされるのが標準語である。そのような統一された言葉を一般の国民も使うという約束事を守ることが前提（条件）になり、それは一体性を保つ近代国家が成立する仕組みとも進歩を共有している。

歩みを共にする　進歩を共有する。〔用例〕この町の観光業の発展は、地域の経済発展と歩みを共にしている。

こうした近代の発想　前の「一方の近代の……」からの段落の内容をさしている。

二六九ページ

実情がそうではなくなっている　「実情」は、実際の状況。「現在の小説が充分に力強く、魅力にあふれた作品に恵まれつづけている」のではない状況にあるということ。

植民宗主国　植民地になっている地域を支配している国。

それぞれの風土の時間を近代の時計からはずして、神話的な時間に読み替えていこうとする試み　それぞれの土地の文化にもともとある特色のある時間の流れから、近代の論理的で合理性が優先される時代の流れをはずして、その土地に根ざした神話のような時間で物語をつむいでいこうとする試み。

二七〇ページ

著作権　著作物とは、決められた者以外の者が使用できないようにして、支配できる権利。著作権は、基本的には著作物を創作したり、作成したりする者に与えられる権利だが、場合によってそれ以外の者や組織が持つこともある。また、著作権法には権利が保護される期間が決められているが、本文に出てくるような、作者がはっきりしない場合や、成立年も分からず、あるいははるか昔のものについて著作権は存在しない。

即興的　その時、その場の状況や感情で行われること。

逆説になるけれども　口承文学の物語は、共有される代わりに内容は固定されずに存在し、作者も存在せず、いくらでも変更可能な即興的なものである。それなのに、その物語は現実には流れるものとして存在し、遠くの地域で共通の物語が語られたりするので、それを「逆説になる」と述べている。

説話　物語られる神話・伝説・民話などの総称。

❖発問の解説

（二六六ページ）

1　**「そのように」とはどのようなことか。**

解答例　「そのように」とは、「ヤマンバの話では、……ひたすら走りつづけているのだ。」の内容を受けている。ヤマンバの話を語る母の声から、頭の中に山の風景の中、馬子と馬と、追いかけるヤマンバの姿が浮かぶ。ヤマンバは「馬子やあ、待てえ」と言いながら、髪を振り乱して、逃げる馬子を追いかける。その声が、「私」の頭と体に反響し、馬子とヤマンバの姿も、「私」の日常の一部になり、家や庭のどこかで走りつづけているように感じるということ。

❖構成・要旨

〈構成〉

本文は一行空きによって、四段落に分けられる。

(1)（初め〜二六六・17）

口承で伝えられた物語の世界に私が魅了される理由を説明するのは難しい。子どものころを思い出すと、口承の物語がふんだんに生きていたと気づく。子どものころの世界は、音とにおいと手触りとでできあがっているということなのか。母親から聞いたヤマンバの話は、私の日常の一部になっていた。子どもは物語の世界を直接、体に受け入れて生きてしまうので、どんなことよりも興奮し、その経験が子どもの人生を形づくってしまうからこわい。

(2)（二六七・1〜8）

文学で表現される子どもの世界は、無垢、あるいは無知の象徴として描かれる場合が多い。そのような話は、私にはつまらなかった。言葉が近代の論理で整理され、描かれている人物たちも「近代的」論理性のなかでしか生きられない話だった。

(3)（二六七・9〜二六九・15）

口承の物語は、現代の私たちと切り離された異質な世界ではない。今は紙芝居などは姿を消したが、親たちはまだ子どもに物語を語っていて、大人は落語なども聞いている。河内音頭などの芸能は、書き言葉とは縁のない、即興の物語の世界だ。口承の物語とは、家族や地縁に支えられた言葉で、地方の風土などがそこで生きつづけ、それを確認するための道具になっていく。一方の近代の文学は、共通語を使うことが前提となり、近代国家の枠組みと一緒に進んできた。この近代の発想で育まれている私自身は、過去の地縁、血縁の世界に戻れない。もし現在の小説が魅力にあふれた作品ばかりなら、近代的文学観を守って書きつづければいいが、実情はそうではない。ところで、かなり前から「マジック・リアリズム」「クレオール文学」という、近代の価値観や時代の流れからはずれた小説が現れはじめている。この流れは、近代が見失ったものを取り戻したい人間の欲求にちがいない。もう一つ、近代の学問が古代の口承文学の世界を読み解いたことも手伝っているかもしれない。

(4)（二六九・16～終わり）

口承の物語は、地縁、血縁のなかで生き、その場だけで存在し、固定されないものとして存在する、変更可能な即興的なものだ。そのために、物語は流れるものとして存在し、遠い地域で共通の物語が語られていることも多い。しかし物語はその場で一回ごとに消え去るもので、声としては消え、人々の想像力の中に生きつづける。

〈要旨〉

口承で伝えられた物語の世界に私が魅了される理由を説明するのは難しい。子どもは物語の世界を直接、体に受け入れて生きてしまうので、どんなことよりも興奮し、その経験が子どもの人生を形づくってしまう。口承の物語は、現代の私たちと切り離された異質な世界ではない。家族や地縁に支えられた言葉で、地方の風土などがそこで生きつづけ、それを確認するための道具になっていく。一方の近代の文学は、共通語を使い、近代国家の枠組みと一緒に進んできた。口承の物語は、地縁、血縁のなかで生き、その場だけで存在し、固定されないものとして存在する、変更可能な即興的なものだ。物語はその場で一回ごとに消え去るもので、声としては消え、人々の想像力の中に生きつづける。

❖理解・表現の解説

〈理解〉

(1)「どきどきするような現実感」（二六六・6）とはどのようにして生じてくるものか。本文に即して説明しなさい。

解答例　母親の声に誘い出され、山の風景が浮かび上がり、そこを歩く馬子と馬の姿、追いかけるヤマンバの姿がシルエットとして現れる。馬子が逃げ出し、ヤマンバが髪を振り乱して追いかける。「馬子やあ、待てえ」というヤマンバの声が頭と体に反響する。

このように、母親の語りを通して、物語が生き生きと想像され、身体感覚をともなう子どもの世界を形成する一部となるように感じられる。

(2)「そこを支配している『近代性』」（二六七・6）とはどのようなことか、説明しなさい。

解答例　「そこ」とは、「学校の優等生たちが読んでいた『赤い鳥』系の話」。それらの話を支配している「近代性」とは、子どもの世界を「無垢」や「無知」の象徴として描き、言葉は論理できれいに整理され、人物も論理的、合理的な世界の中で描くということ。

(3)「ジャーナリズムの言葉と個人の言葉のちがい」（二六八・6）とあるが、どのような「ちがい」があるか、説明しなさい。

解答例　ジャーナリズムの言葉とは、幅広い人たちが理解できる言葉である。一方、個人の言葉とは、ひとりひとりの顔が見え、家族や地縁に支えられている言葉である。また、地方の風土、習慣、伝統が個人の言葉で生きつづけ、それらを確認するための道具にもなっているというちがいがある。

(4)「複雑な思い」（二六九・15）とあるが、筆者がこのような思いになるのはなぜか、説明しなさい。

解答例　「私」が魅力にあふれていると感じるのは近代的文学観で書かれた小説ではなく、「マジック・リアリズム」や「クレオール文学」と呼ばれる、その風土の想像力にむすびついた小説である。しかし、このような小説が現れた流れは、近代の学問が古代の口承文学の世界を読み解いてくれたという大発見の成果かもしれないから。

(5)「逆説になる」（二七〇・7）とはどのようなことか、説明しなさい。

解答例　口承文学の物語は、共有される代わりに内容は固定されずに存在し、作者も存在せず、いくらでも変更可能な即興的なものである。それなのに、その物語は現実には流れるものとして存在し、遠くの地域で共通の物語が語られたりするので、「逆説になる」ということ。

〈表現〉

(1)「物語る」ことや、「流れるものとして」（二七〇・7）の物語について、自分自身の体験に照らし合わせて、四〇〇字以内でまとめてみよう。

解説　「物語る」や「流れるものとして」の物語は、口承文学のこと。自らが聞いたことのある物語や、話したことのある物語などを取り上げて、「体験に照らして」とあるので、その時に感じた感想なども含めてまとめよう。教科書に収録されている「竹取物語」（三六）も口承文学である。

(2)「マジック・リアリズム」（二六九・4）や「クレオール文学」（二六九・8）と呼ばれる小説にはどのようなものがあるか、調べてみよう。

解説　「マジック・リアリズム」では、ガルシア・マルケス著『百年の孤独』、J．L．ボルヘス著『伝奇集』などがある。また、「クレオール文学」では、パトリック・シャモワゾー著『テキサコ』、ジャン・ベルナベなど著『クレオール礼賛』などが参考になる。

第16章　韻文の表現（三）

小諸《こもろ》なる古城のほとり／竹／樹下の二人／二十億光年の孤独／崖／I was born

島崎藤村《しまざきとうそん》　ほか

❖学習の視点

1　詩に親しむことで、詩人の思いに触れよう。
2　詩のリズムを感じ、時代の気分を味わうために音読してみよう。
3　吟味した表現で作者が伝えようとしたことを捉えよう。

小諸なる古城のほとり

❖作者解説

島崎藤村（しまざき・とうそん）詩人。小説家。一八七二（明治五）―一九四三（昭和一八）年。長野県生まれ。明治学院普通部本科卒業。本名は島崎春樹《はるき》。「文学界」を創刊し、浪漫派詩人として『若菜集《わかなしゅう》』などの詩集を発表した。後に小説に転じ、『破戒』『春』などを発表し、代表的な自然主義作家となり、日本自然主義文学の到達点とされる『家』を発表した。詩集に『夏草』などがあり、ほかに小説『夜明け前』などがある。

❖出典解説

「小諸なる古城のほとり」は詩集『落梅集』に収められており、本文は「藤村全集」第一巻（一九七三年・筑摩書房刊）によった。

❖語句・表現の解説　二七四ページ

小諸なる古城のほとり　旅人のいる場所を表している。

雲白く遊子《ゆうし》悲しむ　旅人が白い雲を見上げて、春を感じられない情景であることを悲しんでいる。

緑なす蘩蔞《はこべ》は萌《も》えず　野を緑にする蘩蔞はまだ芽が出ない。

藉《し》くによしなし　腰をおろすのに十分ではない。腰をおろせるほど、若草が十分にはびこっていないようすを表している。

しろがねの衾《ふすま》の岡辺　銀《しろがね》のように白く輝く岡。岡にはまだ雪が残っている情景を表している。

日に溶けて淡雪流る　日に溶けて淡雪が水になって流れる。確かな季節の変化を表している。

野に満つる香《かおり》も知らず　野に満ちるような春の香りはないということ。春の香りを感じないことへの旅人の失望感が表されている。

二七五ページ

浅くのみ春は霞《かす》みて　春の霞が浅くかかっているだけで。

暮れ行けば　夕方になったので。

歌哀《かな》し佐久《さく》の草笛　佐久というこの場所で、草笛の音が哀しく聞こえている。

千曲《ちくま》川いざよふ波の／岸近き宿にのぼりつ　千曲川の波が漂っている岸に近い宿にあがって。

濁り酒濁れる飲みて／草枕しばし慰む　濁った酒を飲んで旅の仮寝の寂しさをしばらくの間慰める。

❖構成・表現技法

〈構成〉

この詩は全三連から成る。

第一連（二七四・1～6）　旅人は小諸にある古城のほとりにいる。季節は早春だが、雲は白く、旅人はまだ春を感じられないことを悲しんでいる。一面の野を緑にする蘩蔞の芽はまだ出ていないので、若草も腰をおろすのには十分ではない。しかし、夜具のように岡を覆う雪は日に溶けて流れている。

第二連（二七四・7～12）　光はあたたかくて春を感じさせるが、野に春の香りはない。春霞が浅くかかっていて、麦の色はわずかに青い。旅人の群れがいくつか畠の中の道を急いでいるのが見える。

第三連（二七五・1～6）　夕方になったので浅間山も見えなくなり、旅人の耳には佐久の草笛の音が哀しく聞こえている。千曲川の波が漂っている岸の近くに宿があり、旅人は自分も漂っているような気分で哀しさを感じながら、そこに宿泊することにした。そして、濁り酒を飲んで、旅の仮寝の寂しさを慰めたのだ。

〈表現技法〉

●**五七調**　五音七音の繰り返しになっている。五七調は「万葉調」とも言い、力強く重々しい響きを生じさせる。

●**体言止め**　第一連「ほとり」「岡辺」、第三連「草笛」と行末を体言で止めることで、そのことばの印象を強めている。

●比喩　第一連「しろがねの衾の岡辺」は、岡を覆っている雪を「しろがねの衾」にたとえている。

❖主題・鑑賞

〈主題〉

旅愁を感じている旅人の様子に作者自身を重ねている。早春でありながら春を感じさせない情景に失望しながらも、早くはこべが萌え、若草が十分に生え、野に春の香りが満ちてほしいという願いを歌っている。

〈鑑賞〉

「蘩蔞」は萌えず、若草も十分に出ていない、野の香はなく、麦の色も青々としてはいない。このように、一つ一つのものを否定的に出すことで、逆に「ない」というものの存在を強く印象付けていて、みごとである。

この詩には全体を通して暗く沈んだ憂愁の気分が漂っている。青春の情感が歌われているのだが、暗鬱な青春といった趣である。青春の日が過ぎてゆくことに、ある種の痛みを覚えるのは若さにとって普遍的なことだろう。その気分は明治時代の詩人たちの胸にも等しく流れていたようだ。藤村もその詩人の一人としてロマンチックな歌声を『若菜集』などの作品に響かせた。しかし、青春の日々が過ぎ去るにつれて、憂愁の情は心にきざしてくる。藤村は「遊子悲しむ」という自分を見出し、「濁り酒濁れる飲みて」と、そういう自分を慰めたのである。

竹

❖作者解説

萩原朔太郎（はぎわら・さくたろう）　詩人。評論家。一八八六（明治一九）年群馬県生まれ。一四歳ごろから短歌を作り始め、「明星」などに投稿。高校を中退するなど父の医院を継げずに進路に悩む。一九一三年、北原白秋主宰の雑誌「朱欒《ザンボア》」に詩が掲載された。室生犀星を知り生涯の親交が始まる。一九一七年、第一詩集『月に吠える』は、不安や孤独の感情を繊細に表現する独自の詩風で注目を集めた。続く『青猫』『蝶を夢む』で口語自由詩の芸術性を高めた近代叙情詩を確立する。晩年は文語詩集『氷島』を著す。評論に『詩の原理』など。一九四二（昭和一七）年没。

❖出典解説

「竹」は『月に吠える』（一九一七年・感情詩社刊）に収められており、本文は『萩原朔太郎全集』第一巻（一九八六年・筑摩書房刊）によった。

❖語句・表現の解説 二七六ページ

竹　竹は樹木としては形態や性質に特徴がある。一本が真っ直ぐに伸び、成長が速く群生して林を作る。また地下茎で増え、竹林の地下に根が縦横に張り巡らされて強い地盤を作る。

ほそらむ　作者の造語と思われるが、形容詞「細い」の活用部分を動詞のように変化させている。「細くなる」という意味で使われ、竹の根が細く伸びる様子を強調する効果がある。

繊毛　非常に細い毛。繊毛虫類の体表などの微少な糸状の突起などをさすが、ここでは竹の根の先端の毛根のことである。

けぶる　けむる。あまりに細く密生して煙ったように見える繊毛のことを言っている。

まつしぐら　真っ直ぐに目標を目指して進む様子。竹が真っ直ぐに伸びる様子を生き物の動作にたとえた表現。

凍れる節節　「凍れる」は実際に凍っているのではなく凍ったように固い竹の節々と捉える。節は成長が速くしなやかな竹の幹をがっちりと支えている。

りんりんと　竹の鋭さ、真っ直ぐさ、節の固さ、その凛《りん》とした姿を「りんりんと」という擬態語で表現した。

❖発問の解説

（二七六ページ）

1　文末を終止形にしないことで、どのような効果が生まれているか。

解答例　文末に連用形の中止法を用いることで、動きに終わりがなく、竹が今まさに生えてくる様子や、休みなく伸び続けているイメージを表現する効果がある。

文末を「生え、」とエの音でそろえ、たたみかけるように繰り返して切迫感がある。動きに終わりがなく、今現在限りなく増殖しているような異様なイメージである。

❖構成・表現技法

〈構成〉

この詩は、竹が生える地下の情景と地上の情景の二つの連で構成されている。

第一連（二七六・1〜7）　地面に竹が生え、地下に繊細な竹の根が生えていく。

第二連（二七六・8〜13）　地上に真っ直ぐに力強く竹が生えていく。

〈表現技法〉

- **反復**　「竹」、「生え、」の繰り返しで、映像の早送りを見るように竹が生えてどんどん伸びていく不思議なイメージを作り出している。
- **脚韻**　行末の「生え、」「ふるへ。」と連用形の中止法を用い、エ音で韻を踏んでいる。その動きが止まることなくいつまでも次々に続くように感じさせる効果がある。

●**不規則な定型のリズム**　多くの語句を七音や五音、四音に調えている。竹が生える動きにリズムを与えている。定型が不規則なので、リズムに何か落ち着きのなさ、異様さを感じさせる。
●**造語**　「ほそらみ」は根が細くなっていく様子。「細い」を動詞のように活用させているが、「生え」と同様に連用形の中止法にして、根が細くなっていく様子を印象づけている。
●**擬態語**　「りんりんと」は竹の節が強く固く伸びる様子を表していて、実際にその音が聞こえるわけではない。「凛とした」ということばを連想させる。

❖主題・鑑賞

〈主題〉

心の奥にかすかに震える繊細な感性と、外界に真っ直ぐに伸びていこうとする強い意志。この相反する二面性を持つ人間の精神の本質を、竹が生えるという具体的イメージで、象徴的に表現した作品である。

〈鑑賞〉

地下に繊細に震える根を生やす竹と、地上に力強く真っ直ぐに伸びていく竹。この二つの相反する姿はどちらも竹の本質である。作者は地下の見えない竹の根を透視するように、人間の内面の暗く湿った繊細な感覚の震えを見つめている。そして、それと相反するようだが、人間の外面的な向日性、青空を目指して強くまっしぐらに伸びていこうとする意志をも認めている。竹が地下と地上に伸びる情景は、どちらも人間の精神性を象徴するイメージとして表現されたものである。

樹下の二人

❖作者解説

高村光太郎（たかむら・こうたろう）　本名、光太郎《みつたろう》。詩人・彫刻家。一八八三（明治一六）年、彫刻家高村光雲《こううん》の長男として東京に生まれる。東京美術学校彫刻科卒業。一九〇六（明治三九）年から九年まで欧米に留学、ロダンに傾倒し、またヴェルレーヌ、ボードレールらの詩を学ぶ。帰国後は新しい美術の鼓吹に努め、詩人としては詩集『道程』で口語自由詩の詩風を確立した。ヒューマニズムの精神を貫き、生命感のあふれる重厚な人生的態度の作風で知られる。詩集に『道程』『智恵子抄《ちえこしょう》』『典型』などがあり、芸術論集『造型美論』『美について』など、翻訳に『ロダンの言葉』その他がある。彫刻作品に「手」「鯰《なまず》」「十和田《とわだ》湖記念像」などがある。一九五六（昭和三一）年、没。七四歳。

❖出典解説

一九二三（大正一二）年、雑誌「明星」に発表され、『智恵子抄』（一九四一年・竜星閣刊）に収められた。本文は『定本高村光太郎全詩集』（一九八二年・筑摩書房刊）によった。

❖語句・表現の解説

二七七ページ

みちのく　昔の陸前《りくぜん》・陸中《りくちゅう》・陸奥《むつ》の三国の総称。現在の福島・宮城・岩手・青森の四県にまたがる。

松の根かたに人立てる見ゆ　松の根元の方に人が立っているのが見える。この歌は、「樹下の二人」の詩とは、別々に作ったもの。

あれが阿多多羅山《あたたらやま》、／あの光るのが阿武隈川《あぶくまがわ》　指さして教えているのは、作者の妻、智恵子である。

かうやつて　作者が妻智恵子の郷里、福島県二本松《にほんまつ》の実家を訪ね、二人で近くの小高い丘、松の根かたに坐《すわ》っているのである。

言葉すくなに　「すくなに」は、形容詞「少ない」から派生した形容動詞連用形。「言葉すくなに」は、「口数少なく」の意で、お互いあまり話をしないのだが、沈黙しているわけではない。

遠い世の松風ばかりが薄みどりに吹き渡ります　「松風」は、松林を渡る風。また、その音。「松籟《しょうらい》」とも言う。「遠い世の」は、松風の音が、遠い昔の時代にいるような感じを起こさせるのである。「薄みどりに吹き渡ります」は、風の渡る空気のさわやかさを色にたとえたのである。このさわやかさは、すぐ後の「あなたと二人……よろこび」に通じる。

あなたと二人……かくすのは止《よ》しませう　静かな、しかし燃えるような愛情に包まれて手を組んでいるよろこびは、広い空、白い雲の下、だれはばかることもない、という意味で、健康で明るい愛の情念を歌っている。「止しませう」は、智恵子に呼びかけている。

あなたは不思議な仙丹を魂の壺《つぼ》にくゆらせて　「仙丹」は教科書二七七ページ脚注にあるとおり、不老不死の霊薬。「くゆらす」は、煙をゆったりとたてる意。「あなた」＝智恵子の神秘的な魅力の比喩《ひゆ》である。

幽妙な愛の海ぞこに人を誘ふことか　「幽妙」は、奥深く、えもいわれず不思議な、の意。智恵子の、愛情をそそられる不思議な魅力を比喩的に表現している。

ふたり一緒に歩いた十年の季節の展望　作者が智恵子と結婚したのが一九一四（大正三）年、この詩が書かれたのが一九二三（大正一二）年だから、ちょうど十年目にあたる。

二七八ページ

ただあなたの中に女人の無限を見せるばかり　「女人の無限」は女性というものの無限の魅力、その不思議さ、のこと。結婚以来十年、作者にとって智恵子は、無限の魅力をたたえた女性でありつづけた、の意である。

苦渋　物事がうまくいかず、悩み苦しむこと。

変幻する　すばやく変化する。「変幻」は、突然現れたかと思うと突然消えること。［用例］変幻自在。

あの小さな白壁の点点があなたのうちの酒庫《さかぐら》　智恵子の生家である長沼《ながぬま》家は、酒造業を営んでいた。

あなたそのもののやうなこのひいやりと快い　次の行の「雰囲

気」にかかる。すっきりした冷たさを言う。

肌を洗はう　肌をさらそう、ということ。

私は又あした遠く去る　作者は、田舎の実家にいた妻の智恵子を訪ね、その後、一人で東京へ帰るのである。

二七九ページ

無頼の都　「無頼」は、①定職を持たず、無法な行いをすること。また、そういう人。②頼みにするところがないこと。ここでは②の意。「無頼の都」は、頼みにもならない都会。現在いる場とは正反対の騒然とした東京をさす。

混沌《こんとん》たる愛憎の渦の中へ　愛や憎しみが入りまじって渦巻いている中へ。東京での生活の形容である。

私の恐れる、しかも執着深いあの人間喜劇のただ中へ　私の恐れる、しかし、一方では心ひかれて離れられない、人間喜劇の演じられている東京の真ん中へ。「私」は、東京での生活を恐れながらも、強くひきつけられていたのであろう。しかし、田舎育ちの智恵子にとっては、その東京は耐えられないものになっていた、と思われる。

この不思議な別箇《べっこ》の肉身を生んだ天地　「別箇」は、ふつう「別個」と書く。①他と切り離された一つ一つ。別々。②他と違っていること。別物。ここでは②の意。「この不思議な別箇の肉身」は、智恵子をさす。智恵子という生身《なまみ》の肉体を生んだ天地。

物寂しいパノラマ　眼下に見渡せる冬の初めの風景の形容。

パノラマ　panorama　半円形の背景に風景画を描き、前面に立体的な模型をおいて、観覧する者に高い所から見渡す感じを与えるための装置。ここでは、風景がパノラマふうの眺望になって見渡せるので、こう言った。

❖発問の解説

1（二七九ページ）

「あなた」が「別箇の肉身」とはどのようなことか。

解答例　智恵子が、東京に渦巻いているような、混沌とした愛憎や、執着深さとはまったく無縁の、清らかな存在であること。

❖構成・表現技法

〈構成〉

六連から成る口語自由詩。そのうち三連は、全く同じ二行のくり返しになっている。なお、冒頭に短歌が一首ついている。

第一連（初め〜二七七・2）　智恵子が教える山と川（くり返し）。

第二連（二七七・3〜8）　松風の音の中で、手を組んで坐っている二人。

第三連（二七七・9〜二七八・6）　ふたりで歩いた十年の季節の中に、智恵子の魅力をふり返る。

第四連（二七八・7〜8）　智恵子が教える山と川（くり返し）。

第五連（二七八・9〜二七九・6）　智恵子を生んだ天地の、

快い空気に浸り、明日無頼の都へ向かうことを告げる。
第六連（二七九・7～8）智恵子が教える山と川（くり返し）。

〈表現技法〉

●反復　くり返し（リフレイン）の効果――小高い丘の上から見おろすパノラマふうの風景が、眼前に浮かび上がるような感じを、このくり返しが鮮やかに表現している。智恵子が指さして教える阿多多羅山と阿武隈川を読者に強く印象づける。

●「あなた」への呼びかけ――全体が「私」と並んで坐っている「あなた」＝智恵子に呼びかける形で書かれ、「…しませう」「…ですね」「教へて下さい」といった口調が、やさしく、なつかしい雰囲気をかもし出している。

●比喩「松風ばかりが薄みどりに吹き渡ります」（二七七・5）、「不思議な仙丹を魂の壺にくゆらせて」（二七七・9）、「冬のはじめの物寂しいパノラマ」（二七九・6）というような切れ味のよい比喩が、イメージをくっきりときわ立たせている。

❖主題・鑑賞

〈主題〉

妻智恵子の故郷で、初冬のパノラマのような風景を下に見て、十年間の結婚生活の中での妻への愛情と信頼を歌い、明日は無頼の都へ向かう決意を述べる。

〈鑑賞〉

作者高村光太郎にとって、妻長沼智恵子との出会いは、精神的に、また創作の方向に、決定的な役割を果たした。一九一四年に結婚してから十七年、一九三一年に智恵子に精神分裂症の徴候が現れ、七年後に死亡。智恵子との愛とその死をめぐる作品群が、一九四一（昭和一六）年刊行された『智恵子抄』である。「樹下の二人」もその中の一編で、結婚後十年、妻とたどった愛の生活を、妻の故郷の風景を背景に歌っている。

初めの二行は、故郷のパノラマの地理を説明する「あなた」の声である。そして、それがくり返されて、詩全体に優しい底流となって響いている。

すっきりと晴れ渡った冬の初めの風景と、その中に手を組んで坐っている二人の静かな愛の喜びが、澄んだ雰囲気を作り上げている。それは、故郷の風景と妻の魅力が結びついているところからくるものであろう。「愛の賛歌」とも言える高揚した情感、くり返しの効果、比喩の自然な技巧を味わいたい。

❖参考

「樹下の二人」に歌われた福島二本松への旅について、作者は次のような思い出をつづっている。

「智恵子は東京にいると病気になり、福島県二本松の実家に帰ると健康を恢復《かいふく》するのが常で、たいてい一年の半分は田舎に行っていた。その年も長く実家に滞在していたが、ちょうど叢文閣《そうぶんかく》から『続ロダンの言葉』が出てその印税を入手したので、私はそれを旅費にして珍しく智恵子を田舎の実家に訪ねた。智恵子は大よろこびで、二本松界隈《かいわい》を案内した。二人は飯坂《いいざか》温泉の奥の穴原《あなばら》温泉に行って泊まったり、近くの安達が原の鬼の棲家《すみか》という巨石の遺物などを見てまわった。

ある日、実家の裏山の松林を散歩してそこの崖《がけ》に腰をおろし、パノラマのような見晴らしをながめた。水田をへだてて酒造りである実家の酒倉の白い壁が見え、右に「嶽《たけ》」と通称せられる阿多多羅山（安達太郎山）が見え、前方はるかに安達が原を越えて阿武隈川がきらりと見えた。」（『現代詩人代表作品集、自解自選』）

二十億光年の孤独

❖作者解説

谷川俊太郎（たにかわ・しゅんたろう）　詩人。一九三一（昭和六）年、東京に生まれる。都立豊多摩高校卒業。一九五二（昭和二七）年に第一詩集『二十億光年の孤独』を刊行。宇宙感覚を伴った鋭く新鮮な作品で戦後詩の新星として脚光を浴びる。同人誌「櫂《かい》」に参加。以後、国民的人気で人々に愛される詩人として、また実験的な詩の書き手として、現代詩の最前線で活躍する。詩集に『六十二のソネット』『夜中に台所でぼくはきみに話しかけたかった』『日々の地図』、『女に』、『世間知ラズ』など。また『日本語のおけいこ』、『ことばあそびうた』など多数の絵本や童話がある。

❖出典解説

「二十億光年の孤独」は第一詩集『二十億光年の孤独』（一九五二年・創元社刊）に収められており、本文は『続続・谷川俊太郎詩集』（一九九三年・思潮社刊）によった。

❖語句・表現の解説　二八〇ページ

二十億光年　天文学で用いられている長さの単位。一光年は光が真空中を一年かかって進む距離を言い、一光年は九兆四六〇〇億キロメートルに相当する。この詩での二十億光年は、作者がこの詩を書いた一九五〇年頃観測できた最も遠い星雲までの距離という。ちなみに地球と火星との間の距離は、太陽を公転する周期の違いによって変化するが、平均で八〇〇〇万キロメートル。

火星人　火星にすんでいるかも知れない生物。第一連の「人類」と対応させている。離れていながら互いに求め合う者どうしをたとえた表現である。

ネリリし　キルルし　ハララしている　火星語。音感が楽しくユーモアがある。日本語の「眠り起き」「働き」と一部音を対応させている。

万有引力　ニュートンが一七世紀半ばに発見したのが「全ての物

体は互いに引き合う」とする万有引力の法則。この力を「孤独」に言い換え、詩人独自の発想で「万有引力」を、「ひき合う孤独の力」と定義している。

（二八一ページ）

宇宙はひずんでいる　一九一六年にアインシュタインは一般相対性理論を発表し、万有引力とは重力場という時空のひずみであるとした。重力の作用は光速度で伝えられ、非常に強い重力が働く場では光の軌道もまた重力によって曲がるとした。

宇宙はどんどん膨んでゆく　一九二九年にエドウィン・ハッブルが遠方の銀河の後退速度を観測し、距離が遠い銀河ほど大きな速度で地球から遠ざかっていることを発見した（ハッブルの法則）。つまり、ハッブルによって実際に宇宙の膨張が観測されて以来、宇宙は膨らんでゆくという概念が定着した。

くしゃみ　やや大仰に展開する「二十億光年の孤独」に関する思索に対して、深い意味のない人間的な身体反応として「くしゃみ」という落ちをつけたとも言える。軽いユーモアで楽しくかつ余韻を残している。

❖発問の解説

（二八〇ページ）

1 「ネリリし　キルルし　ハララしている」とはどのようなことか。

解答例　人間と同じように眠り起きそして働いているということ。

第一連の「人類」と第二連の「火星人」を対にして表現している。火星人は人間と同じように「ネリリし」＝「眠り」、「キルルし」＝「起き」、「ハララしている」＝「働」いているだろうということ。それぞれの言葉の音の類似にも着目しよう。また、第二連の最後の行で火星人も地球に仲間を欲しがっているということは「まったくたしかなことだ」と断言していることからも、火星人を異質の存在としていないことが分かる。

（二八一ページ）

2 「くしゃみ」は何を意味しているか。

解答例　「孤独」というものの「重み」に対して、日常的で単純な身体反応である「くしゃみ」の「軽み」を意味している。「二十億光年の孤独」の深遠さに対して、卑近な「くしゃみ」を対照させて、そのギャップに、おかしみ、ユーモアをかもし出している。

❖構成・表現技法

〈構成〉

この詩は全六連から成る。

第一連（二八〇・1〜3）　地球の上で生活している人類。火星に仲間を欲しがることもある。

第二連（二八〇・4〜8）　火星の上の火星人。ときどき地球に仲間を欲しがることもあることは確かだ。

第三連（二八〇・9〜10）万有引力の新しい定義。
第四連（二八一・1〜2）宇宙のひずみ。だからみんなは互いに求め合う。
第五連（二八一・3〜4）宇宙の膨張。だからみんなは不安だ。
第六連（二八一・5〜6）二十億光年の孤独を思って「僕」はくしゃみをした。

〈表現技法〉

●**対句**　第一連と第二連…「人類」と「火星人」を対応させる。
第四連と第五連…宇宙のひずみと膨張を並立させる。

●**造語**　火星語「ネリリ」「キルル」「ハララ」　火星語として音感がおもしろく楽しめる。日本語の「眠り」「起き」「働き」と対応させている。

●**比喩**《ひゆ》　「人類」と「火星人」の距離、「二十億光年」という遠さ、宇宙のひずみと膨張にたとえて、他者との精神的な距離感の大きさを表現している。また「孤独の力」を「万有引力」にたとえて、互いにひかれ合うことのエネルギーの大きさを表現している。

●**対比**　宇宙ほどに重い「二十億光年の孤独」と、軽い身体的反応である「くしゃみ」を対比することで、詩のしめくくりを軽やかなものにしている。

❖主題・鑑賞

〈主題〉

第三連の「万有引力とは／ひき合う孤独の力である」にこの詩のテーマが語られている。私たちは一人一人が孤独な存在である。私たちは他者に引かれずにはいられないのに、心は互いに遠く離れている。そしてさらに離れていく。だから私たちはますます求め合う。その孤独ははかりしれないと作者は考えを巡らせている。

〈鑑賞〉

作者は巧みな比喩表現で「孤独」というテーマを展開する。自分と他者との精神的な距離は地球と火星ほども遠い。いやいや、二十億光年はあるだろうか。しかも宇宙がひずみ、膨張するように、ますます離れていく。だから私たちは不安にかられてますます互いに求め合う。このように読み進むうちに読者は、人間が一人では生きられない存在であることに気づく。孤独とは他者を求める心である。だから人間は友人をつくり、恋人をつくり家族をつくる。その力は万有引力にも匹敵するほどのエネルギーなのだ。そんなことを思いながら空を仰ぐと、いきなり「くしゃみ」が出る。「孤独」の重さが小さな「くしゃみ」で吹き飛んでしまう。最後の連で初めて詩の語り手である「僕」が登場する。思わずくすりと笑える楽しいしめくくりである。

崖《がけ》

❖作者解説

石垣りん（いしがき・りん）　詩人。一九二〇（大正九）年、東京赤坂に生まれる。赤坂高等小学校卒業。日本興業銀行に入社、一九七五年、定年退職した。そのかたわら、働く者の立場から、生活の現実をみつめる詩を書き続けた。生活に密着した素材を歌いながら、社会への目を広げようとする詩風には、女性らしい感受性とひたむきさがにじみ出ている。詩集に『私の前にある鍋《なべ》とお釜《かま》と燃える火と』『表札など』『略歴』があり、『石垣りん詩集』にまとめられている。一九六九年、『表札など』でH氏賞を、一九七二年、『石垣りん詩集』で田村俊子賞を受賞。二〇〇四年、没。

❖出典解説

この詩は、『石垣りん詩集』（一九七一年・思潮社刊）によった。

❖語句・表現の解説

二八二ページ

戦争の終《おわ》り　第二次世界大戦の末期。

サイパン島　第二次世界大戦中、日本の委任統治領だったサイパン島は、一九四四年六月に、米軍による上陸攻撃を受け、激戦が展開された。七月に日本軍はほぼ全滅し、当時島にいた在留日本人住民も戦死あるいは自決した。

身を投げた女たち　当時サイパン島には、二万五千にのぼる日本人がいたが、そのほとんどが自ら生命を断った。女性たちは、崖の上から海中へ身を投げた。

美徳やら義理やら体裁やら　「美徳」は、ほめるべき良い行いのこと（対 悪徳）。「体裁」は、世間体のこと。ここで「美徳やら義理やら体裁やら」というのは、戦争当時、敵に捕まったり敵に殺されるのは、「美徳」に反するみっともない行いであり、敵に捕まるぐらいなら自決する方が「体裁」良い立派な行いだとする道徳観に、日本人は縛られていたことをさす。「生きて虜《りょしゅう》囚の辱《はずかし》めを受けず」（「戦陣訓」）ということばに表される道徳。アメリカ軍が上陸し、直接戦地になったサイパン島や沖縄本島等では、そうした道徳観に「義理」立てして、自決を選ぶ日本兵士や一般人が多かったのである。

火だの男だのに追いつめられて　直接的には、広がる戦火や兵士たちから追いつめられたことをさしている。しかし、なぜ筆者はここで「兵士」とせずに「男」と表現したのかを考えてみよう。当時の女性たちの立場は、参政権もなく、非常に弱いものであった。戦争中も兵士として働けないことで、邪魔にされたり軽んじられたこともあったようだ。作者は、本当に彼女たちを追いつめ死に追いやったものが何だったのかを、真摯《しんし》な思いで問うているのである。

とばなければならないからとびこんだ　要するに「自決」しなければならなかったのである。それ以外の選択肢を選ぶことができなかった、当時の女性たちの悔しさや悲しみが、「とばなければならないから」という表現に込められている。

ゆき場のないゆき場所　逃げ場もなく追いつめられ、最後にゆき着いたのが海だったのである。

それがねえ　つらく悲しい戦争時の出来事を、簡潔な文体で語る前半部分。一転して、「それがねえ」という口語を使い、その緊張感をやわらげ、詩に変化を与えている。それは、たわいもない世間話をしているような、やわらかいことばだ。しかし、それがかえって、過去の悲しい出来事と現実との距離を縮めるかのようだ。過ぎ去った出来事ではなく、現在にもつながることであり、女をめぐる状況は解決されてはいないと言いたい作者の気持ちが、読む者に語りかけるのである。

二八三ページ

まだ一人も海にとどかないのだ　これは何を比喩しているのかを考えてみよう。次の一文をみると、「十五年もたつというのに」とある。十五年たってもとどかないものは何か。無念の思いは消えたか。死を選ぶしかなかった女性たちの立場の弱さが、はたして十五年たってすっかり改善されたというのか。彼女たちの悔しさが社会にちゃんと伝わったのかを、作者は疑問視しているのである。

どうしたんだろう。／あの、／女。　ここで言う「女」は、特定の女性をさすものではない。戦争中に追いつめられて死を選ぶしかなかった、弱く悲しい女の立場のことでもあり、その立場からすっかりぬけきれたわけでない、現在の女性たちのことをも含んでいる。

❖発問の解説

（二八三ページ）

1　「まだ一人も海にとどかないのだ。」とはどういうことか。

解答例　身を投げた女たちは、確かに海に沈んだのであろうが、彼女たちの無念の思いを考えると、いまだに女たちは救われていない、という作者の思いを表現している。

❖構成・表現技法

〈構成〉

四連からなる口語自由詩。内容から次のように分けられる。

第一連（二八二・1〜3）　第二次世界大戦の末期に、サイパン島の崖から多くの女性が身を投げた。

第二連（二八二・4〜6）　女性たちは、美徳や義理や体裁などの観念によって、戦火や兵士に追いつめられた。

第三連（二八二・7〜9）　自決する意外になかったし、他に行き場もないから、崖からとびこんだのである。

第四連（二八二・10〜二八三・5）　しかし、そうした悲しい無念の思いは、消えてはいない。女性の立場は、十五年たって変わったと言えるのか？　あの時の女性の悔しさは、どうしたのだろう。

〈表現技法〉

●行替え　行替えの多用は、詩に力強さとメリハリを与え、主題を強調させている。特に結びの「あの、／女。」に注目しよう。

●反復　「美徳やら義理やら体裁やら／何やら。」の「やら」や、「火だの男だの」の「だの」。また、「とばなければならないからとびこんだ。」の「とびこむ」や、「ゆき場のないゆき場」での「ゆき場」に見られるように、同じことばを繰り返すことで、詩にリズムを与えるだけでなく、感情や思いを込める役割も果たしている。

❖主題・鑑賞

〈主題〉

第二次世界大戦の末期に、サイパン島の崖から海に多くの女性が身を投げた。それは、自決を「美徳」とし、敵に捕まったり殺されるのは体裁が悪いとする観念があったので、戦火や兵士に追いつめられた女性は、自決するしかなく、崖から海に飛び込む以外、ゆき場所がなかったのである。しかし、十五年たって、そうした女性たちの悔しい思いはどこへ行っただろうか。現在に伝わっているのだろうか。崖からとびおりるしかなかった、悲しく弱い女性の立場と、十五年後の平和な日本で生きる私たち女性の立場はあまり変わっていないようにも思えるのである。

〈鑑賞〉

この詩が書かれた背景には、作者が見た一枚の写真がある。サイパン島の崖の上から飛び降りて自決した女性らしき人影が、まさに今、海に落ちていこうとする途中の瞬間を写しとった一枚の写真。それが、同じ女性である作者の心をひどくとらえたという。なぜ、彼女らは崖から飛び降りなければならなかったのか、何が彼女を追いつめたのかを、作者は自らに問いつめている。「美徳やら義理やら体裁やら／何やら。／火だの男だのに追いつめられて。」その結果、死んでも死にきれない女性の姿をそこに見いだしたのである。

しかし、後半、十五年たってまだ女性は「海にとどかない」と作者は言う。追いつめられた女性の気持ち、不本意な立場は、あまり変わっていないと作者は考えるわけである。そこに、死にきれないでいる写真の女性の姿に、現代の女性を重ね合わせる作者の思いがある。

作者、石垣りんは、生涯結婚せずに一人働き続けて、定年を全うしている。戦後、参政権が与えられ女性の立場がいくら向上したといわれても、この詩が作られた昭和三四年ごろ、女性一人で結婚もせず働くことへの世間の目はどんなに辛く無理解なものであっただろう。そんな中で、写真の女性に比べ十五年後を生きる作者石垣りんの立場は、良くなっているといえるのか。戦争の中で不本意な悔しさの中で死んでいった女性の気持ちは、本当に今の世の中に反映されているというのか。そうした世の中に対する、作者の思いが込められているのである。それからさらに六〇年近くたった今はどうか、も考えながら作者の思いを読み取りたい。

I was born

❖作者解説

吉野弘（よしの・ひろし）　詩人。一九二六―二〇一四年、山形県生まれ。一九五三年、詩誌「櫂」に参加、詩作を続けた。わかりやすいやさしいことばで、しかも社会的な視点をもった知的な詩をよんだ。詩集に『消息』『幻・方法』『感傷旅行』などがある。

❖出典解説

本文は『吉野弘詩集』（一九八一年、青土社）によった。

❖語句・表現の解説

二八四ページ

白い女　白っぽい服を着た女。
物憂《ものう》げに　なんとなくだるげに。
身重　妊娠していること。
気兼ね　気を遣うこと。遠慮。
頭を下にした胎児　胎児は頭を下にした格好で母の体内にいる。
不思議に打たれて　不思議さに心を強く動かされて。
飛躍　ここでは、順序を飛び越えて、つながりがないこと。
〈生まれる〉ということがまさしく〈受け身〉である訳　I was born は、be動詞＋過去分詞の受身形であるその理由。
諒解　事の事情がわかって納得すること。

二八五ページ

怪訝《けげん》そうに　不思議そうに。「怪訝」は納得がいかないさま。
それを察するには僕はまだ余りに幼なかった　自分のことばを父がどう受け取ったか、推測することのできる歳になっていなかった。
退化　生物のある器官が使われなくなったため、その働きを失って、単純になったり、なくなったりすること。対進化。
胃の腑《ふ》　胃の内部。「腑」は、内臓のこと。
充満　いっぱいになること。
目まぐるしく　目がまわるようにはやいようす。

❖発問の解説

（二八四ページ）

1　**「父に気兼ね」をしたのはなぜか。**
解答例　妊娠中の女性の腹をじっと見ることを、父は失礼だと思うかもしれないと思ったから。

2　**「興奮」したのはなぜか。**
解答例　英語の勉強としてしか考えていなかったI was

bornということばを、実感として理解することができたから。

❖構成・表現技法

〈構成〉

口語自由詩。一行空きによって、七連に分かれている。

第一連（二八四・1）英語を習い始めた頃のこと。

第二連（二八四・2～3）父と境内を歩いていて、白い女に出会った。

第三連（二八四・4～6）女は身重で、「僕」は胎児を連想して、不思議に打たれた。

第四連（二八四・7）女はゆき過ぎた。

第五連（二八四・8～二八五・7）「僕」は、〈生まれる〉が〈受け身〉である訳を諒解し、興奮して父に話した。

第六連（二八五・8～二八六・3）父は蜉蝣の雌の腹にはぎっしりと卵だけがつまっていたのを見たことを話し、お母さんが少年を生んで死んだ話をする。

第七連（二八六・4～6）父の話を聞いて、「僕」は自分の肉体が母の胸の方までふさいでいる姿を思い浮かべた。

〈表現技法〉

●**散文詩** 構造としては、回想形式になっている。

❖主題・鑑賞

〈主題〉

生まれることの不思議と、生き物の残酷なばかりの切なさ、はかなさと、自らの生を引き受けて生きていかなければならない難しさが主題である。

〈鑑賞〉

少年は、I was born が受け身形である訳を「人間は生まれさせられるんだ。自分の意志ではないんだね」と発見する。それに対して、父は、蜉蝣と死んだ少年の母の話をして、生き物の目まぐるしく繰り返される生き死にについて話す。

父と子の会話をめぐって、少年の発見の驚き、父のとまどいと悲しみ、少年の心の痛みという二人の心情の変化が伝わると同時に、主題である生きることの切なさ、難しさが、明確になっていく過程がみごとである。また、「生きる」ということの意味にようやく気づき始めた年頃の少年が、一つの出来事によって深く目覚めるという経験を、短い詩の中で描いているのにも注目したい。

❖理解・表現

〈理解〉

(1)「小諸なる古城のほとり」について。

ⓐ季節や情景に注目して、各連の内容を整理しなさい。

解説 〈構成〉参照。

ⓑ作者は、どのような風景を、どのような情感で描いているか

考え、詩の主題をまとめなさい。

解説 「主題・鑑賞」参照。

(2) **「竹」について。**

ⓐこの詩のことばやリズムは、どのようなイメージを生んでいるか、考えなさい。

解答例 「竹」、「生え、」のことばの繰り返し、文末のエ音の連続、不規則な定型のリズムは、竹が見るまに生えてどんどん伸びていく幻想的なイメージを生んでいる。

ⓑ「竹」は何を象徴しているか、考えなさい。

解説 〈主題〉〈鑑賞〉を参考にして考える。第一段落の竹が地下に根を生やしていく情景、第二段落の竹が地上に向かって真っ直ぐに伸びる情景は、どちらも、人間の精神の二つの面を象徴的に表現している。人間は、心の奥に非常に繊細な感覚の震えを抱いている。それと同時に、外界に向かって強くまっしぐらに伸びていこうとする意志をも持つ。「竹」はこれらの人間の精神性を象徴するイメージとなっている。

(3) **「樹下の二人」について。**

ⓐ「あなた」と「私」、「自然」と「都会」との関係をまとめ、「私」にとって「あなた」はどのような存在か、考えなさい。

解答例 「あなた」と「私」は十年の歳月を一緒に生きてきた関係にある。また、「自然」とは、阿多多羅山《あたたらやま》や阿武隈《あぶくま》川を望む「あなた」の生まれたふるさとであり、「都会」とは「私」にとって「無頼の都、混沌たる愛憎の渦」「執着深い人間喜劇」である。「私」はまたそのただ中に帰って行かなければならない。このような「私」にとって「あなた」は、幽妙な愛の海底に「私」を誘い、情意に悩む私を清め、苦渋を身に負う私に爽やかな若さの泉を注いでくれる、魔物のようにとらえがたく妙に変幻する存在である。

ⓑ冒頭の短歌を踏まえて、「あれが阿多多羅山、／あの光るのが阿武隈川。」ということばの発話の主体と時間をそれぞれ想定し、この詩の魅力を考えなさい。

解答例 冒頭の短歌の歌意は、みちのく（東北地方）の安達が原に二本松が立ち、その根方に人が立っているのが見える、というもの。安達が原は福島県の智恵子のふるさと。その小高い野山から見える情景であろう。「あれが阿多多羅山／あの光るのが阿武隈川」の発話の主体は「あなた」、智恵子である。都会から来た「私」、光太郎に自分のふるさとの「物寂しいパノラマの地理」を教えている。時は冬の初め、「白い雲」「がらんと晴れ渡った」とあることから、小春日和の暖かい真昼の情景である。愛し合う二人の満ち足りた静かな心や、作者光太郎の智恵子への真摯な愛情が、率直にせつせつと語られているところにこの詩の魅力がある。

(4) **「二十億光年の孤独」について。**

ⓐ「人類」や「火星人」を言い換えるとしたら、どのようなことばが考えられるか、答えなさい。

解答例 あなたと私。男と女。日本人と外国人。

互いに求め合いながらどうしても距離を縮めることのできない全ての関係にあてはまる。火星と地球ほどの遠い心の距離感である。

ⓑ **「二十億光年の孤独」とはどのようなものか、考えなさい。**

解答例 ひかれ合い求め合いながら、互いの距離があまりに遠く、願いがかなえられない寂しさ。また、たった独りでいる深い孤独。

物理的な遠さというより精神的な距離感を意味する。「二十億光年」という距離はほとんど「永遠」と言えるだろう。どうしても分かり合えないのに心がひかれ求め合わずにはいられない関係を想像してみよう。

(5) **「崖」について。**

ⓐ **多用される行替えや、括弧にくくられた部分の効果を説明しなさい。**

解答例 多用される行替えについては、作者の強い思いを伝える効果を上げている。例えば、最後の「どうしたんだろう。／あの、／女。」は、簡潔だが、力強いリズムを感じる。たたみかけるような調子が、一層行間にこめられた作者の強い思いを想像させる。また、第一連から第三連までは事実としてあった出来事を簡潔に語るだけであるが、括弧内の（崖はいつも女をまっさかさまにする）というのは、作者の声である。簡潔に悲惨な事実を語る部分と対比して提示することで、作者の思いの深さを伝える効果が出ている。

(6) **「I was born」について。**

ⓐ **「父」が「蜉蝣」の話をしたのはなぜか、説明しなさい。**

解答例 少年が無邪気に〈生まれる〉ということは「生まれさせられるんだ」「自分の意志ではないんだね」と言ったのを聞いて、生き物が生む、生まれるということの深い意味を伝えたかったから。

ⓑ **「父」の話を聞いて「僕」はどのようなことを感じたのか、説明しなさい。**

解答例 自分を生むことに命がけになった母について知り、生き物が生み、生まれるということの重みを感じた。また、生まれたことをただ受け身として考えるのではなく、生きていくことの困難さを引き受けていかなければならないということを感じた。

〈表現〉

(1) **六編の詩をもとに、次の点に注意して日本の近現代詩の変遷をたどってみよう。**

ⓐ **明治時代になって、和歌・俳諧や漢詩とは異なった形式の詩が生まれた。明治時代に書かれた島崎藤村の詩にはどのような特徴があるか、「小諸なる古城のほとり」と、和歌・俳諧や漢詩との共通点や違いを考えてみよう。**

解説 五七調で、文語定型という点。また、和歌の本歌取りのように、古典を多く使っている。例えば、「若草も藉くによしなし」は、杜甫の「春望」の一節「国破レテ山河在

リ　城春ニシテ草木深シ」、芭蕉の「奥の細道」で「国破れて山河あり、城春にして草青みたりと笠うち敷きて、時の移るまで涙を落としはべりぬ。」を踏まえている。

ⓑ近代詩を完成させたのが、萩原朔太郎と高村光太郎である。「小諸なる古城のほとり」と、「竹」「樹下の二人」とは、どのような点で異なっているか、考えてみよう。

（解説）「竹」と「樹下の二人」は、口語自由詩である。そのほか、〈表現技法〉や〈鑑賞〉を参考に考えよう。

ⓒ谷川俊太郎、石垣りん、吉野弘は、現代詩の代表的な詩人として知られている。「二十億光年の孤独」「崖」「I was born」の表記や表現にはどのような特徴があるか、考えてみよう。

（解説）〈表現技法〉や〈鑑賞〉を参考にしよう。

短歌

与謝野晶子《よさのあきこ》　ほか

❖学習の視点

1　近・現代を代表する十一人の歌人の歌を読み、近・現代短歌の形式・内容のあらましを理解する。

2　それぞれの歌の詠まれている情景、作者の心情、感動を読み取る。

3　それぞれの歌の表現上の技巧や工夫に注目し、それがどんな効果をあげているかを考え、併せて定型詩のもつ可能性を探ってみよう。

❖短歌の解説

●その子二十《はたち》……

〈歌意〉その娘はいままさに二十歳、髪をくしけずるとき、櫛とともに流れるようなつややかな黒髪は、誇らしい青春の美しさにあふれていることだなあ。

「その子」は第三者的な表現だが、作者自身と考えてよい。「おごり」は何かを得意になって人に示すこと。ここでは黒髪を誇っている。

〈鑑賞〉黒髪に焦点をしぼって女性の若さ、美しさを象徴させた点は大胆でみずみずしい情感である。末尾に詠嘆の終助詞「かな」を用いているので、感動の中心は「うつくしき」にある。第一句は六字で字余りだが、そこで切れているので、調子が強く、二句以降のよどみなさを引き立てる効果をあげている。（初句切れ）

●清水《きよみづ》へ……

〈歌意〉清水へ行こうとして祇園を横切っていると、こよいは桜が花ざかりで、空にはおぼろな月がかかり、道すがら逢う人がみな美しく見える。

〈鑑賞〉「清水」「祇園」という地名が呼び起こす古都のイメージに、夜桜とおぼろ月、その下をさざめきながら歩く人々の像が重なって、いかにも艶《えん》な情景である。「こよひ逢ふ人みなうつくしき」と言い切ったところに、夢幻を思わせる世界に酔っている作者の情感が表れている。「桜月夜」は桜の咲いている夜のおぼろ月夜のことで、作者の造語と言われる。三句切れ。

〈作者〉**与謝野晶子**（よさの・あきこ）教科書二八八ページ参照。

〈出典〉「日本近代文学大系」第一七巻（一九七一年・角川書店刊）。

●のど赤き……

〈歌意〉のどの赤いつばめが二羽、屋梁《はり》にとまっていて、今しも母はお亡くなりになるのだ。

〈鑑賞〉いよいよ母の亡くなる瞬間。厳粛荘重な下の句と、客観的な写生の上の句の対照が、死の瞬間の深刻さを印象あざやかに表している。燕ののどの赤さは生命の象徴であり、母の死と対比されている。「たまふ」は尊敬語で、母への感謝の気持ちが読み取れる。「足乳根《たらちね》の」は「母」にかかる枕詞。句切れなし。

●最上川《もがみがは》……

〈歌意〉最上川に逆風が吹き荒れ、白い波が立つ、激しい吹雪の夕方になったことよ。

〈鑑賞〉「最上川」は、山形県南部山岳地帯に発し、庄内《しょうない》平野を経て日本海に注ぐ川。「逆白波」は、逆風を受けて白い波頭《なみがしら》を見せて立つ川波。造語と思われる。山形県生まれの作者にとって、最上川は故郷の川である。その最上川に白く立ちさわぐ波、逆風、吹雪。冬の夕方の荒涼とした情景をダイナミックに歌って迫力に満ちている。句切れなし。

〈作者〉**斎藤茂吉**（さいとう・もきち）教科書二八八ページ参照。

〈出典〉「のど赤き」—「日本近代文学大系」第四三巻（一九七〇年・角川書店刊）。「最上川」—「日本現代文学全集」第五一巻（一九六六年・講談社刊）。

●春の鳥……

〈歌意〉春の鳥よ、どうか、そんなに鳴かないでくれ。あかあかと外の草原を染めて日が沈む夕に。

〈鑑賞〉外の草を染める夕日を見ながら作者は心さびしい。その気持ちをかきたてるように鳴く鳥の声——。思わずああ、鳴かないでくれと叫びたくなる。春の夕暮れのそこはかとないさびしさと作者の切なさが「な鳴きそ鳴きそ」にこもっている。「な……そ」は、禁止を表す。二句切れ。あるいは、二句目を小休止と考え、句切れなしともとれる。

●君かへ《エ》す……

〈歌意〉あなたを送って行く朝、敷石を踏んでゆくと雪がさくさくとかすかに響く。雪よ、林檎の香のようにやさしく彼女を降り包んでおくれ。

〈鑑賞〉朝まで恋人といっしょに過ごし、彼女を送って出ると、雪が降っている。「さくさく」は、雪を踏む感触と音をとらえている。雪によびかけているところに、恋人への愛情が、林檎の甘ずっぱい感じをともなってやさしくにじんでいる。句切れなし。

〈作者〉北原白秋（きたはら・はくしゅう）教科書二八八ページ参照。

〈出典〉「日本近代文学大系」第二八巻（一九七〇年・角川書店刊）。

●白鳥《しらとり》は……

〈歌意〉白鳥はかなしいではないか。深く澄んだ空の青、海の青にも染まらずに漂っている。孤独な白鳥よ。

〈鑑賞〉白鳥とは、ここではかもめなどの海鳥である。スワンではない。空は青く海も青いなかを飛ぶ白鳥の姿に託して、流れ揺れる作者自身の青春の思い――悲しみをたたえた――を歌っている。孤独ではあるが、何物にも「染まず」という孤高の誇りを持っているのである。色彩の対比がみごとであり、「空の青」は澄み切った青色、「海のあを」は、深い藍色にも似た青であろう。二句切れ。

●幾山河……

〈歌意〉いくつの山河を越えて行けばいいのか。寂しさが尽き果てる国がきっとあるのだろう。今日もまた旅行くことだ。

〈鑑賞〉カール・ブッセ（ドイツの詩人）作、上田敏訳の詩集「海潮音」に収められた詩の一節「山のあなたの空遠く、幸いすむと人のいふ」の影響を受ける。どこまで旅を続けても自分の寂しさがなくなることはない。しかし、ただ寂しさを嘆くのではなく、寂しさはかならずつきまとうものと肯定し、むしろそれを支えとして生きていこうとする、若々しい感性も感じることができる。牧水がこの歌を詠んだのは二十歳代前半である。四句切れ。五七調の歌。

〈作者〉若山牧水（わかやま・ぼくすい）教科書二八九ページ参照。

〈出典〉「白鳥は」―「日本近代文学大系」第一七巻（一九七一年・角川書店刊）。「幾山河」―「現代短歌全集」第一巻（一九八〇年・筑摩書房刊）。

●東海の……

〈歌意〉東海の小島の磯の白砂で、私は悲しみに堪えかねて泣きぬれながら蟹とたわむれたことだ。

〈鑑賞〉広い東海から小さな小島へ、さらにその小島の海辺の白砂に場面は絞られていく。ひと呼吸おいて、蟹とたわむれ遊ぶ自分をクローズアップし、孤独な気持ちを静かに表現している。第一句から三句までは「東海の小島の磯の白砂に」と、「の」の音を重ねてリズムを整えていることに注意しよう。三句切れ。

●友がみな……

〈歌意〉友人たちがみんな、自分より出世して偉く見える今日この頃、花を買い、それを見ながら妻と親しんで過ごしている。

〈鑑賞〉 三行書きの歌は、作者が始めて注目を集めた。友人たちの活躍や成功を聞いて心を屈し、妻と花を眺めながら、みじめになる気持ちを慰めている。「花を買ひ来て」以下に、痛切な思いと苦難の生活をともにする妻への愛情がにじむ。三句切れ。

〈作者〉 石川啄木（いしかわ・たくぼく） 教科書二八九ページ参照。

〈出典〉 「日本近代文学大系」第二三巻（一九六九年・角川書店刊）。

●日本脱出……

〈歌意〉 日本を脱出したいと思っている、皇帝ペンギンも皇帝ペンギンの飼育係も。

〈鑑賞〉 この歌は「日本脱出／したし皇帝／ペンギンも／皇帝ペンギン／飼育係りも」というように、大胆な句またがりに驚かされる。通常の短歌に親しんでいる人にとって、この短歌は足元が揺らぐような衝撃を与えるのではないか。

●馬を洗はば……

〈歌意〉 毛並みの美しい馬を洗うなら、その馬のたましいがさえるまで磨き立て、人を恋するなら、その人をあやめてしまいたいと思うほどに、激しく純粋な心を持って恋したいものだ。

〈鑑賞〉 「人恋はば」は、文法的には破格だが、作者の気持ちが力強く伝わってくる表現である。「あやむる」は、その人を殺すことで、おだやかではないが、生物の生のもっとも高揚した瞬間は、限りなく死に近いところにあるという。エロス（理想的なものに対する精神的な愛）とタナトス（本能的に死に回帰する衝動）が交錯する、浪漫的精神をみごとに歌い上げている。三句切れ。

〈作者〉 塚本邦雄（つかもと・くにお） 教科書二八九ページ参照。

〈出典〉 『塚本邦雄歌集』（一九八八年・国文社刊）。

●マッチ擦る……

〈歌意〉 煙草を吸おうとして、マッチを擦った一瞬、照らし出された海には深い霧が立ちこめている。自分には身を捨てて尽くすほどの祖国があるだろうか（あるとは思えない）。

〈鑑賞〉 作者は多彩な才能をもち、さまざまな活動の後、世を去ったが、その短歌は、昭和三〇年代の前衛短歌を代表する作風と言える。この歌もその典型として広く知られている。前衛短歌がそれまでの歌と比べて違うのは、作者の体験がそのまま歌になる、という〈私性《わたくし》〉を排除している点である。この歌では、祖国に対する喪失感と、マッチの灯に照らし出された霧深い海という二つのものは、体験的に結びついているわけではない。言わばイメージによって結びついている。三句切れ。

●売りにゆく……

〈歌意〉柱時計を売りにゆこうと、横抱きにして枯野を歩いているとき、時計がふいに鳴り出した。

〈鑑賞〉〈歌意〉で述べたような説明はほとんど意味をなさないように、これこそイメージだけで作られた歌といってよい。「枯野」「柱時計を売りにゆく男（たぶん男）」「横抱きに時計を抱いて歩く」「ふいに時計が鳴る」といったイメージがつなぎ合わされて、一種の荒涼とした不思議な情景を作り出している。三句切れ。倒置法。

〈作者〉寺山修司（てらやま・しゅうじ）教科書二九〇ページ脚注参照。

〈出典〉「昭和文学全集　35」（一九九〇年・小学館刊）によった。

●たとへ《エ》ば君……

〈歌意〉あなた、たとえば落葉をガサッとすくうように、私をさらって行ってくれないか。

〈鑑賞〉旧仮名づかいで書かれているが、口語調の弾んだ響きを持っている。「たとへば君」と呼びかけて一字を空け、二句以下でたたみかけていく調子に、恋人への強い思いがほとばしっている。「ガサッ」という擬音表現も新鮮である。優柔不断な相手に決断を迫る、現代風の求愛表現としてみごとな作。句切れなし。

〈作者〉河野裕子（かわの・ゆうこ）教科書二九〇ページ参照。

〈出典〉『森のやうに獣のやうに』（一九八五年・沖積舎刊）。

●「この味が……

〈歌意〉「この味がいいね」とあなたが言ってくれたから、今日、七月六日は、わたしがあなたのためにサラダを作った記念の日、サラダ記念日だね。

〈鑑賞〉平易な表現で分かりやすく、一般に広く愛されている作品だが、それまでの伝統短歌では見られない、口語体で等身大の女性の日常を歌った画期的な作品として評価されている。会話文で始まり、「サラダ記念日」という新しい記念日の命名で終わるこの歌には、若い女性の弾むような喜びがあふれている。三句切れ。

〈作者〉俵万智（たわら・まち）教科書二九〇ページ脚注参照。

〈出典〉『サラダ記念日』（一九八九年・河出書房新社刊）によった。

●観覧車……

〈歌意〉大切な人と一緒に乗った観覧車、いつまでも回り続けてこの時間が続いてほしい、思い出はあなたには一生のうちでただの一瞬のことでしょうが、私には一生の思い出です。

〈鑑賞〉「我」は「君」と一緒に乗った観覧車の心ときめく時間が止まらないで続いてほしいと願っている。しかし、「我」と「君」との思いは同じではない。「君」にとってはただの一日なのだと、「我」は知り、せつなく思っている。そこには恋の終わりの予感もあるのかもしれない。二句切れ。
〈作者〉 栗木京子（くりき・きょうこ）教科書二九〇ページ参照。
〈出典〉 「現代短歌全集」第一七巻（一九八〇年・筑摩書房刊）によった。

●終バスに……

〈歌意〉 終バスに乗ったふたりは眠ってしまう。誰かが押した〈降りますランプ〉に取り囲まれながら。
〈鑑賞〉 まるで映画の一シーンのような情景である。終バスにふたりは乗っていて疲れのためか眠っている。普通は「止まります」と書かれている降車ボタンが〈降りますランプ〉と名づけられて、終バスの車内のイメージが広がってくる。終バスの中で、二人は祝福されるように光に包まれているが、何も気づかない。幸せとはそのようなものかもしれない。二句切れ。
〈作者〉 穂村　弘（ほむら・ひろし）教科書二九〇ページ参照。
〈出典〉 『ラインマーカーズ』（二〇〇三年・小学館刊）によった。

❖理解・表現の解説

〈理解〉
(1) それぞれの短歌を、次の点に注意して音読しなさい。
ⓐ意味の切れ目に注意して、どのように読んだら効果的か工夫すること。
解説　切れ字の箇所で声をいったん切ったり、キーワードと思われることばは声を張って読むなどのくふうをしてみよう。
ⓑ音の繰り返しや破調に注意すること。
解説　繰り返しとしては、「な鳴きそ鳴きそ」（北原白秋）。破調（リズムが破られていること）としては「たとへば君」（河野裕子）などが挙げられる。そのほか、字余り「その子二十」、「桜月夜」、「玄鳥ふたつ」、「足乳根の母は」、「馬を洗はば」にも注意する。作者は何を強調しようとしているのかを考えて読んでみよう。
(2) それぞれの短歌が描き出している情景について、次の点に注意して説明しなさい。
ⓐどのような色彩表現が用いられているか。
解説　与謝野晶子の「黒髪」「桜月夜」、斎藤茂吉の「のど赤き」「白波」、北原白秋の「あかあかと」「林檎」、若山牧水の「白鳥」「空の青海のあを」、石川啄木の「白砂」、河野裕子「落葉」、穂村弘の「紫」など、色彩を連想させることばは多い。
ⓑ「玄鳥」（二八八・3）、「白鳥」（二八九・1）、「花」（同・7）、「馬」（同・10）などのことばには、どのような意味が込められているか。
解説　「玄鳥」には、眼前の死と対照的な無心な生命、「白鳥」には青春の孤独な悲しみ、「花」には妻への愛情や感

謝、「馬」には生命の躍動と高揚感が示されている。

ⓒ口語的な表現が用いられている作品には、どのような効果があるか。

解説　河野裕子の「たとへば君」の歌は、相手に語りかける口調で詠まれているが、それは読者を、自分に語られているような気持ちにさせるものでもある。親しみやすい表現だけに歌に引き込まれるような快さもある。俵万智「この味がいいね」についても、こうした視点から考えてみよう。

〈表現〉

(1)　心を引かれた歌の作者の経歴や、その歌が作られた時代背景を調べて発表しよう。

解説　作者の経歴は、普通の国語辞典ではなく、『現代短歌大辞典』のような短歌に特化した辞典で調べるようにしよう。また過去の作者については、記念館などがあるので、ネットで記念館の資料などを調べるのもよい。なるべく正確な情報を探すようにしよう。時代背景は社会科の資料などで調べてみよう。

俳句

石《いし》田《だ》波《は》郷《きょう》ほか

❖学習の視点

1　十八人の代表的俳人の俳句を読み、近・現代俳句の形式・内容について理解する。
2　季語・切れ字や表現の工夫に注目して、それぞれの句の情景・感動をとらえる。
3　十八人の俳人の句を季節感を味わいながら繰り返して読み、それぞれの句境の違いを読み取り、味わう。

❖俳句の解説

春

●バスを待ち……

〈句意〉　季語は「春」。バスを待ちながらあたりを見まわすと、街の大通りにはうららかな日の光があふれ、疑いもなく春が来ていることを実感する。

〈鑑賞〉　「バス」「大路」のことばが、都市の風景を印象づけ、明るい春の息吹を、心と体いっぱいに感じとっている作者の気持ちののびやかさが表れている。「うたがはず」という断定的な表現が、それを強調している。

〈作者〉　石田波郷（いしだ・はきょう）　教科書二九一ページ参照。

〈出典〉　「現代俳句体系」第三巻（一九七二年・角川書店刊）。

●春風や……

〈句意〉　季節は春、季語は「春風」。「闘志」は、ある目的のために情熱を傾けようとする心意気のこと。穏やかで温かい春風が吹いている。自分は今、その春風を一身に受けながら、静かな、深い闘志を胸に秘めて、丘に立っている。

〈鑑賞〉　ここでいう「闘志」とは、自分とは反対の立場に立っていた新傾向俳句の河東《かわひがし》碧梧桐《へきごとう》派に対する闘志で、あくまでも彼らに立ち向かおうという決意を表明した句である。といっても、肩をいからせた感じはなく、明るくのびやかに詠まれている、成立の事情を知らなくとも、青春期の人々の共感を呼ぶ句であろう。

〈作者〉**高浜虚子**（たかはま・きょし）教科書二九一ページ参照。

〈出典〉「五百句」（一九三七年）。

●春ひとり……

〈句意〉季語は「春」。春休みの校庭で、ひとりの青年が槍投げの練習をしている。槍を力いっぱい投げ、槍ははるかかなたの地面に突き刺さる。青年はゆっくりその槍に歩み寄る。

〈鑑賞〉青年は、その動作をくり返している。孤独に耐えて黙々と練習する姿は、春愁の季節感をかもし出している。

〈作者〉**能村登四郎**（のむら・としろう）教科書二九一ページ参照。

〈出典〉「昭和文学全集」第三五巻（一九九〇年・小学館刊）。

夏

●万緑《ばんりょく》の……

〈句意〉季語は「万緑」。見渡すかぎりの若葉の季節の中でわが子もすくすくと成長して前歯が生え始めた。「や」は切れ字。

〈鑑賞〉初夏の生き生きとした大きな緑と、赤子の小さな歯の白とを対照させ、みごとな生命の讃歌《さんか》になっている。「万緑」は、「万緑叢中紅一点《そうちゅうこういってん》」（王安石《おうあんせき》の詩）の中の語を採ったもので、この句以来、夏の季語として用いられるようになった。この句が有名になったため、作者は「万緑」を句集の名と主宰する俳誌の名にもつけた。

〈作者〉**中村草田男**（なかむら・くさたお）教科書二九一ページ参照。

〈出典〉「昭和文学全集」第三五巻（一九九〇年・小学館刊）。

●谺《こだま》して……

〈句意〉季語は「ほととぎす」。山々や谷にこだまを響かせて、山ほととぎすが思うがままに鳴きしきっている。

〈鑑賞〉初夏の深い緑に埋まる大自然の中で、鋭い声を反響させながら鳴くほととぎすの生命感をとらえている。「ほしいまゝ」という擬人法の表現が効果的でみごとである。作者が一九三〇年、東京日日・大阪毎日新聞社の「日本新名勝俳句」に応募し、最優秀賞の中に選ばれた句である。九州英彦山《ひこさん》での作。

〈作者〉**杉田久女**（すぎた・ひさじょ）教科書二九一ページ参照。

〈出典〉「昭和文学全集」第三五巻（一九九〇年・小学館刊）。

●子を殴《う》ちし……

〈句意〉季語は「蟬」。わが子を殴ってしまい、悔いや自己嫌悪で混乱し、一瞬が非常に長く感じられた。そのとき、天から降るような蟬の声が胸にしみた。

〈鑑賞〉　わが子を殴った瞬間の長さ、それは後悔でもあり、何かさびしい感じでもあったろう。ひどく長く感じられた「一瞬」と、おりしも降り注ぐ蟬の声が照応して、緊迫した心理を鮮やかに描いている。
〈作者〉　**秋元不死男**（あきもと・ふじお）　教科書二九二ページ参照。
〈出典〉　「昭和文学全集」第三五巻（一九九〇年・小学館刊）。

秋

●芋の露……

〈句意〉　季語は「露」。秋の気配が漂う早朝の芋の葉に結ばれた露が、朝日に光り輝く。はるか彼方にそびえる山々が威儀を正して、くっきりとした姿を見せて連なっていることだ。
〈鑑賞〉　サトイモの葉に秋の早朝の露が乗っている。その露に朝日があたり、はるか遠景には南アルプスの山並みが連なってそびえる。「影を正しうす」には、自然の姿に借りた作者のまっすぐな精神が投影されているようだ。
〈作者〉　**飯田蛇笏**（いいだ・だこつ）　教科書二九二ページ参照。
〈出典〉　『現代俳句歳時記』（一九九七年・角川春樹事務所刊）。

●啄木鳥《きつつき》や……

〈句意〉　季語は「啄木鳥」。晩秋の高原の牧場。すでに落葉し始めた木々の中で、啄木鳥の木をつつく鋭い音がひびいている。
〈鑑賞〉　黄色や紅色の葉がさかんに落ちている牧場、啄木鳥が木をつつく鋭い音、澄んだ山の空気が感じられるとともに、洋画風の牧場のイメージが明るい感じである。
〈作者〉　**水原秋桜子**（みずはら・しゅうおうし）　教科書二九二ページ参照。
〈出典〉　「昭和文学全集」第三五巻（一九九〇年・小学館刊）。

●この樹《き》登らば……

〈句意〉　季語は「紅葉」。夕日を浴びて輝く紅葉した木。その下で思う。この樹に登ったら鬼女になってしまうに違いない、と。
〈鑑賞〉　「鬼女」は、女の姿をした鬼で、謡曲「紅葉狩」からの発想。美しい夕日の中の紅葉の情景に導かれた「鬼女」への変身の発想は、能や歌舞伎の舞台を思わせる美しいイメージを作ると同時に、「鬼女」は女性の怨みの化身でもあるから、断ち切れぬ恋の思いを詠んだともとれる。艶《えん》な趣のある句である。
〈作者〉　**三橋鷹女**（みつはし・たかじょ）　教科書二九二ページ参照。
〈出典〉　「昭和文学全集」第三五巻（一九九〇年・小学館刊）。

冬

●いくたびも……

〈句意〉季語は「雪」。重病のために床に臥しているので、降りしきる雪の様子を見に立ちあがることもできず、母や妹に、何度も何度も雪の深さを尋ねたことだ。

〈鑑賞〉大雪の日、病気のために戸外の雪気色を見ることはできず、もどかしくてしかたがない。それで、母と妹に、どれだけ雪が積もったかと、少し時を置いては何度も何度も尋ねる。「雪」は少年期への郷愁を呼び起こすもので、子規には、幼い頃棒で雪の深さを測った思い出がよみがえっているのかもしれない。今も大雪に心ははずむが、自分の目で直接確かめられないもどかしさと、幼少期の郷愁が入りまじった句である。

〈作者〉**正岡子規**（まさおか・しき）教科書二九二ページ参照。

〈出典〉『子規句集』（一九九三年・岩波書店刊）。

●鮟鱇《あんかう》の……

〈句意〉季語は「鮟鱇」「凍《い》つ」。凍った鮟鱇《あんこう》が一瞬にして切断され、無惨な姿をさらしている。

〈鑑賞〉句集の「あとがき」に「とにかく病気に素直にならうとする気持ちと、病気にまけないで生きようとするきほひが相克……」とあり、この句は後者を表している。石のように固く凍った鮟鱇が、大きな刃物で両断される一瞬の激しい気迫を我がものとしようとしたのであろう。「骨まで」「ぶちきらる」という強い表現が感じられる。

〈作者〉**加藤楸邨**（かとう・しゅうそん）教科書二九二ページ参照。

〈出典〉「起伏」（一九四九年）。

●海に出て……

〈句意〉季語は「木枯」。山や野を吹き荒れて海へ出てしまった木枯は、帰る所もなく、ただ海の上を吹きすさび続けるのだ。

〈鑑賞〉「木枯」に自分自身を託して、帰るところがない心象を詠んだもので、自己の内面を凝視した内省的な句である。太平洋戦争の末期、作者は、一度海へ出て陸地へ帰ることのない特攻隊のことを念頭に置いていたという。いずれにしろ、厳しい状況に心をひそめての句と言えよう。

〈作者〉**山口誓子**（やまぐち・せいし）教科書二九二ページ参照。

〈出典〉「昭和文学全集」第三五巻（一九九〇年・小学館刊）。

無季

●分け入つても……

〈句意〉この句は、無季自由律（季節、五・七・五の音にとらわれない）の句であるから、特に季語と言えるものはない。作者山頭火は、一九二四（大正一三）年、妻子を捨てて出家し、放浪の生活に入った。この句は、一九二六（大正一五）年の最初の旅に出たときのものである。この句は、何かを求めて旅に出て、山を分け入って歩く。どこまで行っても、ただ青一色の山である。くりかえしが、どこまでも続く山をイメージさせる。

〈鑑賞〉この句には、次のような前書きがついている。

「大正十五年四月、解くすべもない惑ひを背負うて、行乞流転の旅に出た。」

そして、この句のあとに、次の二つの句が並んでいる。

しとゞに濡れてこれは道しるべの石

炎天をいたゞいて乞ひ歩く

「解くすべもない惑ひ」の心を抱いて、やみくもに山に分け入ってゆく放浪者の孤独と感傷と、求めて得られないものへのあるもどかしさがにじみ出ている。

〈作者〉**種田山頭火**（たねだ・さんとうか）教科書二九三ページ参照。

〈出典〉「草木塔」（一九四〇年）。

●水枕……

〈句意〉高熱にうかされ横になっている。頭を動かすと、水枕が「ガバリ」と陰鬱な音を立てる。すると、意識の底には寒々とした海と、波の音が浮かび上がり、死への不安が胸をよぎる。

〈鑑賞〉「寒い」は冬の季語だが、作者の心象を詠んだ句であり、無季に分類される。作者自身が、肺浸潤という病気に臥せっているときの心情を詠んだ句で、家人や友人の様子から、自分の病状が軽くはないことを悟り、寒々とした死の影が迫る心象を表現している。「ガバリと」に、水枕の立てる音と、寒い海の波音を合わせて表現する、掛詞的くふうがみられる。「ガバリ」を片仮名で表現しているのが鋭く、リアリスティックである。

〈作者〉**西東三鬼**（さいとう・さんき）教科書二九三ページ参照。

〈出典〉「昭和文学全集」第三五巻（一九九〇年・小学館刊）。

●いつせいに……

〈句意〉都は火につつまれ、林立する柱が、すさまじい火柱となって燃えている。

〈鑑賞〉一九四五（昭和二〇）年三月一〇日の東京大空襲からの発想であるが、特定の時代、時期を超えた、普遍的な「都」の炎上の情景、そのすさまじい様子を詠んでいる。

〈作者〉**三橋敏雄**（みつはし・としお）教科書二九三ページ参照。

〈出典〉「昭和文学全集」第三五巻（一九九〇年・小学館刊）。

現代の句

●冬深し……

〈句意〉　季語は「冬深し」。冬の深まった頃、何気なく家の柱に寄りそったところ、柱から、遠い思い出に誘われるような、懐かしい濤《なみ》の音が聞こえた。

〈鑑賞〉　すべてが静まりかえる冬の季節、作者の心は自己の内面に向かう。作者が寄り添う自分の家の柱は、長年家や家族の生活を支えてきたものであり、柱の中の「濤」を聞くことで懐かしい生活や思い出がよみがえる。柱にはこれまでの思い出がいっぱいつまっているという作者の実感がこめられている。

〈作者〉　**長谷川櫂**（はせがわ・かい）教科書二九三ページ参照。

〈出典〉『現代の俳句』（一九九三年・講談社刊）。

●子燕《こつばめ》の……

〈句意〉　季語は「子燕」（夏）。燕の巣には、子燕が口を開けて、親燕からえさをもらおうとひしめきあっている。子燕たちは、巣からこぼれ落ちそうだが、実際にこぼれる子燕はいない。

〈鑑賞〉　燕の巣に子燕がひしめきあっていて、今にもこぼれ落ちるのではないかと、はらはらしながら見上げるという、臨場感あふれる句である。読者を作者と同様の「はらはら」した気持ちに引き込みながら、最後に「こぼれざる」と置いて、緊張感を解消し、安堵の気持ちにさせる巧みな構成であり、根底には、子燕たちに対する温かなまなざしがある。五七五の各句が「こ」で始まる、頭韻の手法によって、心地よい響きも伝わる。

〈作者〉　**小澤實**（おざわ・みのる）教科書二九三ページ参照。

〈出典〉『小澤實集』（二〇〇五年・邑書林刊）。

●みづうみの……

〈句意〉　遊覧船やキャンプ、水泳などの人でにぎわっていた湖畔の港は、晩夏を迎えてめっきり人影が少なくなってしまった。短い夏は足早にかけぬけていったことだ。

〈鑑賞〉　すべてをひらがな表記にすることで、なめらかで心地よいイメージを読者に与え、各句に「み」の頭韻、「の」の脚韻を用いて、表記と修辞の視覚的・聴覚的効果の融合をねらった句。短い夏の過ぎ去った「みづうみのみなと」の情趣、雰囲気を伝えようとするねらいが成功していると言えよう。

〈作者〉　**田中裕明**（たなか・ひろあき）教科書二九三ページ参照。

〈出典〉『田中裕明全句集』（二〇〇七年・ふらんす堂刊）。

❖理解・表現の解説

〈理解〉

(1)　それぞれの句に表れているイメージを感じながら、次の点に注意して音読しなさい。

ⓐ句切れに注意して、間の取り方を工夫すること。

解説　音読するにあたっては、ただ棒読みをするのではなく、その句のイメージや心情をつかみ、句中に切れ字などがある場合は、そこで間を置いて読むとよい。また、切れ字の直前などには作者の感情・心情が最も強く表れることが多いので、その部分を強調して、思いが伝わるように読んでみよう。

ⓑ字余りや破調に注意すること。

解説　字余りは五・七・五の定型よりも字数がオーバーした句のこと。また破調は、音数律からの逸脱が強い句のこと。つまり、五・七・五から大きく逸脱して、たとえば七・五・五にしか読めないような句のこと。字余り・字足らず・句またがりでも、音数律を逸脱していなければ破調ではない。「この樹登らば／鬼女となるべし／夕紅葉」は上五が七音の字余りだが、破調ではない。また「万緑の／中や／吾子の歯／生え初むる」は中五の途中に意味上の切れがあり、五・七・五の音数律には一致しないが、定型の音数律を逸脱しているわけではないので破調ではない。意味の切れのところで、小休止して読むとよい。

(2)　有季の句について、次の点に注意して説明しなさい。

ⓐ用いられた季語とその意味はどのようなものか。

解説　季語については「俳句の解説」の「句意」を参照。季語が、どんな季節感を表し、一句全体の中でどんな役割を果たしているのかを捉えて説明するとよい。また「歳時記」で、季語の意味を調べ、句と関連する他の季語を知るとよい。

ⓑそれぞれの俳句の情景はどのようなものか。

解説　「句意」「鑑賞」参照。素材の取り合わせや省略などに注意して、情景を的確にイメージしてみよう。

ⓒ「万緑」(二九一・4)、「木枯」(二九二・7)、「冬深し」(二九三・4)などのことばには、どのような意味が込められているか。

解答例　「万緑」…生き生きとした生命。「木枯」…帰る所のない自らの心。「冬探し」…静まりかえり、人を内省に向かわせる冬のひととき。

解説　各句の「句意」を参照する。また、「歳時記」でそれぞれのことばの本来の意味や、俳句の世界における使われ方、またこれらの季語が使われている他の句などを味わってみよう。そのうえで、これらのことばに込められる季節の象徴的な意味を考えてみるとよい。

(3)　無季の句について、情景や込められた心情を説明しなさい。

解説　それぞれの句の情景・心情については、「俳句の解説」の項を参照。「無季」の句には、当然季語がなく、自由律(五・七・五の定型にとらわれない)のものが多い。教科書に挙げられている句のうち「水枕」「いつせいに」は定型であるが、「分け入つても」は自由律である。作者が無季・自由律を選ぶ理由はさまざまであるが、いずれも心情を素直に表現したものが多く、有季のような写生句・叙景句は少ない。

〈表現〉

(1) 好きな句を一つ選び、俳句というきわめて短い形式の特徴がどのように生かされているか、話し合ってみよう。

解答例 「啄木鳥や落葉をいそぐ牧の木々」…この句は、多くの句にみられるように、「啄木鳥」という名詞と、「落葉をいそぐ牧の木々」という名詞句の素材を取り合わせた構造になっている。啄木鳥が木の幹をたたく音や、それに合わせるかのように木の葉がはらはらと散り急ぐ様子を、細かい説明を省略した短詩型独特の表現によって、読者はイメージすることができる。

(2) 外国の俳句について、調べて発表してみよう。

解説 明治期において、来日した西欧の学者たちによって、俳句はヨーロッパに伝えられた。大正時代には、フランスやアメリカで、また昭和初期にはロシアでも俳句が作られた。現在ではアメリカやカナダでは連句運動が盛んで、小学校でも実作指導が行われている。中国では五七五の十七字の漢字で三行で構成する詩が作られている。

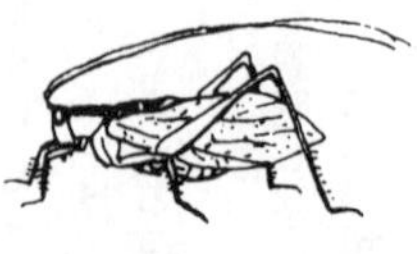

〈付録①〉

古典文法　まぎらわしい語の識別法

（4大識別をマスターしよう。）

1 「なむ」の識別

①願望の終助詞

基本形　未然形＋なむ

＊他への願望を表し、「～てほしい」と訳す。

◆はや夜も明けなむと思ひつつゐたりけるに、（伊勢物語）

（訳）早く夜も明けてほしいと思いながらいたところ、

②完了・強意の助動詞「ぬ」の未然形＋推量の助動詞「む」の終止形・連体形

基本形　活用語の連用形＋なむ

＊「きっと～だろう・きっと～するつもりだ」「～てしまうだろう・～てしまうつもりだ」などと訳す。「む」は推量・意志・婉曲などの意味になるので、訳し方は文脈から柔軟に考える。

◆し出ださむを待ちて寝ざらむも、わろかりなむ、と思ひて、（宇治拾遺物語）

（訳）（ぼたもちを）作りあげるのを待って寝ないというのも、きっとみっともないことになるだろう、と思って、

＊ただし、次の場合の「連用形＋なむ」の「なむ」は係助詞である。

形容詞の「――く・――しく」
形容動詞の「――に」
断定の助動詞「に」・打消の助動詞「ず」
助動詞「べく」「まじく」など
｝＋なむ（係助詞）

◆ましていとはばかり多くなむ。（源氏物語）

（訳）ましてたいそう気がねが多うございます。

＊未然形と連用形が同形の語＋なむの場合は、文脈から判断する。

◆いざさくら我も散りなむひとさかりありなば人に憂きめ見えなむ（古今和歌集）

（訳）さあ、桜の花よ。私もお前のように潔く散ってしまおう。ものごとはひとたび盛りの時があると、その後にはきっと人にみじめな姿を見られるだろうから。

○「なむ」は強意の助動詞＋推量の助動詞。

③強意の係助詞

基本形
活用語の連体形
活用しない語（名詞・副詞・助詞）
｝＋なむ

＊この場合「なむ」は原則として訳さない。また取り除いても「なむ」以下の文の意味が変わらない。

◆名をば、さぬきの造《みやつこ》となむ言ひける。（竹取物語）

（訳）（翁の）名前をさぬきの造と言った。

＊係り結びの決まりによって「なむ――連体形」になるが、結びの省略などにも注意をする。

◆この隣の男のもとより、かくなむ。（伊勢物語）

（訳）この隣の男のところから、このように（歌が届いた）。

④ナ変動詞の未然形活用語尾「な」＋推量の助動詞「む」の終止形・連体形

基本形　「死なむ」「往なむ」

＊「む」は推量のほか、意志・婉曲などの意味にもなる。

◆往なむとしければ、（伊勢物語）

（訳）（男は）行ってしまおうとしたところ、

2 「なり」の識別

①伝聞・推定の助動詞

基本形　活用語の終止形＋なり

＊伝聞は「～そうだ。～という」、推定は「～ようだ。」と訳す。

◆男もすなる日記《にき》といふものを、（土佐日記）

（訳）男もするという日記というものを、

＊ただし、ラ変型の語には連体形に接続する。

ラ変型とは――①ラ変動詞（あり・をり・侍り・いまそかり）、②形容詞、③形容動詞、③ラ変型活用の助動詞（なり・けり・たり〔完了〕・り・めり）、④形容詞型活用の助動詞（べし・まじ・たし・まほし）、形容動詞型活用の助動詞（なり〔断定〕、たり〔断定〕、やうなり）

◆この理《ことわり》を知らざるなり。（徒然草）

（訳）この道理を知らないようだ。

○打消の助動詞「ず」のように、活用が右・左の二列ある語の左の連体形に接続する「なり」は伝聞推定の助動詞である。

②断定・存在の助動詞

基本形　活用語の連体形／活用しない語 ｝＋なり

＊活用しない語とは、ここでは名詞・代名詞・副詞・助詞。

＊断定は「～だ。～である」、存在は「～にある。～にいる」と訳す。

◆月の都の人なり。（竹取物語）

（訳）（私は）月の都の人間である。

＊存在になるのは、次の文形であることが多い。

体言（場所を表す）＋なる＋体言

◆天《あま》の原《はら》ふりさけみれば春日《かすが》なる三笠《みかさ》の山にいでし月かも（古今和歌集）

（訳）広々とした大空をはるかに見晴らすと（今しも月がのぼったところだが、この月はかつて私が見た、）春日にある三笠山に出た月と同じ（月が出ているの）だなあ。

＊終止形と連体形が同形の語＋なり、ラ変型活用の語＋なりの場合は、次の見分け方を適用する。

a 撥音便・撥音便の無表記＋なり　は伝聞推定の助動詞「なり」。

◆この人、国に必ずしも言ひ使ふ者にもあらざなり。（土佐日記）

（訳）この人は、国司のところで必ずしも召し使う者でもないようだ。

〔「なり」の直前の「ざ」は打消の助動詞「ず」の連体形「ざる」の撥音便「ざん」の「ん」が無表記になったもの。〕

b 右のa以外の場合は文脈から判断する。

◆年ごろ、不動尊の火炎を悪しく描きけるなり。（宇治拾遺物語）

（訳）（私は）長年の間、不動尊の火炎をまちがって描いていたのである。

○話し手自身の動作を述べるので「なり」は断定。

◆夕《ゆふ》されば野辺の秋風身にしみて鶉《うづら》鳴くなり深草の里（千載和歌集）

（訳）夕方になると、野辺を吹く秋風が身にしみて、鶉が鳴く声が聞こえることだよ。この深草の里では。

○「声が聞こえる」という意味なので「なり」は伝聞推定。

③四段活用の動詞

基本形　連用形・副詞・助詞「に・と」＋なり（なる）

◆すくすくと大きになりまさる。（竹取物語）

（訳）ぐんぐんと大きく成長してゆく。

④形容動詞の活用語尾

基本形　――なり。――げなり。――かなり。

＊「なり」の上の部分が物事の性質や状態を表す。

◆えもいはず茂りわたりて、いと恐ろしげなり。（更級日記）

（訳）言葉では言い表せないほどあたり一面に（木が）茂って、とても恐ろしそうな様子である。

＊右に挙げた基本形のほかに、「あはれなり」「さらなり」「あてなり」なども形容動詞である。

3 「に」の識別

①完了の助動詞「ぬ」の連用形

基本形　活用語の連用形＋に＋助動詞（き・けり・たり・けむ）

◆幼き人は寝入りたまひにけり。（宇治拾遺物語）

（訳）幼い人は寝入りなさってしまった。

②断定の助動詞「なり」の連用形

基本形　連体形・活用しない語＋に（＋助詞）＋補助動詞

＊「に」を「なり」と置き換え、そこで文を終止させても文意が通ることを確認する。

＊活用しない語とは、この場合は名詞・代名詞・副詞・助詞。

＊「に」に接続する助詞は係助詞・副助詞・接続助詞「て」。ただしこれらの助詞が省略されることも多い。補助動詞が省略されることもあるが、助詞・補助動詞ともに省略されることはない。

＊この文形で使われる補助動詞とは――

ありおはす・おはします・ます・まします・います・いますかり（いまそがりナド）・はべり・さぶらふ・さふらふ・ものす。

◆おのが身は、この国の人にもあらず。（竹取物語）

（訳）私の身は、この国の人ではない。

◆これほどの歌、ただいまよみ出だすべし、とは知られざりけるにや。（十訓抄）

（訳）これほどの（すぐれた）和歌を、即座によむとは、思ってもみなかったのだろう。（「にや」の後に「あらめ」などが省略。）

③格助詞

基本形　体言・連体形＋に

◆さながら内にありけり。（宇治拾遺物語）

（訳）そのまま（家の）内にいた。

＊動詞の連用形＋に＋上と同じ動詞の連用形　の場合は強調の格助詞である。

◆ただ食ひに食ふ音のしければ、（宇治拾遺物語）

（訳）ひたすら（ぼたもちを）食べる音がしたので、

④接続助詞

基本形　連体形＋に＋、（読点）

＊「に」は「～ところ、～ので、～のに」などと訳す。

◆出で来るを待ちけるに、すでにし出したるさまにて、（宇治拾遺物語）

（訳）できあがるのを待っていたところ、

＊和歌などでは「、」（読点）は使わないので注意。

⑤形容動詞の連用形活用語尾

基本形　――に。――げに。――かに。

◆僧たち、宵のつれづれに、（宇治拾遺物語）

（訳）僧たちが、宵の手持ちぶさたに、

＊右に挙げた基本形のほかに、「あはれに」「さらに」「あてに」なども形容動詞である。

⑥副詞の一部

基本形　「に」の上の部分と合わせて一語の副詞になり、下の用言などを修飾する。

＊「げに」「まことに」「さらに」「すでに」などは副詞である。

◆すでにわが家に移りて、（宇治拾遺物語）

（訳）もうとっくに（火事は）わが家に移って、

⑦ナ変動詞連用形活用語尾

基本形　死に・往に

◆朝に死に、夕べに生まるるならひ、（方丈記）

（訳）朝に死ぬ（人がいて）、夜に生まれる（人がいる）という（この世の）定めは、

4 「ぬ」の識別

①打消の助動詞「ず」の連体形

基本形 活用語の未然形＋ぬ

◆夢にも人にあはぬなりけり （伊勢物語）

（訳）（現実にはもとより）夢にさえも人に出会わないことだなあ。

②完了の助動詞「ぬ」の終止形

基本形 活用語の連用形＋ぬ

◆竹の中におはするにて知りぬ。 （竹取物語）

（訳）竹の中にいらっしゃることによって知った。

＊連用形が活用表の右と左にある場合は左の連用形に接続する。

＊未然形と連用形が同形の語の場合

a 活用語＋ぬ＋終止形に接続する語→完了の助動詞

終止形に接続する語とは、「らむ・らし・べし・まじ・なり〔伝聞推定〕・めり」（以上助動詞）、「とも」（助詞）などである。

◆秋風にほころびぬらし藤袴《ふぢばかま》つづりさせてふきりぎりす鳴く （古今和歌集）

（訳）藤袴の花が咲いたが、彼女の袴が秋風のためにほころびたらしい。なぜなら「綴《つづ》れよ、刺《さ》せよ」とこおろぎが鳴いているから。

b 活用語＋ぬ＋連体形に接続する語→打消の助動詞

連体形に接続する語とは、体言、格助詞、係助詞、副助詞、接続助詞のうち「ものから・ものの・に・を」などである。

◆京には見えぬ鳥なれば、 （伊勢物語）

（訳）京では見かけない鳥なので、

c「ぬ」が文末にある場合

「ぬ」の上に係助詞「ぞ・なむ・や・か」や疑問の副詞がある→打消の助動詞。それらの語がない→完了の助動詞。

◆桜花とく散りぬともおもほえず人の心ぞ風も吹きあへぬ （古今和歌集）

（訳）桜の花が（それほど）早く散ってしまうとも思われない。人の心は風が吹きぬける間も待たずに変わってしまうものだが。

○「ぬ」は、上に係助詞「ぞ」があるので打消の助動詞。

◆「はや船に乗れ、日も暮れぬ。」と言ふに、 （伊勢物語）

（訳）「早く船に乗れ、日も暮れてしまう。」と言うので、

○「ぬ」は、上に係り結びをつくる係助詞も疑問の副詞もないので完了の助動詞。

③動詞の活用語尾

基本形 ナ変動詞「死ぬ」「往ぬ」。下二段動詞「寝《ぬ》」「寝《い》ぬ」。

◆心地死ぬべくおぼえければ、 （伊勢物語）

（訳）死んでしまうかもしれないと思ったので、

〈付録②〉主要敬語動詞一覧

主なものをまとめた。＊印は補助動詞にも用いるもの。

普通語	尊敬語	謙譲語	丁寧語
あり・居《お》り	＊おはす・＊おはします・＊おはさうず・＊ます・＊まします・＊います・いまそかり	＊はべり・＊さぶらふ	＊侍り・＊候ふ
行く・来《く》る	＊おはす・＊おはします・います	参る・まうづ（参上スル）・まかづ・まかる（退出スル）	
言ふ	のたまふ・のたまはす・仰す	＊申す・＊聞こゆ・＊聞こえさす・奏す・啓す	
聞く	聞こす・聞こしめす	承る	
見る	御覧ず		
知る・治む	しろしめす	存ず	
思ふ	おもほす・おぼす・おぼしめす	存ず	
す	＊あそばす	いたす・つかまつる・＊つかうまつる	
与ふ	＊給ふ（四段）・＊たうぶ・たまはす	＊奉る・参る・＊参らす	
受く		賜る・＊給ふ（下二段）	
食ふ・飲む	召す・きこしめす・参る・奉る		
着る・乗る	召す・奉る		
呼ぶ	召す		
寝《ぬ》	大殿籠《ごも》る		